HERDER LEXIKON *Literatur*

HERDER LEXIKON LITERATUR ist ein neues handliches Sachwörterbuch zur Literatur. In über 2300 Stichwörtern behandelt es alle wichtigen Begriffe der Literaturwissenschaft wie literarische Gattungen und Formen (analytisches Drama, offene und geschlossene Dramenform, Satire, Short stories u.a.); technische Mittel und Bauelemente wie Lautmalerei, Rede- und Gedankenfiguren, innerer Monolog, Erzählerperspektive; außerdem Stilbegriffe wie Epochalstil und Individualstil; Medien der Literatur (Buch, Schrift, Theater) wie auch der Linguistik (langue, parole, Zeichen).
Zahlreiche systematische Übersichten (z.B. Versmaße, rhetorische Figuren, Literaturpreise), Zitate und Textbeispiele bieten in einer neuartigen Weise wertvolle zusätzliche Informationen zum alphabetischen Teil.
HERDER LEXIKON LITERATUR ist eine wertvolle Hilfe zum Verständnis der modernen Literatur wie auch literaturtheoretischer Schriften.
Das handliche Taschenformat und der flexible Einband erhöhen den praktischen Gebrauchswert dieses neuartigen Sachlexikons für bessere Information in kürzerer Zeit.

HERDER LEXIKON

Literatur

Sachwörterbuch

mit über 2300 Stichwörtern
sowie über 420 Abbildungen,
Tabellen und Textbeispielen

Herder Freiburg · Basel · Wien

Herausgegeben vom Verlag Herder

Bearbeitet im Auftrag der Lexikonredaktion
von Udo Müller

DRITTE AUFLAGE

Freiburger Graphische Betriebe 1976
ISBN 3-451-16462-0

Abkürzungsverzeichnis

↗ = siehe (bei Verweisungen)
* = geboren
† = gestorben
Abk. = Abkürzung
ags. = angelsächsisch
allg. = allgemein
Alt. = Altertum
am. = amerikanisch
Art. = Artikel
AT = Altes Testament
Aufl. = Auflage
Ausg. = Ausgabe
Bd, Bde = Band, Bände
Begr., begr. = Begründer, begründet
ben. = benannt
bes. = besonders
Bibl. = Bibliothek
Bw. = Beiwort (Adjektiv)
Bz. = Bezeichnung
bzw. = beziehungsweise
ca. = circa
chin. = chinesisch
d. Gr. = der Große
d. h., d. i. = das heißt, das ist
dt. = deutsch
Dtl. = Deutschland
ehem. = ehemals, ehemalig
eig. = eigentlich
entspr. = entsprechend, entspricht
Erz. = Erzählung(en)
europ. = europäisch
Ez. = Einzahl (Singular)
Fkr. = Frankreich
fr. = früher
frz. = französisch
gegr. = gegründet
Gesch. = Geschichte
gg. = gegen
Ggs. = Gegensatz
Ggw. = Gegenwart
gr. = griechisch (nur bei Herkunfts-Bz.)
hd. = hochdeutsch
hebr. = hebräisch
Hg., hg. = Herausgeber, herausgegeben
hist. = historisch
hl., hll. = heilig, heilige
Hs. (Hss.) = Handschrift(en)
HW = Hauptwerk(e)
Hw. = Hauptwort (Substantiv)
idg. = indogermanisch
i. e. S. = im engeren Sinne
Inst. = Institut
int. = international
It., it. = Italien, italienisch
i. ü. S. = im übertragenen Sinne
i. w. S. = im weiteren Sinne
jap. = japanisch
Jh. (Jhh.) = Jahrhundert(e)
Jt. = Jahrtausend
kath. = katholisch
Kgr. = Königreich
lat. = lateinisch
Lit. = Literatur
lit. = literarisch
luth. = lutherisch
m = männlich
MA = Mittelalter
ma. = mittelalterlich
Mart. = Martyrer
math. = mathematisch
mhd. = mittelhochdeutsch
Mz. = Mehrzahl (Plural)
n. Chr. = nach Christi Geburt
nd. = niederdeutsch
nhd. = neuhochdeutsch
NT = Neues Testament
ntl. = neutestamentlich
NZ = Neuzeit
orth. = orthodox
Östr., östr. = Österreich, österreichisch
päd. = pädagogisch
phil. = philosophisch
philol. = philologisch
Pp. = Papst
prot. = protestantisch

rel.	= religiös
s	= sächlich
Schr.	= Schrift(en)
Slg.	= Sammlung(en)
sog.	= sogenannt
St.	= Sankt, Saint
theol.	= theologisch
u.	= und
u. a.	= unter anderem, und andere(s)
u. ä.	= und ähnliche(s)
Übers., übers.	= Übersetzung, übersetzt
Univ.	= Universität
urspr.	= ursprünglich
usw.	= und so weiter
u. U.	= unter Umständen
v.	= von
v. Chr.	= vor Christi Geburt
Verf., verf.	= Verfasser, verfaßt(e)
w	= weiblich
Wb.	= Wörterbuch
Wiss., wiss.	= Wissenschaft(en), wissenschaftlich
WW	= Werke
zahlr.	= zahlreich(e)
z. B.	= zum Beispiel
Zs. (Zuss.)	= Zusammensetzung(en)
Zschr.	= Zeitschrift(en)
Zshg.	= Zusammenhang
z. T.	= zum Teil
Ztw.	= Zeitwort (Verb)
zus.	= zusammen
zw.	= zwischen
z. Z.	= zur Zeit
□	= siehe Abb. od. Tabelle

A

à.a.O., Abk. in wiss. Arbeiten: am angegebenen Ort (d.h. in der bereits zitierten Schrift). ↗l.c.

Abbreviatur *w* [lat.], ↗Abkürzungen.

Abc ↗Alphabet.

Abdruck, Druck eines noch nicht vervielfältigten Manuskripts. *Nachdruck* ist der zweite oder weitere Druck eines A. – ↗Urheberrecht, ↗Verlagsrecht, ↗diplomat. A.

Abenteuerroman *m,* Romanarten wie Schelmen-, Reiseroman, Robinsonade. Blütezeit im 17.Jh.; Vorläufer: das Epos des MA u. die Spielmannsdichtung. Nach der Flut der Ritterromane entstand der ↗Schelmenroman; in Dtl. Gipfel in Grimmelshausens *Simplicissimus* (1688). Defoes *Robinson Crusoe* (1719) ist ein neuer Typ: der A. als didakt. Erziehungsbuch, in Dtl. eth. vertieft in J. G. Schnabels *Insel Felsenburg* (1731). Weitere Spielarten des A.: Räuberroman; exot. Roman; Reise-, See- u. Wildwestroman. Auch der techn.-utop. Roman ist verwandt mit dem A. ↗Aventiure.

Abgesang, in der v. Minne- und Meistersang verwendeten ↗Kanzonenstrophe der dritte und abschließende Teil; voraus geht der ↗Aufgesang. ↗Strophe.

Abhandlung, 1) barocke Bz. für ↗Akt im Drama. **2)** theoret.-wiss. Darstellung eines Problems.

Abkürzungen, *Abbreviaturen,* Kurzformen oft auftretender Wörter und Sätze; schon im Alt. gebräuchl., heute zunehmend häufig. Als A. im bes. Sinn gelten die Zeichen (Sigel) für best. Wörter (§ = Paragraph). Verfahren bei allg. gebräuchl. A.: a) nur Anfangsbuchstaben (BGB), b) Anfangssilbe ausgeschrieben, folgende abgekürzt (geb.), c) nur Teile des Worts (bzw.).

Absolute Poesie, frz. *poésie absolue,* in der Nachfolge der Theorie E. A. Poes, des ↗„l'art pour l'art" u. des frz. ↗Symbolismus Dichtung, die den Vorrang der Form über das Stoffliche bis zu dessen Vernichtung radikalisiert. ↗poésie pure.

Abstraktion *w* [lat., Ztw. *abstrahieren*], **1)** *Philosophie:* der zur Begriffsbildung notwendige Prozeß der gedankl. Loslösung eines übereinzelnen Gehalts aus einem individuellen Seienden. **2)** *Ästhetik:* Bz. für die vom Gegenständlichen wegführenden Tendenzen, z.B. in moderner Lyrik (Valéry u.a.).

absurd [lat. = mißtönend], unverständlich, widersinnig. Der Begriff des A. wurde bes. durch die Existenzphilosophie zur Bz. für die Lage des modernen Menschen; im Aushalten des A. sieht A. Camus in seiner Umdeutung des *Mythos von Sisyphus* eine neue Würde des Menschen.

Abenteuerromane der Weltliteratur

Ritterromane des Mittelalters
Chrétien de Troyes: *Erec; Yvain; Cligès; Lancelot; Perceval*
Hartmann von Aue: *Erec; Yvain*
Amadis-Roman (1508)

Europäische Schelmenromane
Lazarillo de Tormes (1554)
H. J. Ch. von Grimmelshausen: *Simplizissimus* (1668)
A. R. Lesage: *Gil Blas* (1715–35)

Neuere Abenteuerromane
D. Defoe: *Robinson Crusoe* (1719)
H. Fielding: *Tom Jones* (1749)
J. F. Cooper: *Lederstrumpf* (1823–41)
A. Dumas d. Ä.: *Der Graf von Monte Christo* (1844) *Die drei Musketiere* (1844)
J. Verne: *Reise um die Erde in 80 Tagen* (1872)

Absurdes Theater

Alles ist auf dem Theater möglich: man kann Figuren Fleisch werden lassen; aber auch Ängste und Gegebenheiten einer unsichtbaren Innenwelt vermögen körperliche Gegenwart zu gewinnen. Es ist daher nicht nur erlaubt, sondern geboten, die Requisiten mitspielen zu lassen, den Dingen Leben zu geben, das Bühnenbild einzubeziehen und gewisse Symbole szenisch zu verwirklichen.

(E. Ionesco: *Ganz einfache Gedanken über das Theater*)

Absurdes Theater, vor allem in Fkr. gepflegte, v. den frz. schreibenden E. Ionesco u. S. Beckett exemplar. vertretene Form des modernen Dramas, in der das Weltgefühl des ↗Absurden formbildend wird: statt log. geordneter Handlung ein Treten auf der Stelle ohne eigentl. Anfang u. Schluß, statt agierender Personen passive Figuren an der Grenze zur Marionette, statt dramat. Dialogs richtungsloses Geschwätz. Das A.T. bricht mit allen Traditionen des europ. Dramas u. seinen Formelementen; Ionesco spricht v. „Antistücken". Weitere Autoren des A.T.: J. Tardieu, A. Adamov, H. Pinter, in Dtl. W. Hildesheimer u. G. Grass *(Die bösen Köche).*

Académie française [akademi frañßäs], in Paris 1629 gegr., 1635 v. Richelieu zur nationalen Anstalt erhoben; wurde maßgebend für frz. Sprache u. Lit.; stets 40 auf Lebenszeit gewählte Mitglieder, die „Unsterblichen".

Académie Goncourt ↗Prix Goncourt.

Accademia della Crusca [it. = Akademie der Kleie], in Florenz, Ges. zur Pflege der it. Sprache; gegr. 1582; beeinflußte stark die it. Lit.-Sprache durch ihr *Vocabulario.*

a. Chr., *a. Chr. n., ante Christum (natum)* [lat.], vor Christi Geburt.

Acta sanctorum [lat.], Slg. v. Heiligenbiographien, bes. die große Ausg. der Bollandisten.

Adonischer Vers, *Adoneus,* antiker Kurzvers, besteht aus einem Daktylus und einem Trochäus; Schlußzeile der Sapphischen ↗Odenstrophe.

ad usum Delphini [lat.], *in usum D.,* zum Gebrauch des Dauphin (frz. Kronprinz); besagt i.ü.S., daß ein lit. Werk für den Schulgebrauch bearbeitet ist.

agglutinierende Sprachen, Sprachen, die ihre Formen durch Anhängen von Affixen bilden, z.B. Türkische Sprachen, Mongolisch, Japanisch. ↗Sprache.

Agitprop, Abk. für *Agitation* u. *Propaganda* im kommunist. Sprachgebrauch. *A.gruppen,* Laienspieler, die mit Mitteln der Volkskunst polit. Agitation treiben.

Agon *m* [gr. = Wettkampf], sportl. u. mus. (Dichtung, Tanz, Gesang, Theater) Wettkampf der Griechen.

Akademie *w* [gr.], urspr. die v. Platon im Hain des Heros Akademos gegr. Philosophenschule (um 387 v.Chr.); während die ‚ältere A.' unter Platons Nachfolgern an Bedeutung verlor, wurden die ‚mittlere' u. ‚neuere A.' (3./2. Jh. v.Chr.) bedeutsam für das Weiterleben der Platon. A. im Röm. Reich bis zu ihrer Auflösung 529 n.Chr. Nach ihrem Vorbild gründete Cosimo de' Medici 1444 in Florenz die *Academia Platonica.* Als Gelehrtengesellschaft entwickelte sich die A. seit dem 16. Jh. vor allem auf den Gebieten der Sprachpflege, der Kunst und der Naturwiss. ↗Accademia della Crusca; ↗Académie française.

akatalektisch [gr. = nicht aufhörend], Bz. für Verse mit vollständ. letztem Versfuß; Ggs. ↗katalektisch.

Akkumulation *w* [lat. = Anhäufung], Aneinanderreihung mehrerer Unterbegriffe für einen Oberbegriff, um den Gesamteindruck anschaulicher zu machen.

Akkumulation

Nun ruhen alle Wälder / Vieh, Menschen, Städt und Felder / Es schläft die ganze Welt ...
(P. Gerhardt)

Akrostichon *s* [gr.], manierist. Formspiel: die Anfangsbuchstaben der Verse im Gedicht ergeben, fortlaufend gelesen, ein Wort (oder mehrere), z. B. den Namen des Autors.

Akrostichon
(aus einem Gedicht v. François Villon)

Voulez vous que verté vous die?
Il n'est jouer qu'en maladie,
Lettre vraie qu'en tragedie,
Lâche homme que chevalereux,
Orrible son que melodie,
Ne bien conseillé qu'amoureux.

Akt *m* [lat.], *Aufzug,* in sich geschlossener Handlungsabschnitt eines Dramas im Ggs. zu den einzelnen Szenen (Unterabschnitten). Einteilung des Dramas in 3 oder 5 Akte seit der Antike; 5 Akte im klass. Drama. In G. Freytags Schema enthält der 1. Akt die ↗Exposition, der 2. die steigende Handlung, der 3. Höhepunkt u. Umschwung (↗Peripetie), der 4. die fallende Handlung, der 5. (in der Tragödie) die Katastrophe. Seit Ende des 19. Jh. werden mehr u. mehr andere Formen (Drama in 4 Akten, Einakter) bevorzugt.

Akzent [lat. *accentus* = Hinzugesang], Hervorhebung betonter Silben im Wort *(Wort-A.)* oder Redeteile im Satz *(Satz-A.)* durch Tonstärke *(dynam., exspirator. A.)* oder Tonhöhe *(musikal. A.).*

Akzent

Dynamischer Akzent: Germanische Sprachen
Musikalischer Akzent: Altgriechisch Litauisch (noch heute)

akzentuierende Dichtung. Dichtung, in der im Vers die rhythm. Akzente nach dem natürl. Wort-Akzent verteilt sind; ↗Metrik.

A-la-mode-Literatur *w* [-mod-, frz.], Nachahmung frz. Dichtung in Deutschland im 17. Jh.

Album *s* [lat. = das Weiße; Mz. Alben], ↗Stammbuch.

Alexanderdichtungen, beliebter Sagenstoff im MA. Grundlage: der abenteuerl.-phantast. ausgeschmückte griech. Alexanderroman, bes. der des Pseudokallisthenes (200 v. Chr.).

Alexanderdichtungen
(meist Versromane)

Frankreich
Albéric de Briançon
Lambert le Tort
Alexandre de Bernay
J. Racine: *Alexandre le grand* (Tragödie)

Deutschland
Pfaffe Lambrecht: *Alexanderlied*
Rudolf v. Ems
Ulrich v. Eschenbach
Großer Alexander (Dichter unbekannt)
Prosabearbeitungen (u. a. von Johann Hartlieb)

Alexandriner, nach dem altfrz. Alexanderroman, der ihn verwendet, benannter repräsentativer Vers des frz. Dramas, aber auch der Lyrik; besteht aus 12 Silben u. hat nach der 6. Silbe eine deutl. Pause (Zäsur), die in moderner Verskunst oft überspielt wird. In der dt. Lit. als 6hebiger Iambus, doch wirkt er hier wegen der starren Zäsur gestelzt; nur im Barock allg. verwendet.

Alkäische Strophe ↗Odenstrophen.

Allegorie des Herbstes (Francesca Cossa)

Allegorie

Allegorie entsteht, wenn der Verstand sich vorlügt, er habe Phantasie.

(Fr. Hebbel: Tagebuch, 1840)

Alliteration

... *S*oll / er *s*ich *s*elber ziehen die *Z*ähne? / Was gefällt euch nicht / an *P*olitruks und an *P*äpsten ...

(H. M. Enzensberger)

Altnordisch

Westnordisch
Norwegisch
Isländisch

Ostnordisch
Schwedisch
Dänisch

Allegorese *w* [v. gr. *allegorein* = anders sagen], begriffl. Ausdeutung einer bildhaften Redeweise; v. den griech. Philosophen zur Rechtfertigung der Mythologie u. des Volksglaubens entwickelt; in der jüd. u. christl. Bibelexegese zur Gewinnung eines theol. Sinnes, insbes. aus dunklen oder sinnbildl. Texten verwendet (vgl. Gal 4, 24).

Allegorie *w* [gr.], bewußte Umsetzung eines begriffl. Zshg. in eine bildl. Darstellung; dabei wird das Bild nicht aus sich heraus auf seine Bedeutung hin durchsichtig (wie beim ↗Symbol), hat also kein Eigenleben, sondern wird nur vom gemeinten Begriff her verständl. Die A. tritt oft in Form der ↗Personifikation auf, z.B. Darstellung des Streits v. Tugenden u. Lastern; man spricht dann v. *allegorischen Figuren* (z.B. Iustitia mit Waage u. Augenbinde). Bes. im MA u. Barock Kunstmittel für theolog. und mytholog. Aussagen; in oft maßloser Häufung gebraucht.

Allgemeine Literaturzeitung, 1785 v. Bertuch u. Wieland gegr. lit.-krit. Zschr.; u.a. Goethe u. Schiller als Mitarbeiter.

Alliteration *w* [lat.], gleicher Anlaut der betonten Silben bei mehreren Wörtern (z.B. *mit Mann und Maus, mit Kind und Kegel*); als ↗Stabreim ältestes Versbindungsmittel der altgerm. Dichtung, als zusätzl. Klangmittel der Lyrik bis heute oft gebraucht.

allwissender Erzähler, Kennzeichen älterer Romantechnik: der E. hat totalen Überblick über das Geschehen, sein Blickwinkel umfaßt alle Hintergründe, das Denken der Figuren usw. ↗Erzähler.

Almanach *m* [arab.], wiss. oder schöngeistiges Jahrbuch; urspr. astronom. Kalender mit belehrenden u. unterhaltenden Beiträgen.

Alphabet *s* [gr.], Gesamtheit der als Symbole für die Laute stehenden Schriftzeichen einer Sprache. Die Bz. geht auf die ersten Zeichen des griech. A. zurück: *Alpha, Beta;* der Name A. zuerst bei Tertullian. Bz. für das deutsche A.: Abc. ↗Schrift.

Alternationstheorie *w* [lat.-gr.], besagt, daß im frz. Vers Hebungen u. Senkungen regelmäßig wechseln *(alternieren);* bis heute vertreten, entspricht jedoch nicht dem frz. metr. System.

alternierende Verse, Verse mit regelmäßigem Wechsel v. einsilbiger ↗Hebung u. einsilbiger ↗Senkung; als ↗Iambus oder ↗Trochäus möglich.

Altes Testament, *AT,* ↗Bibel.

Althochdeutsch ↗Deutsche Sprache.

Altnordisch, die nord. (german.) Sprachen des MA; etwa 8.–15. Jh. Dem A. voraus ging das Urnordische.

Altphilologie *w* [gr.], die Wiss. v. der griech. u. lat. Sprache; i. w. S. die klass. Altertumswissenschaft.

Altsächsisch, eine nd. Sprache (ohne hd. Lautverschiebung), etwa 9. Jh. – Anfang 12. Jh.; erhalten bes. im *Heliand* u. in der *Altsächs. Genesis.*

Amadis-Romane, ben. nach dem bedeutendsten Ritterroman des 16. Jh., vielfach nachgeahmt; älteste erhaltene Fassung um 1492 span.; dt. Bearbeitung im 16. Jh. (24 Bde). Hauptfigur: der Königssohn Amadis v. Gaula (Wales). Das Werk vereinigt ritterl. Ethos des MA mit phantast. Erzählweise frühbarocker Prägung.

Ambiguität *w* [v. lat. *ambigere* = nach 2 Seiten treiben], Doppelsinn, Zweideutigkeit eines Worts; i. w. S. das In-der-Schwebe-Lassen v. Charakteren u. Motiven.

Ambiguität
(Beispiel)

...Hier auf dieses / Jungfräulich blühende Haupt will ich den Kranz / Des kriegerischen Lebens niederlegen, / Nicht für verloren acht ichs, wenn ichs einst, / In einen *königlichen Schmuck* verwandelt, / Um diese schöne Stirne flechten kann.
F. Schiller: *Wallenstein*

(„Königlich" kann im Sinn v. „herrlich" gemeint sein, kann sich aber auch auf Wallensteins denkbaren Griff nach der Krone beziehen, die auf seine Tochter Thekla überginge.)

ambivalent [lat.], doppelwertig, nach entgegengesetzten Richtungen zielend.

Amerikanismen, Wörter u. Redewendungen, die dem am. Englisch (oder Spanisch) gegenüber der europ. Herkunftssprache eigentüml. sind; auch in anderen Sprachen.

Amphibolie *w* [gr. = Zweifel], Zwei- oder Mehrdeutigkeit durch Unklarheit der syntakt. Beziehungen.

Amphitheater *s* [gr. = Rundtheater], röm. Rundtheater mit ansteigenden Sitzreihen um die runde oder ovale Arena.

Amphitheater
(Auswahl)

Rom (Kolosseum; 80 n. Chr.)
Verona
Nîmes
Arles

amplificatio *w* [lat.], *Amplifikation,* Aufschwellung der Aussageform durch Umschreiben (↗*Periphrase*) u. verhülltes Aussprechen des Gemeinten. Schmuck der dichter. Rede, der manieristisch-barockem Stilwillen entspricht.

Anagramm *s* [gr.], Wortumbildung durch Buchstabenversetzung („Leib – Blei – Beil"); vielfach für Decknamen.

Anaklasis *w* [gr. = Zurückbiegen], **1)** in griech. Metrik Quantitätswechsel zw. benachbarten Silben; führt innerhalb der metr. Einheit zum Wechsel des Versfußes. **2)** bes. im Drama Wiederholung eines Wortes oder einer Wortgruppe mit geänderter Bedeutung durch den Gesprächspartner.

Anaklasis 2)

Terzky: Der Herzog will nicht.
Gräfin: *Will nicht,* was er muß?
(F. v. Schiller: *Wallenstein*)

Anakoluth *s* [gr. = ohne Folge], Satzbruch, grammat. oder log. unrichtige Weiterführung eines Satzes. Oft dichter. Mittel von affektiver Wirkung, so im Drama der ↗offenen Form; z. B. *„Die Primaner dort, die uns weismachen wollen, sie wären was, und der große hagere Primus in ihrer Mitte, und sind Schulknaben wie ich und andere."* (J. M. R. Lenz: *Pandämonium Germanicum.*)

Anakreontik, nach dem griech. Dichter *Anakreon* (6. Jh. v. Chr.; Verf. anmutiger Wein- u. Liebes-

Anakreontiker

F. v. Hagedorn (1708–54)
J. P. Uz (1720–96)
W. L. Gleim (1719–1803)
J. N. Götz (1721–81)
J. G. Jacobi (1740–1814)

In der Art dichteten zeitweise G. E. Lessing, Chr. Wieland, J. W. v. Goethe (bis zur Straßburger Zeit)

lieder) benannte Lyrik dt. Dichter *(Anakreontiker)*, die Überlieferung u. Rokokogeist verschmolzen.

Analecta [Mz., gr. = Ausgelesenes], *Analekten,* Slg. v. Zitaten u. Auszügen aus lit. Werken.

Analytisches Drama, seit der Antike bekannte Sonderform des Dramas: Enthüllungsdrama, in dem alles Entscheidende schon vor Beginn geschehen ist u. das Drama nur die fortschreitende Enthüllung vorführt.

analytische Sprache, bildet ihre Formen durch Umschreibung im Ggs. zur ↗synthet. Sprache (z. B. dt.: *ich habe gelobt* – lat. *laudavi*).

analytische Urteile *a priori* (= vor der Erfahrung), nach Kant Urteile, bei denen das Prädikat im Subjekt enthalten ist: z. B. *Der Körper ist ausgedehnt.* Daneben gibt es synthet. Urteile a priori, in denen das Prädikat etwas Neues hinzufügt, z. B. *Der Körper ist rot.*

Anapäst *m* [gr.], *Metrik:* 3silbiger Versfuß.

Anapher *w* [gr. *anaphora* = Zurückführung], Stilfigur; Wiederholung des gleichen Wortes am Anfang v. Sätzen, Versen. Ggs.: ↗Epipher.

Anastrophe *w* [gr.], Umstellung der syntakt. gebotenen Wortfolge aus rhythm. oder sonstigen klangl. Gründen (Reim); z. B. in Eichendorffs *In der Fremde:* „Aus der Heimat hinter den *Blitzen rot* / Da kommen die Wolken her,…"

Anceps [lat. = schwankend], *antike Metrik:* Silbe, die lang oder kurz gefüllt werden kann; durch ⏓ bezeichnet.

Anekdote *w* [gr. = Nichtherausgegebenes], urspr. mündl. Bericht, später, bes. seit der Renaissance, lit. Kurzform; erzählt ohne schmückendes Beiwerk eine für eine Person, ein Land, eine Zeit bezeichnende Begebenheit, meist geistreich pointiert.

Anfangsreim, ↗Reim am Versbeginn statt am Versende.

Anglizismen, Eigentümlichkeiten der engl. Sprache, die in andere Sprachen übernommen wurden.

Angry Young Men [ängri jang män, engl.], *zornige junge Männer,* Bz. für eine Gruppe gesellschaftskrit. junger Schriftsteller in Engl. nach dem 2. Weltkrieg.

Anhang, zusätzl. Teil eines Schriftwerks, meist fortführend oder erläuternd. ↗Anmerkungen.

Anmerkungen, enthalten bes. in wiss. Werken Erläuterungen, Sacherklärungen, Quellenangaben usw.; als ↗Fußnoten oder ↗Anhang.

Annalen [v. lat. *annus* = das Jahr], jahrweise fortlaufende hist. Aufzeichnungen im alten Rom u. im MA (bes. in Klöstern).

Analytisches Drama

Ich habe mich dieser Tage viel damit beschäftigt, einen Stoff zur Tragödie aufzufinden, der von der Art des Oedipus Rex wäre und dem Dichter die nämlichen Vorteile verschaffte. Diese Vorteile sind unermeßlich, wenn ich auch nur des einzigen erwähne, daß man die zusammengesetzteste Handlung, welche der tragischen Form ganz widerstrebt, dabei zum Grunde legen kann, indem diese Handlung ja schon geschehen ist und mithin ganz jenseits der Tragödie fällt. Dazu kommt, daß das Geschehene, als unabänderlich, seiner Natur nach viel fürchterlicher ist, und die Furcht, daß etwas geschehen sein möchte, das Gemüt ganz anders affiziert, als die Furcht, daß etwas geschehen möchte… Alles ist schon da, und es wird nur herausgewickelt. Das kann in der einfachsten Handlung und in einem sehr kleinen Zeitmoment geschehen, wenn die Begebenheiten auch noch so kompliziert und von Umständen abhängig waren.

(Schiller an Goethe, 2. Oktober 1797)

◡ ◡ –

Anapäst
(Schema)

Anfangsreim

Krieg! ist das Losungswort. / *Sieg!* und so schallt es fort.

(J. W. v. Goethe: *Faust II*)

Angry Young Men

J. Osborne (* 1929)
J. Wain (* 1925)
J. Braine (* 1922)

annominatio *w* [lat.], Häufung verschiedener Formen eines Worts, seiner Ableitungen u. ähnlichklingender Wörter. Stil- u. Klangfigur der antiken Rhetorik, später u.a. der Troubadours u. Dantes, z.B. *selva selvaggia* (Inf. I, 5).

Anonymus *m* [gr.], ungenannter Verfasser eines lit. oder künstler. Werkes. – Anonym erschienen (neben den mdl. überlieferten Volksliedern, -büchern u. -märchen) viele Werke v. Dichtern des 18. u. 19. Jh., z.B. Goethes *Götz*, Schillers *Räuber*.

Anspielung, andeutende Darstellung realer oder lit. Sachverhalte; setzt Kenntnis des Lesers voraus u. ist daher bes. Mittel ↗esoterischer Dichtung, aber auch des ↗Schlüsselromans.

Anthiteton *s* [gr.], Verbindung zweier Satzglieder, die gedankl. im Ggs. stehen; v. Cicero empfohlenes rhetor. Mittel.

Anthologie *w* [gr. = Blumenlese], Slg. ausgewählter Dichtungen verschiedener Verf. nach bestimmten Gesichtspunkten.

Antichristspiele, im MA verbreitete Spiele, die den Kampf des Antichrist um die Herrschaft in der Welt u. seinen Sturz darstellen; um 1160 Tegernseer *Ludus de Antichristo,* um 1170 *Linzer Antichrist;* im 14. Jh. auch dt.-sprachig.

Antiheld, Bz. für den in seinem Personsein reduzierten, Zwängen ausgelieferten „Helden" des modernen, bes. des ↗absurden Theaters. Ansätze seit J. M. R. Lenz (↗Sturm u. Drang) u. G. Büchner erkennbar; auch der *mittlere Charakter* Lessings leitet die Ablösung des Helden schon ein.

antiillusionistisches Theater, Bz. für dramat. Werke, deren Spielcharakter für den Zuschauer stets durchschaubar bleiben soll; sehr häufig im modernen Drama verwirklicht. Formale Mittel: Kulissen, die bewußt als solche gezeigt werden; Anreden ans Publikum aus der Szene heraus (↗Verfremdungs-Effekt); Auftreten eines Erzählers, der die Handlung erläutert (↗Episches Theater); eingestreute kommentierende ↗Songs; Übergreifen des dramat. Spiels auf den Zuschauerraum.

Antike *w* [aus frz. *antique* v. lat. *antiquitas* = Altertum], Bz. für die griech.-röm. Kulturwelt v. Homer bis Konstantin d. Gr. – Höhepunkt (Klassik) der *griech. A.* im 5. u. 4. Jh. v. Chr.: aristokrat. u. demokrat. Staatsformen der „Polis", Philosophie, Dichtung u. Künste, Geschichtsschreibung u. Wiss. bildeten eine kulturelle Einheit, die im Hellenismus auf den gesamten Mittelmeerraum ausstrahlte. Ihre Auswirkungen reichen bis Indien u. China. Auch die islam. Kultur schöpfte aus dem Hellenismus u. ver-

Antiillusionistisches Theater

Verwandlung ohne Vorhang. Die Fassade des Bahnhofs und des Häuschens schweben in die Höhe. Interieur des „Goldenen Apostels", ja es kann sich sogar ein Wirtshausschild von oben heruntersenken, eine vergoldete ehrwürdige Apostelfigur, ein Emblem, das in der Mitte des Raumes schweben bleibt...
(F. Dürrenmatt: *Der Besuch der alten Dame;* aus den Regiebemerkungen)

mittelte antikes Denken an das abendländ. MA weiter. Die *röm. A.*, die das hellenist. Erbe antrat, entwickelte bes. das Recht u. die Institution der Herrschaft. Die Einflüsse der griech. Kultur wurden im Scipionenkreis (Polybios) gepflegt. *„Humanitas"* wurde der röm. Ausdruck für griech. Wesen. Die sog. *Spät-A.* öffnete sich oriental. Einflüssen u. verlor sich, vor allem im rel. u. phil. Bereich, in zahlreiche, z.T. stark gegensätzl. Strömungen. Das im Imperium Romanum entstandene Christentum übernahm die antike Kultur in krit. Auswahl u. Umdeutung, vor allem ihre Sprache, neuplaton. Philosophie, röm. Recht u. Verfassungsformen. Dem *MA* wurde das antike Bildungsgut durch die Klöster vermittelt. Die *Renaissance* brachte die Pflege antiker Kultur in It. (↗Akademie), wo eine neue Lebenshaltung aus antikem Geiste entstand. Der *Humanismus* leistete dasselbe, vor allem durch die Philologie. Größte Bedeutung hatte bes. die röm. A. für die *frz. Klassik* (Corneille usw.), das künstler. u. lit. *Barock* u. die *Aufklärung.* In der dt. ↗Klassik (seit Winckelmann) wurde die griech. A. vorbildlich für die Kunstauffassung u. Lebenshaltung Goethes, Schillers u. W. v. Humboldts. Klassik u. *Neuhumanismus* formten das an der A. orientierte Bildungsideal des 19. Jh., das in vollkommener Ausbildung der Individualität gesehen wurde. Mit Beginn des 20. Jh. trat das Verhältnis zur antiken Kultur in eine Krise.

Antike Versmaße ↗Metrik.

Antiklimax *w* [gr. = Gegenleiter], rhetor. Figur, Umkehrung der ↗Klimax; Reihung v. Aufzählungsgliedern abnehmender Bedeutung, häufig witzig.

Antiklimax

Hamburg ist erbaut von Karl dem Großen und wird bewohnt von 80000 kleinen Leuten...
(H. Heine: *Memoiren des Herrn von Schnabelewopski*)

Antiphon *w* [gr.], seit dem 4. Jh. in der Messe gebräuchl. Wechselgesang zw. 2 Halbchören oder Priester u. Chor. Später auch auf ähnl. Gesänge übertragen (z.B. Marian. Antiphon).

Antiqua *w* [lat.], *Altschrift,* die lat. Druckschrift (im Ggs. zur deutschen, der Fraktur), die sich aus der altröm. Kapitalschrift entwickelt hat u. auf Kreisen u. Quadraten aufgebaut ist.

fluidi erano

Antiqua (Beispiel)

Antistrophe *w* [gr.], Gegenstrophe im griech. Chorgesang, v. der 2. Chorhälfte gesungen.

Antithese *w* [gr.; Bw. *antithetisch*], Gegensatz, Gegenbehauptung, Gegenüberstellung entgegengesetzter Begriffe. Bei Hegel der 2. Schritt im dialekt. Dreitakt: Thesis, Antithesis, Synthesis. Auch als stilist. Mittel verwandt, bes. in der Barock-Lit., in dramat. Rede, im Aphorismus.

Antithese
als Stilmittel

Der Römer des ersten Jahrhunderts hatte schon längst die Knie vor seinen Kaisern gebeugt, als die Bildsäulen noch aufrecht standen, die Tempel blieben dem Auge heilig, als die Götter längst zum Gelächter dienten, und die Schandtaten eines Nero und Commodus beschämte der edle Stil des Gebäudes, das seine Hülle dazu gab. Die Menschheit hat ihre Würde verloren, aber die Kunst hat sie gerettet und aufbewahrt in bedeutenden Steinen; die Wahrheit lebt in der Täuschung fort, und aus dem Nachbilde wird das Urbild wiederhergestellt werden.
(F. v. Schiller: *Über die ästhetische Erziehung des Menschen*)

Antizipation *w* [lat.], Vorwegnahme; Begriff der ↗marxist. Literaturtheorie.

à part [apar, frz. = beiseite], Beiseitesprechen einer Theaterfigur, so daß sie vom Publikum, aber (scheinbar) nicht v. den übrigen Figuren verstanden wird. Mittel des älteren Dramas.

Aphorismus *m* [gr.; Bw. *aphoristisch*], Satz v. sprachl. u. gedankl. Schärfe u. Klarheit, Erkenntnis in mitunter bewußt überspitzter, oft auch paradoxer Form. Bedeutende Aphoristiker u.a.: Montaigne, Gracián, Pascal, die frz. „Moralisten" (La Rochefoucauld, La Bruyère, Vauvenargues, Chamfort), Goethe, Lichtenberg, Novalis, Schopenhauer, Nietzsche, K. Kraus, E. Jünger.

Aphorismus

Nichts kann mehr zu einer Seelen-Ruhe beitragen, als wenn man gar keine Meinung hat.

Wenn ein Buch und ein Kopf zusammenstoßen und es klingt hohl, ist das allemal im Buch?

Heutzutage machen drei Pointen und eine Lüge einen Schriftsteller.

(G. Ch. Lichtenberg)

Apokalypse *w* [gr. = Enthüllung], **1)** *allg.:* eine prophet. Schrift über Lauf u. Ende der Welt. ↗Apokalyptik. **2)** *Offenbarung des Johannes,* Abk. *Apk,* das letzte Buch des NT. Der Seher v. Patmos, Johannes, wohl der Apostel, übermittelt im Auftrag Christi an 7 christl. Gemeinden Kleinasiens „Sendschreiben" u. die geschauten Bilder vom nahe bevorstehenden Endkampf, in dem Christus über Welt u. Antichrist siegt.

Apokalyptik *w* [gr.], prophet.-phantast. Offenbarungsschrifttum v. Endzeitereignissen (mit Mahnreden) u. seine Vorstellungsinhalte; entstand als *jüd. A.* (200 v. Chr. – 100 n. Chr.) in enger Anlehnung an das AT.

apokryph [gr. = verborgen], untergeschoben, unbekannter Herkunft (bei Büchern).

apollinisch u. dionysisch, Gegensatzpaar, mit dem Nietzsche zwei Grundtypen geistiger Welthaltung erfaßt: apollinisch (nach dem griech. Gott Apollo) ist das Streben nach Klarheit, nach rationaler Beherrschung der Welt im Maß; dionysisch (nach Dionysos) ist das dunkle Drängen nach voller Lebensverwirklichung im Überschwang; Nietzsche bekannte sich zum dionys. Leben.

Apologie *w* [gr.], Verteidigungsrede oder -schrift, Rechtfertigung einer Person, Wahrheit oder Handlung (z.B. A. des Sokrates).

Apophthegma *s* [gr. = Ausspruch], kurzer, treffender Sinnspruch.

Aposiopese *w* [gr. = Verstummen], Abbrechen der Rede, so daß das Gemeinte ungesagt bleibt, aber doch fühlbar wird; Stilfigur bes. des offenen Dramas; ihre affektive Kraft kann durch Gestik u. Mimik noch gesteigert werden.

Aposiopese

Penthesilea: Flieht, wenn ihr wollt.

Prothoe: Du willst –?

(H. v. Kleist: *Penthesilea*)

Apostrophe *w* [gr.], in der griech. Rhetorik Wendung des Redners vom bisher Angeredeten an andere Personen, dann auch an Abwesende oder leblose Dinge (auch als Stilfigur in der Dichtung).

Apotheose *w* [gr. = Vergötterung], Verherrlichung.

Apparat *m* [lat.], *wiss. A.:* Lesartenverzeichnis, erläuternde Fußnoten, textkrit. Anmerkungen.

appellative Funktion der Sprache ↗Organon-Modell.

Appendix *m* [lat. = Anhängsel], ↗Anhang oder Zusatz zu einem Buch; enthält bei älteren Autoren oft unechte, doch ihm (fr.) zugeschriebene Werke.

Äquivalenzrelationen [Mz., lat.], sekundäre Ordnungsmuster lit. Texte, die wie die eigentl. textgrammat. Strukturen die Bedeutungsleistung mitbestimmen; z. B. Wiederholungen u. Oppositionen.

Arbeiterdichtung, im 19. Jh. aufkommende, zunächst meist v. bürgerl. Schriftstellern (Heine, Dehmel, Hauptmann) getragene Dichtung sozialkrit. Charakters über den Bereich des Arbeiters; später v. Arbeitern selbst geschriebene Dichtung, bes. vor u. nach dem 1. Weltkrieg; häufig unkrit. u. lyrisch: Bund der *Werkleute auf Haus Nyland,* J. Winckler, H. Lersch, M. Barthel, G. Engelke. Neuere Strömungen der A. (↗Gruppe 61) bemühen sich um die lit. Bewältigung der modernen industriellen Arbeitswelt u. ihrer sozialen Probleme; dabei werden nüchtern-realitätsbezogene Formen (z. B. ↗Reportage) bevorzugt.

Archaismus
als Mittel erzählerisch-historischer Darstellung

Sie wandten auf der Diele des ersten Stockes sich nach links, wo das Vorzimmer war und das Krankenzimmer. Aufsprang der *Kämmerling* und gestikulierte: Was für ein Lärmen, um Gottes Willen, der Herzog schlafe. Den machten sie nieder.
(Golo Mann: *Wallenstein*)

Archaismus *m* [gr.], Weiterleben *archaischer* Formen in Sprache oder Kunst; bes. häufig in it. Lyrik.

Argot *s* [argo], frz. Gaunersprache; älteste Belege aus dem 15. Jh.; lit. verwendet v. F. Villon u. Rabelais, im 19. Jh. im Roman Anklänge (Balzac, Hugo, Sue).

Argument *s* [lat.], **1)** *Rhetorik:* Beweisgrund. **2)** zur Einleitung vorgetragene Inhaltsangabe eines Dramas, z. B. eines lat. Dramas in der Zeit des Schultheaters (16.–17. Jh.).

Arie *w* [it.], **1)** kunstvoller, in sich geschlossener u. gegliederter Sologesang mit Instrumentalbegleitung, vor allem in der Oper. **2)** *Aria,* im 17.–18. Jh. ein liedhaftes Instrumental-, im 17. Jh. auch ein liedhaftes Vokalstück.

aristotelische Dramenform, in Weiterführung der Forderungen, die Aristoteles in seiner „Poetik" an das Drama stellt, Bz. für einen dramat. Stil, der nach handlungsmäßiger, räuml. u. zeitl. Einheitlichkeit, lückenloser Kausalität u. klarer Tektonik strebt. Aristotelisch in diesem Sinn sind vor allem die klass. Dramen der ↗geschlossenen Form; Brecht grenzt sein ↗Episches Theater gegen die a. D. ab.

aristotelische Einheiten ↗Einheiten.

Arkadische Poesie, nach der griech. Landschaft Arkadien ben. Hirten- u. Schäferpoesie, Konstruktion eines unschuldigen müßig-spieler. Lebens mit erot.

Tändelei, schon im Alt. verbreitet (Theokrit, Vergils „Bucolica"), dann in Renaissance u. Barock (Petrarca, Tasso, Sannazaro, Guarini, Opitz, Harsdörffer, Klaj), mit Nachwirkungen im Rokoko. Sonderform: der ↗Schäferroman.

Arlecchino *m* [arlekino, it.], komische Figur der Commedia dell'arte, wurde in Dtl. zum ↗Harlekin. ↗Brighella.

Arsis *w* [gr.], *Metrik:* Hebung (betonte Silbe in dt., unbetonte in altgr. Verslehre).

Ars moriendi [lat. = Kunst des Sterbens], Sterbebüchlein, spät-ma. Lit.-Gattung zur Vorbereitung auf die Sterbestunde.

Ars poetica *w* [lat.], Dichtungslehre; nach Epistel II, 3 des Horaz, die grundlegende Bestimmungen zur Theorie des Dichtens enthält, u. a. die berühmte Formel „Aut prodesse volunt aut delectare poetae": „Nützen" und „Erfreuen" als Anliegen der Dichter. – Viele spätere Werke gleichen Titels, bes. in Frankreich *(Art poétique),* u. a.v. J. Peletier du Mans (1555) u. v. N. Boileau-Despréaux (1674).

Artes liberales [Mz., lat.] ↗Freie Künste.

Asianismus, *asianischer Stil,* in Kleinasien ausgebildeter Stil griech. Beredsamkeit. Begr.: Hegesias v. Magnesia (um 250 v. Chr.).

Asklepiadeischer Vers, nach Asklepiades ben., v. Alkäus u. Sappho verwandt, häufig in Oden, auch bei Klopstock u. Hölderlin. Daraus gebildet die *Asklepiadeische Strophe* (↗Odenstrophen).

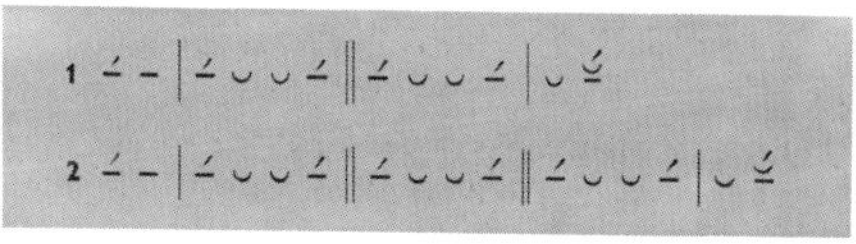

Asklepiadeischer Vers: Schema **1** des kleinen A. V. (Zwölfsilbler), **2** des großen A. V. (Sechzehnsilbler)

Assonanz *w* [lat. = Anklang], Gleichklang nicht der kompletten Versenden (wie beim Reim), sondern nur der Vokale v. der letzten Hebung an. Tritt auf als Vorform des Endreims (altfrz. Dichtung, früheste mhd. Lyrik), aber auch als selbständiges Klangmittel im Ggs. zum Endreim (span. Dichtung, dt. Romantik).

Assonanz
in neuerer deutscher Dichtung, u. a. bei:

C. Brentano: *Romanzen vom Rosenkranz*

H. Heine: *Don Ramiro* (unregelmäßig)

J. v. Eichendorff: Übertragungen aus dem Span. (Cid)

St. George: *Der Widerchrist*

Ästhetik *w* [v. gr. *aisthesis* = Sinneswahrnehmung], **1)** *Philosophie:* i.w.S. die Lehre v. der Sinneserkenntnis, so bei Kant als *transzendentale Ä.* die Wiss. vom a priori der Sinnlichkeit; i.e.S. die Lehre vom ↗Schönen, die bes. v. Baumgarten, Kant, Schiller u. Hegel entwickelt wurde. Sie fragt nach dem Grund des Wohlgefallens, der sowohl in den Gegenständen v. Natur u. Kunst als auch in der ästhet. Anschauung des Menschen selbst zu suchen ist. Die Romantik betonte den transzendenten Grund des Ästhetischen. Die Phänomenologie lenkte die Aufmerksamkeit auf das ästhet. Werterleben; v. hier aus besinnt sich die Ä. der Gegenwart auf den existentiellen Bezug des Kunstwerks. **2)** *Psychologie* u. *Soziologie:* seit 1900 (Fechner, Guyeau) Untersuchung der seel. Voraussetzungen für das ästhet. Erleben im einzelnen u. in der Gesellschaft.

Ästhetizismus *m* [gr.], **1)** *Lebensanschauung* des *Ästheten,* der Schönheit u. Harmonie als höchsten Wert betrachtet. **2)** ein Begriff, der Strömungen in *Lit.* u. *Kunst* bezeichnen soll (etwas im ↗Fin de siècle), in denen das Formale, das ästhet. Genuß bietet, zum einzigen Wert wird, der auch anstelle rel., eth., sozialer Werte tritt.

Asyndeton

Alles rennet, rettet, flüchtet ...
(F. v. Schiller: *Lied von der Glocke*)

Asyndeton *s* [gr. = Unverbundenes], Reihung gleichgeordneter Wörter, Satzteile oder Sätze ohne verbindende Konjunktionen.

Atellane *w,* altröm. Posse mit derbkom. Effekten u. feststehenden kom. Typen.

audiovisuelle Medien [Mz.], techn. Kommunikationssysteme, wie ↗Film, ↗Fernsehen, die opt. u. akust. Eindrücke vermitteln; v. lit. Bedeutung durch Vermittlerfunktion u. Einführung neuer Gattungen (↗Fernsehspiel u.a.).

audition colorée [odißjõn kolore, frz.], Farbenhören, eine Form der ↗Synästhesie.

Aufgesang *m,* Teil der Strophe im ↗Minne- u. ↗Meistersang; besteht aus 2 gleichgebauten ↗Stollen; danach der ↗Abgesang. ↗Strophe.

Aufklärung. Als A. bezeichnet man die kulturgeschichtl. Epoche des Abendlandes, in der die menschl. Vernunft in ihrer „Rationalität" zum allg. verbindl. Prinzip erhoben wurde. Anstelle der religiösen Verbindlichkeit trat die Allgemeingültigkeit des „Natürlichen", das in der *aufgeklärten* menschl. Vernunft als eine die Gegensätze der Menschheit überwindende Autorität erscheint. Die Geistesbewegung hat ihre Wurzeln in Renaissance u. Spätscholastik, entfaltete sich im 17. u. 18. Jh. u. fand ihren gesellschaftl.-polit. Höhepunkt in der Frz. Revolution. – Die *Philosophie* der A. umfaßt verschiedenartige Strömungen, deren gemeinsames Ziel die „Mündigkeit" des Denkens, d.h. seine Autonomie ist. Neben dem Optimismus (Leibniz' Lehre v. der „besten aller Welten") steht der weltkluge Skeptizismus Voltaires, neben der eklekt. Systematik Ch. Wolffs der einseitige Kulturhaß Rousseaus, aber auch die unvoreingenommene geistige Beweglichkeit der frz. Enzyklopädisten (bes. Diderot).

Zum polit.-gesellschaftl. Gedankengut der A. gehören die Ideen der *Toleranz,* der Rechte des Individuums im Staat u. der *Gewaltenteilung* (Montesquieu, Locke). – Das Verhältnis der A. zur Lit. ist wesentl. zweckhaft bestimmt: Lit. entsteht nach bestimmten Regeln u. hat einen moral. Endzweck; die Schlagworte des in Dtl. zunächst tonangebenden J. Ch. Gottsched sind „Vernunft" u. „Natur". Gepflegt wurden besonders die Gattungen, die Lehrhaftigkeit u. Witz verbinden, bes. Lehrgedicht (A. Pope: *Essay on Criticism;* A. v. Haller: *Die Alpen*), Satire (A. Pope: *The Rape of the Lock;* F. W. Zachariae: *Der Renommist;* G. W. Rabener) u. Fabel (wegweisend F. v. Hagedorn: *Versuch in poet. Fabeln u. Erzählungen;* Ch. F. Gellert, G. E. Lessing; I. Krylov). Die (weniger bedeutende) Lyrik war vom Geist des Rokoko (↗Anakreontik) bestimmt. Im Bereich des Dramas Durchsetzung des Bürgerlichen Trauerspiels (bahnbrechend G. Lillo: *Der Kaufmann v London;* G. E. Lessing: *Miss Sara Sampson*); auch Pflege des Lustspiels (G. E. Lessing, P. A. Beaumarchais). Im Bereich der Epik Übergang zum bürgerl. Roman (D. Defoe: *Robinson Crusoe;* J. G. Schnabel: *Insel Felsenburg;* Ch. F. Nicolai, J. T. Hermes; der A. z.T. zuzurechnen sind: S. Richardson, J. Swift, L. Sterne, H. Fielding); breiten Raum nahm der Bildungs- u. Erziehungsroman ein (Voltaire: *Candide,* J. J. Rousseau: *Emile;* J. H. Pestalozzi: *Lienhard u. Gertrud;* Ch. M. Wieland: *Geschichte des Agathon).*

Auflage, Zahl der vom gleichen Schriftsatz hergestellten Exemplare eines Buchs. In wiss. Werken ändert der Verf. häufig vor Neu-A. den Text; daher ist Angabe der A. (oft durch hochgestellte Ziffern vor der Jahreszahl, z.B. ^{2}1973) nötig.

Aufsatz, 1) stilbildende schriftl. Schularbeit, die zur Übung der gedankl. Klärung u. sprachl. Formulierung dient. Verschiedene Formen. Erzählung, Schilderung, Beschreibung, Inhaltsangabe, Erörterung, lit. A.; der *‚Besinnungsaufsatz'* tritt heute in der Oberstufe zurück hinter textbezogenen Aufgaben, z.B. *Précis* (Textverkürzung bei Bewahrung der Information), Auswertung v. Texten anhand genauer Fragen usw. **2)** wiss. Darstellung eines Problems auf beschränktem Raum, meist in Zschr. veröffentl.

Auftakt, alle unbetonten Silben vor der ersten Hebung eines Verses.

Auftritt, *Szene,* Teil des ↗Akts im Drama. In Dramen strenger Form werden die Übergänge zw. A.n nur durch Abgehen oder Auftreten einer oder meh-

auktoriale Erzählsituation

Wenn ich heute über die seltsamen Ereignisse berichten will, die sich jüngst in unserem bisher so unbedeutenden Städtchen zugetragen haben, so muß ich – weil ich es nicht besser verstehe – weit ausholen und mit einigen Einzelheiten aus dem Leben des hochachtbaren und talentvollen Stepan Trofimowitsch Werchowenski beginnen. Diese Einzelheiten sollen nur als Einleitung zu der geplanten Geschichte dienen, die dann noch geschrieben werden soll. Eines vorweg: Stepan Trofimowitsch hat unter uns immer eine, sozusagen, politische Rolle gespielt...

(F. M. Dostojewskij: *Die Dämonen*)

rerer Personen markiert; keine Ortsverwandlung. Eigenständiger ist die Szene in Dramen lockerer Form; Ortsverwandlungen u. Pausen liegen hier zw. den A.n.

Aufzug ↗Akt im Drama.

Augenreim, Reim, der nicht nur Klanggleichheit, sondern auch gleiche Schreibung der Versenden aufweist.

auktoriale Erzählsituation, ist gekennzeichnet durch den auffälligen Gebrauch, den der ↗Erzähler v. seiner „Allwissenheit" macht: er steht souverän über dem zeitl. Ablauf seiner Geschichte, mischt sich mit Rückwendungen u. Vorverweisen ein, schweift erörternd ab.

auktorialer Roman, Roman, in dem die ↗auktoriale Erzählsituation vorherrscht.

Ausgabe, lat. *editio,* ↗kritische A.

Ausgabe letzter Hand, die letzte zu Lebzeiten des Dichters erschienene, v. ihm besorgte Ausgabe.

Autobiographie *w* [gr.], Sonderform der ↗Biographie, Beschreibung des eigenen Lebens (manchmal in Tagebuchform), mit verschiedenen Schwerpunkten: äußere Ereignisse (↗Memoiren), geistige Atmosphäre der Zeit, rel. Entwicklung, Innerlichkeit; im nichtstrengen Sinn schon Augustinus' „Confessiones"; in der Neuzeit, mit der stärkeren Betonung v. Ich u. Subjektivität, zunehmend verbreitet, bes. seit dem 18./19. Jh. (Rousseau, Goethe, Andersen, Amiel). Bes. charakterist. für die Moderne etwa Strindberg u. A. Gide.

Autor *m* [lat.], Verfasser, Urheber.

Autos sacramentales [Mz., span.], geistl. Schauspiele (bes. span. Fronleichnamsspiele) vom 13.–18. Jh. Autoren: Calderón, Lope de Vega, Tirso de Molina.

Aventiure *w* [-türe, mhd., aus dem Frz.], in der mhd. Dichtung gefahrvolles, zweckfreies „Abenteuer" eines Ritters, dessen Bestehen ihm Ehre bringt; auch der Abschnitt einer Dichtung (z.B. im Nibelungenlied); personifiziert als *Frau Aventiure.*

B

Ballade *w* [frz.], **1)** eine Gedichtform, die ein dramat. Geschehen, mit Stoffen meist aus Sage u. Gesch., behandelt. Nach Goethe „Ur-Ei der Dichtung", weil sie in sich dramat., ep. u. lyr. Elemente integriert; unterschieden in Volks- u. Kunst-B. Die B. kommt aus It., Fkr. (Villon) u. Engl.; v. Engl. aus wirkte sie im 18. Jh. auf die dt. Dichtung (Herder, Goethe, Schiller, Bürger); in dieser rückt bes. das Unheimliche u.

Schicksalhafte in den Mittelpunkt. Auch in der Zeit v. Romantik u. Realismus blieb die B. beliebt (Uhland, C. F. Meyer, Fontane); im 20. Jh. meist nur noch epigonal, jedoch etwa v. Brecht neugestaltet. **2)** *Musik:* a) Liedform der Troubadours (2 Stollen, Abgesang, Refrain). b) frz. Kunstlied im 14.–15. Jh. c) die etwa gleichzeitige it *Ballata,* eine volkstümlichere Form. d) Vertonung eines ep. Gedichts, als Sololied u. Chorlied, bes. in der Romantik.

Bänkelsang, im späteren MA Vortrag v. Spielleuten im Festsaal vom *Bänkel* (Bänkchen) aus; im 17.–18. Jh. B. v. Jahrmarktsängern mit ↗Moritaten.

Bar *s,* Liedform der Meistersinger; das regelmäßige, meist 3, 5 oder 7 Strophen umfassende Meisterlied.

Barden, urspr. altkelt. Sänger; seit Klopstock irrtüml. Name für german. Sänger.

Barock *m, s,* wohl v. portugies. *barroco,* „unregelmäßige Perle" (verschiedentl. auch v. dem Namen des it. Malers F. Barocci hergeleitet oder v. der Bz. für eine Formel des als sinnlose Spielerei aufgefaßten ↗Syllogismus), urspr. Begriff im Juwelierhandwerk, dann i. ü. S. von „regelwidrig, schwülstig, sonderbar", seit dem frz. Klassizismus abwertend allg. für die Kennzeichnung der Bildenden Kunst des 17. u. 18. Jh. Diese negative Kennzeichnung verlor sich erst seit dem 19. Jh. mit der wachsenden Erkenntnis des B. als einer in sich geschlossenen, eigenständigen u. schöpfer. Kunstepoche. Zugleich wurde der Begriff über die Kunst hinaus in ständiger inhaltl. Erweiterung auch zur Kennzeichnung der anderen kulturellen Bereiche (Dichtung, Theater, Musik), der Gesellschaft u. der Weltanschauung (Theologie, Frömmigkeit, Philosophie) des 17. u. 18. Jh. verwendet (innerhalb der Bildenden Kunst sogar zur Bz. für bes. bewegte, meist spätzeitl. Stilphasen anderer Kunstepochen: Spät-Antike, Spätgotik, gebraucht). So ist B. heute Ausdruck für das gemeineuropäische Weltbild des 17. u. 18. Jh., das im Ggs. zur Hochrenaissance die Polarität v. Diesseits u. Jenseits nicht mehr in der innerweltl. geschlossenen Form zu binden suchte, aber auch die glaubensmäßig vorgegebene Einheit der ma. Welt als endgültig durchstoßen hinnahm. Zugleich jedoch lebte ma. Tradition wieder auf in dem polaren Weltbild des B., das den Menschen in die Grundspannung Endlichkeit – Unendlichkeit hineingestellt sah. Der B. ist bis heute die letzte wirkl. umfassende Kultur Europas. In fast allen europ. Ländern fand das B.zeitalter seinen eigenen Ausdruck. Die Kultur des B. wurde gesellschaftl.

Barock

Fast durchweg deutet sie die Welt als bloßen Traum, als Illusion, als Nichts, und doch drängt auch in ihr ein heftiger Wille hervor: diesmal der Wille zum Triumph des Wortes, zu allen Wundern der Phantasie, zur Huldigung an den Prunk der Macht, zur Versinnlichung des eben als nichtig erachteten Weltwesens. Sie weiß und predigt das vergänglich Scheinhafte aller Erscheinungen – und saugt sich fest an der Faszination des Scheins.

(H. Friedrich über die [spanische] Dichtung des Barock, aus: *Der fremde Calderón*)

vom Absolutismus u. von der höfischen Gesellschaft getragen. – Bezeichnende Merkmale der Dichtung des B. sind: Spannung zw. Diesseits u. Jenseits, Weltbejahung u. Weltverneinung; Faszination durch die Phänomene Vergänglichkeit u. Tod; Erlebnis der Welt als Bühne u. Spiel, des Lebens als unberechenbar wechselhaft (vom „Glück" bestimmt); allg. Neigung zu Kontrasten, dynamischem Ausdruck u. zur Allegorie. Der B. neigte aufgrund seiner Schaulust, seines Sinns für Szene, formvolles Auftreten, seiner Ergriffenheit v. der Schein-Sein-Problematik ganz bes. zum Theater. Hier trat das Wort oft zurück hinter opt. u. musikal. Mittel, beliebt waren bezeichnenderweise auch Ballett u. Festzüge. – In Engl. erscheint der lit. B. in Werken Shakespeares, bei Milton, dem größten puritan. Dichter, bei Donne, dem bezeichnendsten Vertreter des engl. B., u. bei Bunyan; in Frk. ist der B. klassizist. gemäßigt; in Spanien erfährt er seine eigentl. Vollendung mit Lope de Vega, Calderón, Cervantes. In Dtl. brachte der B. eine Festlegung dichterischer Formen u. einer dt. Metrik in der Poetik v. Opitz (1624). Es bildeten sich ↗Sprachgesellschaften (darin die Lyriker Fleming, Klaj, Harsdörffer, Rist, Zesen, Dach) u. andere Dichtergruppen; gepflegt wurden vor allem Gesellschaftspoesie u. Satire; die gewählte Gattung bestimmte weitgehend den Sinn der Werke. Doch entstand auch eine durchaus persönl. Lyrik, bes. in der Form des Kirchenliedes (Spee, Gerhardt, Angelus Silesius, Gryphius). Die barocke Neigung zur Antithese zeigt sich überall: in der Predigt (Abraham a Sancta Clara), im Gedicht, bes. im Epigramm (Logau) u. im Drama: einerseits das protestant. Schuldrama u. Gryphius' Werke, anderseits das wesentl. vom Theater bestimmte Ordensdrama (der Jesuiten: Bidermann, Avencini; der Benediktiner: Rettenbacher). Bezeichnenderweise entwickelt sich neben dieser Neigung zum Theater als Schau, allg. zum Dekorativen u. Repräsentativen, auch eine weltflüchtige Mystik (Weigel, J. Böhme, Angelus Silesius, Czepko, Kuhlmann). Aus dem roman. Sprachbereich wurde der ↗pikareske Roman übernommen (Ä. Albertinus, Grimmelshausen, J. Beer). Zunehmendes Verständnis gewannen, nach langer Mißachtung, im 20. Jh. auch hochbarocke, manierist. Werke: Lyrik v. Hofmannswaldau, Lohenstein (v. diesem auch Dramen u. Romane); der höf. Barockroman (Hzg. Anton Ulrich v. Braunschweig, A. v. Zigler u. Kliphausen) ist freil., infolge seines gewaltigen Umfangs, unzugänglich geblieben.

Basis-Überbau-Modell, erkenntnistheoret. Modell des Marxismus: als *Basis* gilt die Gesamtheit der ökonom.-materiellen Verhältnisse im Produktionsprozeß, als *Überbau* die der charakterist. Ideen u. Institutionen einer Gesellschaft. Zw. beiden besteht eine *Wechselbeziehung:* der Überbau entspricht, aus ihr herauswachsend, der Basis, wirkt aber zugleich aktiv auf sie zurück; v. hier aus aktivierende Rolle der Lit. u. Kunst.

Bauerndichtung, behandelt den Bauern u. das bäuerl. Leben. Im MA meist als satir. (Neidhart v. Reuenthal) oder, wie in Meier Helmbrecht, als trag. Bild. Lange überwog gegenüber dem „tölpelhaften Bauern" Spott u. Verachtung. Erst im Barock (z.B. bei Grimmelshausen) sah man die soz. Not des Bauern. Nach Pestalozzi *(Lienhard u. Gertrud)* wurde Gotthelf zum bedeutendsten Gestalter echter B. Seit Immermanns Oberhof-Idylle und seit Auerbachs Schwarzwälder Dorfgeschichten war die B. im 19. Jh. fester Bestandteil der Lit., später hob der Naturalismus mehr die Schatten- u. Elendsseiten hervor, während die sog. Heimat- u. Volksschriftsteller (Rosegger, Anzengruber, Thoma, Hansjakob, Löns u.a.) das Bauerntum bejahend schilderten. Anschließend in Dtl. Verfall zur „Blut u. Boden"-Literatur. Von welt-lit. Bedeutung: Reymonts *Bauern,* Hamsuns *Segen der Erde,* Werke v. Ramuz.

Bauerntheater ↗Volksstück.

Beiseitesprechen ↗à part.

Beispiel ↗Exemplum.

Bekenntnisdichtung 1) Abart der ↗Autobiographie, die weniger äußere Erinnerungen als den inneren Werdegang beschreibt. Hauptwerke: Augustinus' *Confessiones,* Rousseaus *Confessions.* **2)** Dichtung, die eine bestimmte Weltanschauung vertritt, meist v. der Person des Autors ausgehend, z.B. Strindbergs *Inferno.*

Belletristik *w* [von frz. *belles lettres*], die „schöngeistige", dichter. Lit. einschl. der Unterhaltungsliteratur.

Bericht, bündige, sachl. Darstellung einer Handlung(-sfolge); oft auf wirkl. Ereignisse bezogen, z.B. Plinius' Bericht über den Vesuvausbruch 79. Dichterisches Kunstmittel bes. in der Novelle; im Drama als ↗Botenbericht.

Berliner Ensemble *s* [-ãñßãñbl^e, frz.], v. B. Brecht im Berliner *Theater am Schiffbauerdamm* geleitetes Ensemble, das den Stil des ↗Epischen Theaters modellhaft entwickelte.

Berner Konvention *w,* internationales Abkommen über das lit. ↗Urheberrecht, 1886 in Bern abge-

Bewußtseinsliteratur

E. Dujardin: *Geschnittener Lorbeer*
H. James (Spätwerk)
J. Conrad (Spätwerk)

Bedeutende Vertreter:
M. Proust: *Auf der Suche nach der verlorenen Zeit*
J. Joyce: *Ulysses*
V. Woolf: *Die Fahrt zum Leuchtturm*
W. Faulkner: *Schall und Wahn*
A. Schnitzler: *Leutnant Gustl*
H. Broch: *Der Tod des Vergil*

schlossen, seither mehrfach revidiert, zuletzt 1967 in Stockholm. ↗Copyright.

Beschreibung [lat. *descriptio*], sprachl. Darstellung eines Gegenstands oder einer Person. Häufig im Roman, bes. des Realismus. Die Problematik des dichter. Beschreibens erörtert Lessing im „Laokoon".

Beschwörungsformeln ↗Zaubersprüche.

Bestiarium *s* [lat.], ↗Tierdichtung.

Bestseller *m* [engl. = Bestverkauftes, d.h. Meistverkauftes], Buch mit überragendem Verkaufserfolg; dieser ist meist v. kurzer Dauer (Ggs. *Longseller, Steadyseller:* Buch mit geringerem, aber anhaltendem Erfolg).

Bestsellerliste, in Zeitabständen veröffentlichte Liste der meistverkauften Bücher, oft getrennt nach Sparten (z.B. Belletristik, Sachbücher).

Betriebsreportage *w* [-tasche, frz.], Form der lit. Darstellung der Arbeitswelt: anstelle künstler. Fiktion werden bezeichnende Details u. nachprüfbare Tatsachen mit dokumentarischem Anspruch aufgezeichnet. ↗Gruppe 61.

Bewußtseinsliteratur *w*, gibt durch erzähler. Mittel wie ↗inneren Monolog u. Assoziationsketten den Bewußtseinsstrom (↗stream of consciousness) der Figuren wieder; bes. im Roman.

Bibel *w* [von gr. *Biblia* = Buchrolle], *Heilige Schrift, Buch der Bücher,* die Gesamtheit der im ↗Kanon des AT u. NT zusammengefaßten hl. *Schriften,* in denen Inhalt u. Gesch. der göttl. Offenbarung niedergelegt sind. Die B. enthüllt die Heilsgeschichte seit der Schöpfung u. dem Sündenfall über den (Al-

1

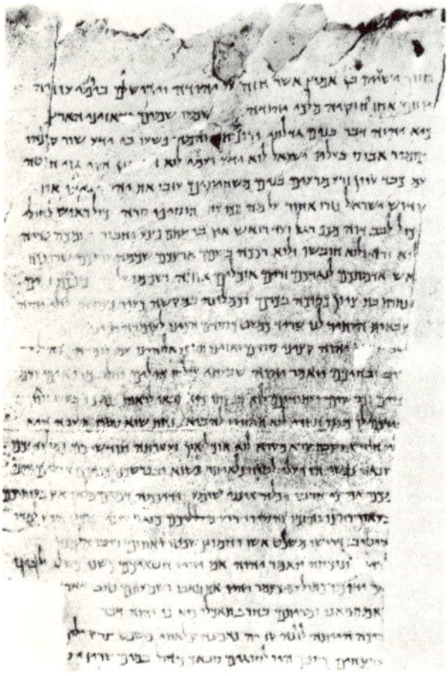

2

Bibel
1 hebräische Isaiasrolle aus Qumran (Lederhandschrift, um 100 v.Chr.)
2 griechisches Johannesevangelium (Papyrus, 200 n. Chr.)

Biblische Bücher
(und ihre Abkürzungen)

Altes Testament

Genesis (= das 1. Buch Mose)	Gen
Exodus (= das 2. Buch Mose)	Ex
Levitikus (= das 3. Buch Mose)	Lev
Numeri (= das 4. Buch Mose)	Num
Deuteronomium (= das 5. Buch Mose)	Dtn
Das Buch Josua	Jos
Das Buch der Richter	Ri
Das Buch Rut	Rut
Das 1. Buch Samuel	1 Sam
Das 2. Buch Samuel	2 Sam
Das 1. Buch der Könige	1 Kön
Das 2. Buch der Könige	2 Kön
Das 1. Buch der Chronik	1 Chr
Das 2. Buch der Chronik	2 Chr
Das Buch Esra	Esr
Das Buch Nehemia	Neh
Das Buch Tobias [griechisch]	Tob
Das Buch Judit [griechisch]	Jdt
Das Buch Ester [mit griechischen Zusätzen]	Est
Das 1. Buch der Makkabäer [griechisch]	1 Makk
Das 2. Buch der Makkabäer [griechisch]	2 Makk
Das Buch Ijob (= Job = Hiob)	Ijob
Die Psalmen	Ps
Das Buch der Sprichwörter (= Die Sprüche Salomos)	Spr
Kohelet (= Der Prediger Salomo)	Koh
Das Hohelied (= Das Hohelied Salomos)	Hld
Das Buch der Weisheit (= Die Weisheit Salomos) [griechisch]	Weish
Das Buch Jesus Sirach [griechisch]	Sir
Das Buch Jesaja	Jes
Das Buch Jeremia	Jer
Die Klagelieder des Jeremia	Klgl
Das Buch Baruch [griechisch]	Bar
Das Buch Ezechiel (= Hesekiel)	Ez
Das Buch Daniel [mit griechischen Zusätzen]	Dan
Das Buch Hosea	Hos
Das Buch Joel	Joel
Das Buch Amos	Am
Das Buch Obadja	Obd
Das Buch Jona	Jon
Das Buch Micha	Mich
Das Buch Nahum	Nah
Das Buch Habakuk	Hab
Das Buch Zefanja	Zef
Das Buch Haggai	Hag
Das Buch Sacharja	Sach
Das Buch Maleachi	Mal

Neues Testament

Das Evangelium nach Mattäus	Mt
Das Evangelium nach Markus	Mk
Das Evangelium nach Lukas	Lk
Das Evangelium nach Johannes	Joh
Die Apostelgeschichte	Apg
Der Brief an die Römer	Röm
Der 1. Brief an die Korinther	1 Kor
Der 2. Brief an die Korinther	2 Kor
Der Brief an die Galater	Gal
Der Brief an die Epheser	Eph
Der Brief an die Philipper	Phil
Der Brief an die Kolosser	Kol
Der 1. Brief an die Thessalonicher	1 Thess
Der 2. Brief an die Thessalonicher	2 Thess
Der 1. Brief an Timotheus	1 Tim
Der 2. Brief an Timotheus	2 Tim
Der Brief an Titus	Tit
Der Brief an Philemon	Phlm
Der Brief an die Hebräer	Hebr
Der Brief des Jakobus	Jak
Der 1. Brief des Petrus	1 Petr
Der 2. Brief des Petrus	2 Petr
Der 1. Brief des Johannes	1 Joh
Der 2. Brief des Johannes	2 Joh
Der 3. Brief des Johannes	3 Joh
Der Brief des Judas	Jud
Die Offenbarung des Johannes	Offb

ten) Bund bes. mit Abraham u. Moses bis hin zu Jesus Christus u. zur Gründung der Kirche. Sie wird seit dem 2. Jh. in die Bücher des AT u. NT eingeteilt. Bezügl. des *Umfangs* der B. stimmen die christl. Kirchen u. Sekten im allg. überein; die ev. Kirchen halten mit den Juden die sog. deuterokanon. Schr. des „AT“ für apokryph. Die *jüd. B.* (das AT) besteht aus 3 Teilen: Gesetz (Thora), Propheten u. Schriften, die kath. Exegese spricht seit alters v. geschichtl., lehrhaften u. prophet. Büchern des AT; ähnlich im NT: Evangelien u. Apostelgeschichte, Apostelbriefe, Apokalypse. – Die *Entstehung* der B. erstreckt sich von ca. 1200 v. Chr. bis ca. 100 n. Chr. Die meisten Bücher werden bestimmten Personen zugeschrieben, sind aber nur z. T. deren Erzeugnisse; insbes. die atl. Bücher haben zumeist eine lange Entwicklung bis zur endgültigen Fassung u. Zusammenstellung (im 6.–2. Jh. v. Chr.) durchgemacht. – Die *Originalsprache* für das AT ist hebr., nur zum geringen Teil griech. oder aram., für das NT griechisch. Nach dem seit dem christl. Alt. in der Kirche festgelegten Kanon umfaßt das AT 45, das NT 27 Bücher (☐ S. 25). – Originalmanuskripte der B. sind in keinem Fall erhalten, doch ist die *Textüberlieferung* zumeist viel besser als bei sämtl. anderen antiken Schr. In den Höhlen v. Qumran u. in der Geniza v. Kairo wurden *Handschriften* aus vorchristl. Zeit mit großen Teilen des AT gefunden (bis zur Jh.wende waren nur atl. Hss. seit dem 9. Jh. bekannt); sehr zahlr. sind die griech. Hss. vom NT: rund 70 Papyri des 2.–7. Jh., rund 250 Majuskel- u. über 2500 Minuskel-Hss. Die bekanntesten Hss. der (wenigstens urspr.) ganzen B. sind der *Codex Vaticanus* u. der *Codex Sinaiticus* aus dem 4. Jh., der *Codex Ephremi rescriptus* (ein ↗Palimpsest) u. der *Codex Alexandrinus* aus dem 5. Jh. – Die *Bibelkritik* sucht als Textkritik den Originaltext möglichst genau zu erforschen, wozu die alten ↗B.übersetzungen v. hohem Wert sind. – Die B. ist eines der erstgedruckten u. das meistgedruckte Buch der Welt. In der Ursprache wurden AT u. NT zuerst in der Antwerpener Polyglotte des Kard. Ximenes (1514 bis 17) gedruckt. Die meistverwendeten Ausgaben des (griech.) NT stammen v. Vogels, Merk u. bes. v. Nestle, des AT v. Kittel.

Bibelübersetzungen Beispiel: Wulfila: Zeilen der got. Bibel (Codex Argenteus)

Bibelübersetzungen, die Übers. des AT aus der hebr. u. des NT aus der griech. Originalsprache. B. wurden notwendig, als nicht mehr alle Juden hebr. bzw. Christen griech. verstanden, u. sind engstens mit der Ausbreitung des Christentums verbunden. Die beiden wichtigsten B. sind die *Septuaginta* (älteste Übers. des AT ins Griech. durch angebl. 72 jüd. Gelehrte in 72 Tagen in Alexandria im 3.–1. Jh. v. Chr.) u. die *Vulgata* (gesamte Bibel ins Latein., um 400; verdrängte die Vetus Latina u. wurde die „Kirchenbibel" des MA u. der kath. Kirche). An alten B. sind noch bes. wichtig die Targumim (aram.), Peschitta (syr., z. T. 2. Jh.), koptische (ägypt.) u. die 1. german. B. des westgot. Bischofs Ulfila. *Dt. B.* gibt es seit dem 8. Jh.; bis zur bedeutsamsten modernen B., jener Luthers, sind über 800 Handschriften dt. B. bekannt (43 Vollbibeln). Die Reformatoren schufen auch sonst zahlr. neue B., die die ma. B. zumeist verdrängten u. bes. durch die Bibelgesellschaften weltweite Verbreitung fanden. – Die ganze Bibel ist heute in über 200, Teile sind in über 1100 Sprachen übersetzt. Mehrfach wurden die B. zum Ausgangspunkt einer Schriftsprache.

Bibliographie *w* [gr.], urspr. Bz. für Buchkunde u. Buchwesen; heute für Verzeichnis v. Schrifttum u. Kunde v. den Schrifttumsverzeichnissen, auch Katalog, Index genannt. Unentbehrl. Hilfsmittel für alle wiss. Arbeiten u. die Praxis der Bibliotheken, des Buchhandels u. der Biliophilie. Sie enthält im allg. folgende Angaben: Verf., Titel, Erscheinungsort u. -jahr (evtl. Aufl.), Verlag, Format u. Umfang des Buches. Das Nachschlagen, auch das Verzeichnen eines Titels in einer B. nennt man *bibliographieren.* Die B. kann nach verschiedenen Ordnungsprinzipien aufgebaut sein, z.B. *alphabetisch, systematisch, schlagwort-* u. *stichwortartig, chronologisch, geographisch.* Nach Umfang u. Inhalt unterscheidet man *allg., nationale, internationale, Fach- u. Personal-B.,* nach Erscheinungsform *abgeschlossene* u. *periodische* u. nach Stil *kritische B.* oder solche mit bloßer Titelaufzählung. Die wichtigsten allg. dt. B. sind die ↗Deutsche B. u. die ↗Deutsche Nationalbibliographie.

Bibliophile *m* [gr.], Bücherliebhaber, sammelt Bücher meist nach ästhet. oder literar. Neigungen unter Berücksichtigung v. Papier, Druck, Illustration, Einband; auch solche mit Seltenheitswert, Erst-, Luxusdrucke, numerierte Ausgaben.

Bibliothek *w* [gr.], **1)** das Gebäude oder der Raum für die Unterbringung v. Büchern. **2)** planmäßige u. nach bestimmten Ordnungsprinzipien angelegte Sammlung v. Lit.-Denkmälern aller Art (Bücher, Handschriften, Zschr.), v. denen die öff. B. einem weiten Benutzerkreis für wiss. Arbeit, Fortbildung oder Unterhaltung zugängl. gemacht werden. Von den *öff. B.* dienen die *wiss. (Staats-, Landes-, Univ.-, Stadt-B.)* der Forschung u. Lehre, die *Volksbüchereien* der Fortbildung u. Unterhaltung. Zu den *privaten B.* gehören auch die Leihbüchereien (hauptsächl. Unterhaltungs-Lit.). Daneben noch *Spezial-B.,* z.B. *Behörden-, Werks-, Instituts-, Fach-B.,* meist jedoch nur für einen begrenzten Benutzerkreis. Die Vermehrung der Buchbestände geschieht durch Kauf (staatl. u. kommunale Zuschüsse), Tausch (mit Univ., gelehrten Gesellschaften), Schenkung u. ↗Pflichtexemplare. Die Bücher sind entweder nach Wissenschaftsgebieten oder nach dem Zugang aufgestellt. Das Erschließen der Bücherbestände, die meist in einem nur dem Dienstpersonal zugängl. *Magazin* aufgestellt sind, geschieht durch für Benutzer vorgesehene ↗*Kataloge,* die Benutzung

Große Bibliotheken der Welt (Auswahl)

	Bände
Lenin-Bibliothek, Moskau (UdSSR)	22000000
Library of Congress, Washington (USA)	14107000
Harvard University Library, Cambridge (USA)	7791540
Bibliothèque Nationale, Paris (Frankreich)	7000000
Bibliothek des British Museum, London (Großbritannien)	6000000
Deutsche Staatsbibliothek, Berlin-Ost (DDR)	4650000
Biblioteca Nazionale, Florenz (Italien)	3900000
National- u. Universitätsbibliothek, Prag (ČSSR)	3600000
Bayrische Staatsbibliothek, München (BRD)	3200000
Staats- u. Universitätsbibliothek, Straßburg (Frankreich)	3000000
Biblioteca Nacional, Madrid (Spanien)	2922600
Königliche Bibliothek, Brüssel (Belgien)	2300000
Bodleian Library, Oxford (Großbritannien)	2300000
Staatsbibliothek, Berlin-West (BRD)	2270000
Nationalbibliothek, Warschau (Polen)	2156000
Staatsbibliothek, Marburg (BRD)	2100000
Universitäts- u. Landesbibliothek, Halle (DDR)	2100000
Universitätsbibliothek, Leipzig (DDR)	2030000
Österreichische Nationalbibliothek, Wien (Österreich)	2000000
Königliche Bibliothek, Kopenhagen (Dänemark)	2000000
Universitätsbibliothek, Uppsala (Schweden)	1800000
Zentralbibliothek, Zürich (Schweiz)	1600000
Staats- u. Universitätsbibliothek, Göttingen (BRD)	1543840
Universitätsbibliothek, Jena (DDR)	1440000
Biblioteca Apostolica Vaticana (Vatikanstadt)	1000000
Königliche Bibliothek, Den Haag (Niederlande)	900000

entweder durch Entleihen *(Ausleihesystem)* oder in einem Lesesaal *(Präsenz-B.)*. Durch *Fernleihe* (nationaler u. int. Leihverkehr) können in einer B. nicht vorhandene Bücher v. anderen B. vermittelt werden.

Biedermeier *s* [Bw. *biedermeierlich*], Bz. für Lebensstil u. Lebensgefühl des Bürgertums im Dtl. u. Östr. der Restauration u. des Vormärz 1815–48; anfangs spött. Name aus L. Eichrodts „Gedichten des schwäb. Schullehrers Gottlieb Biedermaier…", die er mit A. Kußmaul in den Münchener „Fliegenden Blättern" veröffentlichte. Der Politik abgewandt, konzentrierte sich das B. auf eine engbehagl. Häuslichkeit, neigte zum Idyllischen mit philiströsem Einschlag. In diesem Sinne wurde der Begriff noch lange angewandt. Seine Anwendung für die dt. Lit. jener Zeit blieb umstritten, da im strengen Sinn nur für niedere Lit. brauchbar, während Autoren wie Stifter, Grillparzer, Mörike, Keller einerseits „biedermeierl." Elemente vertiefen u. vergeistigen, anderseits in ihrem Gesamtwerk nicht v. diesem Begriff allein aus zu verstehen sind. – Neuere Forschungen betonen bes. das untergründig Dämonische in der Dichtung des B.

Bilderbibel, im Ggs. zur Bibelillustration eine Folge v. Darstellungen bibl. Themen ohne oder mit knappem Text; im MA anstelle einer kostspieligen Gesamtbibel zur Veranschaulichung der Heils-

Bilderbibel: G. Doré, „Moses mit den Gesetzestafeln"

wahrheiten für Laien durch systemat.-symbol. Zuordnung v. Ereignissen des AT u. NT entstanden.

Bilderbogen, im ausgehenden MA Flugblätter für das Volk mit Bildern u. Reimen, die auf Messen u. Märkten vertrieben wurden; dienten der Belehrung oder Belustigung, der Verbreitung volkstüml. Neuigkeiten, aber auch der polit. Propaganda.

Bilderbuch, illustriertes Kinderbuch, das in seinen Darstellungen die Vorstellungswelt des Kindes (v. etwa 2–7 Jahren) ansprechen soll, oft verbunden mit einprägsamen Versen; entstand im späten MA aus mit Bildern versehenen Abc-Büchern; im 19. Jh. durch die aufkommenden Märchenbücher der Romantik sehr gefördert.

Bilderbuch

Bilderlyrik ↗Figurengedicht.

Bilderschrift, *Piktographie, Ideenschrift,* Wiedergabe v. Gedanken u. Sachverhalten durch wirklichkeitsgetreue oder symbol. ausgeführte oder andeutende Bilder; bes. bei den Naturvölkern. Die B. stellt eine ganze Gedankengruppe dar, ohne einen bestimmten Wortlaut festzulegen, z.B. die Schilderung einer Jagd, den Verlauf eines Krieges. Bilder u. bildhafte Zeichen waren die ältesten chines. Schriftzeichen (heute Wort- bzw. Begriffsschrift). ↗Hieroglyphen.

Bildgedicht ↗Figurengedicht.

Bildgeschichte, gibt die Handlung vor allem in Bildern (meist Zeichnungen) mit oder ohne zugeordneten Text wieder; z.B. ↗Bilderbogen, ↗Comics; künstler. Höhepunkt in Dtl. die B.n v. W.Busch.

Bildlichkeit, Gesamtbegriff für die sprachl. u. dichter. Mittel, die abstrakte Sachverhalte anschaul. machen: ↗Metapher, ↗Symbol, ↗Allegorie, ↗Emblem, ↗Chiffre, Vergleich, ↗Gleichnis, ↗Tropen, ↗Metonymie (↗Synekdoche, ↗pars pro toto).

Bildungsdichtung, Dichtung, die Bildungsinhalte aller Art (Mythologie, Philosophie, Religion, Geschichte usw.) voraussetzt, entwickelt oder auf sie anspielt.

Bildungsroman *m,* spezif. dt. Form des ↗Romans, in der die Entwicklung des Helden, wie sie sonst im Entwicklungsroman geschildert ist, wesentl. v. einer bestimmten Bildungsidee bestimmt ist; im strengen Sinn nur Romane der Klassik u. Romantik mit ihrer Bildungsidee der Humanität. Prototyp ist Goethes *Wilhelm Meister;* Vorläufer etwa Wielands *Agathon,* nur sehr bedingt Grimmelshausens *Simplicissimus.* Die Lit. des 19. Jh. (Keller, Stifter, Raabe) brachte Abwandlungen. Im 20. Jh. der B. noch einmal bei Hesse *(Glasperlenspiel);* ironisiert bei Th. Mann. Muster des B. häufig auch in Romanen anderer Tendenz, in der Ggw. meist parodiert u. in ihrem Sinn umgekehrt.

Binnenreim, der Reim zweier Wörter innerhalb derselben Verszeile; z.B. „Im *Lenzen* da *glänzen* die duftigen Auen".

Biographie *w* [gr.], **1)** Darstellung des Lebenslaufs eines Menschen, der durch besonderes Schicksal als bemerkenswert gilt oder als für Denken u. Fühlen seiner Zeit repräsentativ angesehen wird; steht als Kunstform zw. Geschichtsschreibung u. Dichtung. Im Alt. schrieben Sueton u. Plutarch wichtige B.n; im MA wog die ↗Hagiographie vor; die erste moderne B. ist Boccaccios *Leben Dantes,* ein bedeutender engl. Beitrag J. Boswells *Life of Dr. S. Johnson.* Wachsende Zahl v. B.n seit dem 19. Jh. mit der Ausbildung der Geschichts-, Lit.-, Musik- u. Kunst-Wiss.; in der Ggw. häufig popularisierende, belletristische B.n (wie v. E. Ludwig, A. Maurois). Eine Sonderform ist die ↗Autobiographie. **2)** Sammelwerk, das kurze Lebensbeschreibungen mit bibliograph. Angaben vereint, wie die Allg. Dt. Biographie.

Bîspel *s* [mhd. = lehrhafte kurze Erzählung, Fabel, Gleichnis], ep. Kurzform des dt. MA, meist in Versen; Anlehnung an das ↗Exemplum.

Bitterfelder Bewegung, v. zwei Konferenzen in Bitterfeld (1959 u. 1964) ausgehende Bemühung der DDR, engere Kooperation v. Schriftstellern u. Arbeitswelt zu erreichen; führte zur Gründung v. *Zirkeln schreibender Arbeiter* u. ähnlicher Einrichtungen.

Blankvers, reimloser Vers mit 5 Hebungen, iambisch. Urspr. frz., dann bei Shakespeare, anderen engl. Dramatikern u. bei Milton; in Dtl. zuerst bei J. E. Schlegel, Wieland, Lessing; bes. im klass. dt. Drama.

Blankvers

Schema

x x́ x x́ x x́ x x́ x x́ (x)

Beispiel
Heraus in eure Schatten, rege Wipfel / Des alten, heil'gen, dichtbelaubten Haines...
(J. W. v. Goethe: *Iphigenie auf Tauris*)

Blaue Blume, Wunderblume des Märchens, soll zu verborgenen Schätzen führen; seit Novalis' Roman *Heinrich v. Ofterdingen* Symbol romant. Sehnsucht.

Blaue Blume

Der Jüngling lag unruhig auf seinem Lager und gedachte des Fremden und seiner Erzählungen. Nicht die Schätze sind es, die ein so unaussprechliches Verlangen in mir geweckt haben, sagte er zu sich selbst; fernab liegt mir alle Habsucht: aber die blaue Blume sehn' ich mich zu erblicken. Sie liegt mir unaufhörlich im Sinn, und ich kann nichts anders dichten und denken.

(Erste Erwähnung in Novalis' *„Heinrich von Ofterdingen"*)

blindes Motiv, *stumpfes M.,* in einer Dichtung anklingendes, aber nicht weiter durchgeführtes ↗Motiv; findet z.B. in Kriminalromanen (berechtigte) Verwendung.

Blockbücher, Bücher aus einseitig bedruckten, mit den leeren Rückseiten aufeinandergeleimten Holztafeldrucken; eine Frühform des Buchdrucks aus dem 15. Jh., vor allem in Dtl. u. in den Niederlanden. Sie enthielten bildl. Darstellungen, meist fortlaufende Bilderbogen, mit Texten, die anfangs v. Hand geschrieben, dann aber auf der Holztafel mit eingeschnitten wurden. Die B. dienten der wohlfeilen Verbreitung v. Erbauungs- u. Unterhaltungsliteratur (Armenbibel, Ars moriendi, Heilsspiegel, Totentanz, Kalender, Wahrsagebücher u. a.).

Blut- und Boden-Literatur, pseudovolkstüml., v. rassist. Heimatideologie geprägte Lit. bes. der Zeit nach 1933 in Dtl.

Bonmot [bõnmo, frz.], witziger, treffender Ausspruch.

Börsenverein des Deutschen Buchhandels e.V., Frankfurt a. M., 1948 gegr. Interessenverband der Buchhändler, Mitbegr. der ↗Deutschen Bibliothek, führt in der BRD den 1825 in Leipzig gegr. Börsenverein der Dt. Buchhändler fort, der die ↗Deutsche Bücherei schuf.

Botenbericht, dramat. Mittel, schwer darstellbare oder stilist. unerwünschte Vorgänge (Schiffsuntergang usw.) indirekt darzustellen: ein Bote tritt auf u. berichtet davon.

Boulevardtheater *s* [bul^{e}war-, frz.-gr.], vorwiegend nach kommerziellen Gesichtspunkten betriebene, der Unterhaltung dienende private Pariser Theater seit dem 19. Jh.; i.ü.S. auch Gattungsbezeichnung für dort gespielte Stücke.

Bremer Beiträge, eig. *Neue Beiträge zum Vergnügen des Verstandes u. Witzes, 1744* begr., v. K. Chr. Gärtner hg. Zschr., die sich gg. Gottsched wandte; Mitarbeiter u.a. Cramer, J. E. Schlegel, Rabener, Giseke, Gellert; 1748 erschienen hier die ersten 3 Gesänge v. Klopstocks „Messias".

Brevier *s* [lat. *Breviarium*], liturg. Gebetbuch der röm. Kirche, enthält die Psalmen, Lesungen aus der Hl. Schrift, den Kirchenvätern u. Heiligenleben, Hymnen, Orationen, Antiphonen u.ä. für die 8 Tagzeiten (Horen) des kirchl. Stundengebets; entstand durch Kürzung u. Vereinigung der zahlr. Texte des ma. klösterl. Stundengebets im 13. Jh.

brevitas *w* [lat.], antikes Stilideal der Kürze, u.a. von Horaz vertreten.

Brief [v. lat. *brevis* = kurz], schriftl. Mitteilung. Als Mittel des Fernverkehrs v. Person zu Person schon in ältesten Zeugnissen erhalten (auf Tontafeln geritzte B.e der Babylonier u. Assyrer; reges B.wesen in Ägypten). Der durch Cicero geprägte B.stil blieb für das ganze MA verbindlich. Wichtige Zeugnisse altchristl. Glaubenslehre sind die Apostel-B.e. Im MA wurde berühmt der B.wechsel v. Abaelard u. Héloïse. Für die Abfassung amtl. u. diplomat. B.e gab es Formelbücher. Dem Schreibunkundigen dienten berufsmäßige ↗Briefsteller. Ein Meister des seit Mitte 14. Jh. neben den lat. B.en gebräuchlichen dt. B. war Luther. Von It. ausgehend, brachte der Humanismus eine Rückkehr zum lat. B. (Erasmus, Reuchlin, Celtis). Im 17. Jh. vorherrschend: der elegante frz. B. der vornehmen Kreise (Madame de Sévigné), phil. bedeutsam Pascals „Lettres à un Provincial"; B.e der Liselotte v. d. Pfalz. Der dt. B. wurde v. der Empfindsamkeit über Sturm u. Drang zur Romantik zunehmend zum Mittel des persönl. Gefühlsausdrucks; seit dem 18. Jh. (Zeit auch des ↗B.romans) gewinnen B.wechsel den Charakter lit. Zeugnisse, eigenständig neben dichter. Werken oder sie ergänzend (Herder, Goethe, Schiller, die Romantiker); so traten später bis in die Ggw. neben die Ausgaben v. Werken häufig auch B.editionen. Seit dem 19. Jh. allmähl. Verfall der B.kultur außerhalb des dichter. Bereiches (in diesem etwa B.e v. Rilke – v. vornherein für spätere Veröffentlichung geschrieben –, Kafka, Hofmannsthal).

Briefroman
(Werke des 18. Jh.)

S. Richardson: *Clarissa*
J.-J. Rousseau: *La nouvelle Héloïse*
J. W. v. Goethe: *Die Leiden des jungen Werthers*
F. Hölderlin: *Hyperion*

Briefroman, ganz oder teilweise in Brief-(auch Tagebuch-)Form geschriebener Roman; erstes Beispiel: Enea Silvio de' Piccolomini mit *Euryalus u. Lucrezia* (1444); stark entfaltet im 18. Jh.

Briefsteller, urspr. Beruf; dann Anleitung zum Verfassen v. Briefen (ars dictandi); Slg. v. Musterbriefen für typ. Anlässe.

Brighella [brigela], die typ. Figur des verschmitzten Dieners in der it. Volkskomödie; ersinnt die Intrigen, die *Arlecchino* ausführt.

Broadway-Theater [brådwe^{i}-], Bz. für die am Broadway nah zusammenliegenden (privaten) Theater New Yorks; wichtigstes Theaterzentrum der USA.

Broschüre *w* [frz. = Heftung], dünne, nur geheftete Druckschrift meist aktuellen Inhalts.

Buch *s* [ahd. *buoh,* mhd. *buoch,* abgeleitet v. den german. Schreibtafeln aus Buchenholz], fr. Bz. für die Zusammenfassung beschriebener Blätter, heute im allg. ein techn. vervielfältigtes Schriftwerk aus Papierblättern oder -bogen, die durch Heftung

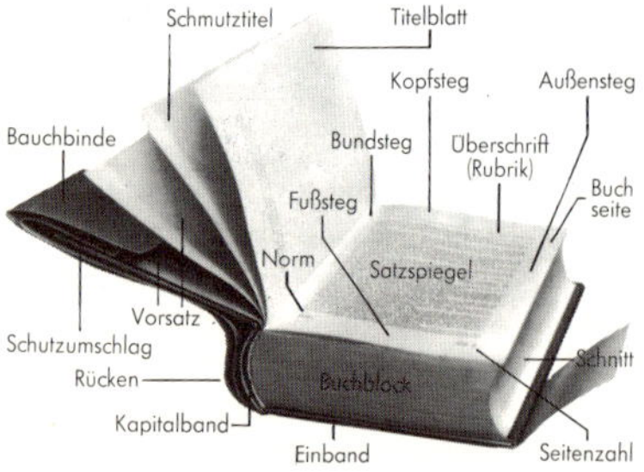

Buch: Benennung der Teile

Bucheinband
links: Vorderseite des Codex Aureus aus St. Emmeram,
rechts: sogenannter Theophanus-Buchdeckel (11. Jh.)

oder Klebung zusammengehalten u. in eine Einbanddecke oder einen Umschlag eingebunden werden. Die Vorläufer des B. sind die Tontafeln des babylon. Kulturkreises, die ↗B.rolle aus ↗Papyrus oder ↗Pergament u. der ↗Codex der Spätantike u. des MA. Der Gebrauch des Papiers u. die Erfindung des B.drucks im 15. Jh. ermöglichten die Entwicklung des B. zu seiner heutigen Form. Durch die fortschreitende Industrialisierung im 20. Jh. wurde das B. zur Massenware; bes. die im Rotationsverfahren gedruckten Bücher in großen Auflagen, so auch der Typ des billigen *Taschen-B.,* suchen dem allg. B.bedürfnis nachzukommen.

Buchdrama ↗Lesedrama.

Buchdruckerkunst, *Typographie,* „Schwarze Kunst", die Kunst des Buchdrucks mit bewegl. Lettern u. Druckstöcken, d.h. das Herstellen der bewegl. Lettern, Zeilen u. Druckstöcke sowie das Setzen u. Drucken. Ihr Vorläufer ist der Holztafeldruck, der zur Herstellung von ↗Blockbüchern diente. Erst Gutenberg schuf die einzelnen Buchstabentypen, die zu Wörter u. Zeilen zusammengesetzt werden konnten. Von Mainz u. Straßburg ausgehend, entstanden bis 1500 ca. 200 Druckereien, die die sog. Wiegendrucke (↗Inkunabel) herstellten.

Bucheinband, seit Einführung des ↗Codex v. künstler. Bedeutung. Im frühen MA wurden bes. die Deckel liturg. Bücher mit kostbaren Elfenbeinschnitzereien u. Goldschmiedearbeiten verziert, im späten MA kamen lederbezogene Holzdeckel mit blind eingepreßten Ornamenten auf. In der Renaissance ersetzte Pappe das Holz; goldgepreßte Ornamente belebten bes. in It. u. Fkr. den Lederüberzug.

Buchformate
nach Zahl der Blätter
Folio
Quart
Sext
Oktav
Duodez
nach Höhe der Buchdeckel:
Kleinoktav (bis 18,5 cm)
Oktav (bis 22,5 cm)
Großoktav (bis 25,0 cm)
Quart (bis 35,0 cm)
Folio (bis 45,0 cm)

Im 19. Jh. schwanden Interesse u. Geschmack für den B., bis in den 80er Jahren v. Engl. eine Neubelebung der Buchkultur ausging.

Buchformate [Mz.], bezeichnen die Größe v. Büchern; ben. nach der Zahl der Blätter, die sich beim Falten des Bogens ergibt; heute allg. nach der Höhe der Buchdeckel.

Buchgemeinschaft, *Buchgemeinde, Buchklub,* ein Verband, der seine Mitgl. in einem bestimmten Zeitraum zur Abnahme einer festgelegten Anzahl v. Büchern, die – aus eigenem oder fremden Verlagen – zur Auswahl gestellt werden, verpflichtet. Der Anreiz zum Beitritt liegt in einer durch hohe Aufl. ermöglichten verbilligten Abgabe des Buches.

Buchhandel
(Formen)
Verlags-B.
Herstellung
Sortiments-B.
Einzelvertrieb im Geschäft
Reise-B.
Einzelvertrieb durch Vertreter
Versand-B.
Postvertrieb nach Katalogen
Export-B.
Einzelvertrieb ins Ausland
Antiquariats-B.
Handel mit gebrauchten Büchern, Remittenden usw.
ferner:
Kommissions-B.
Auslieferungslager v. Verlagen
Bahnhofs-B.
Warenhaus-B.
Buchgemeinschaften

Buchhandel, Wirtschaftszweig, der Herstellung u. Vertrieb v. Büchern, Zeitschriften, Musikalien, Landkarten, Kunstblättern u.ä. besorgt. Der dt. B. ist im ↗Börsenverein des Dt. B. organisiert. Die Geschichte des B. geht bis auf den Handel mit Handschriften im Alt. zurück.

Buchillustration *w* [lat.], die künstler. Ausschmükkung v. Büchern durch Graphik (im Ggs. zur Buchmalerei; ↗Miniaturmalerei), seit ca. 1470 zunächst durch den schon beim Blockbuch verwendeten Holzschnitt (anfangs koloriert); Blüte Ende 15. – Mitte 16. Jh., in Dtl. durch Altdorfer, Baldung, L. Beck, Burgmair d. Ä., Cranach d. Ä., Dürer, Holbein d. J., Urs Graf, Weiditz, den Petrarcameister u. a., nach der Jh.mitte auch durch Jost Amman; Höhepunkte sind einige v. Ks. Maximilian I. beauftragte Bücher (Gebetbuch, Theuerdank, Weißkunig). Seit der 2. Hälfte des 16. Jh. herrschte der Kupferstich vor, bes. auch für Atlanten (u. a. Braun-Hogenberg, M. Merian), Kosmographien, naturwiss. u. kulturgeschichtl. Werke. Bedeutend waren die prot. Bibelillustrationen in Dtl. u. den Niederlanden im 17. Jh. Dann wurde Fkr. bis weit ins 18. Jh. führend. Der Barock schmückte bes. das Titelblatt. Zu Titelkupfern u. ganzseitigen Bildern traten den Text umspielende Vignetten u. Ornamente. Bedeutende Vertreter: u.a. Eisen, Fragonard, Gravelot, Moreau le Jeune, Chochin d. J., Boucher. Ihre Meisterschaft sonst nur vereinzelt erreicht (Dtl.: Chodowiecki, Schweiz: Gessner, Engl.: Hogarth). Erneuerung der B. Ende 18. Jh. v. Engl. aus, z.T. mit neuen Techniken (u.a. Blake, Bewick) u. bei stärkerer Rückwendung zum Holzschnitt. Die Erfindung der Lithographie (A. Senefelder) führte zu neuerl. Aufschwung. Großartige Leistungen der B. in den verschiedenen graph. Techniken erbrachten in Dtl. u.a. Richter, Kaulbach, Menzel, Schwind, Rethel, in

Buchillustration v. E. L. Kirchner zu Heyms *Umbra vitae*

Fkr. Delacroix, Doré, Daumier, Gavarni, Grandville. Gegen die Qualitätsminderung im Gefolge der neuen photomechan. Druckverfahren wandte sich seit den 90er Jahren eine Reformbewegung bes. v. Engl. her (Morris, Crane, Beardsley), die auch Buch u. B. wieder als organ. Einheit behandelte. Das 20. Jh. geht in Stil u. Technik verschiedene Wege bei zahlr. künstler. reifen Leistungen, u.a. von Corinth, Picasso, Braque, Maillol, Matisse, Slevogt, Barlach, Masereel, Kokoschka, Kirchner, Chagall, Kubin.

Buchklub ↗Buchgemeinschaft.

Buchmesse, jährl. im Sept. oder Okt. stattfindende Schau in- u. ausländ. Bücher in Frankfurt a. M. Schon im 16. Jh. fanden in Frankfurt a. M. u. Leipzig Buchhändlermessen statt; die Frankfurter B. wurde jedoch bald v. der Leipziger B. verdrängt, die bis zum 2. Weltkrieg große Bedeutung hatte. 1949 wurde in der BRD die *Frankfurter B.* neu belebt.

Büchner-Preis, ben. nach dem Dichter G. Büchner, 1923 vom hess. Landtag gestiftet; 33–45 nicht, seit 51 v. der Dt. Akad. für Sprache u. Dichtung verliehen.

Buchrolle ↗Papyrus.

Buchstabe *m* Schriftzeichen für einen Sprachlaut (↗Schrift, ↗Laut), z.T. auch für mehrere Laute (oder mehrere B.n für einen Laut). Die B.n sind meist zusammengefaßt im ↗Alphabet. In vielen Sprachen entsprechen sie nicht den gesprochenen Lauten (hist. Schreibung).

Bühne, beim ↗Theater die Spielfläche.

Bühnenanweisung, im Drama zw. den Sprechtext eingeschobene Angaben über Figuren, Äußeres, Bühnenmusik usw.; mitunter sehr umfangreich, bis zur genauen Charakterisierung reichend; auch selbst v. dichter. Gehalt.

Bühnenaussprache, *Einheitsaussprache, Hochsprache,* vorbildl., v. jeder mundartl. Färbung freie Aussprache des Dt. (↗Hochdeutsch), bei Theater u. Rundfunk üblich; im wesentl. beruhend auf Th. Siebs' *Dt. B.* (zuerst 1898).

Bühnenbearbeitung, die Bearbeitung, bes. Kürzung, auch Änderung eines Dramas für die Aufführung.

Bühnenbeleuchtung, Teil der techn. Einrichtung eines ↗Theaters zur Beleuchtung der Szene (Bühnenraum, Schauspieler) mit festen u. schwenkbaren weißen oder (wahlweise) farbigen Lichtquellen u. zur Erhöhung der Wirkung des Bühnenbildes durch Bild- u. Effektprojektoren. Die B. spielt in der modernen Regie eine große Rolle.

Bühnenbild, die Ausgestaltung der Bühne für die

Buchhandel
Buchproduktion der BRD 1971 (Verlagsveröffentlichungen).

Sachgebiet	insgesamt
Allgemeines, Buch und Schrift, Hochschulen	957
Religion, Theologie	2110
Philosophie, Psychologie	990
Recht, Verwaltung	2796
Wirtschafts- u. Sozial-Wiss., Statistik	3660
Politik, Wehrwesen	934
Sprach- u. Literatur-Wiss.	1616
Schöne Literatur	8165
Jugendschriften	2725
Erziehung, Unterricht, Jugendpflege	1799
Schulbücher	1737
Bildende Kunst, Kunstgewerbe	1238
Musik, Tanz, Theater, Film, Rundfunk	677
Geschichte, Kulturgeschichte, Volkskunde	1985
Erd- u. Völkerkunde, Reisen	1184
Karten, Atlanten	1714
Medizin	1252
Naturwissenschaften	2291
schaften	2291
Mathematik	417
Technik, Industrie, Gewerbe	2325
Handel, Verkehr	909
Land- u. Forstwirtschaft	
Hauswirtschaft	880
Turnen, Sport Spiele	369
Verschiedenes	50
Kalender und Almanache	177
insgesamt	42957

Aufführung eines bestimmten Werks mit architekton., maler. u. techn. Mitteln. Das B. wird heute als in seinem Charakter funktionell verstanden, als Teil der szen. Interpretation. Der Beginn einer Kunst des B. liegt in Renaissance u. Barock. Jedoch kannte schon die Antike insbesondere eine architekton. Gestaltung der Szene. Die Simultanbühne des MA reihte Bauten aneinander. Schul- u. Jesuitentheater im 16. Jh. verwandten zwar nur Spielfläche mit Vorhängen (ohne Dekorationen), doch anderseits Maschinen, Attrappen u. betonten das Kostüm. Die Entdeckung der Perspektive in It. brachte grundlegenden Wandel: für die nach dem Prinzip der Zentralperspektive gestaltete Bühne waren Prospekte u. für die sog. „Winkelrahmen" bestimmte feststehende Dekorationstypen nötig; mit der Erfindung der ↗Telaribühne wurde eine Verwandlung des B. möglich. Noch bedeutsamer wurde die Erfindung der ↗Kulisse durch Aleotti; diese Dekorationsflächen erlaubten nun vielfache Verwandlung. Renaissance u. Barock bauten die Bühnen meist sehr tief. Der Barock entwickelte Bühnenmaschinerie u. Ausstattung weiter; die Dekoration konnte zum Selbstzweck werden (etwa ohne Dramentext wirken); das Bildhaft-Theatralische stand allg. im Mittelpunkt (z.B. bei Burnacini in Wien; großer engl. Bühnenbildner der Zeit: Inigo Jones). Die Künstler der Familie Galli da Bibiena entwickelten die Winkelperspektive mit großer Raumwirkung. Der Klassizismus verwandte Dekorationsstücke. Bedeutende Bühnenbildner wie Fuentes u. Schinkel neigten zur Architektur, mit der sich bei Schinkel große Prospektmalerei verband. Die hier sich anbahnende Gestaltung des B. aus dem Geist des aufgeführten dramat. oder musikal. Werks heraus trat im 19. Jh. wieder zurück. Erst die ↗Meininger trachteten nach einem hist. getreuen, wirklichkeitsangenäherten B., auch Wagners Musikdramen wurden in realist., detailbestimmten Bühnenbildern inszeniert. An Max Reinhardts Theater wurde der Realismus poetisiert; Reinhardt arbeitete mit großen Malern wie Munch, Slevogt, Corinth. – Wesentl. wurden bes. die Anregungen, die seit der Jahrhundertwende v. den Arbeiten v. A. Appia u. E. G. Craig ausgingen: Tendenzen der Verdichtung u. Abstrahierung, Verwendung des Lichts (auf der Anwendung der Elektrizität beruhend) u. plast. Gebilde als Formelemente. Der Expressionismus (Tairoff, Meyerhold) führte diesen Zug zur Abstraktion weiter; man arbeitete nun auch mit Projektionen. Die Ggw. hat keinen einheitl. Stil des B., sondern schöpft verschiedenste Möglichkeiten aus. Die Abkehr vom Illusionismus hält an, zumindest in der Form, daß ein Stil der Andeutung (statt Ausführung) gepflegt wird.

Bühnenformen, die verschiedenen Ausgestaltungen v. Spielfläche u. Zuschauerraum. Das Theater bestand im Alt. aus dem Szenengebäude (↗Szene) mit der davorliegenden Spielfläche, dem Proszenium, u. den halbkreisförmig ansteigenden Zuschauersitzen (Koilon); meist als Freilicht-T. In Rom halbkreisförmig gebauter Zuschauerraum; die Spielfläche war nach hinten abgegrenzt durch die „Scenae frons". Das Spät-MA entwickelte die Form der ↗Simultanbühne. Die in Engl. entstandene ↗Shakespeare-Bühne lehnt sich noch deutl. an die Theaterbauten der Antike an. Erst mit Renaissance u. Barockzeit setzte sich auf dem Weg über die ↗Terenzbühne u. die Erfindung der ↗Kulisse die bis heute im allg. übl. Form der „Guckkastenbühne" mit festem Rahmen durch. Das moderne Theater bereicherte diese Form durch weitere Entwicklung der Maschinerie (Drehbühne, Schiebebühne, Schnür- u. Beleuchterboden, Kulissen usw.). ↗Freilichtbühne, ↗Gartenbühne, ↗Jahrmarktbühne, ↗Telaribühne.

Bühnenmusik *w*, **1)** in der Oper auf der Szene gespielte Musik (z.B. Bankettmusik in Mozarts *Don Giovanni*). **2)** beim Schauspiel Musik als Bestandteil oder Begleitung der Handlung, durch Ouvertüren, Zwischenaktmusik u. ähnliches.

Bukolik *w* [v. gr. *bukolos* = Rinderhirt], antike Hirtendichtung: Stimmungsbilder in fingierten ländl. Szenen; bes. gepflegt v. Theokrit u. Vergil *(Bucolica)*, Wiederbelebung in der Renaissance (Petrarca, Tasso).

Bürgerliches Trauerspiel, *Bürgerliches Drama*, entstand, nachdem fr. die Tragödie adligen Figuren vorbehalten gewesen war, mit dem Erstarken des Bürgertums im 18. Jh.; kennzeichnend sind bürgerl. Milieu, Konflikt bürgerl. Figuren mit dem Adel, bürgerl. Werte; Darstellungsform: Prosa.

Burgtheater, Staatstheater in Wien, 1741 v. Maria Theresia gegr., 1776 v. Joseph II. zum Nationaltheater erklärt. Unter der Leitung v. J. Schreyvogel (1814–32) u. der Direktion H. Laube (1849–67) wurde der B.-Stil geprägt: harmon. Abstimmung der Einzelleistungen, besondere Sprechkultur.

Burleske *w* [it.; Bw. *burlesk*], derb-kom., possenhaftes Spiel kleineren Umfangs.

Bürgerliches Trauerspiel

England:
Lillo: *The London Merchant* (1730)

Frankreich:
D. Diderot: *Le fils naturel* (1757)
D. Diderot: *Le père de famille* (1758)

Deutschland:
G. E. Lessing: *Miss Sara Sampson* (1755)
G. E. Lessing: *Emilia Galotti* (1772)
F. v. Schiller: *Kabale und Liebe* (1783)
F. Hebbel: *Maria Magdalena* (1844)
O. Ludwig: *Der Erbförster* (1850)

Capitano

Canzo ↗Kanzone.

Capitano *m*,, der aufschneiderische Soldat in der ↗Commedia dell'arte.

Capriccio *s* [kapritscho, it.; frz. *Caprice*], **1)** Laune, Einfall. **2)** *Musik:* einfallsreich-launiges Musikstück. – Durch E. T. A. Hoffmann in lit. Sinn gebraucht: er bezeichnet seine Erz. *Prinzessin Brambilla* als „C."

Captatio benevolentiae *w* [lat. = Haschen nach Wohlwollen], Wendung in Rede oder Schrift, durch die die Gunst des Publikums oder des Angeredeten gewonnen werden soll.

Caricature *w* [-tür, frz.], *La C.,* frz. satir. Zschr. 1830–35, gegr. u. hg. v. Ch. Philipon, lit. Beiträge u.a. v. H. Balzac; berühmt durch Mitarbeit bedeutender Zeichner (Daumier, Grandville u. a.).

Carmen *s* [lat.; Mz. *Carmina*], Lied, Gedicht; auch Zauberformel.

Carmina burana [lat. = *Lieder v. Bura Sancti Benedicti,* d.i. Benediktbeuren], lat. u. dt. Vagantenlieder des 13. Jh. aus dem Kloster Benediktbeuren (Hs. jetzt in München), unter ihnen auch die Gedichte des Archipoeta. Teilweise mit Melodien; neu vertont u.a. von C. Orff.

Carmina Cantabrigiensia, Cambridger Lieder; lat. Liedersammlung aus dem 10./11. Jh.; enthält u.a. geistl. Lieder, Preisgedichte, erot. Lieder.

Cénacle [ßenakl, frz., eig. = Speisezimmer], Gruppe frz. romant. Dichter, die sich um 1823 im *Salon de l'Arsenal* bei Ch. Nodier zusammenfand; das 2. C. bildete sich 1829 um V. Hugo.

Chanson [schãnßõn], **1)** *w,* im MA Sammel-Bz. für weltl. Lieder in frz. Sprache. **2)** *w,* im 15.–17. Jh. mehrstimmige frz. Lieder, bes. bei höf. Geselligkeit. **3)** *s,* seit dem 19. Jh. frechwitziges Lied, bes. in Fkr. oft geistreich u. literar. anspruchsvoll.

Chansons de geste [schãnßõn d° ~~sch~~äßt, frz.], frz. Epen des MA, meist anonym, ca. 80 erhalten, auf hist. Tatsachen oder Sagen beruhend (im Ggs. zu den Ritterromanen). Stoffe bes. aus der Merowinger- u. Karolingerzeit (Karls-, Wilhelms-Epen u.a.). Die ältesten Epen entstanden vor 1100 (darunter die *Chanson de Roland*). Die C. d. g. waren in Strophen v. ungleicher Verszahl geschrieben (↗*Laisses*); im 14. Jh. Prosaumwandlungen.

Chant *m* [schãn, frz.], **1)** Gesang, **2)** Teil eines Epos.

Charakter *m* [gr.], lit. Figur, bes. in Drama u. Roman, die durch eine Vielzahl individueller Eigenschaften gekennzeichnet ist im Ggs. zu einlinigen ↗Typen.

Charakterdrama *s* [gr.], im Ggs. zu ↗Handlungs- u. ↗Ideendrama ein Schauspiel, das sich auf Darstel-

Cénacle

1. Cénacle (1823)

Ch. Nodier
E. Deschamps
A. Deschamps
A. de Vigny
A. Soumet
Ch.-J. de Chênedollé
J. Lefèvre

2. Cénacle (1829)

Ch. Nodier
V. Hugo
A. de Vigny
Ch. A. de Sainte-Beuve
A. Dumas d.Ä.
A. de Musset
E. Devéria
L. Boulanger
D. d'Angers

lung eines besonderen ↗Charakters konzentriert; als ↗Charaktertragödie u. ↗Charakterkomödie.

Charakterkomödie *w* [gr.], Komödie, deren Komik auf dem Charakter der Hauptfigur beruht u. nicht in erster Linie auf kom. Verwicklungen u. Situationen.

Charakterrolle, psycholog. u. darsteller. scharf ausgeprägte Rolle beim Theater, gespielt vom *Charakterdarsteller.*

Charaktertragödie *w* [gr.], Tragödie, die das Tragische aus dem Charakter des Helden, weniger aus äußeren Handlungen hervorgehen läßt.

Charakterdrama

Charaktertragödien
Shakespeare: *Hamlet; Othello; King Lear*
J. W. v. Goethe: *Götz von Berlichingen; Tasso*

Charakterkomödien
Molière: *L' Avare* (Der Geizige); *Le Misanthrope* (Der Menschenfeind)
H. v. Hofmannsthal: *Der Schwierige*

Charivari *m* [schariwari, frz. = Katzenmusik], *Le C.,* frz. satir. Zschr., gegr. 1832; bedeutend durch karikaturist. Beiträge.

Chassidim [hebr. = Fromme], in der jüd. Geistesgeschichte u.a. Bz. für die Anhänger des v. Baal Schem Tov um 1750 gegr. *Chassidismus* (geprägt v. der ↗Kabbala); Betonung der Begeisterung bis zur Ekstase u. Demut im Gebet.

Chevy Chase [tschewi tschei s], engl. Ballade aus dem 15. Jh., die v. Jagd u. Kampf in den Cheviot Hills erzählt (v. J. G. Herder übersetzt); in der *Chevy-Chase-Strophe* geschrieben, die dann auch in Dtl. viel verwandt wurde.

Chevy-Chase-Strophe

x x́ x x́ x x́ x x́
x x́ x x́ x x́
x x́ x x́ x x́ x x́
x x́ x x́ x x́

(Variation der Senkungen ist möglich)

Beispiele in deutscher Lyrik:

G. W. L. Gleim: *Preußische Kriegslieder*
J. W. v. Goethe: *Der Fischer*
Th. Fontane: *Archibald Douglas*
J. Vogel: *Heinrich der Vogler*

Chiasmus *m* [nach dem gr. Buchstaben Chi], Stilfigur: „kreuzförmige" Stellung v. Wörtern oder Wortgruppen aus verschiedenen Begriffsbereichen: Schema ab – ba, z.B. „Himmels Segen, Glück der Erde".

Chiffre *w* [schifre, frz.; aus arab. *sifr* = leer], Ziffer (eig. die Ziffer 0), auch Namenszeichen, Monogramm; der Begriff auch in der modernen Philosophie u. Lit.-Kritik (im Sinne v.: verweisendes Zeichen, Symbol) verwandt.

Choliambus *m* [gr. = hinkender Iambus], antikes Versmaß, ein iamb. Sechsheber, dessen sechster Fuß jedoch ein Trochäus ist.

◡–́◡–́|◡–́◡–́|◡–́–́–

Choliambus

Chor *m* [gr. *choros* = Reigen, Chor], **1)** *allg:* gleichzeitiges Sprechen oder Singen (des gleichen Textes) mehrerer Personen. **2)** *Drama u. Theater der Griechen:* urspr. der um den Altar gelegene Tanzplatz; dann der auf ihm v. Männern, Knaben oder Mädchen getanzte Reigen; die Tanzschar; endlich das den Reigen leitende Tanzlied. Das *C.lied* zeigte zunächst die schlichte, aber schon dreigeteilte Strophe, gewann dann seine große Gliederung im Dreiverband v. Strophe, Gegenstrophe u. Nachgesang u. endete als *Tragödien-C.* in einer v. innen her bestimmten freieren Form. Ihre höchste Ausbildung fand die selbständige *C.lyrik* im 6. u. 5. Jh.

Chor

Wenn die Schläge, womit die Tragödie unser Herz trifft, ohne Unterbrechung aufeinander folgten, so würde das Leiden über die Tätigkeit siegen. Wir würden uns mit dem Stoffe vermengen und nicht mehr über demselben schweben. Dadurch, daß der Chor die Teile auseinanderhält und zwischen die Passionen mit seiner beruhigenden Betrachtung tritt, gibt er uns unsre Freiheit zurück, die im Sturm der Affekte verlorengehen würde.
(F. v. Schiller: *Über den Gebrauch des Chors in der Tragödie*)

v. Chr. durch Lasos, Alkman, Simonides, Pindar u. Bakchylides. – Aus dem Kultlied des Dionysos, dem ↗Dithyrambus, entwickelten sich in Attika Tragödie u. Komödie, indem dem C. ein einzelner als Antwortender gegenübertrat (6.–5. Jh. v. Chr.). Der C., urspr. alleiniger Träger des myth. Berichts, diente zur Deutung u. Kommentierung; er wurde immer mehr in die Rolle eines Begleiters gedrängt, blieb aber in der ganzen antiken Tragödie erhalten, während sich die Komödie seit dem 4. Jh. v. Chr. von ihm löste. Den Versuch einer Wiederbelebung des C. unternahm Schiller in der *Braut v. Messina.* Gelegentl. Verwendung im modernen Drama. – Der C. im Drama kann auch aus mehreren Gruppen bestehen, die sich in Rede u. Gegenrede gegenübertreten (so schon in der Antike).

Choriambus *m* [gr.], aus Trochäus u. Iambus zusammengesetzter Versfuß.

Choriambus
Schema:

– ◡◡ –

Beispiel:
„Immer vergnügt"

Chorlied ↗Chor.

Chrestomathie *w* [gr.], Slg. v. Auszügen aus Dichtungen, Muster-Slg.

Christliche Dichtung, in der Ggw. vielverwandter Begriff, der *i. e. S.* die themat. christliche, z. T. kirchl. bestimmte Dichtung meint (↗Geistl. Dichtung); *i. w. S.* Dichtung, die in wesenhafter Beziehung zum christl. Glauben steht. Der Begriff ist jedoch nicht streng bestimmbar. – Die Dichtung des MA war großenteils in einer selbstverständl. Weise christlich. Die Verselbständigung der Dichtung in der ↗Renaissance, eine schon im 12. Jh. einsetzende Entwicklung, führte zur Möglichkeit einer absolut eigenständigen, innerweltl. Dichtung. Wurde im Barock u. in der Gegenreformation noch einmal, schon im bewußten Gegensatz, eine christl. Welt auch in der Dichtung lebendig (Calderón, Mysterienspiele), so trat danach die C. D. immer mehr in den Hintergrund. Die Bedeutung des Begriffs in der Ggw. beruht auf Phänomenen wie dem „renouveau catholique" in der frz. Lit. Ende des 19. Jh. u. auf einer neuen Auffassung v. Sünde, Schuld u. der Kraft des Bösen in der Wirklichkeit des 20. Jh. (z. B. in Werken v. Bernanos, Mauriac, Greene, Langgässer, R. Schneider, le Fort, Schaper). Gegenbilder aus christl. Geist gestalten etwa Werke v. Claudel u. Eliot.

Chronik *w* [v. gr. *chronikon* = Zeitbuch], eine zusammenfassende geschichtl. Darstellung v. Ereignissen in zeitl. Aufeinanderfolge; umfaßt im Ggs. zu den ↗Annalen größere Zeitabschnitte.

chronikalische Erzählung, histor. Erzählung (auch Roman), deren Perspektive durch einen Chronisten

chronikalische Erzählungen

Erzählungen
C. Brentano: *Aus der Chronika eines fahrenden Schülers*
C. F. Meyer: *Das Amulett*
A. Stifter: *Die Mappe meines Urgroßvaters*

Romane
E. T. A. Hoffmann: *Die Elixiere des Teufels*
Th. Mann: *Der Erwählte*

gebrochen erscheint. In der Rahmenhandlung übernimmt der ↗Erzähler meist die Rolle eines Herausgebers der fingierten Chronik; in dieser oft Nachahmung alter Sprachformen.

Chronogramm *s* [gr.], Merkvers (oft Inschrift) auf ein Ereignis, dessen Jahreszahl zugleich durch (großgeschriebene) Buchstaben als röm. Zahlzeichen ausgedrückt wird.

Chronogramm (Beispiel)
*LV*tet*I*a *M*ater natos s*V*os *D*e*V*ora*VI*t (= Mutter Lutetia [Paris] verschlang die von ihr Geborenen) Jahreszahl: 1572, das Jahr der Bartholomäusnacht (Ermordung der frz. Hugenotten)

Cicerone *m* [tschitsche-, it.], scherzhafte Bz. für beredte Fremdenführer nach dem Redner Cicero; auch kunsthist. Reiseführer, so J. Burckhardts „C. Anleitung zum Genuß der Kunstwerke Italiens".

clausula *w* [lat. = Schluß], ↗Cursus.

clericus *m* [gr.-lat.], in der Spätantike Bz. für den Geistlichen, dann (nach Übernahme der Rhetorenschulen durch die christl. Kirche) für den Gebildeten schlechthin.

Clown *m* [klaun, engl.], urspr. die komische Figur der älteren engl. Bühne; ähnl. dem Hanswurst; später Zirkusfigur.

Close Reading [klo^{u}s riding, engl.-am.], v. histor. Gesichtspunkten absehende, werkimmanente Interpretationsmethode u.a. des ↗New Criticism.

Coda *w* [it.; v. lat. = Schwanz], in der it. Lit. Zusatz zum Sonett: ein Siebensilber, der mit dem letzten Vers des Sonetts reimt, u. ein in sich gereimtes Elfsilben-Verspaar; seit dem 14. Jh.

Code *m* [kod, frz.; ko^{u}d, engl.], *Informationstheorie:* Schlüssel, den Sender u. Empfänger mindestens z.T. gemeinsam haben müssen, damit die Information übermittelt werden kann. In der Sicht der ↗Semiotik ist ein lit. Text vom Autor kodierte Information, die vom Leser zu dekodieren ist. ↗Enkodierung, ↗Dekodierung.

Codex *m* [lat.; Mz. *Codices*], im MA gebräuchl. Buchform anstelle der Buchrolle; bestand aus mehreren Lagen v. gefalzten u. zusammengehefteten Pergament- oder Papierbogen, die durch zwei Holzdeckel, die den Einband bildeten, verbunden waren. Der Name entstand aus den in der Antike für kurze Aufzeichnungen benutzten Holztäfelchen, die, mit Fäden zu Heften zusammengebunden, C. hießen. Die ersten Codices (noch auf Papyrus geschrieben) kamen im 2. Jh. in Ägypten auf. Da die neue Buchform für das Pergament geeigneter, im Ggs. zur Buchrolle beiderseitig zu benützen u. überdies handlicher war, verdrängte sie diese bis zum 4.–5. Jh. vollständig – Allg. werden alte (Pracht-)Hss. als C. bezeichnet.

Comedia *w* [span.], das span. klass. Bühnenstück, in reinster Form bei Lope de Vega: drei Akte (jornadas) in verschiedenen Versmaßen; Tragik u. Komik wechselnd. Zu unterscheiden: ↗*Comedia en capa y espada, C. de teatro,* auch *de cuerpo* oder *de ruido* (hist., rel., mythol. Schauspiele).

Comedia en capa y espada [span.], „Mantel- und Degenstück", Gattung des sprachl. gepflegten span. Intrigenstücks; ben. nach der Kleidung der auftretenden vornehmen Personen *(caballeros).*

Comédie française *w* [komedi frãnßäs], das *Théâtre français* in Paris, Pflegestätte des klass. frz. Dramas, 1680 gegründet.

Comédie larmoyante *w* [komedi larm°ajãnt], *rührendes Lustspiel,* das „weinerliche Lustspiel" in der frz. Lit.; Rührstück mit glückl. Ausgang, entstanden im 18. Jh., vertreten bes. v. N. de la Chaussée; Vorstufe des ↗Bürgerl. Trauerspiels.

Comics [Mz., engl.], *Comic Strips, Comic Pictures,* Bildergeschichten, um 1900 in den USA entstanden, heute v. ungeheurer Verbreitung auch in Europa; entweder ohne Worte oder mit „Sprachblasen" über den Köpfen der Figuren; anfängl. karikierend-witzig in der Darstellung, heute vielfach mit Motiven der Gewalt.

Commedia dell'arte
Callot: Titelblatt
Balli di Sfessania

Commedia dell'arte *w* [it.], die im 16. Jh. entstandene, bes. im 17. Jh. verbreitete it. Stegreifkomödie, gespielt v. Berufsschauspielern, mit feststehenden typ. Figuren oder Charaktermasken, wie Pantalone, Capitano, Dottore, Arlecchino, Colombina. Der Gang der Handlung war gegeben, der gesprochene Text wurde z. T. improvisiert (stützte sich aber auf feststehende u. dann variierte Wendungen). Gegen Goldonis Reformversuch setzte sich das Maskentheater der C. d. a. mit Unterstützung v. Gozzi im 18. Jh. noch einmal in Venedig durch. Große Bedeutung für die Weiterentwicklung der Posse u.

Komödie: Elemente der C. d. a. auch bei Goldoni, Molière wirksam, in der Alt-Wiener Volkskomödie (v. Stranitzky bis Nestroy); Nachwirkungen bis ins heutige Theater.

Commedia erudita *w* [it. = gebildete C.], it. Charakter- u. Intrigenkomödie, stilist. höher als die ↗Commedia dell'arte.

Computer-Lyrik [-pju-, engl.], entsteht durch Programmierung v. elektron. Datenverarbeitungsanlagen mit grammat. u. metr. Gesetzen: der Computer liefert danach grammat. u. metr. „richtige", jedoch durch den Zufall als Kombinationsprinzip „sinnlose" Texte aus gegebenem Wortmaterial, die eine funktionierende, aber absurde Welt spiegeln sollen.

Concetto *s* [-tscheto, it.] ↗Konzeptismus.

Consolatio *w* [lat.], Trostrede; lit. Gattung in der Antike.

Copla *w* [span. = Strophe], span. Gedichtform: in der Kunstlyrik aus 8 Zwölfsilblern, häufiger jedoch die kürzere volkstüml. Form, die vertont wird.

Copyright *s* [-rait], **1)** allg. engl. Bz. für ↗Urheberrecht. **2)** Urheberschutzrecht in den USA an literar. u. künstler. Werken; bei völkerrechtl. Vereinbarungen auch für in andern Ländern (so in Dtl., Östr., der Schweiz) erscheinende Werke erwerbbar. Zeichen: ©.

Corpus *s* [lat.], *Korpus, Sprach- u. Lit.-Wiss.:* spezieller Text als Gegenstand der Analyse.

Correctio *w* [lat. = Verbesserung], rhetor. Figur schon der Antike, aber auch der neueren Literatur: ein schwächerer Ausdruck wird zuerst gesetzt, dann zurückgenommen u. durch einen stärkeren ersetzt.

Correctio

Einige Jahre lang war ich ebenso stark / wie die Obrigkeit und ich überlieferte mein / Wissen den Machthabern, *es zu gebrauchen, / es nicht zu gebrauchen, es zu mißbrauchen, /* ganz wie es ihren Zwecken diente.
(B. Brecht: *Das Leben des Galilei*)

Couplet *s* [kuple, frz.], urspr. Zwischenstrophe eines Solisten, dann kleines witzig-satir. Lied.

Cursus *m* [lat. = Ablauf], *clausula,* Satzschluß in der ma. Rhetorik, nach klangl. Gesichtspunkten in Typen eingeteilt. Entscheidend ist die Stellung der letzten betonten Silbe.

Cursus
(Wichtigste Typen)
cursus planus
xx́x xx́x
cursus tardus
xx́x xx́xx
cursus velox
x́xx xxx́x
cursus trispondiacus
xx́x xxx́x

Dadaismus *m* [v. *dada* als Stammellaut der Kindersprache], radikale Bewegung in Lit. u. Kunst zu Ende des 1. Weltkrieges, ausgehend v. einer Künstlergruppe (H. Ball, H. Arp, T. Tzara, R. Huelsenbeck) in Zürich 1916 („Cabaret Voltaire") u., z.T. unabhängig davon, in Amerika (Man Ray, M. Duchamp, F. Picabia). Er breitete sich bald auch nach Fkr. (A. Breton u.a.), Dtl. (Max Ernst, K. Schwitters, G. Grosz; Zschr. „Dada Club" u. „Der Dada") aus, ging dann großenteils in den ↗Surrealismus über. Der

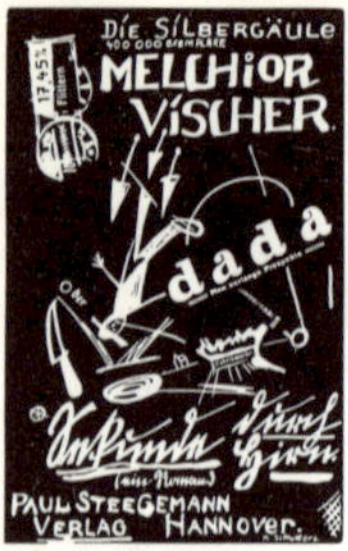

Dadaismus: Buchumschlag

D. verfocht Rückkehr zur kindl. Primitivität, Spontaneität, völligen Bruch mit der künstler. Tradition; er verwandte automat., d. h. nicht rational gesteuertes Schreiben, Auflösung der Syntax, Ausscheiden des Wortsinns zugunsten des Wortklangs bis zur bewußten Unsinnspoesie. Einfluß hatte der D. auch auf die Typographie.

Daktylus *m* [gr. *daktylos* = Finger], *Metrik:* griech. Versfuß: 1 lange Silbe, zwei kurze Silben, Schema: ´–◡◡ durch Zusammenziehung ´– – , durch Auflösung ◡́◡◡◡ ; bes. in Hexameter, Pentameter, Distichon.

Dämpfung, *klassische D.,* v. Leo Spitzer geprägter Ausdruck für eine allg. klass. Stiltendenz, die sich bes. in den Tragödien v. J. Racine zeigt: Ausweichen vor direkter Aussprache des Schockierenden, dessen Milderung durch verhüllende Sprachmittel wie ↗Periphrasen usw.

Dandy *m* [dändⁱ, engl.], Gesellschaftstyp; angeregt v. G. Brummell, trat in Engl. bes. im 19. Jh. in Erscheinung. Durch extravagante Kleidung u. Geisteshaltung ausgezeichnet. Vertreter des lit. *D.tums:* O. Wilde.

Darstellungsfunktion der Sprache ↗Organon-Modell.

Dekadenz *w* [lat.-frz.], **1)** allg. Niedergang, Verfall. **2)** Bz. für eine in der Kultur, bes. in der Lit. des ausgehenden 19. Jh. (↗Fin de siècle) aufkommende Richtung, die sich in Überfeinerung, Zwiespältigkeit, Ästhetizismus äußert; vorher etwa im Weltschmerzgefühl v. Lord Byron; in Fkr. erfuhr die D.-Lit. in der Lyrik Baudelaires *(Fleurs du mal)* höchste künstler. Ausformung; v. ihm beeinflußt sind Mallarmé u. Verlaine. Hauptvertreter der engl. D.: W. Pater, O. Wilde. Im deutschsprachigen Raum bes. in Östr. (unter dem Eindruck des Niedergangs der habsburg. Monarchie) ausgeprägt, wo Tod u. Verfall Hauptthemen sind. Vertreter: A. Schnitzler, H. v. Hofmannsthal. In Dtl. erlangten St. George mit seiner Lyrik u. Th. Mann mit seinen Romanen u. Erz. int. Bedeutung.

Deklamation *w* [lat.; Ztw. *deklamieren*], Vortrag (v. Gedichten), Erklärung; häufig in abfälligem Sinne verwandt. ↗Rezitation.

Dekodierung, *Informationstheorie:* Entschlüsseln der vom Sender im gemeinsam beherrschten ↗Code übermittelten Nachricht durch den Empfänger; Ggs. ↗Enkodierung; v. der neueren Lit.-Wiss. als Grundmodell auch des Verstehens lit. Texte angesehen.

Dekoration *w* [lat.] ↗Bühnenbild.

Denotation *w* [lat.], festgelegte begriffl. Bedeutung eines Worts. ↗Konnotationen.
Detektivgeschichte ↗Kriminalroman.
Deus ex machina [lat. = Gott aus der (Theater)-Maschine], *antikes Theater:* Unheil wurde im Verlauf der dramat. Handlung oft durch einen mit Maschinerie zur Bühne herabgelassenen Gott zum Guten gewendet. – I. ü. S.: plötzliche, unerwartete Hilfe.
Deutsche Bibliographie, bibliograph. Verzeichnisse dt. Buchtitel (Neuerscheinungen u. Neuauflagen) u. Zschr.en; seit 1947 v. der ↗Dt. Bibliothek hg.
Deutsche Bibliothek, für die BRD Nachfolgerin der ↗Dt. Bücherei, Sitz Frankfurt a. M., gegr. 1947; sammelt die gesamte in- u. ausländ. dt.-sprachige sowie die fremdsprachige Lit. des Inlands (auch lit. Schallplatten) seit 45 u. verzeichnet sie in der ↗Dt. Bibliographie.
Deutsche Bücherei, Sammelstelle für das gesamte dt. Schrifttum, Sitz Leipzig, gegr. 1912 vom Börsenverein der Dt. Buchhändler; bearbeitet die ↗Deutsche Nationalbibliographie. Sammelt seit 47 DDR-Lit. ↗Deutsche Bibliothek.
Deutsche Gesellschaften, Vereinigungen zur Sprachpflege, bes. im 18. Jh., nach Vorbild der 1727 v. Gottsched in Leipzig gegr. „Deutschen Gesellschaft".
Deutsche Nationalbibliographie, nach Sachgebieten gegliedertes Verzeichnis des dt.-sprachig erscheinenden Schrifttums, hg. vom Börsenverein der Dt. Buchhändler (↗Börsenverein des Deutschen Buchhandels), bearbeitet v. der ↗Deutschen Bücherei in Leipzig seit 1931. ↗Deutsche Bibliographie.
Deutsche Philologie ↗Germanistik.
Deutsche Sprache, Zweig der germanischen Sprachen, die ihrerseits wieder zu den indogermanischen Sprachen zählen. Sie bildete sich aus den einzelnen Dialekten german. Stämme (bes. im 6.–9. Jh.). Die Zeit des *Althochdeutschen* reicht vom Anfang der Überlieferung (erste Denkmäler im 8. Jh.) bis etwa zum Ende des 11. Jh. Das Gesamtgebiet des Deutschen wurde durch die 2. (oder hd.) Lautverschiebung, etwa im 5./6. Jh., im Süden einsetzend, in das Hochdeutsche u. Niederdeutsche (Trennung: Benrather Linie) aufgeteilt. In der weiteren Entwicklung setzten bei den Vokalen der Beginn des Umlauts u. Abschwächungen in den unbetonten Silben ein. Eine innere Umgestaltung der dt. Sprache vollzog sich durch das Eindringen christl. Gedankenguts (Bedeutungswandel; Übernahme bes. lat. Wortguts). Die Zeit des *Mittelhoch-*

deutschen reicht v. der Mitte des 11. Jh. bis etwa 1350. Die dt. Sprache gewann immer weitere Bereiche (Dichtung, Theologie, Politik; Urkunden seit dem 13. Jh.) u. drängte das Latein zurück. Es gab im Mhd. jedoch keine Schriftsprache im heutigen Sinn, sondern nur mhd. Mundarten. In der Dichtung wurde aber Grobmundartliches vermieden, u. es entstand eine Art Lit.-Sprache. Das Mhd. ist gekennzeichnet durch weitere Abschwächung der Endsilben (ahd. salbota zu mhd. salbete; dadurch vereinfachte Flexion) u. durch verstärkte Durchführung des Umlauts; im weiteren Verlauf beginnende Diphthongierung (von i, ü, u zu ei, eu, au, ab 12. Jh.) u. Monophthongierung (ie, uo, üe zu i, u, ü; ab 11. Jh.), sowie Dehnung kurzer Vokale in offenen Silben (sägen zu sāgen), die dann das Nhd. äußerlich v. Mhd. abheben. Der mhd. Wortschatz wurde stark bereichert durch Einflüsse der höf. Gesellschaft. – Der Raum des Deutschen wurde erweitert durch die Besiedlung im Osten. Jedoch entfernte sich das Niederländische, urspr. Teil des Niederfränk., zu dieser Zeit v. den übrigen dt. Mundarten u. bildete eine Lit.-Sprache aus. Die Sprache der Zeit v. 1350–1650 wird als *Frühneuhochdeutsch* bezeichnet. Ende 15. Jh. standen 2 Schreibsprachen v. überterritorialer Bedeutung im Wettbewerb: das „gemeine Deutsch" der Kanzlei Ks. Maximilians I. u. die ostmitteldt. Geschäfts- u. Verkehrssprache, entstanden als Ausgleich aus den verschiedenen ostmitteldt. Siedlermundarten u. ausgebildet bes. in Erfurt u. in der kursächs. Kanzlei. Daß diese Sprache zur nhd. Schriftsprache wurde, ist bes. dem Werk Luthers zu danken, doch setzte sie sich allgemein in gewandelter Gestalt erst im 17. u. 18. Jh. durch, bes. durch die Arbeit der ↗Sprachgesellschaften u. die Dichter dieser Zeit. Im Verlauf der nhd. Sprach-Gesch. zeigen sich starke Einwirkungen bes. der frz. u. engl. Sprache (Fremdwörter). Innere Bereicherung erfuhr die dt. Sprache bes. durch geistig-künstler. Bewegungen wie bes. Klassik u. Romantik. In jüngster Zeit Vereinfachung der Syntax im gesprochenen Dt., Eindringen v. Anglizismen u. Amerikanismen, wachsende Sprachunterschiede in der BRD u. DDR.

Deutsches Wörterbuch, v. den Gebrüdern Grimm begonnene Slg. aller dt. Wörter, bis 1945 hg. v. der Preuß. Akad. der Wiss.; abgeschlossen 1961.

Deutschordensdichtung, Dichtungen des Dt. Ordens aus dem 14.–15. Jh., neben Chroniken meist geistl. Stoffe (Bibeldichtungen, Legenden) oft mit myst. Einschlag.

Dezime *w* [lat.-span. *decima* = zehnte], (bes. span.) Strophenform, urspr. mit der Reimanordnung ab ab ac dc cd, später auch variiert.
Diachronie *w* [gr.; Bw. *diachronisch*], *Sprach- u. Lit.-Wiss.:* histor. Entwicklung einer Sprache bzw. Gattung als Gegenstand der Analyse, Ggs. ↗Synchronie.
Dialekt *m* ↗Mundart.
dialektaler Reim, reimt nur in der Mundart des Autors.
Dialektdichtung ↗Mundartdichtung.
dialektisches Denken, Denken in Gegensätzen; in der Antike oft in Form des ↗Dialogs (Gegeneinander zweier Positionen); in Hegels Methode steht die *These* gg. die *Antithese* u. wird mit ihr in der *Synthese* ,aufgehoben', worauf die Synthese erneut zur These wird usw.
Dialog *m* [gr. = Unterredung], (Zwie-)Gespräch zw. zwei oder mehreren Personen. Der D. als phil. Lit.-Gattung wurde v. den griech. Philosophen begr. u. von Platon zur wesensgemäßen Form des Philosophierens (nicht nur der Didaktik!) erhoben (↗dialektisches Denken). Er lebt im Streitgespräch des späten MA, in den D.en des Dt. Idealismus u. in einigen dialog. Schr. der neuesten Philosophie u. Lit. (u.a. P. Valéry, M. Heidegger) fort. – Der D. ist das tragende Element im ↗Drama u. wesentlich auch in Erzählformen.
Dialogroman *m,* Romanform, bei der der Erzählerbericht stark hinter den Gesprächen der Figuren zurücktritt.
Diaphora *w* [v. gr. *dia-pherein* = einen Unterschied machen], *rhetor. Figur:* Wiederholung v. schon Gesagtem in veränderter Bedeutung.
Diatribe *w* [gr.], antike Lit.-Gattung: volkstüml.-satir. Predigt gg. Sittenlosigkeit, verfaßt v. stoisch-kynischen Rednern.
Dichter, Schöpfer v. ↗Dichtung; ein sehr verschieden aufgefaßter Begriff: in der Antike konnte der D. ident. mit dem rel. Seher sein (*vates*), aber auch, wenn die Kunst als techne, d.h. als Handwerk, begriffen wurde, der „Macher" *(poietes)* v. Dichtwerken. Der Begriff in diesem Sinne – der D. nach Formen u. Regeln, rational schaffend – gilt später bes. etwa für den Barock. Die Renaissance sowie das 18. u. 19. Jh. entwickeln einen emphat. betonten Begriff vom D. als genialem Schöpfer. In der Ggw. meist der neutrale Begriff ↗Schriftsteller verwandt.
dichterische Freiheit, lat. *licentia,* beabsichtigte Abweichung v. der sprachl. u. grammatikal. Norm, aber auch v. (z.B. geschichtl.) Fakten innerhalb einer Dichtung.

dialektaler Reim
Ach n*eige,* / Du Schmerzensr*eiche*...
(J. W. v. Goethe; ...„neiche" in Frankfurter Mundart)

Diaphora
Meph.: Sie ist die erste nicht!
Faust: – – – „Die erste nicht!" Jammer! Jammer!
J. W. v. Goethe: *Urfaust*

dichterische Freiheit
Je schwieriger die äußeren Formen sind, denkt der Pfuscher, um so eher darf man sich eine sogenannte Licentia poetica erlauben; ein Lied muß reine Reime haben, aber in einem Sonett, oder in der Terzine darf man sich wohl auch einen unechten gestatten. Gerade umgekehrt, lieben Freunde! Denn es ist nicht nötig, daß ihr euch Schwierigkeiten setzt, die ihr nicht überwinden könnt, wenn es euch aber einmal gelüstet, so müßt ihr ihnen auch genügen; niemand braucht einen Graben zu überspringen, der für ihn zu breit ist, wenn er es aber doch versucht und hineinplumpt, so wird er ausgelacht.
(Friedrich Hebbel: Tagebuch 1844)

Dichterkreis

Dichterkrönung
Insignien

Dichterkreise

Frankreich:
Pléiade
Cénacle
Parnasse

Deutschland
Bremer Beiträge(r)
Göttinger Hain
Straßburger Kreis um Goethe (↗Sturm und Drang)
Heidelberger und Jenaer ↗Romantik
George-Kreis

Dichterkreis, Gruppe v. Dichtern, die gemeinsame Anschauungen vertreten; bes. häufig in roman. Ländern.

Dichterkrönung, im Humanismus verbreitete Dichterehrung *(Poeta laureatus),* der Petrarca bes. Nachdruck verlieh; in Dtl. zuerst 1355, bes. unter Ks. Friedrich III. u. Maximilian I.; seit Anfang des 19. Jh. außer Brauch. In Engl. noch heute üblich *(Poet Laureate).*

Dichterschule, ältere Bz. für ↗Dichterkreis.

Dichtung *w,* die Gesamtheit der Sprachkunstwerke oder – heute vor allem – das einzelne Sprachkunstwerk; bes. fr. auch als „schöne Literatur" (↗Belletristik) bezeichnet; mitunter auch mit dem Begriff ↗Literatur identifiziert, wobei „Literatur" jedoch so aufgefaßt werden muß, daß ihr nicht nur schriftl., sondern auch mündl. überlieferte WW zugerechnet werden. – In der D. als einem Teil der ↗Kunst drücken sich die allgemeinen ästhet. Bestimmungen aus. Ihre Besonderheit ist ihr Medium, die Sprache, die in der D. zugleich darstellend u. ausdrucksvoll ist (mit verschiedenen Möglichkeiten der Akzentuierung v. beidem). Die Unterscheidung v. nichtdichterischen sprachl. Gebilden liegt begründet in der Gestalthaftigkeit des Sprachkunstwerks (Geschlossenheit, Sichabheben aus dem Zshg. der Wirklichkeit, Scheinhaftigkeit bzw. fiktiver Charakter), im Überwiegen der ästhet. Funktion, im Verhältnis zu allen Zwecksetzungen, in der (freil. nicht unbedingt erforderlichen) Bildlichkeit. Moderne Theorien der D. weisen bes. auf ihre außerordentl. Vielschichtigkeit hin (Klang, Wortbedeutung, dargestellte Elemente der Wirklichkeit, Stil, Gattungsgesetze, gesellschaftl. Zusammenhänge, phil. u. rel. Sinnbezüge usw.) u. fassen sie vor allem als eine Struktur v. Zeichen auf. Eine Begrenzung der Inhalte v. D. gibt es nicht, sie kann alles Vorstellbare oder Denkbare ästhet. gestalten; doch erweisen sich die Bereiche der modernen Wiss. zusehends als immer weniger oder gar nicht darstellbar (im Unterschied etwa zur urspr. Nähe v. D. u. vorwiss.

Naturbetrachtung). – Die Unterscheidung nach ↗Gattungen (↗Drama, ↗Epos bzw. ↗Epik, ↗Lyrik) besteht zwar noch, ist jedoch durch Überschneidungen, Grenzgebiete (wie Essay) u. neue Gattungen (↗Hörspiel) in ihrer Bedeutung stark zurückgetreten.

didaktische Poesie ↗Lehrdichtung.

Digest [daidschißt, engl., am. = Auszug, Zusammenfassung, Übersicht], urspr. bes. in den USA verbreitete Art v. Zschr.en, die Auszüge aus Zschr.en, Zusammenfassungen v. Büchern u. evtl. auch Originalartikel bringen; z. B. *Reader's D.; Catholic D.; Literary Digest.*

Digression *w* [lat.], Abschweifung v. Zeitablauf des Geschehens in erzählenden Werken, bes. im Roman.

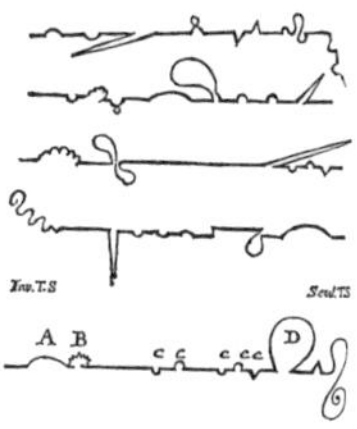

Digression
Parodistische Skizze v. Laurence Sterne zum digressiven Erzählstil der ersten 5 Bücher seines Romans „Tristram Shandy"

Dimeter *m* [gr. = Doppelmaß], eine aus 2 gleichen metr. Einheiten bestehende Verszeile.

Dimeter

– ∪ ∪ | – ∪ ∪

daktylisch

∪ – ∪ – | ∪ – ∪ –

iambisch

Diminutiv *s* [lat.], Verkleinerungsform eines Wortes, häufig u. a. in Volksliedern („Ich hört ein Sichelein rauschen").

Dinggedicht, Gedicht, das einen Gegenstand (oft Kunstgegenstand) oder ein Lebewesen distanziert u. objektiv beschreibt.

Dinggedicht
(Beispiele)

C. F. Meyer:
Der römische Brunnen

R. M. Rilke:
Römische Fontäne
Das Karussel

E. Mörike:
Auf eine Lampe

Dingsymbol *s, Lyrik:* bedeutungsvoller Gegenstand, der an wichtigen Stellen mehrfach erscheint; vgl. Falke (↗Falkentheorie) in der Novelle.

Dingsymbol
(Beispiele)

F. v. Schiller, *Die Kraniche des Ibykus:* Kraniche
F. Schiller, *Der Ring des Polykrates:* Ring
A. v. Droste-Hülshoff, *Die Vergeltung:* Balken

Dionysien [Mz.], griech. Feste zu Ehren des Weingotts Dionysos; Aufführung v. Dramen u. kult. Gesängen (↗Dithyrambus).

dionysisch ↗apollinisch u. dionysisch.

diplomatischer Abdruck, getreuer Abdruck einer handschriftl. Textvorlage.

Dipodie *w* [v. gr. *dipodia* = Doppelfüßigkeit], *Metrik:* Verbindung zweier Versfüße zu einer rhythm. Einheit.

Dipodie
(Beispiel)

∪ – ∪ –

Diptychon *s* [gr.], zusammenklappbare Schreibtafel der Antike.

direkte Rede, wörtl. Wiedergabe der Rede eines Sprechers; im Drama durchgehend (außer Regieanweisungen usw.), in erzählender Lit. durch *Anführungs- u. Schlußzeichen* gekennzeichnet.

Discours *m* [dißkur, frz.], Rede; auch Abhandlung.

Disposition *w* [lat. *dispositio* = sinnvolle Anordnung], Gliederung zur klaren u. log. Darstellung; in antiker u. ma. Poetik der 2. Schritt nach der ↗Invention.

Dissertation *w* [lat.], *Diss., Inauguraldissertation,* wiss. Abhandlung zur Erlangung des Doktorgrades oder der Habilitation.

Distichon *s* [gr. = Doppelzeile], *Metrik:* zweizeilige

Doppelte D.
Das Wásser raúscht, / das Wásser schwóll …
(J. W. v. Goethe: *Der Fischer*)

↗Strophe, bes. die Verbindung v. Hexameter u. Pentameter: das *elegische D.* verwenden Griechen, Römer u. neuere Dichter in der Elegie u. im Epigramm. Im Dt. bes. gepflegt v. Klopstock u. den Klassikern.

Distichon: aus den Xenien Goethes u. Schillers

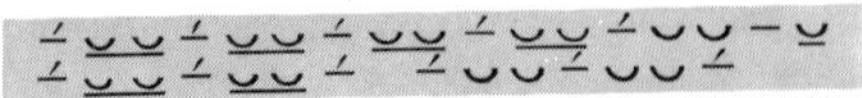

„Distichen sind wir. Wir geben uns nicht für mehr noch für minder. Sperre du immer, wir ziehen über den Schlagbaum hinweg." (Xenien)

Dithyrambus *m* [gr.], **1)** Kultlied zu Ehren des Dionysos, später auch anderer Götter, Keimzelle der Tragödie; wurde zur Flöte gesungen u. getanzt, vom Vorsänger angestimmt u. vom Chor fortgesetzt oder wechselweise vorgetragen. Der D., seit Arion v. Lesbos (7./6. Jh. v. Chr.) zur Kunstform erhoben, erlebte bei Pindar, Simonides, Bakchylides v. Keos (6./5. Jh. v. Chr.) seine Vollendung, wurde dann immer künstlicher u. verschwand im 2. Jh. v. Chr. – In der dt. Lit. wurde der D. bes. vom ↗Sturm und Drang in ↗freien Rhythmen nachgebildet (Goethe, Maler Müller); später v. Hölderlin, Nietzsche u. a. **2)** *allg.:* begeisterte Lobrede.

Dokumentarliteratur, eine Form der ↗Tatsachen-Lit., die authent. Material verarbeitet u. arrangiert.

Dokumentarspiel, häufige Form des ↗Fernsehspiels: Ereignisse der Gesch. oder Zeitgesch. werden v. Schauspielern möglichst wirklichkeitsgetreu dargestellt.

Dokumentartheater
P. Weiss: *Die Ermittlung; Viet Nam Diskurs*
R. Hochhuth: *Der Stellvertreter; Soldaten*
H. Kipphardt: *In der Sache J. Robert Oppenheimer*
G. Grass: *Die Plebejer proben den Aufstand*
H. M. Enzensberger: *Die Matrosen von Kronstadt*
T. Dorst: *Toller*

Dokumentartheater, Bz. für Stücke, die symptomat. Ereignisse meist der jüngsten Vergangenheit (20. Jh.) auf die Bühne bringen, oft um ein polit.-moral. Thema zur Diskussion zu stellen. Das D. bedient sich gerne der Form des Gerichtsverfahrens; manche Autoren fügen den eig. Stücken dokumentar. Material bei.

Dokumentation *w* [lat.], als lit. Form Abdruck v. Dokumenten zu einem Themenbereich; oft als Anhang einer systemat. Darstellung. – *Fernsehen:* häufige Form der Darstellung histor. u. zeitgeschichtl. Vorgänge. ↗Dokumentarspiel.

Dolce stil nuovo [doltsche- -wo], „Süßer neuer Stil", bes. v. G. Cavalcanti vertretener Stil der Liebeslyrik in der it. Lit. des 13./14. Jh.

Don-Juan-Dichtungen [-chuan-], Dichtungen, die sich mit der Gestalt des Don Juan (Sinnbild des verführer. u. skrupellosen, dabei aber unbefriedigten Suchers nach Sinnenfreude) befassen. Das Don-Juan-Bild ist vielen Wandlungen in der Auffassung unterworfen. In Spanien, wo 1637 die zerstreuten Sagenzüge in einem Tirso de Molina zugeschriebenen Drama erstmals zusammengefaßt wurden (fußend auf der hist. Person des Sevillaners Don Juan Tenorio), ist das Problem noch rel. gesehen: Der frivole Verführer, der selbst der Toten spottet, wird mit Tod u. Höllenfahrt bestraft. Die Commedia dell'arte wandelte die Gestalt ins Komische; Molière formte den Stoff zur Charakterkomödie; in England (Shadwell) u. Dtl. beliebt als burlesker Stoff v. Hauptaktionen u. Puppenspielen. Mozart gab nach Da Pontes Libretto *Don Giovanni* dem Stoff seine gültige musikal. Prägung. Sie regte Kierkegaard zu seiner geistreichen phil. Analyse (in: *Entweder – Oder*) an u. wurde zum Ausgangspunkt v. E. T. A. Hoffmanns Novelle *Don Juan,* die die Figur ins Psychologische umdeutet. Grabbe stellt *Don Juan und Faust* einander gegenüber; hier u. in Lenaus Dichtung wird Don Juans Gegenspielertum zur richtenden Transzendenz zum Grundproblem – sie gibt sich bei Lenau nicht mehr zu erkennen u. läßt Don Juan an der „Langeweile" des Endlichen scheitern. In Frischs komödiant. Stück endlich spielt Don Juan nur noch eine Rolle, das rächende Auftreten des Komturs wird zur Farce, wieder erliegt Don Juan zuletzt der Festlegung des Endlichen. – Weitere bedeutende Dichtungen v. Byron, Zorilla, Shaw, Sternheim; Bezug auf Mozarts Oper bei Mörike *(Mozart auf der Reise nach Prag)* u. Hesse *(Steppenwolf).*

Doppeltitel, zur getrennten Ankündigung v. Stoff u. Ideengehalt häufige Titelform des Barock (z. B. Gryphius: *Horribilicribrifax oder wählende Liebhaber*); neuerdings oft iron. nachgebildet.

Dorfgeschichte, Erzählgattung, die dörfl.-bäuerl. Leben schildert. Bes. gepflegt v. Realismus (Beginn 1839 mit Immermanns „Oberhof"-Gesch.; Keller, Gotthelf); daneben auch eine eher sentimentale Variante (Auerbach).

Dörperliche Dichtung [mhd. *dörper* = Dörfler, Tölpel], v. Neidhart v. Reuenthal begr. Richtung der spätma. Lyrik: Verzicht auf das leblos gewordene höf. Ritual, Hinwendung zur kom. gesehenen, aber vitalen Welt der Dörfler (Tanzlieder, oft als Parodie des ↗Minnesangs).

Dottore, Typ der ↗Commedia dell'arte: der pedant., lebensfremde Gelehrte.

Drama *s* [gr. = Handlung; Mz. *Dramen*], eine Grundform der Dichtung neben ↗Epik u. ↗Lyrik; i. e. S. das ernste Schauspiel. Hauptkennzeichen: die Dialogform (Vers oder Prosa) u. die als gegenwärtig vorgestellte Handlung. Merkmale des „klass." Dramentyps: Konzentration der Vor-

Drama

Hauptgattungen
Tragödie / Bürgerl. Trauerspiel
Komödie / Lustspiel / Schwank / Farce;
Schauspiel
Tragikomödie

Hauptformen
geschlossenes Drama
offenes Drama
synthet. Drama
analyt. Drama
Stationendrama

Dramentheorie
Schriften zur Theorie des Dramas:

J. M. R. Lenz: Anmerkungen übers Theater (1774)
G. E. Lessing: Hamburgische Dramaturgie (1767–69)
F. v. Schiller: Die Schaubühne als eine moralische Anstalt betrachtet (1785/1801)
Über den Grund des Vergnügens an tragischen Gegenständen (1791)
Über das Pathetische (1801)
Fr. Hebbel: Mein Wort über das Drama (1843)
G. Freytag: Die Technik des Dramas (1863)
B. Brecht: Kleines Organon für das Theater (1948)

gänge, Konflikte, Spannung auf eine Lösung hin; äußere Einteilung in (3 oder 5) Akte (Aufzüge) v. jeweils relativ geschlossenem Handlungszusammenhang, zw. denen der Vorhang fällt (Unterteilung der Akte in Szenen oder Auftritte); v. Aristoteles gingen die Lehre v. den ↗Einheiten aus u. die Begriffe ↗Exposition, ↗Peripetie, ↗Katharsis u. ↗Katastrophe für die Entwicklung der Handlung. Neben dieser Form besteht eine andere, als „realist.", ↗„offene Form", z. T. auch als „episch" (↗episches Theater) bezeichnete, die lockere Bauweise, etwa „Bilderbogen" statt Spannung, u. reichere Einbeziehung der Wirklichkeit zeigen kann. Das D. verwirklicht sich immer erst in der Bühnenaufführung (dagegen: Buch- oder ↗Lese-D.). – Themat. gliedert sich bes. die ältere, klass. Dramatik in ↗Tragödie u. ↗Komödie (Sonderform: ↗Tragikomödie); daneben traten als bürgerl. Anschauungen entsprechende Formen, seit dem 18. Jh. das ↗Bürgerl. Trauerspiel u. das ↗Schauspiel (ernste Handlung, glückl. Ausgang). Andere ältere Differenzierungen: ↗Charakter-, ↗Schicksals-, ↗Milieu-, Problem-D. Aus der Verbindung v. D. u. Musik entstanden ↗Singspiel, ↗Oper, ↗Melodrama. – Das D. entstand in Griechenland aus dem Dionysoskult (zum Ursprung des D. u. des Theaters: ↗Theater). Es wurde im MA bes. v. den ↗Geistlichen Spielen abgelöst. Humanismus u. Renaissance führten es zu neuer Blüte: Elisabethan. Dramatik, bes. Shakespeare; frz. u. span. D. Das klass. dt. D. (Lessing, Schiller, Goethe) gelangte zu einer Synthese der überlieferten strengen u. der offenen Form. Im 19. Jh. verschärfte sich das trag. Weltbild der Dramatiker; im 20. Jh. kam es zu einer breiten Auffächerung: vom Poetischen, v. der Sozialkritik, vom Religiösen, v. psychol. Fragestellungen ausgehende, meist locker aufgebaute Werke (häufig auch Einakter); in jüngster Zeit dazu noch: D. als Ausdruck v. Existenzproblematik, ↗absurdes Theater. Doch scheint das Selbstverständnis des Menschen u. der Gesellschaft zumindest dem auf individuellen Entscheidungen u. Spannung aufbauenden klass. D. heute nicht mehr zu entsprechen.

dramatisch, *das Dramatische,* unabhängig v. der formalen Zugehörigkeit zum ↗Drama grundlegende Stilkategorie, deren Wesen E. Staiger als „Spannung" bestimmt. Neuere Auffassungen: ↗Gattungen.

dramatis personae [lat., Mz.], die in einem ↗Drama auftretenden Personen (zu Beginn verzeichnet).

Dramaturgie *w* [gr.], **1)** Lehre vom Wesen des ↗Dramas, wie in Dtl. etwa v. Lessing in seiner *Hamburg. D.* entworfen. **2)** Tätigkeit des *Dramaturgen,* der sich mit Auswahl, Einrichtung u.ä. von Theaterstücken für eine Bühne befaßt.

Dramentheorie, Teil der Dichtungstheorie, der sich mit Wesen, Form u. Möglichkeiten des ↗Dramas befaßt; in den letzten Jhh. bes. intensiv weiterentwickelt. Beginn mit Aristoteles' Wesensbestimmung des Dramas; bis zum 18. Jh. normativ (↗Ständeklausel).

Dramolett *s* [frz.], kurzes dramat. Spiel.

Drehbuch, *Film:* legt die Einzelheiten der techn. (Kameraeinstellung u.a.) u. künstler. Gestaltung sowie den gesprochenen Text fest. In jüngster Zeit erscheinen D.er anspruchsvoller Filme gelegentl. in Buchform.

Drehbühne, *Theater:* drehbarer Bühnenboden, auf dem gleichzeitig mehrere Szenen aufgebaut werden können; 1896 v.C. Lautenschläger erfunden.

Dumka *w* [russ.; Mz. *Dumky*], ukrain. Volksballaden im 17.–19. Jh.; meist heroische Stoffe.

Duodez *s* [lat. *duodecim* = 12], ein kleines ↗Buchformat (Abk. 12°); heute selten.

Duodrama *s,* Drama für nur zwei auftretende Personen.

Duodrama
(Beispiel)

J. W. v. Goethe:
Proserpina
H. v. Hofmannsthal:
Der Tor und der Tod
W. Hasenclever:
Jenseits

E

écriture artistique *w* [ekritür artistik, frz.], Bz. für den Romanstil der Brüder Goncourt, der nach genauer Evokation der Wirklichkeit strebt u. impressionist. Effekte vorwegnimmt.

écriture automatique [ekritür otomatik, frz.], surrealist. Technik des *automat. Schreibens;* gibt unter Ausschaltung des krit. Bewußtseins das zufällige Nacheinander v. Assoziationen wieder; auch zusammenhanglose Textmontagen mehrerer Verfasser, meist entstanden durch Ergänzung verdeckter Textteile.

ed. [Abk. für lat. *edidit* = gab heraus], gibt mit folgendem Namen den Hg. eines Buchs an.

Edda *w,* urspr. nur Bz. eines Lehrbuchs der Dichtkunst v. Snorri Sturluson (1178–1241; *Snorra-E.,* die *jüngere E.*), wurde im 17. Jh. fälschl. auf die im Codex Regius enthaltenen poet. Denkmäler der Altnord. Lit. übertragen *(Saemundar-E.* = E. Saemunds, den man für den Verf. hielt; *ältere E.* oder einfach E. gen.). – **1)** *Ältere* E., niedergeschrieben nach 1250; enthält 35 Lieder unbekannter Verf., abgefaßt in der stabreimenden Langzeilenstrophe, von meist karg-wuchtigem Stil, entspricht der Menschen u. Welt idealisierenden u. stilisierenden Gestaltung. Die Stoffe der Lieder sind großenteils german. Gemeinbesitz u. weisen teilweise in die Zeit der Völkerwanderung zurück. Sie wurden vom 9. Jh. an in Norwegen u. Island gedichtet, umgedichtet u. dem nord. Lebensgefühl u. Denken angepaßt. Die E. enthält Götterlieder, Heldenlieder u. Spruchdichtung (Havamal). In den *Götterliedern* zeigen sich teilweise bereits christl. Einwirkungen in verschiedener Gestalt. Die *Heldenlieder* behandeln alte german. Heldensagen: die Lieder v. Helgi, die des Nibelungen-Kreises u. die Lieder v. Ermanrich. – **2)** Die *jüngere* E. bringt Erläuterungen zur altnord. Dichtung u. Mythologie; sie besteht aus 3 Teilen: a) *Gylfaginning* (Gylfis Verblendung), ein Abriß der altnord. Götterlehre in Dialogform, b) *Skáldskaparmál* (Sprache der Dichtkunst), eine Sammlung poet. Umschreibungen (↗Kenningar) u. Synonyma, c) *Háttatál,* eine Verslehre.

Edition *w* [lat. *editio*], **1)** *allg.:* Ausgabe. **2)** *Buchhandel:* die Veröffentlichung eines Druckwerkes in erster oder folgender Aufl.; dann auch Bz. eines in mehreren Bearbeitungen erschienenen Werkes, z.B. Erst-, Original-, Taschen-, Schulausgabe.

editio princeps *w* [lat.], ↗Erstausgabe.

Einakter, ↗Drama in einem Aufzug; in der Ggw. (aber auch schon um die Jh.-Wende) bes. verbreitet.

Einblendung, 1) geläufiger Kunstgriff z.B. der modernen Lyrik: in einen betretenen Sachbereich werden Elemente eines anderen eingeführt. Wirkung des Entgrenzens, des Aufhebens der Ordnungen. ↗Montage. **2)** techn. Mittel v. Film, Fernsehspiel u. Hörspiel: räuml. oder zeitl. getrennte Szenen erscheinen ineinandermontiert.

Einfache Formen, nach A. Jolles „Formen, die sich sozusagen ohne Zutun eines Dichters in der Sprache selbst ereignen", zugleich dichter. u. vorliterar., z.B. ↗Legende, ↗Sage, ↗Mythe, ↗Rätsel, ↗Witz, ↗Märchen.

Einheiten, *3 Einheiten,* die v. der älteren Poetik (v. Aristoteles ausgehend) geforderte Einheit der *Handlung* (keine Nebenhandlung), des *Ortes* (alle Vorgänge am gleichen „Ort" spielend), der *Zeit* (Handlungszeit nicht länger als 24 Stunden) beim ↗Drama; bes. v. der frz. Klassik verwirklicht.

Ekloge *w* [gr. = Auswahl], in der röm. Lit. kurzes Einzelgedicht, später Gedicht idyllischer Art auf das paradies.-ländl. Leben; meist Hirtengedichte u. -lieder; bes. Vergils *Eclogae.*

Ekphrasis *w* [gr.], eingehende Beschreibung bes. v. Bauten u. a. Werken bildender Kunst in der Rhetorik.

Elegie *w* [gr.], urspr. formal, später inhaltl. bestimmte lyr. Dichtung. In der altgriech. Lit. jedes über epigrammat. knappe Fassung hinausgehende Gedicht in Distichen; röm. Weiterbildungen bei Tibull, Catull, Properz u. Ovid; hier vor allem Motive der Liebesklage. Seit dem Humanismus reicher motiviert, betrauert die E. die Vergänglichkeit des Schönen, flieht in die Vergangenheit, in die Natur (Empfindsamkeit; Klopstock). Der dt. Idealismus verstand das Elegische gegenüber dem Idyllischen als Sehnsucht nach dem Ideal (Schiller, Hölderlin), ohne den alten Motivkreis aufzugeben (Goethe, Mörike). Im 20. Jh. (ohne bestimmtes Versmaß) u. a. bei Rilke, Werfel, Trakl, Weinheber.

elektronische Textanalyse, modernes Hilfsmittel der ↗Stilanalyse, das bes. statist. Befunde objektiv ermitteln kann, jedoch wertender Sichtung bedarf.

Elision *w* [lat.], Weglassen eines unbetonten Vokals, oft aus metr. Gründen.

Elision
Ihr Schüler der Natur!
geborn' und wahre
Weisen!
(A. v. Haller)

Ellipse *w* [gr. = Mangel], Fehlen eines an sich notwendigen Wortes oder Satzteils; Stilfigur v. affektiver Wirkung: „Ich, ein Mörder?" ist s tärker als „Ich soll ein Mörder sein?"

Eloge [elosch^{e}, frz. = Lobrede], in Fkr. (17. Jh.) gepflegter Zweig der Rhetorik.

Emblem *s* [gr. = Eingelegtes], **1)** Zitat als Schmuck einer Rede. **2)** im it. Humanismus Bildzeichen in vermeintl. Nachahmung der Hieroglyphen, zu Sinnsprüchen u. ä. zusammengesetzt, noch im Barock v. Bedeutung.

Emblemgedicht

Johann Vogel

Fiunt, quae posse negabas.

Posse negas an adhuc
per acum transire
camelum?
Germanam pacem
quando redire vides.

Was du nit glaubtest / das geschiht.

Wie? sol nicht ein
Camel durch eine
Nadel gehn?
Wann du den
Teütschen Fried jetzt
wider sihst entstehn.

Emigrantenliteratur *w* [lat.], *Exilliteratur, i. e. S.* die v. dt. Emigraten 1933–45 (z. T. länger) geschriebene Lit. (u. a. von Th. u. H. Mann, B. Brecht, F. Werfel, H. Broch, J. Roth, M. Brod, L. Feuchtwanger, Th. Plivier, A. Döblin, H. Kesten, A. u. R. Neumann, A. u. St. Zweig, auch v. zahlr. Wissenschaftlern); *i. w. S.* auch die WW v. aus polit. Gründen Emigrierten früherer Zeit oder der Emigranten aus Spanien, It. (während des Faschismus), der UdSSR usw.

Empfindsamkeit, vom ↗Pietismus beeinflußte Periode eines übersteigerten, wesentl. sentimentalen Gefühlslebens (Gefühls- u. Freundschaftskult) u. der *Empfindsamen Dichtung* im 18. Jh.; Lyrik u. Roman bevorzugte Formen in Dtl. u. a. bei Klopstock, Gellert, Geßner, Gleim; Hermes, Hölty, Jacobi, S. v. Laroche *(Geschichte des Frl. v. Sternheim),* auch bei Goethe *(Werthers Leiden)* u. im Darmstädter Kreis; in der engl. Lit.: Richardson *(Pamela; Clarissa*

Harlowe), Goldsmith, Young *(Night Thoughts),* Sterne (dessen Begriff „sentimental" Lessing mit „empfindsam" übersetzte).

Enallage *w* [gr. = Vertauschung], Herstellen eines unangemessenen Wortbezugs, bes. Stellung des Adjektivs zum „falschen" Substantiv; z. B. „das braune Lachen ihrer Augen" (O. Ludwig).

Endecasillabo *m* [it.], Elfsilbenvers; häufiger Vers der it. Dichtung.

Endreim ↗Reim.

Englische Komödianten Aufführung des Red Bull Playhouse, London (Stich von 1672)

Englische Komödianten, wandernde engl. Berufsschauspielertruppen, die ca. 1585 bis Mitte des 17. Jh. den Kontinent bereisten, an dt. Fürstenhöfen u. in Städten Dramen frei nach Shakespeare, Marlowe, Kyd u. a. aufführten. Zu einer Truppe gehörten 10–18 Schauspieler u. bis zu 6 „Instrumentisten". Frauenrollen wurden v. Männern gespielt. Die Sprache war zunächst Englisch; eine dt. sprechende kom. Figur (Pickelhering) füllte die Zwischenakte. Der Reichtum der Kostüme, der Mimik u. Gebärdensprache (bedingt durch die dem Publikum nicht verständl. Sprache) wirkten erneuernd auf den damaligen Stil des Theaters in Dtl.

Englische Sprache. Sie wird heute außer in Engl. mit Abweichungen v. der Bev. Schottlands, teilweise Wales' u. Irlands, ferner der USA, Australiens, Neuseelands u. (teilweise) Südafrikas sowie Kanadas als Muttersprache gesprochen u. in großen Gebieten des Brit. Empire u. der übrigen Welt verstanden.

Geschichte: Einteilung in 3 Abschnitte: *Altenglisch* (oder *Angelsächs.*), ca. 700–1100, *Mittelenglisch,* 1000–1500, u. *Neuenglisch.* Die v. den german. Eroberern der Brit. Inseln gesprochene Sprache ist ein Zweig des Westgerman., zu dem außerdem das Deutsche u. Fries. gehören. Das *Altenglische,* mit 4 Dialektgruppen (Northumbr., Mercisch, Westsächs., Kentisch), in zahlr. Denkmälern überliefert, unterscheidet sich aus 2 Gründen beträchtl. vom Neuenglischen: es ist a) nur wenig v. fremden Bestandteilen durchsetzt, b) reich an Flexionen (etwa wie das Altgriech.). Vom Ahd. unterscheidet sich das Altenglische bes. dadurch, daß es die 2. Lautverschiebung nicht mitgemacht hat (z. B. engl. *better,* dt. *besser;* engl. *pan, dt. Pfanne*). Durch die Däneneinfälle des 9. u. 10. Jh. kamen einige skandinav. Wörter u. Formen ins Englische, ohne die Sprache wesentl. zu verändern (z. B.: altengl. *niman* [nehmen] wird durch dän. *taka* [neuengl. *take*] ersetzt). Entscheidend wurde die engl. Sprache durch die normann. Eroberer verändert. Diese, zwar german. Stammes, sprachen Frz. (normann. Dialekt); das Engl. nahm viele frz. Wörter in sich auf, u.a. aus dem Rittertum, Recht u. Staatsleben (z.B. *chivlry*, frz. *chevalerie; court*, altfrz. *court* oder *cort; count*, altfrz. *conte* oder *counte*). Die Sprachmischung wurde erleichtert durch das Verschwinden der Endungen im Englischen selbst. Im ganzen blieb der Charakter einer german. Sprache gewahrt. Das so entstehende *Mittelenglische* zerfiel in viele Dialekte; Chaucer machte den Londoner Dialekt literaturfähig. Damit wurde der Grund zur engl. Schriftsprache gelegt. Das 15., noch mehr das 16. u. 17. Jh. *(Neuenglisch)* brachten einen starken Einstrom lat. u. griech. Wörter (Wirkung des Humanismus), so daß manche Wörter in dreifacher Form nebeneinanderstehen, z.B. *kingly* (aus dem Altengl.), *royal* (frz.), *regal* (direkt aus dem Lat.).

englisches Sonett, Formvariante des ↗Sonetts, bei der die ↗Terzette in ein ↗Quartett u. einen Zweizeiler umgeformt erscheinen; z.B. bei Shakespeare.

Enjambement *s* [ãnschãnb^{e}mãn, frz. = Überschreitung], *Versbrechung:* Die syntakt. Einheit greift v. einem Vers (Strophe) in den folgenden über; schon im Mhd. verbreitet, bei Goethe, Schiller, im 20. Jh. bes. in Rilkes Lyrik („Sei allem Abschied voran, als wäre er hinter / dir, wie der Winter, der eben geht…").

Enkodierung, *Informationstheorie:* Verschlüsseln einer Nachricht mit Hilfe des v. Sender u. Empfänger gemeinsam beherrschten ↗Code; Ggs. ↗Dekodierung; v. der neueren Lit.-Wiss. als Grundmodell auch der Abfassung lit. Texte angesehen.

Enkomion *s* [gr. = Loblied], urspr. Lobgesang auf Sieger in griech. Wettkämpfen, später auch in Prosa, bei Erasmus v. Rotterdam *(Lob der Torheit)* ironisch.

Ensemble *s* [ãnßãnbl^{e}, frz. = zusammen], die an einem Theater fest engagierten Künstler.

Ensemblespiel *s* [ãnßãnbl^{e}-, frz.], das aufeinander abgestimmte Spiel v. Schauspielern, das nicht auf herausragende Leistungen einzelner gerichtet ist.

Entfremdung, phil. Begriff Hegels, auf die Natur bezogen, die als der Geist in seiner E. aufgefaßt wird. Marx beschränkt den Begriff auf den Menschen u. sieht in der Anhäufung v. Privatkapital die Ursache der E. – Zahlr. lit. Figuren lassen sich als Gestaltung des entfremdeten Menschen auffassen, so etwa Kellers *gerechte Kammacher*, Gogols Akakij Akakijewitsch *(Der Mantel)*, Büchners *Woyzeck*, im 20. Jh. die Gestalten Kafkas, Camus' *Fremder*, Handkes Monteur Bloch in *Die Angst des Tormanns beim*

Englisches Sonett
(Reimschema)

a
b
a
b

c
d
c
d

e
f
e
f

g
g

Entfremdung

Der ‚verdinglichte' Mensch:

Seine ehemals grüne Uniform hatte eine rötliche Färbung angenommen. Ihr Kragen war so nieder und eng, daß sein an und für sich normaler Hals hoch aus ihm hervorragte und ungewöhnlich lang schien, wie bei jenen Gipskatern mit beweglichen Köpfen, welche von ausländischen Straßenhändlern, die sie zu ganzen Dutzenden auf dem Kopf herumtragen, zum Verkauf angeboten werden. Außerdem blieb immer etwas an seiner Uniform hängen, sei es ein Strohhalm oder irgendein Fädchen. Auch hatte er, wenn er unterwegs war, das merkwürdige Geschick, gerade dann unter einem Fenster vorbeizugehen, wenn irgend ein Unrat auf die Straße geschüttet wurde, so daß er auf seinem Hutrand meist Melonenkerne, Apfelsinenschalen und ähnliches mit sich trug.
(Gogol: *Der Mantel*)

Elfmeter. All diesen Figuren gemeinsam ist die Einengung durch ihre soziale Umwelt bis zum Verlust der Weltorientierung; stilist. entspricht dem die ‚Verdinglichung' der Figuren durch sprachl. Mittel.

Entremeses [span. = Vorgericht; Ez. *entremés* = Einschiebsel; it. *intermezzo*], lustiges, einaktiges Zwischenspiel, das im älteren span. Theater (17. Jh.) als Zwischenakt in Dramenaufführungen eingeschoben wurde.

Entwicklungsroman, in Dtl. verbreiteter Romantyp, meist mit dem ↗Bildungsroman identisch; schließt jedoch als umfassenderer Begriff auch Romane persönl. Entwicklung ohne Vorherrschen äußerer Bildungsmächte ein.

Envoi *m* [ãnwºa, frz. = Geleit], letzte, kürzere Strophe einer roman. ↗Ballade; enthält die Widmung.

Enzyklopädie *w* [gr. *enkyklios paideia* = Bildungskreis, zusammenhängendes Wissen], **1)** Gesamtwissenskunde. **2)** Darstellung des Gesamt- oder eines Teilwissensgebietes in systemat. (nach Sachgruppen gegliederter) oder alphabet. Ordnung mit dem Ziel einer wiss. abgerundeten Darstellung. Die erste größere E. im Abendland gaben die ↗Enzyklopädisten heraus.

Enzyklopädisten, die Begr., Mitarbeiter u. Hg. der unter der Leitung v. Diderot u. d'Alembert 1751–80 erschienenen *Encyclopédie ou Dictionnaire raisonné des sciences, des arts et des métiers* in 35 Bden, die den ganzen damaligen Umfang menschl. Wissens, bes. Geistes- u. Staats-Wiss., im Sinne der ↗Aufklärung alphabet. darzustellen versuchten; Mitarbeiter u.a. Rousseau u. Voltaire.

Epanalepse *w* [gr. = Wiederaufnahme], intensivierende rhetor. Figur: Wiederholung des Anfangsworts eines Ausrufs, z.B. bei Horaz: „Quo, quo scelesti ruitis?"

epideiktische Rede [gr.], Prunkrede, die keinen prakt. Zweck verfolgt u. fiktive Anlässe benutzt, um die Redegewandtheit vorzuführen; v. der ↗Rhetorik gepflegt.

Epigonendichtung, *Epigonenliteratur,* einer schöpfer. Periode der Lit. nachfolgende Dichtung, meist nachahmend u. das Formale betonend; bes. die dt. Dichtung vom Ende der Goethezeit bis zum Naturalismus, soweit nicht realistisch. Bezeichnend: Immermanns Roman *Die Epigonen.*

Epigramm *s* [gr. = Aufschrift], Sinngedicht in Distichenform, meist witzig-satir. Charakters. Im Griech. urspr. als *Epigraph.* Spottverse als E.e schrieben Catull, Martial, Ausonius. Über den Humanismus u. die Romanen (Marot) wurde das E. durch Opitz in die dt. Lit. eingeführt. Barock u. Aufklärung brachten es zur höchsten Form: zeitsatir. E. (Logau), myst.-rel. E. (Silesius). Lessing u. Herder schrieben theoret. über das E. Bei Goethe u. Schiller *(Xenien)* dient es bes. zur scharfen lit. Satire. Im 19. Jh. häufig auch als polit. Epigramm.

Epik *w* [gr.], Gattung der Dichtkunst, umfaßt bes. ↗Epos, ↗Roman, ↗Novelle u. ↗Erzählung, i. w. S. auch Kleinformen (↗Kurzgeschichte usw.). *Epiker,* Gestalter ep. Dichtung.

Epikedion *s* [gr.], antikes Trauergedicht, oft in epigrammat. oder eleg. Form.

Epilog *m* [gr. = Schlußwort], **1)** Schlußansprache der Figur eines Dramas an die Zuschauer mit der Bitte um Beifall u. Nachsicht, oft verbunden mit Zusammenfassung u. Nutzanwendung. In der röm. Komödie, im Drama des MA u. noch bis zur Romantik gebräuchlich, in der Ggw. wieder aufgenommen. ↗Prolog. **2)** *i. ü. S.:* Nachwort, Schlußteil.

Epinikion *s* [gr.; Mz. *Epinikien,* Preislied der griech. Antike zu Ehren v. Siegern in den panhellen. Festspielen.

Epipher *w* [gr.], *Epiphora,* rhetor. Figur, Ggs. der ↗Anapher: intensivierende Wiederholung desselben Worts am Ende aufeinanderfolgender Sätze.

Epiphrase *w* [gr. = Nachsatz], *Stilfigur:* ein syntakt. an sich beendeter Satz erhält noch einen ergänzenden Nachtrag.

episch, *das Epische,* unabhängig v. der formalen Zugehörigkeit zur ↗Epik grundlegende Stilkategorie, deren Wesen E. Staiger als „Vorstellung" bestimmt. Neuere Auffassungen: ↗Gattungen.

epische Breite, häufiger Stilzug umfangreicher Erzählwerke (↗Epos, ↗Roman): breite Darstellung v. Einzelheiten, Abschweifungen, Wiederholungen, Einschaltung v. Episoden u. a.

episches Präteritum *s* [lat.], bezeichnet im Ggs. zum formal ident. *historischen Präteritum* nicht reale Vergangenheit, sondern fiktionale Gegenwärtigkeit (nach K. Hamburger).

Episches Theater, bes. durch die theoret. Schriften (z. B. Anmerkungen zu *Mahagonny; Straßenszene*) B. Brechts eingeführter Begriff für eine Form des Schauspiels, die weniger auf dramat. Zuspitzung u. auf Illusion der Wirklichkeit als auf bilderbogenartige Reihung v. Szenen u. bewußtes Spiel gerichtet ist. Das ep. Element liegt in der Distanz des Zuschauers, der sich mit den Bühnenfiguren nicht identifizieren soll; Mittel sind die Einführung eines ↗Erzählers, der vorstellt u. kommentiert; der ↗V-Effekt; ↗Songs, die die Handlung unterbrechen.

Epik

Kurzformen:
Märchen
Sage
Legende
Schwank
Anekdote
Kalendergeschichte
Kurzgeschichte
Fazetie
Novelle
Erzählung
Fabel
Parabel

Großformen:
Epos
Volksbuch
Roman

Epinikion
Epinikien-Dichter

Simonides
Bakchylides
Pindar

Epiphrase
(Beispiel)

Singen will ich mit euch *und jauchzen!*

episches Präteritum

Lange betrachtete er mit Verwunderung dies kostbare Gebäude, die sechs Kamine auf dem Dach, die schönen Gesimse und die hohen Fenster, größer als an des Vaters Haus daheim die Tür. Endlich konnte er sich nicht entbrechen, einen Vorübergehenden anzureden.

(J. P. Hebel: *Kannitverstan*)

Ziel ist, den Zuschauer gesellschaftl. zu aktivieren. – Brecht bezog den Begriff vor allem auf seine Stücke u. deren Inszenierungspraxis, jedoch trifft er einen Grundzug des gegenwärtigen Theaters.

epische Wiederholung, Wiederkehr v. gleichbleibenden Formeln u. Wendungen; häufiges Stilmittel in ↗Epos u. ↗Märchen.

Episode *w* [v. gr. *epeisodion* = Einschaltung], gelegentl. Geschehnis, Nebenhandlung, Zwischenspiel.

Epistel *w* [gr.-lat.], **1)** die Apostelbriefe des NT; dann die meist diesen Briefen, aber auch dem AT entnommene bibl. liturg. Lesung. **2)** Dichtung in Briefform, meist metr. gestaltet, mit wirkl. oder fiktivem Empfänger; in didakt., satir. oder elegischem Ton; etwa bei Horaz u. Ovid; in der Neuzeit vom Humanismus bis zur Klassik gepflegt.

Epitaph *s* [gr.], Grabschrift.

Epitheton ornans *s* [gr.-lat.], formelhaft wiederkehrendes, typisierendes Adjektiv. Häufig im Epos: bei Homer „der listenreiche Odysseus" u. a.

Epitome *w* [gr.-lat. = Ausschnitt], Auszug oder Zusammenfassung eines Werks, Abriß; häufig in spätantiker u. humanist. Lit.

Epochalstil *m, Zeitstil,* Bz. für den überindividuellen, vielen Autoren gemeinsamen Stil einer Epoche.

Epoche *w* [gr. = Anhalten], als geistesgesch. u. stilist. relativ einheitl. Zeitabschnitt Gliederungsprinzip der Lit.-Gesch.; das meist angenommene schemat. Nacheinander der E.n ist eine idealtyp. Fiktion.

Epode *w* [gr.], **1)** in der griech. Dichtung (bes. Chrlieder) auf Strophe u. Gegenstrophe folgender Abgesang. **2)** Verbindung eines längeren u. eines kürzeren Verses, später auch bei Horaz.

Epopöe *w* [gr.], Epos im engeren Sinn der Heldendichtung.

Epos *s* [gr. = Wort, Aussage; Mz. *Epen*], eine der ursprüngl. Hauptformen der Dichtung neben ↗Lyrik u. ↗Drama, gekennzeichnet durch rhythm. Gebundenheit (gleichförmige Verse), gehobene Sprache, Anwendung feststehender Formeln. Das E. schilderte urspr. die Taten der Götter u. Helden; es war zum öff. Vortrag bestimmt; z.T. entstand es anonym (Volks-E. im Ggs. zum Kunst-E.). Mit Homers Ilias u. Odyssee erreichte das E. frühe Vollendung. Auch in den übrigen Literaturen der Alten Welt (z.B. in Indien – *Mahabharata, Ramayana* – u. Persien) entstanden bereits in frühgeschichtl. Zeit bedeutende Epen. Bei den Römern entfaltete sich das *Kunst-E.* (Vergil). In der dt. Dichtung kam es im hohen MA zur Gestaltung v. Volksepen (Nibelungenlied, Kudrun), zum andern zu den sog. höfischen Epen, den aus der ritterl. Haltung u. Überlieferung v. bestimmten Dichtern hervorgebrachten Versromanen (Wolfram v. Eschenbach; Gottfried v. Straßburg; Hartmann v. Aue). Dantes *Göttliche Komödie* stellt einen Sonderfall dar. Humanismus u. Renaissance schufen bes. in It. neue Epen (vor allem Tassos *Befreites Jerusalem*). In Engl. entstand im 17. Jh. J. Miltons *Verlorenes Paradies;* im 18. Jh. versuchte Klopstock mit seinem *Messias* eine Erneuerung des rel.-christl. E. Goethe schuf in *Hermann u. Dorothea* ein bürgerliches Gegenstück, während Chr. M. Wieland seinen *Oberon* aus dem Geist des Rokoko u. der Märchenwelt gestaltete. Im 19. Jh. verfiel das E. mehr u. mehr. An seine Stelle trat nun vollends der ↗Roman. Einige neuere Versuche eines E.: C. Spittelers *Olympischer Frühling;* Th. Däublers *Nordlicht;* G. Hauptmanns *Till Eulenspiegel.*

Epyllion *s* [gr.; Kunstwort v. M. Haupt], kleines Epos; vorbildl. Kallimachos' „Hekale".

Erato, die ↗Muse der (Liebes-)Dichtung.

Erbauungsliteratur, Schriften über Glaubensdinge zur privaten Pflege der Religiosität: Heiligenlegenden, Andachtsbücher, Sitttenlehren, Predigtslg.

Er-Form, Bz. für Erzählen in der 3. Person; Ggs. ↗Ich-Form.

Erlebnisdichtung, dichter. Äußerung aufgrund eines pers. Erlebnisses; dieses wurde v. der biograph. vorgehenden Lit.-Wiss. (W. Dilthey) als Ansatz der Deutung benutzt; in roman. Ländern z.T. heute noch üblich; fragwürdig wegen des objektivierenden Charakters der Dichtung.

Erlebte Rede, differenziertes Mittel zur erzähler. Wiedergabe der Gedanken einer lit. Figur: formal spricht der Erzähler, aber das Gesagte trägt die gedankl. Färbung der Figur. Da kein formaler Unterschied zum ep. Bericht besteht, gestattet die E. R. feinste Übergänge u. unmerkl. Änderungen der ↗Erzählperspektive. Eindringl. Mittel vor allem des modernen Romans (Th. Mann, Kafka).

Erlebte Rede

K. starrte den Aufseher an. Schulmäßige Lehren bekam er hier von einem vielleicht jüngeren Menschen? Für seine Offenheit wurde er mit einer Rüge bestraft? Und über den Grund seiner Verhaftung und über deren Auftraggeber erfuhr er nichts? Er geriet in eine gewisse Aufregung, ging auf und ab...

(F. Kafka: *Der Prozeß*)

Erotische Literatur [gr.-lat.], lit. Werke mit besonderer Betonung der sinnl. Liebe; doch ist wohl nicht jede Lit. mit vorwiegend sexuellen Motiven, wie etwa das Werk v. Sade, zur E. L. zu rechnen. Europ. Lit.: die griech. *Erotiker* (Aristides v. Milet, Heliodor, Longos, der anonym überlieferte *Apollonius v. Tyrus*), diesen ähnl. Werke der Römer Petronius, Apuleius, Lukian *(Hetärengespräche),* Catull, Martial, Ovid *(Ars amatoria);* Späthellenismus: Aristainetos *(Erotische Briefe).* Wiederaufleben der E. L. seit der Renaissance: Boccaccio, Aretino *(Ragionamenti),*

Cleland, La Fontaine *(Contes)*, Crébillon, Cassanova, Andrea de Nerciat, Restif de la Bretonne, Musset *(Gamiani)*, Balzac, P. Louys, E. Sellon, Fr. Harris. Im 20. Jh. erot. u. sexuelle Motive in zunehmendem Maß in der Roman-Lit. (z. B. bei Moravia); z. T. jedoch auch mit besonderer Funktion innerhalb der künstler. Absichten, auch mitunter eine Art „Lehre" darstellend (z. B. D. H. Lawrence, H. Miller, Lo-Johannson: *Lykkan)*. – Im außereurop. Bereich: bes. pers. (Gedichte v. Hafis u. a.), arab. (u. a. Erz aus „1001 Nacht"), ind. (Lehrbücher wie *Kamasutra, Anangaranga)*, chines. (wie die Romane *King Ping Meh, Jou Pu Tuan*), jap. *(I. Saikaku)* Werke.

Errata [Mz.; lat.], Irrtümer, Druckfehler.

Erstausgabe, lat. *editio princeps,* die erste Ausg. eines Werkes; hat vielfach hohen Sammler- u. Handelswert.

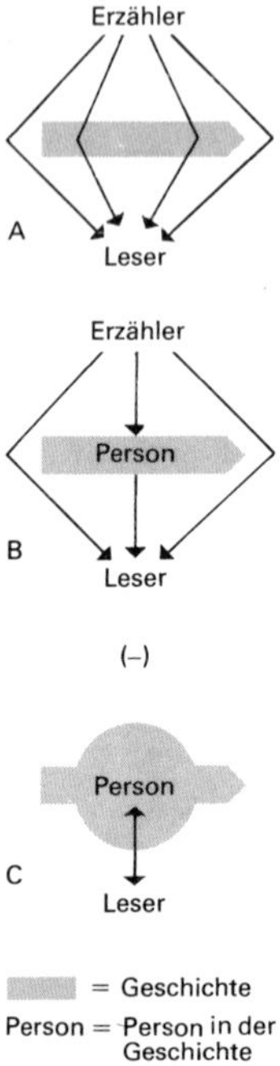

Erzähler
Überlegene Distanziertheit als ermittelbare Haltung des E.:

Die Geschichte Hans Castorps, die wir erzählen wollen, – nicht um seinetwillen (denn der Leser wird einen einfachen, wenn auch ansprechenden jungen Menschen in ihm kennenlernen), sondern um der Geschichte willen, (...) diese Geschichte ist sehr lange her, sie ist sozusagen schon ganz mit historischem Edelrost überzogen und unbedingt in der Zeitform der tiefsten Vergangenheit vorzutragen.
(Th. Mann: *Der Zauberberg)*

Erzähler, in ep. Dichtung der Vermittler, der dem Aufnehmenden das erzählte Geschehen darbietet; nicht ident. mit dem ↗Autor, sondern dichter. Gestalt. Aus der Einstellung (Distanz, Ergriffenheit usw.) des E. zum Geschehen kann die *Erzählhaltung,* aus der Auswahl des Berichteten die ↗Erzählperspektive erschlossen werden, die Strukturelement des Werks ist. Der ↗allwissende E. traditioneller Erzählkunst tritt z. B. im modernen Roman durch Mittel wie ↗erlebte Rede u. ↗innerer Monolog stark zurück hinter die Sichtweise seiner Gestalten. – Für den Roman unterscheidet F. K. Stanzel die v. der ↗Ich-Form bestimmte, die ↗auktoriale u. die ↗personale Erzählsituation.

Erzählerbericht, Darlegung des Erzählten aus der Sicht des Erzählers, nicht aus der einer Figur (wie in ↗erlebter Rede u. ↗innerem Monolog).

Erzählperspektive *w* [lat.], Sichtwinkel, aus dem der ↗Erzähler das Erzählte sieht.

erzählte Zeit ↗Erzählzeit.

Erzählung, Darstellung zusammenhängender (erfundener oder wirkl.) Begebenheiten; Form der ep. Dichtung; *i. w. S.* Novelle, Kurzgeschichte, andere Kleinformen, auch der Roman (sofern kein „handlungsloses" oder bes. handlungsarmes Werk); *i. e. S.* ep. Form, v. der Novelle durch weniger strengen Aufbau unterschieden; bes. in der Ggw. verbreitet; dabei sind die Grenzen zw. längerer E. u. kurzem Roman fließend.

Erzählzeit, v. G. Müller geprägte Bz. für die zeitl. Gliederung des Erzählwerks selbst im Ggs. zur *„erzählten Zeit"*, der Zeit, in der die fiktiven Ereignisse ablaufen. Beide können annähernd zusammenfallen, aber auch stark differieren, z. B. durch geraffte

Wiedergabe längerer Zeitspannen (= geringe E. bei ausgedehnter „erzählter Zeit").

Erziehungsroman, Nebenform des ↗Entwicklungs- u. ↗Bildungsromans mit bes. pädagog. Gesichtspunkten.

Erziehungsroman (Beispiele)

Xenophon: *Kyrupädie*
J. J. Rousseau: *Émile*
J. H. Pestalozzi: *Lienhard und Gertrud*

esoterisch [gr.; Hw. *Esoterik*], geheim, für die Eingeweihten, schwer zugänglich; Ggs.: ↗exoterisch.

Esprit gaulois *m* [eßpri golᵒa, frz. = gallischer Geist], der ausgelassen-witzige Grundzug in Teilen der frz. Literatur; klass. Beispiel: Rabelais.

Essay *m* [eße[i], engl.], *Essai m* [äßä, frz.], **1)** *allg.:* Versuch. **2)** *lit. Form* eigener Art; behandelt Themen nahezu aller Gebiete, doch bevorzugt literarische; ist weniger systemat.-wiss., eher subjektiv, den Gegenstand v. verschiedenen Seiten, oft überraschend, beleuchtend. Wesentl. ist die sprachl. Formung; eine strenge Unterscheidung zur wiss. u. Fach-Abhandlung ist nicht möglich; bes. hist. u. phil. Schriften haben oft den sprachl. Rang des E., können auch seiner fragmentar. Art nahestehen. – Montaigne führte, nach antiken Vorbildern, die Gattung 1580 mit seinen *Essais* ein. Ihm folgten in Engl. u.a. R. Bacon, Dryden, Addison, Macaulay, Carlyle, Belloc, T. S. Eliot; in Amerika: Emerson; in Fkr.: Taine, Barrès, Gide, Valéry; in Spanien: Ortega y Gasset; in der dt. Lit.: Lessing, Herder, Goethe, Hofmannsthal, Haecker, Borchardt, Kassner, Th. Mann, E. u. F. G. Jünger, Rychner, Lukács, Adorno, Bloch.

Essay

Zur Theorie des Essay:

Georg v. Lukács: *Über Wesen und Form des Essays* (1910)
Max Bense: *Über den Essay und seine Prosa* (1952)
Theodor W. Adorno: *Der Essay als Form* (1960)

Etymologie *w* [gr.], Lehre v. der Herkunft u. Grundbedeutung der Wörter. Im modernen wiss. Sinn begr. v. F. Bopp u. J. Grimm (Anfang 19. Jh.).

Euphemismus *m* [gr.], beschönigende Umschreibung, z. B. *entschlafen* für *sterben.*

Euphuismus *m* [jufju-], der gekünstelte Stil der elisabethan. Zeit (nach J. Lylys Roman *Euphues* = Der Wohlerzogene); bilderreich, mit weit hergeholten Wendungen, ähnl. dem ↗Gongorismus, ↗Marinismus u. ↗Schwulst.

Euterpe, die ↗Muse der Tonkunst.

Evangeliar *s* [gr.-lat.], *Evangelienbuch,* liturg. Buch, enthält die 4 Evangelien oder nur die bei der Messe benötigten ↗Perikopen *(Evangelistar);* im MA häufig künstler. reich ausgestattet.

Evangelienharmonie *w* [gr.], eine durch Zusammenfügung der 4 Evangelien entstandene fortlaufende Gesch. des Lebens Jesu; erste bekannte E. ist die Tatians. E.n i. w. S., die die Evangelientexte frei gestalten, sind der *Heliand* u. die E. Otfrids v. Weißenburg.

Evangelium *s* [gr. *euangelion* = gute Kunde; Mz.

Evangelien], **1)** in der *griech.-hellenist. Antike:* Lohn für gute Botschaft, dann die gute Botschaft, besonders Siegesbotschaft. **2)** *Neues Testament:* die Heilsbotschaft, die Jesus Christus verkündet, dann auch die apostol. Predigt als Verkündigung v. Christus u. seiner Heilsbotschaft. Seit dem 2. Jh. wird die schriftl. Fixierung dieser Botschaft in der vierfachen Darstellung der *Evangelisten* ebenfalls E. *(kanon. E.)* genannt. Die vielfachen Übereinstimmungen der 3 ersten Evangelien in Inhalt u. Aufbau ermöglichen ihre Zusammenstellung zu einer ↗Synopse *(synopt. E.)*. Das Johannes-E. weicht in Stoffauswahl u. -anordnung v. diesen ab.

Evokation *w* [lat. = Hervorruf], Gesamtheit der komplizierten Gefüge semant. Funktionen u. Relationen, in die ein sprachl. Zeichen innerhalb seines konkreten inner- u. außersprachl. ↗Kontexts tritt u. die zu seiner *Evokationsbedeutung* führen. Wegen der grundsätzl. relativen Sprachkompetenz des Autors u. der Beschränktheit jeder ↗Rezeption besteht Vieldeutigkeit als *Polyfunktionalität* (v. Werk her gesehen) u. *Polyvalenz* (für den Wahrnehmenden).

Exemplum *s* [lat. = Beispiel], kurze Erzählung v. guten u. schlechten Beispielen menschl. Verhaltens; in der antiken Rhetorik als eingestreuter Beleg, aber auch in selbständigen Slg. (Valerius Maximus); Fortleben im Mittelalter, teils zu religiösen Zwecken.

Exlibris

Existentialismus *m* [lat.], phil.-lit. Strömung im Anschluß an S. Kierkegaard u. die *Existenzphilosophie* (Sartre, Heidegger, Jaspers), die v. absoluter Freiheit u. Selbstverantwortung des Menschen in einer Welt ohne vorgegebene ewige Wesenheiten ausgeht. Nach dem 2. Weltkrieg breiter Einfluß des E. bes. in Fkr.; lit. repräsentativ die Dramen u. Romane v. J. P. Sartre u. (bis 1952) A. Camus, auch WW v. J. Anouilh u. S. de Beauvoir.

Exkurs *m* [lat.], Abschweifung; Anhang oder Anmerkung in wiss. Schr. zur Erörterung eines Sonderproblems.

Exlibris *s* [lat. = aus den Büchern], *Bucheignerzeichen, Bucheigentumszeichen,* kleine graph. Blätter mit Wappen, Namenssymbolen, Bildnissen usw., die in das Buch eingeklebt werden; seit dem Ende des 15. Jh. zuerst in Dtl. gebräuchlich. Es entwickelte sich bes. im 16. Jh. eine *E.kunst.* Beliebte Sammelobjekte.

Exordialtopik *w* [lat.-gr.], formelhafte, in lat. u. ma. Literatur immer wiederkehrende, die Abfassung begründende Äußerungen des Autors zu Beginn eines Werks.

Exordialtopik
Häufige Typen (nach *E. R. Curtius*):

Topos „Ich bringe noch nie Gesagtes"

Topos der Widmung

Topos „Der Besitz von Wissen verpflichtet zur Mitteilung"

Topos „Trägheit ist zu meiden" (Dichten als Mittel gegen Müßiggang)

exoterisch [gr.], Ggs. zu ↗esoterisch; allgemeinverständl., ohne besonderen Anspruch.

Experimentalliteratur, Lit., die neue Ausdrucksmittel erprobt; in der Ggw. u. a. ↗konkrete Poesie; Dichtung, die Mechanismen der sprachl. Kommunikation aufweisen will (z. B. bei H. Heißenbüttel, P. Handke); ↗Computer-Lyrik.

experimenteller Roman, 1) ↗Experimentalliteratur; **2)** ↗roman expérimental.

experimentelles Theater, führt meist avantgardist. Stücke auf, oft in ↗Zimmertheatern ohne Trennung v. Bühne u. Publikum.

explication de texte *w* [ekßplikaßjõ dº tekßt, frz. = Texterklärung], in Fkr. herrschende lit.-wiss. Methode: Analyse des Einzeltexts (auch Textauszugs) in seinen verschiedenen Aspekten; reicht v. grammat., syntakt. u. Worterklärungen bis zu stilist. Wertung u. Einordnung in übergreifende Zusammenhänge.

explicit *(liber)* [lat. = Das Buch ist zu Ende], Schlußformel in alten Büchern u. Handschriften. ↗incipit.

Exposition *w* [lat.], im Drama die Darstellung der Voraussetzungen für die Handlung, d. h. der Ausgangssituation, u. erste Charakterisierung der Figuren.

Exposition

... aber eben deshalb, dünkt mich, macht die Exposition dem Dramatiker viel zu schaffen, weil man von ihm ein ewiges Fortschreiten fordert, und ich würde das den besten dramatischen Stoff nennen, wo die Exposition schon ein Teil der Entwicklung ist.
(Goethe an Schiller, 22. 4. 1797)

Expressionismus *m* [lat. expressio = Ausdruck], Strömung der bildenden Kunst, ab 1910 der dt. Lit. Er klang an in Wedekinds Dramen, fand seinen Niederschlag dann in Manifesten (Zschr. „Der Sturm", „Die Aktion", „Die weißen Blätter"). „Wesensschau" anstelle naturalist. Abschilderung, unmittelbarer Ausdruck auch des Geistigen wurde erstrebt, Ideen der Menschheitsbeglückung herrschten. Die großen Lyriker des frühen Expressionismus – Trakl, Heym, Stadler – ahnten schon vor dem 1. Weltkrieg das kommende Chaos. Ekstat. Gefühlsdichtung (Werfel, Lasker-Schüler) entstand; der radikalste lyr Experimentator war A. Stramm. Das Drama des E. geht häufig vom Generationsproblem (Vater-Sohn-Motiv) aus u. ist sozialkritisch (WW v. Hasenclever, Kaiser, Sternheim, Goering, Toller, Unruh) oder religiös (bes. Sorge, Barlach). Der E. neigte weniger zur Prosa (Romane u. Erzählungen v. Edschmid, z. T. v. Döblin).

Expressionismus-Realismus-Debatte, im „Bund Proletar.-Revolutionärer Schriftsteller" u. in der Zschr. „Das Wort" ausgetragene Diskussion der dreißiger Jahre um die Darstellungsmittel einer sozialist. Lit. (↗Sozialist. Realismus); die traditionalist. Position wurde bes. v. G. Lukács, die Gegenposition v. B. Brecht vertreten.

F

f (ff), *nach Seitenzahlen:* Abk. für „u. folgende Seite" bzw. „u. folgende Seiten".

Fabel *w* [v. lat. *fabula*], **1)** die in einer ep. oder dramat. Dichtung behandelte Begebenheit. **2)** eine Art typenhafter Tierdichtung mit lehrhaften Zügen; stammt aus dem Orient; v. Äsop wurden ind. u. griech. Fabeln aufgezeichnet, diese dann v. Phädrus in lat. Prosa umgedichtet; bes. in der Zeit der Aufklärung hoch geschätzt; bedeutende F.dichter: La Fontaine, Lessing (dieser auch Theoretiker der F.). – Zum Wesen der F. gehört die knappe Kürze u. Aussparungstechnik, das Zulaufen auf eine ↗Pointe, in der die Lehre (nicht moralisierend, sondern im Sinn illusionsloser Einsicht in das Faktische) deutl. wird.

Fabel
Ein Kaninchen traf einen Hasen.
Kümmerlich, bemerkte der Hase, sich von den Menschen in einem Stall gefangen halten zu lassen.
Da wir beide Braten werden, sagte das Kaninchen, ist der ganze Unterschied: ich warte und du rennst.
(H. Arntzen)

Fabliau *m* [fabli'o, frz.; Mz. *Fabliaux*], *Fablel,* altfrz. Verserzählungen des 12., 13. u. 14. Jh., in Nord-Fkr. entstanden; etwa 150 erhalten; meist komisch u. derb-erotisch.

Fachsprache, *Sondersprache,* Sprache eines Berufs oder Stands; bes. durch Abweichungen des Vokabulars gekennzeichnet.

Faksimile *s* [lat. = mach ähnlich!], vorlagengetreue Nachbildung einer Hand- oder Druckschrift u. a.

Falkentheorie *w,* v. P. Heyse vertretene Ansicht, in der Novelle müsse an entscheidenden Stellen leitmotivisch ein typ. Gegenstand o.ä. vorkommen; ben. nach dem Falken, der bei Boccaccio (Decamerone, V 9) so verwendet wird.

fallende Handlung ↗Akt.

Fachsprachen

Seeleute
Jäger
Bergleute
Bauern
Handwerker
u. a.

Fallhöhe, Begriff aus der Tragödientheorie: je höher Würde u. Stellung des trag. Helden sind, desto erschütternder wirkt sein Sturz; daher hat der Dramatiker hochgestellte Personen zu trag. Figuren zu machen. – Der Begriff deckt nicht die Möglichkeiten des ↗Bürgerlichen Trauerspiels u. des neueren Dramas seit Büchner, in dem auch der sozial niedrige Mensch tragikfähig wird.

Fälschung, *lit. F.,* Herausgabe eines Werks unter dem Namen eines anderen (oft berühmten) Verfassers u. unter Angabe einer falschen (meist früheren) Entstehungszeit in der Absicht, den Leser zu täuschen; z.B. Macphersons fingierte Lieder eines ‚kelt. Barden' *Ossian.*

Familienroman *m* [lat.], nach einem seiner Motivkreise ben. Romantyp (meist neben der Familien-Gesch. auch andere Motive); zunächst im 18. Jh. (Richardson, Gellert, Hermes, Sophie v. La Roche, J. J. Engel u. a.), dann wieder seit der Mitte des 19. Jh. (Dickens), oft auch als Eheroman (Fontane), häufig in der Trivial-Lit. (Marlitt), auch als Generationenroman (Zola, Th. Mann, Galsworthy).

Farce *w* [farße, frz.; eig. = Füllsel], kurzes, meist derb-komisches Bühnenspiel, ohne den Anspruch höherer Komik; anfangs bes. in der frz. Dramatik des 14.–16. Jh. (z.B. *Maistre Pathelin*), dann Zwischenspiele in Spanien, später oft als Literatursatire.

Fassung, eine v. mehreren Überarbeitungen, die der Autor seinem Werk gibt. Der Vergleich verschiedener F.n kann bes. aufschlußreich zur Deutung sein.

Fastnachtspiele, volkstüml. Spiele, Schwänke, aus alten kult. Gebräuchen entstanden; erschienen zum Ausgang des MA als kostümierte Umzüge mit Darbietung kurzer Szenen aus dem tägl. Leben in der besonderen Form v. Rüge- u. Gerichtsspielen, auch derb-unflätigen Arztspielen; durch die Meistersinger (Rosenplüt, Folz) aufgenommen u. dramat. gestaltet, auch inhaltl. veredelt. Der bedeutendste F.dichter: Hans Sachs.

Faust-Dichtungen. Faust (v. lat. *favetus* = der Begünstigte) ist der Repräsentant unersättl. forschenden („faust.") Menschentums. Der Kern der *F.sage* ist der Pakt mit bösen Mächten, vorgegeben schon in ma. Zaubersagen (Cyprianus, Theophilus, Merlin). Das Urbild des lit. F. ist eine geschichtl. nachgewiesene Gestalt, der Doktor *Jörg Faustus* (zw. 1536 u. 39 nach der Sage [ab 1548] in Staufen i.Br. vom Teufel geholt). 1587 erschien bei Johann Spieß in Frankfurt das *Volksbuch vom Doktor Faust,* in dem Faust ein „weitbeschreyter Zauberer u. Schwarzkünstler" ist, der mit dem Höllengeist einen Pakt schließt u. nach einem wüsten Leben zur Hölle fährt; Verfasser lutherisch, gleich den späteren Bearbeitern (Widmann 1599, Pfitzer 1674, Der Christlich Meynende 1725). Auch Fkr., Engl. u. Holland griffen den Stoff auf. Marlowe bearbeitete ihn dramat. (1589, gedruckt 1604). Schon hier erörtert Faust zu Anfang seinen unbefriedigten Wissensdurst, des Helden Gegenspieler ist einzig Mephisto. Von den Engl. Komödianten bearbeitet, später Jahrmarkts- u. Puppenspiel. 1759 teilte Lessing kurze Szenen aus einem prosaischen Faustdrama mit, 1772/75 begann Goethe, der den Stoff aus dem Puppenspiel kennengelernt hatte, den *Urfaust* (1887 v. E. Schmidt aufgefundene Urfassung des Frankfurter Faustfragments in einer Abschrift der Weimarer Hofdame Luise v. Göchhausen), mit dem Gretchenmotiv, 1778 erschienen Szenen von Maler Müller, 1790 Goethes Neubearbeitung: *F., ein Fragment,* 1791 ein F.roman v. Klinger. Goethes Fragment fand kaum Widerhall. 1808 war *Faust, eine*

Tragödie (1. Teil) vollendet. Der 2. Teil wurde 1831 abgeschlossen. – F. schufen im 19. Jh. noch u. a. Ch. D. Grabbe, N. Lenau, H. Heine; bedeutende F. des 20. Jh. sind P. Valérys *Mon Faust* u. Th. Manns *Doktor Faustus.*

Fazetie

Von einem Mägdlein

Bei einer Frauen dienet ein Mägdlein, die oftmals bis nach Mitternacht bei ihren Buhlen saße; als sie darob von der Frauen gestraft ward, daß sie so ein lange Zeit wachet, antwortet sie, sie däuchte es nicht ein lange, sondern ein gar kurze Zeit; denen aber sei sie lang, die mit Wachen darauf achthaben.

(Aus Heinrich Bebels *Scherzhaftesten Fazetien;* 1512)

Fazetie *w* [lat. *facetia*], humanist. Frühform der ↗Novelle, u. a. in der it. Renaissance (Poggio Bracciolini).

Feature *s* [fitsch^er^, engl.-am.], **1)** *Presse:* eine Art der Reportage, die den Sachverhalt in anschaulicher Form darstellt u. Hintergründe beleuchtet. **2)** *Rundfunk:* Bz. für eine Hörfolge in aufgelockerter Gesprächsform, oft auch mit Spielszenen u. eingestreuten Originalaufnahmen.

Fernsehen *s,* als Massenmedium lit. geschmacksbildend durch die neugeschaffene Gattung ↗Fernsehspiel, durch audiovisuelle Adaptionen v. WW der traditionellen Gattungen u. durch lit. informierende Sendungen.

Fernsehspiel, neben bloßen Theateraufzeichnungen usw. eigene Form, aus dem Bedarf des Mediums durch Vermischung v. Elementen des Films u. des Schauspiels entstanden u. in Entwicklung. Bestimmend sind Konzentration des Geschehens, Dialog, Ein- u. Rückblendung, Großaufnahme des menschl. Gesichts; oft kammerspielartige Struktur u. Form der Serie; Gefahr des Klischees. ↗Dokumentarspiel.

Festspiele

Bayreuther Festspiele (WW v. R. Wagner)
Glyndebourne Festival
Ruhrfestspiele
Salzburger Festspiele
Maggio musicale (Florenz)
Prager Frühling
Festival d'Aix-en-Provence

Festspiel, für einen festl. Anlaß geschriebenes dramat. Werk, so das höf. Festspiel in Renaissance u. Barock mit mytholog.-allegor. Charakter, Schillers *Huldigung der Künste,* Goethes *Des Epimenides Erwachen.*

Festspiele, jährlich wiederholte u. variierte Aufführungen v. lit. u. musikal. WW zur Pflege meist besonderer Traditionen.

Feuilleton *s* [föj^e^tõn, frz. = Blättchen, Beiblatt], der Teil der ↗Zeitung, der kulturelles Leben behandelt u. beurteilt (Skizzen, Aufsätze, Kritiken); zum F. gehören auch Erz., Gedichte, der Zeitungsroman u. ä. Das Wort F. zuerst 1799 für das Anzeigenblatt *(feuille d'avis)* des „Journal des Dêbats" gebraucht.

Feuilletonismus *m* [föj^e^ton-], Bz. für den geistreichen Plauderstil des ↗Feuilletons, wie er in Dtl. zuerst v. Heine entwickelt, später vor allem in der Wiener Tagespresse, dann auch in Berlin fortgeführt wurde (Kürnberger, Speidel, Altenberg, Bahr, Polgar, Kerr, Auburtin, Tucholsky, Radecki).

Fiction *w* [fiktsch^e^n], engl. für Fiktion (Erdichtung); engl. Bz. für erzählende Lit., soweit auf Phantasie beruhend (Ggs.: ↗*non-fiction*). ↗Science Fiction.

Figur *w* [lat. *figura* = Gestalt], **1)** sprachl. Ausdrucksmittel, das v. „normaler" Ausdrucksweise abweicht; als *rhetor. F.* v. der ↗Rhetorik systematisiert. **2)** Bz. für dichter. Gestalten, bes. im Drama.

Figur
(Arten v. rethor. Figuren)
Gedankenfiguren
Klangfiguren
Satzfiguren
Wortfiguren

Figura etymologica *w* [lat.], eine rhetor. Figur, bei der zwei verschiedene Worte desselben Stammes in Beziehung treten; z.B.: eine Grube graben.

Figurengedicht, *Bilderreim,* Gedicht, dessen äußere Satzform im Druck durch verschiedene Zeilenlängen ein dem Thema angepaßtes Umrißbild ergibt (Leuchter, Pyramide, Kreuz, Herz usw.); beliebt im Barock; nachgeahmt u.a. v. Arno Holz u. Chr. Morgenstern. Moderne Abart: ↗Konkrete Poesie.

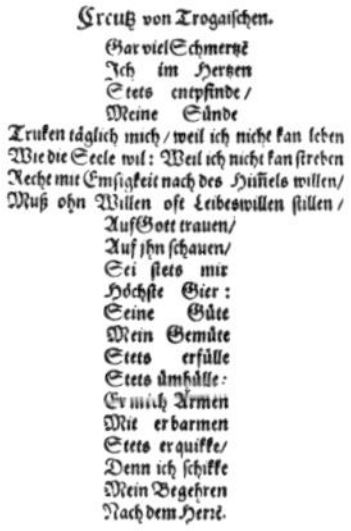
Creutz von Trogaischen.
Gar viel Schmertze
Ich im Hertzen
Stets entpfinde/
Meine Sünde
Truken täglich mich/weil ich nicht kan leben
Wie die Seele wil: Weil ich nicht kan streben
Recht mit Emsigkeit nach des Hiñels willen/
Muß ohn Willen oft Leibeswillen stillen/
Auf Gott trauen/
Auf jhn schauen/
Sei stets mir
Höchste Gier:
Seine Güte
Mein Gemüte
Stets erfülle
Stets ümhülle:
Er mich Armen
Mit erbarmen
Stets erquikke/
Denn ich schikke
Mein Begehren
Nach dem Hertz.

Figurengedicht
(J. G. Schottelius, 1645)

fiktional [lat., Hw. *Fiktion*], erdacht; erfunden.

Film *m,* als eigenständ. künstler. Medium (lit. Niederschlag: ↗Drehbuch) u. als Vermittler v. Lit. (bes. seit den *Ton-F.,* 1929) bedeutsam. Neben die z.T. mehrfachen Verfilmungen v. WW der Lit. treten bes. in neuester Zeit Versuche v. Schriftstellern zu eigenen filmischen Gestaltungen (z.B. A. Robbe-Grillet).

Fin de siècle [fãn d^{ö} ß^{i}äkl, frz. = Ende des Jh.], nach dem Titel eines Lustspiels v. de Jouvenot u. Micard (1888) Bz. für die v. Weltmüdigkeit u. Morbidität geprägte Zeit des endenden 19. Jh. ↗Dekadenz.

Fliegende Blätter, die erste satir. Zschr. v. Rang in Dtl.; begr. 1844; bes. in den ersten Jahrzehnten v. hohem Niveau; Beiträge v. C. Spitzweg, W. Busch u.a.

Flores [Mz., lat. = Blumen], Redeschmuck durch rhetor. ↗Figuren; Kennzeichen hohen Stils in antiker u. ma. Lit.

Flugschriften, *Flugblätter, Fliegende Blätter,* kleinere Schr. über Tagesfragen zur Beeinflussung der öff. Meinung; meist nur einmal erscheinende, oft illustrierte Gelegenheitsdrucke (Einblattdrucke, Pamphlete), die sensationelle Nachrichten enthalten oder (oft polem.) zu aktuellen Fragen, polit., rel., soz. u. auch wiss. Art, Stellung nehmen. Im ausgehenden MA aufkommend, fanden sie im Zeitalter der Reformation u. des 30jährigen Krieges größte Verbreitung; gelten als Vorläufer der Zeitung.

Folio *m* [it. = Bogen], *Fo., Fol.,* ein ↗Buchformat (Abk. 2°), das dem Kanzleiformat (33 × 42 cm) entspricht.

Folklore *w* [fo^{u}klår, engl.], v. dem Engländer Thoms 1846 geprägte Bz. für die Volksüberlieferungen, i.w.S. also für den Gegenstand der ↗Volkskunde; im Dt. inhaltl. gegenüber dieser meist enger gefaßt (Volkslied, -tanz u. -tracht).

Form [lat. *forma*], im lit. Kunstwerk dessen äußere

Gestalt, in deren Grenzen der Gehalt an Unmittelbarkeit verliert, aber an Notwendigkeit gewinnt. Als dialekt. Einheit v. F. u. Gehalt (Hegel) treibt das lit. Werk seine F. aus sich hervor; jedoch gibt es zahlr. vorbildl. Formen der Dichtung, zu denen immer wieder gegriffen wird u. die innerhalb einer gewissen Variationsbreite über Jhh. stabil bleiben. ↗Innere F.

Formalismus
Vertreter des russ. F.
V. Schklowskij
B. Eichenbaum
B. Tomaschewskij
u. a.

Formalismus *m* [lat.], **1)** allg.: Überbetonung der äußeren Form bzw. des Formalen. **2)** Richtung der russ. Literatur-Wiss. in den 20er Jahren, die in den Mittelpunkt ihrer Untersuchungen die dichter. Sprache stellte u. die Kunst als vom Leben getrennt ansah; neuerdings im Westen stark beachtet.

Forschungsbericht, meist in Zschr. veröffentlichte Übersicht über neueste Forschungsergebnisse zu einem bestimmten wiss. Problemkomplex.

Fortschritt, geschichtsphil. Begriff (taucht in der Aufklärung des 18. Jh. im dt. Sprachschatz auf), aufgefaßt als eine stetige vernunftgemäße, sittl. u. kulturelle Höherentwicklung der *Menschheit* (u. insofern vom weiteren Begriff der Entwicklung unterschieden).

Fotomontage ↗Photomontage.

Fotoroman *m,* bes. in It. übliche Form der ↗Triviallit.; in Serien v. gestellten Fotos (mit Sprechblasen) zerlegte Romane, meist in Illustrierten als Fortsetzungs-F.

Fragment
Als Fragment erscheint das Unvollkommene noch am erträglichsten – und also ist diese Form der Mitteilung dem zu empfehlen, der noch nicht im ganzen fertig ist – und doch einzelne merkwürdige Ansichten zu geben hat.
(Aus: Novalis: Neue Fragmente)

Fragment *s* [lat.], Teil eines Werkes, das nur unvollständig überliefert ist oder vom Dichter nicht abgeschlossen werden konnte; in der Romantik als eigene Kunstform.

Frankfurter Gelehrte Anzeigen, gegr. unter dem Titel „Franckfurthische Gelehrte Zeitungen" 1736 v. Tobias Nocker; durch die Mitarbeit v. Goethe, Herder, Merck u. Schlosser 72 Organ des ↗Sturm u. Drang; bestand bis 1790.

Französische Sprache. Die frz. Sprache, Glied der roman. Sprachenfamilie, wird in Fkr. in verschiedenen Dialekten gesprochen u. greift geograph. nach der Schweiz, Belgien u. Luxemburg über; außerhalb Europas wird sie in den ehem. frz. Kolonien u. teilweise in Kanada gesprochen. Sie hat sich aus dem ↗Vulgärlatein entwickelt. Dieser Sprachinvasion ist das urspr. Gallisch-Keltische unterlegen (spärl. Reste im Wortschatz). Das Breton. wurde erst seit 5. Jh. aus dem Engl. wieder eingeführt. Im 5. Jh. lieferten die eindringenden Franken viele german. Wörter, namentl. des Kriegswesens. Von der *langue d'oïl,* die im 14. Jh. aus dem Dialekt der Île-de-France *(Franzisch)* zur Schriftsprache wurde, schied sich die *langue d'oc,* das Provenzalische des zeitiger romanisierten Südens (in der provenzal. Hochsprache im 12. u. 13. Jh. die Troubadourdichtung). Das *Altfrz.* hatte die vulgärlat. Formen vereinfacht, zu Beginn des *Mittelfrz.* (15. u. 16. Jh.) waren die Kasusendungen bereits gefallen (in der Schreibung erhalten). Nach den wahllosen Wortentlehnungen der Renaissance aus dem Lat., Griech. u. It. fixierte das 17. Jh. (Beginn des *Neufrz.*) durch die Tätigkeit der Grammatiker, der ↗Salons u. der ↗Académie française die frz. Sprache u. gab ihr den Charakter der Klarheit u. Eleganz, der ihr im 17. u. 18. Jh. die unbestrittene Vorherrschaft unter den europ. Sprachen sicherte.

Frauendichtung, v. Frauen verfaßte Lit., die in besonderem Maße die weibl. Gefühlswelt widerspiegelt; seit der Antike (Sappho) bekannt. Im dt. MA dichteten Hrosvith v. Gandersheim u. Frau Ava, in der it. und frz. Renaissance Vittoria Colonna, Gaspara Stampa u. Louise Labé. Seit der ↗Empfindsamkeit häufig Abgleiten in ↗Trivialliteratur: Sophie v. La Roche, später die Marlitt, die Courths-Mahler. Bedeutende neuere Autorinnen: in Engl. die Schwestern Brontë, V. Woolf, in Fkr. George Sand, in Dtl. nach A. v. Droste-Hülshoff u. M. v. Ebner-Eschenbach zahlr. moderne Dichterinnen (I. Bachmann, I. Aichinger, N. Sachs, A. Seghers und andere).

Freie Bühne (Gründer)

M. Harden
Th. Wolff
O. Brahm
P. Schlenther
H. u. J. Hart
S. Fischer
J. Stettenheim
P. Jonas

Freie Bühne, 1889 gegr. Verein für geschlossene Aufführungen naturalist. Dramen (deren öffentl. Aufführung meist verboten), der zur Durchsetzung des ↗Naturalismus wesentl. beitrug; angeregt durch das *Théâtre libre* A. Antoines.

Freie Künste (septem artes liberales)

Trivium:
Grammatik
Rhetorik
Dialektik

Quadrivium:
Arithmetik
Geometrie
Musik
Astronomie

Freie Künste, *Artes liberales,* in der Antike die einem Freien ziemenden Kenntnisse im Ggs. zu zweckbestimmten Fertigkeiten, 9 Gebiete; im MA (Martianus Capella, Isidor v. Sevilla) 7 Disziplinen, aufgeteilt in *Trivium* (= Dreiweg) u. *Quadrivium* (= Vierweg). Grundlage des ma. Bildungswesens u. Vorform der modernen Aufteilung in Geistes- u. Natur-Wiss.

freie Rhythmen, ungereimte, metr. ungebundene, stark rhythm. Verse, mit wechselnder Zahl der Hebungen u. Senkungen; v. Klopstock in die dt. Dichtung eingeführt, angeregt durch Pindar u. die Psalmen; u.a. bei Goethe, Hölderlin, Whitman, Claudel.

Freier Vers ↗Vers libre.

Freies Deutsches Hochstift, 1859 in Frankfurt a.M. gegr. Gesellschaft zur Pflege v. Wiss., Kunst u. Bildung; seit 1863 im Goethehaus; umfangreiches Hs.-Archiv; wiss. Jahrbücher (seit 1902).

Die Friedenspreisträger des Deutschen Buchhandels

1950 Max Tau
1951 Albert Schweitzer
1952 Romano Guardini
1953 Martin Buber
1954 Carl Jacob Burckhardt
1955 Hermann Hesse
1956 Reinhold Schneider
1957 Thorton Wilder
1958 Karl Jaspers
1959 Theodor Heuß
1960 Victor Gollancz
1961 Sarvepalli Radhakrishnan
1962 Paul Tillich
1963 Carl Friedrich v. Weizsäcker
1964 Gabriel Marcel
1965 Nelly Sachs
1966 Augustin Kardinal Bea und Willem A. Visser 't Hooft
1967 Ernst Bloch
1968 Léopold Sédar Senghor
1969 Alexander Mitscherlich
1970 Gunnar Myrdal und Alva Myrdal
1971 Marion Gräfin Dönhoff
1972 Janusz Korczak
1973 Club of Rome
1974 Roger Schutz

Gattungen

Es gibt nur drei echte Naturformen der Poesie: die klar erzählende, die enthusiastisch aufgeregte und die persönlich handelnde: Epos, Lyrik und Drama. Diese drei Dichtweisen können zusammen oder abgesondert wirken. In dem kleinsten Gedicht findet man sie oft beisammen, und sie bringen eben durch diese Vereinigung im engsten Raume das herrlichste Gebild hervor, wie wir an den schätzenswertesten Balladen aller Völker deutlich gewahr werden.

(aus: J. W. v. Goethe: *Noten und Abhandlungen zum besseren Verständnis des West-östlichen Divans*)

Freilichtbühne, *Freilichttheater,* Theateranlage unter offenem Himmel.

Freimaurerdichtung, WW meist v. Ordensmitgliedern, die Toleranz u. Nächstenliebe propagieren, u.a. von Herder u. Lessing; Einfluß auf Goethe u. Schiller. Bezeichnend: Mozarts „Zauberflöte" (Forts. v. Goethe).

Friedenspreis des Deutschen Buchhandels, v. ↗Börsenverein des Dt. Buchhandels 1950 gestifteter u. mit 10 000 DM dotierter Preis an einen Schriftsteller, der durch Werk u. Person dem Frieden genützt hat; wird jährl. bei der Frankfurter Buchmesse verliehen.

Fronleichnamsspiel, Form des ↗Geistl. Spiels, entwickelte sich aus den spätma. Fronleichnamsprozessionen. An bestimmten Stationen wurden Einzelszenen mit kurzen Sprüchen aufgeführt, die im Zshg. mit dem Altarsakrament standen. Nach dem Vorbild der ↗Passionsspiele zum eigentl. F. erweitert, in dem die gesamte Heils-Gesch. bis zur Erlösung mit dem Altarsakrament als Mittelpunkt aufgezeigt wurde. Deutsche (u.a. aus Bozen, Eger, Freiburg i. Br., Innsbruck, Künzelsau) u. engl. F.e des 14.–15. Jh. erhalten; span. F.e ↗Autos sacramentales.

Frontispiz *s* [lat.], *Buchwesen:* bei älteren Büchern die Titelverzierung bzw. das dem Titelblatt gegenüberliegende Titelbild, meist ein Kupferstich (Porträts u. a.).

Frouwe, Anrede u. Bz. des mhd. ↗Minnesangs für die umworbene (verheiratete u. gesellschaftl. unerreichbare) Dame.

Füllmotiv *s,* ↗Randmotiv.

Funkerzählung, *Funknovelle,* eigens für den Rundfunk verfaßte Erz.; meist auf Eindringlichkeit des mündl. Vortrags abgestellt. Dialoge u. Geräuschkulisse nähern die F. dem ↗Hörspiel.

Furcht und Mitleid ↗Katharsis.

Fürstenspiegel, Schriften, die das Idealbild eines Herrschers zeigen oder Regeln für das vernünftige Handeln eines Herrschers aufstellen; schon in der Antike bekannt, Blüte im MA u. früher NZ: *Il principe* (Machiavelli, 1532), *Télémaque* (Fénelon, 1699), *Antimachiavell* (Friedrich d. Gr., 1739).

Fußnote, am Fuß der Buchseite, heute oft im Anhang stehende, mit Stern oder Ziffer bezeichnete Anmerkung (meist in kleinerem Schriftgrad) zur Erläuterung des Textes, als Lit.- u. Quellenangabe; besonders in wissenschaftlichen Textausgaben und Abhandlungen; Teil des wissenschaftlichen ↗Apparates.

Futurịsmus *m* [lat.], v. It. ausgehende, auf die „Zukunft" gerichtete Kunstbewegung mit radikaler Ablehnung aller Überlieferung. Der *literar. F.* wurde begr. v. F. T. Marinetti in Paris (1. Futurist. Manifest 1909). Die it. Futuristen traten für den Krieg ein. Formal wirkten sie erneuernd auf die Lyrik. – In Rußland war der F. v. 1911 bis zum Tode Majakowskijs (1930) verbreitet; gg. die Lit. des 19. Jh. gerichtet, durch Sprachexperimente einflußreich. Hauptvertreter: Chlebnikow, ferner Burljuk, Kamenskij u. Majakowskij.

Jede beliebige Theorie der Teilung der Künste ist unbegründet. Die Gattung oder die Klasse ist in diesem Fall eine einzige, die Kunst selbst oder die Intuition, während die einzelnen Kunstwerke im übrigen zahllos sind: alle original, keines ins andre übersetzbar...
(B. Croce: *Grundriß der Ästhetik*)

G

galạnter Stil, zuerst in It. u. Fkr. aufgekommene Stilrichtung gg. Ende des 17. Jh.: glatt, frivol, witzig, geziert; schildert bes. Liebesszenen; u.a. von I. de Benserade, Voltaire, Hofmannswaldau, Abschatz.
Gallizịsmus *m,* Eigentümlichkeit der Frz. Sprache, in andere Sprachen übernommen.
Gartenbühne, *Heckenbühne,* im Barock u. Rokoko übl. Form des stilisierten Naturtheaters mit gestaffelten u. geschnittenen Hecken.
Gartenlaube, *Die G.,* beliebte Zschr. des wilhelmin. dt. Bürgertums um die Jahrhundertwende; v. sentimentaler Idyllik u. banalem Fortschrittsglauben *(G.-Stil)* geprägt.
Gastmahl ↗Symposion.
Gattungen, 1) Bz. für die Grundarten der Dichtung (↗Lyrik, ↗Epik, ↗Dramatik; auch ↗Lehrdichtung); die schemat.-formale Einteilung v. E. Staiger zu „Namen für fundamentale Möglichkeiten des Daseins überhaupt" vertieft (↗lyrisch, ↗episch, ↗dramatisch); die Aussagekraft der Gattungsbegriffe v. B. Croce bestritten. Neuere Gattungsbestimmungen gehen v. den 3 Grundleistungen der

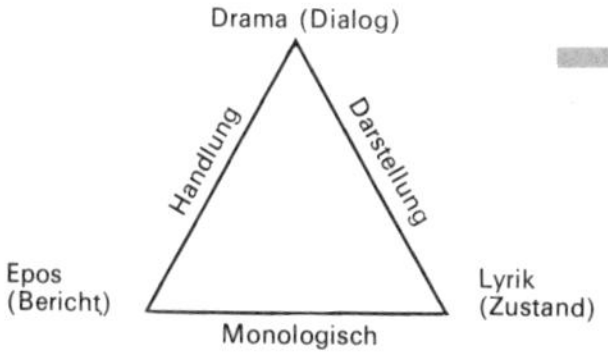

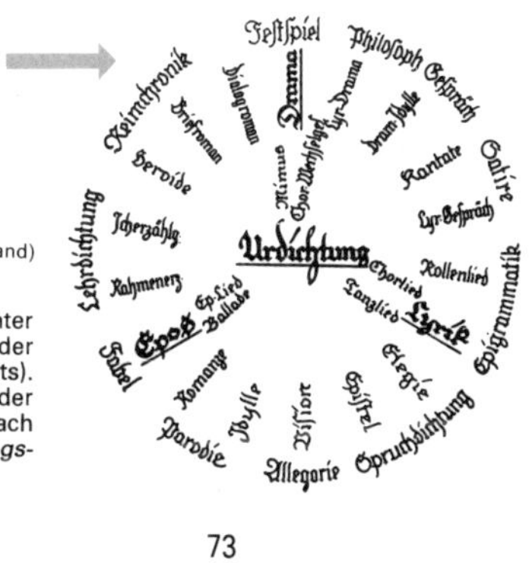

Das Schema der lit. Gattungen unter Rückgriff auf Goethes „Urformen" der Dichtung (oben) bei J. Petersen (rechts). Geschlossenes System bei weitgehender Reduktion der Gattungseigenart (nach J. Petersen, *Die Lehre von den Dichtungsgattungen).*

Sprache (nach K. Bühlers ↗Organon-Modell) aus u. begreifen lyr. Sprache als *Kundgabe,* ep. Sprache als *Darstellung,* dramat. Sprache als *Appell.* ↗Textarten. **2)** auch bz. für ↗Gattungsformen.

Gattungsformen, innerhalb einer ↗Gattung Bz. für die Unterarten; z. B. gliedert sich die Gattung Lyrik in G. wie ↗Lied, ↗Hymne, ↗Ode, ↗Sonett usw.

Gattungspoetik *w,* versucht, die zahlreichen Gattungsbegriffe in ein geordnetes System zu bringen.

Gattungsstil *m,* Bz. für die überindividuelle, in verschiedenen Epochen auftretende stilist. Gleichartigkeit v. WW derselben Gattung; z. B. ↗epische Wiederholung.

Gattungstrias *w,* Bz. für ↗Lyrik, ↗Epik u. ↗Dramatik als „Naturformen" (Goethe) der Dichtung. Seit Ch. Batteux (1746) gewann die G. teils kanon. Geltung; neuere Forschungen heben jedoch ihre Problematik (↗Gattungen) u. Unvollständigkeit hervor.

Gebet
(Beispiele)

J. W. v. Goethe: *Iphigenie* (I, 4: „Du hast Wolken, gnädige Retterin . . .")

J. W. v. Goethe: *Faust I* (Szene XVIII, Zwinger: „Ach neige, Du Schmerzensreiche . . .")

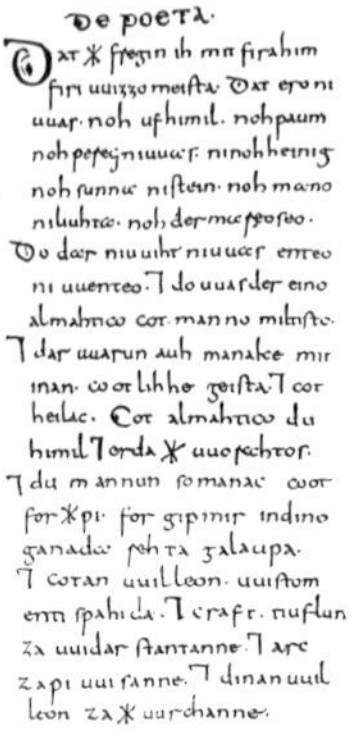

Gebet: Wessobrunner Gebet

Gebet *s,* als lyr. Form durch Bitte, direkte Anrede, Imperative geprägt; oft in umfassenderen WW als „Einlage".

Gebetbuch, Andachtsbuch für Laien; lat. am ↗Psalter, später am ↗Brevier orientiert. Volkssprachl. G.er gibt es seit dem 14. Jh., z. B. als ↗Stundenbuch.

Geblümter Stil, Bz. des 13. Jh. für die Dichtung der Wolfram-Nachfolge, die bes. schwerverständl. Sprachspiele u. dunkle Metaphern bevorzugt.

Gebrauchslyrik *w,* für einen bestimmten Zweck oder Anlaß verfaßte Gedichte.

Gebrauchslyrik
(Beispiele für Formen der G.)
Albumvers
Hochzeitsgedicht
Widmungsgedicht

Gebrochener Reim, reimt auf eine Silbe im Wortinnern; meist kom. Wirkung.

Gebrochener Reim
(Beispiel)

Jeder weiß, was der Mai- / käfer für ein Vogel sei.
(W. Busch)

Gedankenfiguren [Mz.], *Sinnfiguren,* rhetor. ↗Figuren, die der bes. effektvollen Darstellung des Gedankens dienen.

Gedankenfiguren
(Beispiele)

rhetorische Frage
correctio

Gedankenlyrik, ↗Lyrik, die vorwiegend gedankliche Inhalte gestaltet. Bevorzugte Formen sind im MA der ↗Spruch, im Barock ↗Sonett u. Epigramm; vorbildl. wurden später die philosoph. Gedichte Schillers.

Gedankenrede, ep. Formelement: der Erzähler gibt dem Leser Einblick in die Gedanken einer Figur, die in Form der ↗direkten Rede erscheinen.

Gedicht, *i. e. S.:* ↗Lyrik; *i. w. S.:* über diese hinaus auch das dramat. oder ep. „Gedicht" (Versdrama, Versepos).

geflügelte Worte, Übersetzung des homer. *epea pteroenta,* sprichwörtl. gewordene Redensarten, Zitate aus Dichtungen, Aussprüche. In Dtl. gesammelt u. a. v. Büchmann.

Gehalt *m,* zeitweise in der Literatur-Wiss. vielverwandter Begriff, im Unterschied zur Form oder Gestalt auf den Sinnzusammenhang bezogen.

Geistesgeschichte, *Ideengeschichte,* untersucht die innerhalb eines Kulturkreises bestimmenden Ideen, deren Entfaltung, Vermittlung u. Wandel in den verschiedenen Epochen; lit. WW werden als Dokumente der geistesgeschichtl. Entwicklung betrachtet u. eingeordnet.

geistesgeschichtliche Betrachtungsweise, Methode der Lit.-Wiss., die das lit. Werk bes. auf die in ihm gestalteten Ideen untersucht u. diesem Interesse andere Aspekte (z.B. formal-ästhetische) unterordnet; in Dtl. bes. in der 1. Hälfte des 20. Jh. vorherrschend.

Geisteswissenschaften, erforschen die Erscheinungen der Welt, sofern sie nicht der Natur, sondern dem menschl.-geschichtl. Geist entstammen. Raum der G. ist also die Geschichte in ihren Bereichen (Philosophie, Religion, Sprache, Lit., Kunst, Recht, Gesellschaft). Während die Naturwiss.en v. der Mannigfaltigkeit mögl. Bedeutungen, die der Mensch an die Dinge heranträgt, abzusehen bemüht sind, gründet sich die geisteswiss. Methode („Verstehen") immer auf bestimmte, als besonders wichtig empfundene Sinnbezüge.

geistliche Dichtung, ↗religiöse Dichtung, deren Gehalte v. der christl. Lehre u. Tradition bestimmt sind; als liturg. Dichtung für den Gottesdienst bestimmt. Blütezeit: Spätantike u. MA. Formen: ↗Evangelienharmonien, Apostelgeschichten u. Marienleben, geistliche Lieder (bes. Marienlyrik), seit dem Hoch-MA das ↗geistl. Spiel. In der Reformation: das dt. Kirchenlied; im Barock u. Pietismus: Schauspiele, rel. Lyrik u. ep. Dichtungen. Seitdem Zurücktreten der g. D. zugunsten der weniger gebundenen rel. Dichtung.

Geistliches Lied, zum Gesang bestimmtes rel. Lied in Strophen, unterschieden vom liturg. ↗Kirchenlied. Blüte in Reformation, Barock, Romantik (Novalis).

Geistliches Spiel, *Geistl. Drama,* Form der ↗geistl. Dichtung, entstand im MA; Grundlage war der ↗Tropus als neue Form des liturg. Gesangs; um 900 zum Dialog ausgestaltet im St. Galler Ostertropus; im 10. Jh. dialog. Weihnachtstropus; dazu traten Handlungselemente (Wettlauf der Jünger zum Grab, Händlerszene usw.); es bildeten sich ↗Oster-, ↗Passions-, ↗Weihnachts- u. ↗Antichristspiele, erst in, seit dem 13. Jh. auch vor der Kirche aufgeführt; zunächst in lat., seit dem 12. Jh.

geistesgeschichtliche Betrachtungsweise

W. Dilthey: *Das Erlebnis und die Dichtung* (1905)

H. A. Korff: *Geist der Goethezeit* (1923/57)

F. Gundolf: *Shakespeare und der deutsche Geist* (1911)

B. v. Wiese: *Schiller* (1959)

W. Rehm: *Experimentum medietatis* (1947)

Gedankenrede

Aber als er eben dachte: „Wenn ichs doch auch nur einmal so gut bekäme, wie dieser Herr Kannitverstan es hat", kam er um eine Ecke und erblickte einen großen Leichenzug.
(J. P. Hebel: *Kannitverstan*)

Geflügelte Worte

‚Geflügelte Worte' nenne ich solche Worte, welche, von nachweisbaren Verfassern ausgegangen, allgemein bekannt geworden sind und allgemein wie Sprichwörter angewendet werden.
(*G. Büchmann,* 1882)

auch in dt. Sprache. Im Spät-MA auf dem Marktplatz gespielt oder im Zshg. mit der Fronleichnamsprozession (↗Fronleichnamsspiel); allmähl. erfolgte eine Verweltlichung. – In Fkr.: ↗Mysterienspiele, in Spanien ↗Autos sacramentales.

Gelegenheitsdichtung, *Gelegenheitsgedicht,* für bestimmte „Gelegenheiten" im höf. Gesellschaftsleben (Hochzeiten, Geburtstage) geschriebene Lyrik, bes. im 16.–17. Jh.; bei Goethe: das aus dem Erlebnis einer besonderen „Gelegenheit" entstandene Gedicht.

Gelehrtendichtung, Dichtung, die durch die Bildung des Verfassers geprägt wird; z. B. geistl. Lehrgedichte des MA (Alkuin), Dichtung des Humanismus, später der ↗Professorenroman. Entspricht dem Ideal des ↗poeta doctus.

Gemeinplatz ↗Topos.

genera dicendi [Mz., lat.], ↗Stilarten.

Generation *w* [lat.], gelegentl. Darstellungsprinzip v. Literaturgeschichten, in Dtl. bes. im Positivismus, in Fkr. bis heute.

generative Grammatik *w, Transformations-Grammatik,* begreift Sprache als Produktivität u. stellt Regeln der Erzeugung u. Umwandlung v. Sätzen auf; v. einigen Forschern auf die lit.-wiss. Analyse übertragen (J. Kristeva).

Genesis-Dichtungen

Genesis Exodus (lat. Epos v. Avitus)
Wiener Genesis (Fragment einer frühchristl. Hs. des 6. Jh.)
Altsächs. Genesis (Fragment aus dem 19. Jh.)
Vorauer Genesis

Genesis-Dichtungen [gr.-lat. *genesis* = Entstehung], gestalten die Erschaffung der Welt u. des Menschen durch Gott; im christl. Sinn nach dem atl. *Buch G. (Gn),* auch *1. Buch Moses* mit Urgeschichte (Kap. 1–11) u. Patriarchengeschichte.

Genie

G. E. Lessing:
Nicht jeder Kunstrichter ist Genie; aber jedes Genie ist ein geborner Kunstrichter. Es hat die Probe aller Regeln in sich. Es begreift und behält und befolgt nur die, die ihm seine Empfindung in Worten ausdrücken.

J. C. Lavater:
Was ist Genie? Wer's nicht ist, kann nicht, und wer's ist, wird nicht antworten. (...) Wo Wirkung, Kraft, Tat, Gedanke, Empfindung ist, die von Menschen nicht gelernt und nicht gelehrt werden kann, da ist Genie! Genie, das allererkennbarste und unbeschreiblichste Ding, fühlbar, wo es ist, und unaussprechlich wie die Liebe!

Genie *s* [sch^e-, frz.; v. lat. *genius* = Geist], schöpfer. Begabung (u. deren Träger). Von der Aufklärung rationalist. (als höchster Kunstverstand) aufgefaßt, v. ↗Sturm und Drang, dessen Leitbild das *Originalgenie* war, als irrationales Eigenschöpfertum erklärt.

Geniezeit [sch^e-] ↗Sturm und Drang.

Genre *s* [schãnr^e, frz.], Gattung, Gattungsform.

Genrebild *s* [schãnr^e-, frz.], auf die Lit. übertragene Bz. der Kunst für Darstellung eines beschränkten, handlungsarmen Ausschnitts aus dem bürgerl. Alltagsleben; bes. in ↗Biedermeier u. ↗poet. Realismus.

George-Kreis
Mitglieder u. a.

K. Wolfskehl
M. Komerell
L. Klages
F. Gundolf
H. v. Hofmannsthal (zeitweise)
M. Daudenthey
E. Bertram

George-Kreis, esoterischer ↗Dichterkreis um St. George; Pflege vergeistigten Kunst- u. Persönlichkeitskults.

Germanische Philologie, *Germanistik,* die Wiss. v. den Sprachen u. Literaturen der german. Völker, mit Versuchen der Romantiker u. der Brüder Grimm einsetzend; die einzelnen Philologien bildeten sich dann als selbständige Fächer heraus, z. B. Anglistik, Dt. Philologie (↗Germanistik).

Germanische Sprachen, idg. Sprachfamilie, der u. a. die *Festlegung des Akzents* auf der 1. Silbe, die *German. Lautverschiebung* (z. B. lat. *pater,* engl. *father*) u. die *Systematisierung des Ablauts* (starke Verben) gemeinsam sind. Die innere Gliederung der g. S. ist umstritten, die Fiktion einer urspr. Einheit aller g. S. *(Stammbaumtheorie)* widerlegt.

Germanismus, Eigenheit der dt. Sprache, in andere Sprachen übertragen.

Germanistik, i.w.S. ↗German. Philologie; i.e.S. Wiss. v. der dt. Sprache u. Literatur. Neben die klass. Richtungen *German. Philologie* u. *Neuere dt. Lit.-Geschichte* tritt heute innerhalb des G.-Studiums die ↗*Linguistik.*

Gesamtkunstwerk, eine vor allem in der Romantik (R. Wagner) erstrebte Einheit, in der Dichtung, Musik, szen. u. bildl. Darstellung unlösbar u. gleichgewichtig miteinander verbunden sind.

Gesangbuch, Slg. volkssprachl. ↗Kirchenlieder bes. für den Gottesdienst.

Geschehensdrama ↗Handlungsdrama.

Geschichtsdrama ↗historisches Drama.

Geschichtsschreibung, *Historiographie,* Darstellung der Gesch., des vom Menschen getragenen Geschehens; wird formal gegliedert in: *referierende* (rein erzählende), *pragmatische* (spürt der Verknüpfung v. Ursache u. Wirkung nach, um aus dieser Erkenntnis prakt. Folgerungen zu ziehen) u. *genetische* (faßt jede geschichtl. Erscheinung als etwas allmähl. Gewordenes auf) G. – Die G. begann beim Volk Israel. Maßgebend für die weitere Entwicklung wurden die Griechen: Herodot, bes. aber Thukydides u. Polybios, mit denen pragmat. G. einsetzte. Bei den Römern sind bes. Livius, Sallust u. Tacitus zu erwähnen. Die Annalen, Chroniken u. Viten des MA stellen den Typus der erzählenden G. dar. Die it. Humanisten (Machiavelli, Guicciardini) waren Vertreter der pragmat. G., die im Zeitalter der Aufklärung mit Voltaire, Gibbon, Hume u. Burke ihren Höhepunkt erreichte. Im 19. Jh. nahm die G. durch die Entfaltung der Geschichts-Wiss. einen gewaltigen Aufschwung. Die bedeutendsten dt.-sprachigen Geschichtsschreiber des 19. Jh. waren Ranke, Mommsen, Burckhardt, Savigny sowie Droysen, Sybel u. Treitschke.

geschlossene Form, im Drama die aristotelische Bauweise: ↗Einheiten v. Handlung, Raum u. Zeit, kontinuierl. Ablaufen mit klarer Unterordnung v. Nebenhandlungen, symmetr. ↗Komposition; typ.

Germanische Sprachen

I. Ältere Gliederung:

Nordgermanen (Norweg. / Island / Dän. / Schwed.)
Ostgermanen (Got.)
Westgermanen (Dt. / Engl. / Friesl.)

II. Neuere Gliederung (nach F. Maurer)

Nordgermanen (Skandinav.)
Nordseegermanen (Friesen; dazu Angeln, Sachsen)
Weser-Rhein-Germanen (Sachsen, Franken)
Elbgermanen (Langobarden, Bayern, Alemannen)
Oder-Weichsel-Germanen (Goten)

geschlossene Form

Da die Forderung nach Einheit nur eine begrenzte Zeit-, Raum- und Ereignisspanne zuläßt, kann die Handlung nur den Ausschnitt eines größeren Ganzen wiedergeben: Endphase und Höhepunkt. Da andererseits die Forderung nach Ganzheit besteht, wird dieser Teilcharakter getilgt. Der Teil wird als Ganzes dargeboten. Einmal durch technische Mittel, um die notwendig ausgeklammerte Außenwelt, die den Weg zum gezeigten Ausschnitt enthält, dem Werk zu integrieren (Exposition, Botenbericht); zum anderen durch architektonische Mittel (deutliche Staffelung der Begebnisse von einem Anfang zu einem Höhepunkt, zu einem Ende).

(V. Klotz: *Geschlossene und offene Form im Drama*)

Gesellschaftsdichtung
(Historische Beispiele)

Europäischer Minnesang
Pléiade
Höf. Dichtung (z. B. des Barock)

Gesellschaftsroman

J. v. Eichendorff: *Ahnung und Gegenwart*
K. L. Immermann: *Die Epigonen*
H. de Balzac: *Comédie humaine*
Stendhal: *Rot und Schwarz*
G. Flaubert: *Madame Bovary*
E. Zola: *Die Rougon-Macquart*
F. M. Dostojewskij: *Die Dämonen*
Th. Fontane: *Effi Briest*

Gleichnis

Es gehört doch eine große Naivität dazu, zu glauben, daß man mit Rufen und Schreien irgend etwas ausrichte in dieser Welt. Als ob das Schicksal sich dadurch im geringsten beeinflussen ließe. Man nehme doch hin, was es bringt, und enthalte sich aller Umstände! Wenn ich in meiner Jugend in ein Restaurant kam, so sagte auch ich zum Kellner: Ein gutes Stück, ein recht gutes Stück, vom Rücken, und nicht zu fett! Kaum daß der Kellner überhaupt meinen Ruf hörte, geschweige denn, daß er auf das achtete, was ich sagte, oder gar daß meine Stimme bis hinaus in die Küche drang und auf die Tranchiermamsell einen Eindruck machte; und selbst wenn alles das geschah, so war vielleicht am ganzen Braten kein gutes Stück. – Nun rufe ich nicht mehr.

(S. Kierkegaard: *Entweder – Oder*)

Mittel: Verssprache, ↗Stichomythie, ↗Exposition, ↗Botenbericht, ↗Mauerschau. Die idealtyp. zu verstehende g. F. ist histor. verwirklicht im griech., röm., dt. u. bes. im frz. klass. Drama; Ggs. ↗offene Form.

Gesellschaftsdichtung, für einen bestimmten (bes. adligen) Kreis geschriebene Werke: große Teile der Lit. des 16. u. 17. Jh.

Gesellschaftslied, v. Hoffmann v. Fallersleben geprägte Bz. für ein Lied, das das Lebens- u. Gemeinschaftsgefühl einer Gruppe repräsentativ ausdrückt.

Gesellschaftsroman *m,* stellt Geist u. Lebensformen einer bestimmten Gesellschaft dar u. ordnet dem die Gestaltung individueller Konflikte u. Figuren unter.

Gespräch, im Ggs. zum fiktiven ↗Dialog tatsächl. geführte u. aufgezeichnete Unterredung.

Ghasel *s* [arab. = Gespinst], bei den Arabern entstandene, in die pers. u. türk. Lit. übernommene Dichtform; 5–15 Verspaare nach dem Reimschema aa, ba, ca, da usw.; verwandt bes. von Hafis, im Dt. nachgebildet v. Fr. Schlegel, Platen, Rückert, Bodenstedt.

Ghostwriter [goᵘßtraitᵉʳ, engl. = Geisterschreiber], Schriftsteller (häufig auch mehrere), dessen Arbeit unter anderem Namen erscheint.

Gleichnis, breit ausgeführter Vergleich; Veranschaulichung der Wesenseigenschaft eines Vorgangs oder Gegenstands mit Hilfe eines anderen, wobei zw. beiden nur ein ↗tertium comparationis besteht; bes. von Homer entwickelt. ↗Parabel.

gleitender Reim, seltene Form des R.: auf den letzten betonten Vokal folgen nach 2 unbetonte; z.T. in Goethes „Faust II".

Globe-Theater [gloᵘb-, engl.], Londoner Theater, an dem W. Shakespeare (als Teilhaber) wirkte; 1599 eröffnet, 1613 durch Brand zerstört.

Glossar *s* [gr.-lat.], ↗Glosse 1).

Glosse *w* [v. gr.-lat. *glossa;* Ztw. *glossieren*], **1)** in der Antike Bz. für ungebräuchliche oder veraltete Wörter, später auch für die Erklärung solcher Wörter. Von *Glossographen* zusammengestellte *Glossare* bildeten die Grundlage der antiken Lexikographie. Im frühen MA entstanden altengl., altfrz. u. ahd. Glossare (u. a. Abrogans). Unterschieden werden *Interlinear-G.n* (zw. den Zeilen) u. *Marginal-G.n* (am Rande). **2)** kleines krit.-iron. Prosastück. **3)** Kurzkommentar in Tageszeitungen. **4)** *Dichtung:* span. Gedichtform, v. der Romantik aufgegriffen: in vier Zehnzeilern wird ein vorangestelltes vierzeiliges Motto variiert.

Glücksrad, allegor. Darstellung der Wandelbarkeit menschl. Glückes. Die Göttin Fortuna dreht ein Rad, auf dem Menschen hohen u. niedrigen Standes auf u. ab steigen; in barocken u. volkstüml. Umzugsspielen auch szen. aufgeführt.

Gnome *w* [gr.], kurzer Sinnspruch, Sentenz; G.n bes. v. Theognis v. Megara überliefert. *Gnomiker,* ein G.dichter.

Goldene Latinität ↗Latein. Sprache.

Gongorismus *m,* nach dem span. Dichter L. de Góngora y Argote (1561–1627) ben. lyr. Stil des 17. Jh., der gesuchte Satzbildung, kühne u. oft überladene Metaphorik, schwerverständl. Anspielungen u. Wortspiele aufweist. Die esoter. Lyrik des G. weist voraus auf Stiltendenzen moderner Lyrik (z.B. Mallarmés).

Goethezeit, die Zeit zw. 1770 u. 1832 (Goethes Tod), die in Dtl. Sturm u. Drang, Klassik u. Romantik umfaßt. Der Begriff setzt die geistige Einheit der Epoche voraus (vertreten v. H. A. Korff in *Geist der G.*).

Gothic novel [gåßik nåw^{e}l, engl.], ↗Schauerroman.

Gotische Schrift, aus der ↗karoling. Minuskel entwickelte Schriftart, übl. im 13.–15. Jh.

Göttinger Hain, *Hainbund,* dt. Dichterbund (als Vorläufer des ↗Sturm u. Drang), dessen Vertreter zuerst in dem v. 1770 an v. Boie u. Gotter hg. „Göttinger Musenalmanach" ihre Gedichte veröffentlichten (erschien bis 1804). Die Mitgl. gaben sich Bardennamen, verehrten Klopstock, verabscheuten Wieland als „Sittenverderber", begeisterten sich für Freiheit, Vaterland, Natur.

Gradation *w* [lat. *gradatio* = Steigerung], Prinzip der aufsteigenden Bedeutung aufeinanderfolgender Szenen im Drama; als rhetor. Figur ↗Klimax, ↗Antiklimax.

Graduale *s* [v. lat. *gradus* = Stufe], **1)** „Stufengesang" der kath. Messe. **2)** Slg. der G.-Gesänge zur Meßfeier.

Gradualismus *m* [lat.], Denkform, die alle Seinsbereiche in einer gestuften Ordnung zugleich einem höchsten Wert unterordnet u. in ihrem relativen Eigenwert anerkennt; bestimmt bes. das christl.-ma. Weltbild.

Grammatik *w* [v. gr. *gramma* = Schrift], im Alt. die Sprach- u. Lit.-Gelehrsamkeit; im MA eine der ↗Freien Künste; dann Wiss. vom Sprachbau.

grammatischer Reim, Reim zw. Wörtern gleichen Stamms; zw. Flexionsformen desselben Worts; bes. Zierform des Minne- u. Meistersangs.

Grazien [lat. = die Anmutigen; v. gratia], *röm. Mythologie:* Göttinnen der Anmut, meist in Drei-

Gleitender Reim

Alles Vergä*ngliche* / Ist nur ein Gleichnis; / Das Unzulä*ngliche,* / Hier wird's Ereignis; / Das Unbeschr*eiblich*e, / Hier ist's getan; / Das Ewig-W*eibliche* / Zieht uns Hinan.

(J. W. v. Goethe: *Faust II*)

Gotische Schrift (Beispiel)

Göttinger Hain

gegr. am 12.9.1772 (bestand bis 1774) u.a. von:
J. M. Miller
J. Fr. Hahn
L. H. Ch. Hölty
J. H. Voß

spätere Mitglieder:
F. L. Graf v. Stolberg
Ch. Graf v. Stolberg
J. A. Leisewitz
G. A. Bürger
M. Claudius

grammatischer Reim

Er hât ze lange mich *gemiten,* / den ich mit triuwen nie *gemeit.* / Von sîner schulde ich hân *erliten* / daz ich nie groezer nôt *erleit.*

(Reinmar der Alte)

Grazien

Aglaia (Prunk)
Euphrosyne (Frohsinn)
Thalia (Glück)

zahl vorkommend, den griech. Chariten gleich. In der ↗Anakreontik oft bedichtet.

Griechische Sprache. Das Altgriechische schied sich in mehrere urspr. zusammenhängende, später durch Wanderschübe zerrissene u. jeweils in Kolonien verpflanzte Mundartgruppen: Ionisch-Attisch, Äolisch u. Arkadisch-Kyprisch, Nordwestgriech. u. Dorisch. Im 5. Jh. v. Chr. wich das Ionische dem Attischen; der attische Dialekt war die Sprache bes. des athen. Schrifttums u. wurde v. Platon zum unübertreffl. gedankl. Ausdrucksmittel umgebildet. Literar., polit. u. wirtschaftl. Gründe machten ihn seit dem 4. Jh. mit leichtem ion. Einschlag zur griech. Gemeinsprache *(Koine),* die bis ca. 300 n. Chr. gesprochen wurde (dann durch das Mittelgriech. abgelöst) u. die sich auch im Umgang durchsetzte u. die Mundarten verschwinden ließ. Gleichzeitig fanden Vokalwandlungen statt (so von ē zu ī; Itazismus). Die akzentuierende Tonerhöhung wurde zur Tonverstärkung. Der Attizismus schnitt die Weiterbildung des Schriftgriech. ab; aus der Umgangskoine entwickelten sich die neueren Dialekte. – Die Neugriech. Sprache wird seit dem 15. Jh. gesprochen.

Griechische Schrift ↗Schrift.

grobianische Literatur, Werke der dt. Lit. im 15.–16. Jh. über die Figur des Grobianus, v. S. Brant *(Narrenschiff)* in die Lit. eingeführt; ferner F. Dedekinds lat. *Grobianus* (dt. v. K. Scheidt).

Groschenhefte
(Thematische Gliederung)

Liebes- und Frauenromane
Heimatroman
Adelsroman
Arztroman
Mutter-Kind-Roman

Abenteuerromane
Western
Science-fiction
Kriminalroman
Landser-Roman

Groschenhefte [Mz.], verbreitetste Publikationsform der ↗Trivialliteratur; erscheinen in Serien (in der BRD z. Z. etwa 90 Reihen) mit themat. Gliederung. Oft werden G. v. *Autorenteams* produziert; Vertrieb über *Kioske.*

Groteske *w* [v. it. *grotta* = Grotte, Gruft], **1)** *bildende Kunst:* Ornament aus dünnem symmetr. Rankenwerk, verbunden mit menschl. u. tier. Figuren, Früchten oder architekton. Motiven; bes. in der Renaissance beliebt nach Vorbild antiker röm. Dekorationen, die Ende 15. Jh. in unterird. „Grotten" ausgegraben wurden. **2)** *Literatur:* Werke mit eigenartig verzerrter Wirklichkeitsdarstellung im Sinne der Übersteigerung einzelner Züge; dem Tragikomischen, Absurden u. der Karikatur verwandt. In allen Strömungen des ↗Manierismus vorhanden, bes. v. der dt. Romantik u. bei E. A. Poe entwickelt; in der Ggw. v. zunehmender Bedeutung als Ausdruck des Erlebnisses einer sinn- u. zusammenhanglosen oder dämon. Realität, so bei Chr. Morgenstern, F. Wedekind, L. Pirandello, S. Beckett, E. Ionesco, F. Dürrenmatt, G. Grass.

Grotesken-Ornament

Grundleistungen der Sprache ↗Gattungen; ↗Kommunikationsmodell.

Gruppe 47, v. H.-W. Richter 1947 gegr. „Gruppe" dt. Schriftsteller (zu der damals u. a. A. Andersch, W. Kolbenhoff, G. Eich gehörten); alljährl. Tagungen mit Lesungen, Kritik, Preisverteilung, zu denen v. Richter eingeladen wird (also keine Mitgl. im eigentl. Sinn); wesentl. gesellschaftskrit. u. avantgardist., anderseits sehr verschiedene lit. Tendenzen; zunehmender Einfluß, auch im Sinne v. Repräsentation dt. Lit. im Ausland. Durch die Gruppe 47 oder im Zshg. mit ihr wurden bekannt u. a. H. Böll, I. Aichinger, I. Bachmann, G. Grass, U. Johnson.

Gruppe 61, von F. Hüser 1961 gegr. Schriftstellerkreis, der bes. die Auseinandersetzung mit der industriellen Arbeitswelt pflegt.

Gruppe 61
(Mitglieder u. a.)

J. Büscher
K. E. Everwyn
B. Gluchowski
A. Granitzki
M. v. der Grün
G. Wallraff
A. Mechtel

Gruppenstil, Bz. für stilist. Kennzeichen, die einer Gruppe v. Autoren gemeinsam sind u. die individuellen Stilmerkmale überdecken; z. B. im ↗Sturm u. Drang u. im ↗Expressionismus.

Guckkastenbühne, ↗Kulissenbühne, ↗Bühnenformen.

H

Hagiographie *w* [gr.], urspr. Darstellung des Lebens der Heiligen; sodann die wiss.-krit. Beschäftigung mit Überlieferung, Gesch. u. Kult der Heiligen.

Hagionym *s* [gr. = Heiligenname], Name eines Heiligen als ↗Pseudonym; z. B. Bonaventura.

Haiku, japan. lyr. Kurzform; Dreizeiler v. äußerster Verdichtung u. treffendem Ausdruck. Verschiedene Länge der Zeilen: 5–7–5 Silben.

Hakenstil, in der german. Langzeile das Auseinanderfallen v. metr. u. syntakt. Einheit *(Hildebrandslied, Heliand);* ähnl. dem ↗Enjambement. Ggs. ↗Zeilenstil.

Hallescher Dichterkreis, 1) *älterer H. D.*, gegr. 1733 v. J. J. Pyra u. S. G. Lange; pflegte religiöse Stoffe; Odenform. **2)** *jüngerer H. D.* um Gleim: ↗Anakreontik.

Hamasa *w* [arab.], Slg. alter arab. Volkslieder; die H. v. Abu Temmam (9. Jh.) wurde 1846 v. Rückert übersetzt.

Handlung, in Drama, erzählender Dichtung, Film: der Zusammenhang der Geschehnisse, ihre Entwicklung auseinander; es sind jedoch auch mehrere Handlungen möglich, oder die H. kann, wie im modernen ↗Roman, stark zurücktreten.

Handlungsdrama, *Geschehensdrama* (W. Kayser), Drama, bei dem im Ggs. zum ↗Charakterdrama das situationsbedingte Handeln der Personen im Mittelpunkt steht.

Handschriften, 1) die handschriftl. niedergelegten Geisteserzeugnisse (Autograph; Manuskript) im Ggs. zum maschinengeschriebenen oder gedruckten Buch. **2)** *i.e.S.:* die handschriftl. Aufzeichnungen bzw. Bücher des Alt. u. des MA (↗Codex). Abk.: *Hs.,* Mz. *Hss.*

Hanswurst, Theaterfigur im 17. u. 18. Jh.; derb-komisch, in Text u. Spiel vom Darsteller meist improvisiert; beeinflußt v. der Figur des ↗Pickelherings bei den ↗Englischen Komödianten; bes. von Stranitzky in Wien entwickelt; unter dem Einfluß der ↗Commedia dell'arte zum ↗Harlekin umgewandelt; von Gottsched bekämpft, v. F. C. Neuber v. der Bühne verbannt.

Happening *s* [häp^{e}n^{i}ng, engl. = Geschehen, Ereignis], Veranstaltungen verschiedenster Art, in denen Elemente v. Theater, Musik, Malerei, Technik u. Wirklichkeit verbunden werden; als „Konkretes Theater" wegen der erstrebten Rückführung der Kunst auf das Leben als „Antikunst" bezeichnet; auf Bühne oder im Freien; in den USA in den 40er Jahren Ansätze v. S. Dalí; übl. vor allem seit 1959. Vorgänge: unmotiviertes Handeln ohne Zweck u. Folge, oft der zufälligen Entwicklung überlassen; das Publikum kann mitspielen.

Happy end *s* [häpi änd, engl.], guter Ausgang in Film, Roman usw.

Harlekin *m* [frz.-it.], als ↗Arlecchino kom. Figur der ↗Commedia dell'arte; in buntem Flickenkleid auftretend; im dt. Theater seit Ende des 17. Jh. anstelle des ↗Hanswurst in ernsten Spielen u. auch in eigenen Possen *(Harlekinaden).*

Hauptmotiv *s,* wesentlichstes Motiv einer Dichtung i. Ggs. zu Nebenmotiven.

Haupt- und Staatsaktionen, Theaterstücke der dt. Wanderbühnen Ende 17. u. Anfang 18. Jh., meist Bearbeitungen älterer Dramen u. Operntexte im Sinne des Sensationellen hist.-höfischer Stoffe; mit derb-kom. Zwischen- oder Nachspielen des ↗Hanswurst.

Hebung, metr. betonte Silbe.

Heckentheater, Naturbühne des Rokoko in Schloßparks usw.

Heftroman ↗Groschenhefte.

Heiligenlegende ↗Legende.

Heilige Schriften, enthalten Offenbarung, Lehre, Hymnik usw. einer Religion; gelten als göttl. inspiriert.

Heilige Schriften
(Beispiele)

Totenbücher
(Ägypt. Religion)
Koran
(Islam)
Altes Testament
(Jüd. Religion)
Neues Testament
(Christl. Religion)

Heimatroman, als inhaltl. Gruppe der ↗Trivialliteratur durch Aussparen der Lebensbedingungen der

Industriewelt u. Idyllisierung dörfl. Lebens bestimmt.

Held, Hauptperson in Drama oder Erzählwerk; oft nur formaler Sinn der Bz.

Heldenbuch, Bz. für Slg. ungearbeiteter früherer ↗Heldenepen im 15. u. 16. Jh.

Heldendichtung, übergreifende Bz. für ↗Heldenlied, ↗Heldensage u. ↗Heldenepos.

Heldenepos, aus ↗Heldenliedern u. Spielmannsepen durch Aufschwellung entstandene Versepen des MA mit german. Sagenstoffen; so Nibelungenlied, Kudrun, die Epen um Dietrich von Bern usw.

Heldenlied, kurze ep. balladeske Gedichte nach Stoffen der german. ↗Heldensage im 5.–8. Jh.; einzig erhaltenes dt. H. das Hildebrandslied.

Heldensage, sagenhafte Überlieferung früher Ereignisse im Leben junger Völker, die sich auf bestimmte Gestalten bzw. Motive (Vaterrache, geheimnisvolle Herkunft, Beziehungen zu göttl. Wesen) konzentriert u. damit Einzelschicksale herausstellt. Im idg. Bereich Gestaltungen v. H.n bei den Indern im *Mahabharata,* bei den Persern im *Schah-Name,* bei den Griechen durch Homer, im Ödipus- u. Heraklesstoff usw. Die *german. H.* entstand in der Völkerwanderungszeit, bes. bei den Goten, u. wurde in Form des kurzen, stabreimenden ep. ↗Heldenlieds mündl. überliefert. Mehr oder weniger verändert sind Stoffe der H. im Norden in der ↗Edda, im altengl. Beowulf, im dt. Raum im Hildebrandslied, im Nibelungenlied u. in den Dichtungen um Dietrich v. Bern, Wieland, Walther, Ortnit, Wolfdietrich, Kudrun u. a. erhalten.

Hellenismus *m* [Bw. *hellenistisch*], v. J. G. Droysen 1836 eingeführte Bz. für die Kulturepoche v. Alexander d. Gr. bis Augustus; gekennzeichnet durch Ausbreitung der griech. Kultur v. Innerasien bis Rom u. ihre Vermischung mit orientalischen Elementen.

Hendiadyoin *s* [gr. = eins durch zwei], rhetor. Figur: 2 Substantive statt eines; 2 Substantive statt Substantiv u. Attribut, z. B. „*pateris libamus et auro = aus Schalen spenden wir u. Gold*", statt: „aus goldenen Schalen spenden wir" (Vergil, Georgica II, 194).

Hermeneutik *w* [v. gr. *hermeneuein* = auslegen; Bw. *hermeneutisch*], **1)** *allg.:* Auslegung, Deutung einer Schrift oder Rede. **2)** *Bibl. H.,* befaßt sich bes. mit Problemen zur Interpretation des AT u. NT. **3)** *Philosophie:* die Methode des Verstehens im Ggs. zur naturwiss. Methode des Erklärens. Im 18. Jh. entwickelte Schleiermacher eine umfassende her-

Heimatroman
(Beispiel)

- B. Auerbach: *Schwarzwälder Dorfgeschichten*
- P. Rosegger: *Der Gottsucher*
- L. Ganghofer: *Schloß Hubertus*

Ägyptische Hieroglyphen

meneut. Theorie, die W. Dilthey zur Hauptmethode der Geistes-Wiss. erhob.

Hermetische Literatur, okkultist. Offenbarungsschriften des 3. Jh. n.Chr., dem myth. Hermes Trismegistos zugeschr. u. gesammelt im *Corpus Hermeticum.* Später wurde der Begriff *hermetisch* im Sinn v. „dunkel, schwerzugänglich, verschlüsselt" auf die Dichtung der it. Lyriker Ungaretti, Quasimodo u. Montale *(Hermetismus)* übertragen.

Hermetismus *m* ↗Hermetische Lit.

Heroiden [Mz., gr.], Heldenbriefe; fingierte Briefe berühmter Liebespaare der Sage, in der Antike bes. Ovids *Heroides,* später vor allem in Renaissance u. Barock gepflegt, etwa v. Hofmannswaldau.

heroischer Vers, der Vers des Epos, in der antiken u. dt. Dichtung der ↗Hexameter, in der engl. der ↗Blankvers, in der frz. der ↗Alexandriner.

Hexameter *m* [gr.], antiker, aus 6 Daktylen (↗Daktylus) gebildeter Vers, der Vers des Epos, in Dtl. später u.a. von Klopstock *(Messias),* Voß, Goethe *(Hermann u. Dorothea),* Schiller verwandt. Der letzte Daktylus ist unvollständig; jeder außer dem 5. kann durch Spondeus (–́–) ersetzt werden. Unterteilung durch verschiedenartige Zäsuren. Mit dem ↗Pentameter bildet der H. das ↗Distichon.

Hiatus *m* [lat.], Aufeinanderstoßen zweier Vokale am Ende bzw. Anfang aufeinanderfolgender Wörter; in antiker u. roman. Dichtung durch ↗Elision, ↗Synalöphe usw. vermieden; in dt. Dichtung teils gemieden, teils geduldet.

hieratischer Stil, Bz. für einen kargen, strengen rel. Frühstil, i.w.S. auch für archaisierende Stilformen.

hieratische Schrift, aus den ↗Hieroglyphen entstandende Pinselschrift auf ↗Papyrus.

Hieroglyphen [Mz., gr. = hll. Inschriften], Bildzeichen, bes. die ägypt. Bilderschrift, die um 3000 v.Chr. unter sumer. Einfluß entstand; *Wortzeichen* (Ideogramme) geben den Begriff des Dargestellten wieder, *phonetische Zeichen* unterscheiden mehrdeutige Symbole, *Determinative* (nicht ausgesprochene Deutezeichen) werden bei gleicher Lautung unterschiedl. Zeichen gebraucht. – Erste Entzifferung der ägypt. H.schrift 1822 v. J. F. Champollion.

Hirtendichtung ↗Arkadische Poesie, ↗Schäferroman, ↗Idylle.

Hirtenspiele ↗Weihnachtsspiele.

Historiographie *w* [gr.] ↗Geschichtsschreibung.

historischer Roman, Roman mit geschichtl. Stoffen, in Dtl. auf Anregung v. W. Scott in der Romantik entwickelt.

historisches Drama, Drama mit geschichtl. Stoffen,

in der dt. Lit. bereits im Barock (Gryphius), jedoch dort noch mit ungeschichtl. Auffassung; bes. in der Goethezeit entwickelt, dann etwa bei Grillparzer, Hebbel, G. Hauptmann.

historisch-kritische Ausgabe ↗kritische Ausgabe.

Historismus *m* [gr.-lat.], *Historizismus,* in der Auseinandersetzung mit der Aufklärung im 18. Jh. entstandene, im 19. Jh. breit entfaltete Denkweise, die alle Erscheinungen menschl. Lebens aus ihren geschichtl. Bedingungen zu verstehen sucht (org. Betrachtungsweise).

Hochdeutsch, urspr. das Süddeutsche, dann dt. ↗Hochsprache im Unterschied zu den ↗Mundarten. ↗Bühnenaussprache.

Hochsprache, v. mundartl. Elementen freie, phonet., lexikal., morpholog. u. syntakt. korrekte Form einer Sprache.

höfische Dichtung, an Fürstenhöfen entstandene oder auf höf. Leben u. Denken bezogene Dichtung; bes. das höf. ↗Epos u. der ↗Minnesang in der dt. u. frz. Lit. des MA, auf dem höf. Ideal des Rittertums beruhend; dann große Teile der Lit. des ↗Barock.

höfischer Roman, *höfisches Epos,* repräsentative Form der ma. höf. Erzähldichtung, die das idealisierte Bild der ritterl. Kultur bes. des 12. Jh. spiegelt. Stoffe u. Motive entstammen der kelt., antiken u. oriental. Sagenwelt; die Helden verkörpern ritterl. Gesittung. Die frz. Romane sind in paargereimten Achtsilbenversen verfaßt, die dt. WW (meist deren Nachdichtungen) in vierheb. Reimpaarversen.

Hoftheater ↗Theater.

Hohe Minne, im Ggs. zur ↗niederen M. die einseitige, nicht sinnl. bestimmte Verehrung einer höf. ↗Frouwe ohne realen Anspruch; Hauptthema des ↗Minnesangs bis zu Walthers v. der Vogelweide ↗Mädchenliedern.

Hoheslied, *Lied der Lieder* (Vulgata *Canticum cantorum*), atl. Buch *(Hl),* wohl 400–200 v. Chr. entstanden; enthält Lieder, die die bräutl.-ehel. Liebe besingen; teils allegor., teils buchstäbl. gedeutet.

Homoioteleuton *s* [gr.], ↗Isokolon mit Schlußreim; v. Cicero empfohlenes rhetor. Mittel, z. B. bei Augustinus am Ende der *Confessiones:* „A te petatur, in te quaeratur ...“

Homonyme [Mz., gr.], Wörter verschiedener Bedeutung bei gleicher Lautgestalt; Ausgangspunkt für ↗Wortspiele.

Horen, 1795–97 v. Schiller im Verlag Cotta hg. Literaturzeitschrift der Klassik; Mitarbeiter u. a. Goethe, Herder, A. W. Schlegel, W. von Humboldt.

Horrorliteratur ↗Schauerroman.

Historischer Roman
(Autoren und Werke)

Deutschland

A. v. Arnim: *Die Kronenwächter*
W. Hauff: *Lichtenstein*
C. F. Meyer: *Jürg Jenatsch*
A. Stifter: *Witiko*
F. Dahn: *Ein Kampf um Rom*

Frankreich

V. Hugo: *Notre-Dame de Paris*
A. de Vigny: *Cinq Mars*
G. Flaubert: *Salammbô*

England

Sir Walter Scott: *Waverly*

Rußland

L. A. Tolstoi: *Krieg und Frieden*

Historisches Drama
(Beispiele)

W. Shakespeare: *Historien*
P. Corneille: *Le Cid*
J. Racine: *Bérénice*
F. v. Schiller: *Don Carlos; Wallenstein; Maria Stuart*
J. W. v. Goethe: *Götz von Berlichingen*
F. Grillparzer: *Ein Bruderzwist in Habsburg*
Fr. Hebbel: *Herodes und Mariamne*
Ch. D. Grabbe: *Napoleon oder die 100 Tage*
G. Hauptmann: *Florian Geyer*

Hörspiel
Deutsche Autoren seit dem 2. Weltkrieg:

W. Borchert
G. Eich
F. v. Hörschelmann
I. Aichinger
A. Andersch
H. Böll
M. Frisch
I. Bachmann
R. Hey
P. Hirsche
W. Hildesheimer

Hörspiel, das mit rein akust. Mitteln gestaltete, für den Rundfunk geschriebene Spiel; als eigengesetzl. Kunstform – gegenüber der Sendung v. Theaterstücken – Ende der 20er Jahre in Dtl. bes. v. F. Bischoff gefördert; lebhafte Entwicklung dann nach dem 2. Weltkrieg. Bedeutende Hörspiele außerhalb Dtl.s etwa v. R. Hughes, D. Thomas, S. Beckett. Das moderne H. konzentriert sich auf das Wort (auf „Stimmen"); es geht v. der menschl. Innerlichkeit aus, die oft in einem „Bewußtseinsstrom" zur Sprache kommt. Technisch benutzt es die vielfältigen Möglichkeiten der Tonbandaufnahme, der Eigenart v. Aufnahmeräumen u. verschiedenen Mikrophonen, der elektroakust. Deformierung des Schalls. Geräusch wird heute weniger als realist. „Geräuschkulisse" verwandt; es wirkt häufig stilisiert u. kann leitmotiv. Funktion haben.

Hôtel *s* [otä̲l, frz.] ↗Salon.

Huitain *m* [üitã̲n̲, v. frz. *huit* = acht], frz. Version der ↗Stanze.

Humani̲smus *m* [lat.], Bildungsbewegung innerhalb der europ. Geistes-Gesch.; gekennzeichnet durch das Streben nach menschenwürdiger Lebensgestaltung u. Persönlichkeitsentfaltung nach dem Vorbild der griech.-röm. Antike. Schon bei Cicero finden sich Bewunderung für die griech. Kultur u. die enge Verbindung zw. Lit.-Pflege u. dem Ideal des edlen Menschentums (Humanität). Im MA wurde das antike Schrifttum bes. v. Klerikern gesammelt, kopiert u. entspr. der patrist. Lehre als Zeugnis einer „natürl. Offenbarung" christl. gedeutet. Blüte im 12. Jh. in Fkr. u. Engl.; Hauptvertreter: Abaelard, Alanus ab Insulis, Johannes v. Salesbury. Im 14. Jh. entstand in It. eine Bewegung der bewußten Rückwendung zu den griech.-röm. Grundlagen der eigenen Kultur, zunächst beschränkt auf Lit. u. Philosophie, später alle kulturellen u. polit. Bereiche erfassend. Damit verbunden Auflehnung gg. die überlieferten Lebensformen des MA, betonter Individualismus, Kritik an der scholast. Philosophie. Mittelpunkte: Rom (Päpste), die Fürstenhöfe (Florenz, Urbino, Ferrara, Mantua, Neapel) u. die Universitäten, deren Lehrer sich „Humanisten" nannten. Petrarca unternahm neben streng philol. Textkritik den Versuch einer Verbindung der sittl. Weisheit des Altertums mit der christl. Lehre, den die Platon. Akad. in Florenz (M. Ficinus) fortsetzte. In Dtl. verbreitete sich der H. in der 2. Hälfte des 15. Jh. u.a. unter dem Einfluß der it. Abgeordneten zu den Reformkonzilien v. Konstanz u. Basel; rel. Vertiefung u. Versuch einer Einordnung der antiken

Bildungswerte in das christl. Weltbild (Erasmus v. Rotterdam). Beeinflußt v. der Wiederentdeckung des Tacitus entstanden Ansätze nationaler Geschichtsschreibung (Wimpfeling, Ulrich v. Hutten). Der dt. *Früh-H.* begann mit den math.-nat.wiss. Forschungen G. v. Peuerbachs u. J. Regiomontanus', die lit. Richtung um Enea Silvio Piccolomini, G. v. Heimburg, A. v. Eyb u. N. v. Wyle (bes. Übersetzungen). Am Übergang zum *Hoch-H.* stehen W. Pirckheimer, J. G. v. Kaysersberg u. R. Agricola. Zentren des H. in Dtl.: die Univ.en Heidelberg, Wien, Prag u. Erfurt; Hauptvertreter: Erasmus, S. Brant, Hegius Murmellius, Bebel, Melanchthon, Reuchlin, J. Sturm, Celtis, Peutinger. Der H. beeinflußte die ↗Aufklärung des 17. u. 18. Jh. u. blieb grundlegender Bestandteil moderner, sich bewußt säkularisierender Geisteshaltung.
Im Neu-H. um 1800 („Zweiter H.") erhielt der H. bes. durch J. J. Winckelmann, J. G. v. Herder u. W. v. Humboldt neue Gestalt durch betonte Zuwendung zum Griechentum u. Überwindung des enzyklopäd.-rhetor. Bildungsideals des älteren H.

Humanistendrama ↗Schuldrama.

humanistisch [lat.], **1)** die alten Sprachen pflegend. **2)** dem Bildungsideal des ↗Humanismus verpflichtet.

Humanität *w* [lat.], Ideal des edlen Menschentums u. der Menschenliebe; schließt Achtung des Individuums, Toleranz u. Bereitschaft zur Hilfe in leibl. u. geistiger Not ein. Seit J. G. v. Herders *Briefen zur Beförderung der H.* immer wieder zum Bildungsideal erhoben im Ggs. zur pragmat. Lebensführung nach prakt. Bedürfnissen.

Humor *m* [v. lat. *humor* = Feuchtigkeit], urspr. die Veranlagung des Gemüts; nach der ma. Medizin bestimmte das Mischungsverhältnis der 4 sog. humores (= Hauptsäfte) das Temperament eines Menschen; dann Bz für eine besondere Weise des Welterlebens, ein Sich-Erheben des Geistes über ird. Unzulänglichkeit; der Tragik verwandt, jedoch ein „Lächeln unter Tränen"; bes. in der engl. Lit. des 18. Jh. gestaltet (Sterne, Fielding), später bei Dickens, in der am. Lit. bei Mark Twain, in der dt. bei Jean Paul u. in der dt. Romantik, bei W. Busch, W. Raabe, Chr. Morgenstern (Übergang zur Groteske).

Humoreske *w* [lat.], kurze, heitere Erzählung.

Hybris *w* [gr.], frevelhafter Hochmut meist des trag. Helden, der vom Schicksal bestraft wird.

Hymne *w* [gr.], *Hymnus m,* in der griech. Antike Bz. für Lieder verschiedenen Inhalts, i. e. S. dann für die Preislieder der Kitharoden u. Rhapsoden auf Götter,

Humor

Der Humor, als das umgekehrte Erhabene, vernichtet nicht das Einzelne, sondern das Endliche durch den Kontrast mit der Idee. Es giebt für ihn keine einzelne Thorheit, keine Thoren, sondern nur Thorheit und eine tolle Welt; er hebt – ungleich dem gemeinen Spaßmacher mit seinen Seitenhieben – keine einzelne Narrheit heraus, sondern er erniedrigt das Große, aber ungleich der Parodie – um ihm das Kleine, und erhöht das Kleine, aber ungleich der Ironie – um ihm das Große an die Seite zu setzen und so beide zu vernichten, weil vor der Unendlichkeit Alles gleich ist und Nichts.
(Jean Paul: *Vorschule der Ästhetik*)

Helden, Sieger bei Wettspielen. Bei den Christen Loblieder auf Gott (auch Psalmen), dann auch auf Heilige. Die metr. *christl. H.ndichtung* ging seit dem 3. Jh. v. Syrien aus u. schloß an die griech. an, die antiken Maße wurden allmähl. durch Reim u. alternierendes Metrum ersetzt. Hauptvertreter frühchristl. H.ndichtung sind Hilarius v. Poitiers, Ambrosius, Caelius Sedulius u. Venantius Fortunatus. Die Renaissance brachte das Wiedererstehen einer weltl. H.ndichtung nach antiken Vorbildern. Opitz gebrauchte den Namen zuerst für dt. Gedichte. Hymn. Dichtungen schrieben u.a. Klopstock (seitdem H. meist in ↗freien Rhythmen), Hölty, Goethe, Novalis (rhythm. Prosa), Platen, Hölderlin, Trakl, Weinheber.

Hyperbel
Beispiel hyperbolischen Stils:

Heyda! nun einmal in Tumult und Lermen, daß die Sinnen herumfahren, wie Dach-Fahnen beym Sturm. Das wilde Geräusch hat mir schon so viel Wohlseyn entgegen gebrüllt, (....) Tolles Herz! du sollst mirs danken! Ha! tobe und spanne dich dann aus, labe dich im Wirrwarr!
(F. M. Klinger: *Sturm und Drang*)

Hypallage *w* [gr. = Vertauschung], rhetor. Figur: eig. sinnwidrige Vertauschung der Wortbeziehungen; z.B. *„Groß sind Städte aufgebaut"* (Trakl) statt „Große Städte ..."

Hyperbaton *s* [gr. = Übersteigendes], rhetor. Figur: bewußtes Trennen einer syntakt. Einheit; z.B. *„Der Worte sind genug gewechselt"* (Goethe).

Hyperbel *w* [v. gr. *hyperbole* = Übermaß], *Stilistik:* übertreibender Ausdruck.

hyperkatalektisch, Bz. für Verse mit überzähliger Silbe am Ende.

Hypotaxe *w* [gr.], unterordnender Satzbau; Ggs. ↗Parataxe.

I

Iambendichtung, von Archilochos v. Paros geschaffene Form der Spott- u. Schmähdichtung in iamb. Versmaßen; später auch in der röm. Literatur.

Iambus *m* [gr.], antiker Versfuß, aus kurzer u. langer Silbe bestehend: ◡ –́ (hellenist. u. röm. Form; bei den Griechen anfängl. doppelt: ◡ –́ ◡ –́); v. Archilochos in die Lyrik eingeführt; in neuerer Dichtung etwa im ↗Blankvers (5heb. Iambus).

ibidem [lat.], *ibid.*, ebenda, d.h. in der bereits zitierten Schrift.

Ich-Form, ep. Darstellungsweise, bei der der ↗Erzähler die Geschehnisse in der 1. Person berichtet. Ggs. ↗Er-Form.

Ideal *s* [gr.], verpflichtendes Leitbild.

idealisieren [gr.], eine Person, Sache oder ein Verhalten ohne Mängel sehen u. darstellen.

Idealismus *m* [gr.-lat.], **1)** *allg.:* auf ↗Ideale ausgerichtete Weltanschauung u. Lebensführung. **2)** *Philosophie:* Richtungen, die den letzten Seins- oder Erkenntnisgrund mit dem platon. Begriff der ↗Idee bezeichnen; a) *metaphysischer I.:* extremste Ausprägungen im *Dt. Idealismus* (1790–1830) in den Systemen Fichtes u. Schellings, die das „absolute Ich" als geistiges Urprinzip ansehen, u. bei Hegel, der die Weltgeschichte als Entwicklungsprozeß des „absoluten Geistes" darstellt; b) *transzendentaler I.,* begr. v. Kant, erkenntnistheoret. Position, v. der aus die Ideen als Bedingungen der Möglichkeit des Erkennens erscheinen; c) *subjektiver I.:* Ausgangspunkt ist der Inhalt des individuellen Bewußtseins; Ideen gelten als Vorstellungen des menschl. Geistes; Sein ist auf Bewußtsein reduziert; Vertreter: Descartes, Leibniz, Berkeley, Schopenhauer.

Idealtyp *m* [lat.-gr.], *Gattungspoetik:* von Verstandesbegriffen hergeleiteter Typus v. lit. Werken; im Ggs. zum ↗Realtyp mit Totalitätsanspruch.

Idee *w* [v. gr. *idein* = sehen], **1)** eig. opt. Bild, anschaul. Gestalt. **2)** *Philosophie:* seit Platon *(Eidos)* metaphys. Wesenheit, Urbild, das der individuellen Wirklichkeit zugrunde liegt. Die Dinge haben als Abbilder an den I.n teil *(Methexis),* die der Mensch vor seiner Geburt im Reich der I.n unmittelbar schaute, an die er sich im Leben wiedererinnert *(Anamnesis).*

Ideendrama *s,* Drama, in dem eine zentrale Idee die Einzelzeichnung der Figuren u. Handlungen überdeckt.

Ideengeschichte ↗Geistesgeschichte.

idejnost' [russ.], im ↗Sozialist. Realismus der sozial fortschrittl. Ideengehalt des Kunstwerks.

Identifikation *w* [lat.], psych. Prozeß beim Leser eines lit. Werks oder bes. beim Zuschauer im Drama: Hineinversetzen in eine lit. Figur, mit der man lebhaft empfindet. Vom ↗antiilusionistischen Theater abgelehnt (Brecht).

identischer Reim, nicht Gleichklang verschiedener Wörter, sondern bewußte Wiederholung desselben Worts an entsprechender Stelle. Seltene Sonderform des ↗Reims.

Ideographie *w* [gr.], Bilder- oder Begriffszeichenschrift; z.B. ↗Hieroglyphen.

Idiom *s* [gr. *idios* = eigentümlich], eigentüml. Sprechweise; ↗Dialekt; ↗Jargon.

Idiotikon *s* [gr.], Mundartwörterbuch.

Idiotismus *m* [gr.], mundartl. oder persönl. Besonderheit in Sprache oder Schreibweise.

Idylle *w* [gr. = kleines Bild], entwirft ein Bild ländl.-einfacher Lebensverhältnisse als Ggs. zu überfeinerter Stadtkultur, meist eine Hirtendichtung (↗Arkadische Poesie, ↗Bukolik, ↗Schäferroman); v. Theokrit entwickelt, dann bei Vergil, in der Renais-

Ich-Form
(im Roman)

Zugegeben: ich bin Insasse einer Heil- und Pflegeanstalt, mein Pfleger beobachtet mich, läßt mich kaum aus dem Auge; denn in der Tür ist ein Guckloch, und meines Pflegers Auge ist von jenem Braun, welches mich, den Blauäugigen, nicht durchschauen kann.
Mein Pfleger kann also gar nicht mein Feind sein. Liebgewonnen habe ich ihn, erzähle dem Gucker hinter der Tür, sobald er mein Zimmer betritt, Begebenheiten aus meinem Leben, damit er mich trotz des ihn hindernden Guckloches kennenlernt.
(....)
(G. Grass: *Die Blechtrommel*)

Ideendrama
(Beispiele)

G. E. Lessing: *Nathan der Weise*
F. v. Schiller: *Don Carlos*
G. B. Shaw: *Caesar und Kleopatra*
B. Brecht: *Leben des Galilei*

Identifikation

B. Brecht über die Rolle des Zuschauers

Dramatische Form des Theaters:

verwickelt den Zuschauer in eine Bühnenaktion

verbraucht seine Aktivität

Der Zuschauer wird in etwas hineinversetzt

Der Zuschauer steht mittendrin, miterlebt

Epische Form des Theaters:

macht den Zuschauer zum Betrachter, aber weckt seine Aktivität

er wird gegenübergesetzt

Der Zuschauer steht gegenüber, studiert

(nach: *Anmerkungen zu Aufstieg und Fall der Stadt Mahagonny)*

sance (Guarini, Tasso, Montemayor, Spenser, d'Urfé) u. im Barock, im 18. Jh. (S. Geßner, E. v. Kleist, Maler Müller, J. H. Voss), im 19. Jh. (Mörike).

Iktus [lat. *ictus* = Schlag], Markieren einer ↗Hebung.

Illusion *w* [lat.], im Drama die Vortäuschung, das Bühnengeschehen sei wirklich.

Illusionsbühne ↗Kulissenbühne.

Illustration *w* [lat.], Ergänzung des Buchtexts durch ein Bild (Graphik, Zeichnung, Druck, Foto); spielt eine bes. Rolle beim modernen ↗Sachbuch.

Imaginisten (Hauptvertreter)

S. A. Esenin
V. Šerševič
A. Mariengof
A. Kusikov

Imaginisten, russ. Dichtergruppe 1919–1924; übersteigert metaphor. Stil bei pessimist. Thematik.

Imagismus (Vertreter)

R. Aldington
J. G. Fletscher
E. Pound
H. Doolittle
A. Lowell
T. E. Hulme
T. S. Eliot

Imagismus *m* [lat.], Richtung der engl.-am. Lyrik, gekennzeichnet durch strenge Sachgebundenheit, sprachl. Knappheit u. reine Bildlichkeit (die Sinnesempfindung u. Erlebnis ausdrücken sollte); bestand etwa 1912–1917.

Imitatio *w* [lat.], Nachahmung vorbildl. Autoren; in Antike u. MA selbstverständl. Bemühen des Autors.

immanente Interpretation *w* [v. lat. *immanere* = innen verbleiben], Methode der Lit.-Wiss., die sich auf das einzelne Werk richtet u. es aus sich selbst in allen gehaltl. u. formalen Bezügen zu deuten versucht. Die i. I. untersucht alle einzelnen Stilmerkmale, bezieht sie auf das Werkganze u. ordnet sie in dessen übergreifende Struktur ein. Das Prinzip der i. I. wird heute vor allem aus lit.-soziolog. u. semiot. Sicht relativiert. – ↗Interpretation.

Impressionismus

Die Herrschaft des Moments über Dauer und Bestand, das Gefühl, daß jede Erscheinung eine flüchtige und einmalige Konstellation ist, eine dahingleitende Welle des Flusses, in den man nicht zweimal steigt, ist die einfachste Formel, auf die der Impressionismus gebracht werden kann.
(Arnold Hauser: *Sozialgeschichte der Kunst und Literatur)*

Impressionismus *m* [lat.], **1)** in der *bildenden Kunst* urspr. abschätzige Bz. (nach dem Titel „Impression" eines Bildes v. Monet) für den Stil einer Gruppe frz. Maler, die sich zw. 1860 u. 90 in Paris in Ablehnung der klassizist. Ateliermalerei zusammenfanden. **2)** *Literatur:* Stilrichtung zw. 1890 u. 1910; subjektive Eindrücke, auch v. nur kurzer Dauer, werden differenziert, manchmal mit Hilfe v. Lautmalerei, wiedergegeben; verfeinerte psychol. Erfassung v. Figuren; Sinnzusammenhang u. Handlung treten zurück. Hauptformen: Lyrik, Skizze, Novelle. Vertreter: Baudelaire, Verlaine, Huysmans, J. P. Jacobsen, Bang; in der dt. Lit.: Liliencron, Hille, Altenberg, Keyserling, Dauthendey, z. T. Rilke, Hofmannsthal, Schnitzler, Th. Mann.

Impressum *s* [lat.], *Druckvermerk,* auf Büchern, Zeitungen, Zschr. u.a. die gesetzl. vorgeschriebene Nennung des verantwortl. Verlegers, Herausgebers oder Redakteurs sowie der Druckerei.

Imprimatur *s* [lat. = es darf gedruckt werden], Abk. *impr., Druckerlaubnis,* **1)** Vermerk zur Freigabe des Druckes eines Manuskriptes durch den Autor nach letzten Korrekturen. **2)** *kath. Kirchenrecht:* vorgeschriebene Druckerlaubnis zensurpflichtiger WW, u.a. Bibelausgaben, theol. u. rel.-erbaul. Bücher.

Improvisation *w* [lat.; Ztw. *improvisieren*], *Theater:* Spiel aus dem Stegreif, etwa bei der ↗Commedia dell'arte.

incipit [lat. = es beginnt], Anfangsformel alter Handschriftenrollen u. Bücher.

Index *m* [lat. = Anzeiger; Mz. *Indices*], **1)** *Buchwesen:* alphabet. Verzeichnisse, Register. Seit dem Vordringen statist. Methoden in der Lit.-Wiss. werden Wort-Indices zu einzelnen dichter. WW als Hilfsmittel der Interpretation angefertigt. **2)** *kath. Kirche: I. librorum prohibitorum,* Verzeichnis der vom Apostel. Stuhl verbotenen Bücher.

indirekte Rede, referierende, nichtwörtl. Wiedergabe der Rede eines Sprechers; diese erscheint damit durch die Perspektive des ↗Erzählers gebrochen u. durch (meist) *Abdrängen in den Nebensatz* u. *Konjunktiv* distanziert.

Indirekte Rede
Aber nun ließen sich die Herren nicht mehr halten, umringten K. und erklärten, daß sie *nicht stundenlang gewartet hätten, wenn ihre Angelegenheiten nicht wichtig wären und nicht jetzt, und zwar ausführlich und unter vier Augen, besprochen werden müßten.*
(F. Kafka: *Der Prozeß*)

Individualstil *m* [lat.], persönl. Stil eines Autors im Ggs. zum gattungsbestimmten Stil (↗Stilarten).

Indogermanische Sprachen, eine Sprachfamilie mit zahlr., z.T. ausgestorbenen Sprachen, ben. nach ihrem östl. (ind.) u. (vor der Erforschung des Kelt.) westlichsten (german.) Zweig; im Ausland ist die Bz. *indoeuropäisch* gebräuchl. Man teilt die i.S. ein in *Kentum-* u. *Satem-Sprachen* (nach lat. centum u. altiran. satem = hundert), je nach der Vertretung bestimmter urindogerman. k- u. g-Laute als Verschluß- oder Zischlaute; diese Teilung gilt jedoch nur für eine bestimmte Zeitstufe. Wesentl. Merkmale des durch Vergleich der i.S. rekonstruierten *Urindogermanischen* sind: ausgebildete Flexion (wie im Semitischen), Autonomie des Wortes innerhalb des Satzes sowie der Ablaut. – Von diesem Grundtypus haben sich die idg. Einzelsprachen z.T. stark entfernt.

Indogermanische Sprachen
Kentum-Sprachen:
Germanisch
Keltisch
Italisch
Griechisch
Hethitisch
Tocharisch
Venetisch-Illyrisch
Phrygisch (?)
Satem-Sprachen:
Baltisch
Slawisch
Albanisch
Armenisch
Iranisch
Indisch
(strittig ist die Stellung des Thrakischen)

Indogermanistik *w,* die Wiss. v. den ↗Indogerman. Sprachen. Nach früheren tastenden Versuchen wurde die idg. Sprach-Wiss. 1816 durch F. Bopp begr.

Informationstheorie *w* [lat.-gr.], Betrachtung der Gesetzmäßigkeiten, die den Nachrichtenaustausch, also die Übermittlung v. *Informationen,* bestimmen; grundlegender Beitrag 1948 (bes. durch Einführung des *Bit* [Informationsgehalt einer Alternativentscheidung] u. der Kanalkapazität) von C. E. Shannon mit der Auffassung, daß jede Nachrichtenübermittlung ein *statist.* Problem darstellt, welches unter Anwendung statist.-mathemat. Metho-

Initiale: oben I. aus karolingischer Zeit, unten mit figürlicher Szene aus romanischer Zeit

Innerer Monolog

Wie lange wird denn das noch dauern? Ich muß auf die Uhr schauen… schickt sich wahrscheinlich nicht in einem so ernsten Konzert. Aber wer sieht's denn? Wenn's einer sieht, so paßt er geradesowenig auf wie ich, und vor dem brauch' ich mich nicht zu genieren…

(A. Schnitzler: *Leutnant Gustl*

den quantitativ beschrieben werden kann ohne Beschränkung auf spezielle Übertragungsverfahren. – Nach dem Eindringen informationstheoret. Betrachtungsweisen u. Begriffe in die Sprach-Wiss. hat sich in der Lit.-Theorie bes. die ↗Semiotik als fruchtbar erwiesen.

Initiale *w* [lat.], *Initial s,* durch Größe, Farbe u. künstler. Gestaltung hervorgehobener Anfangsbuchstabe in Hand- u. (ab 16. Jh.) Druckschriften.

Inkunabel *w* [lat. *incunabula* = Windeln, Wiege], *Wiegendruck,* Bz. für die ersten Drucke v. Blättern u. Büchern nach Erfindung der Buchdruckerkunst, ca. 1450–1500.

Innere Form, im Ggs. zu den mehr techn. Details der äußeren Form, die vorgegeben sind (Gattungsform, metr. System usw.), das individuelle Formwerden eines spezif. Gehalts in einer Dichtung.

innerer Monolog, frz. *monologue intérieur,* ein wohl zuerst bei É. Dujardin, dann vor allem bei modernen Romanschriftstellern (J. Joyce, V. Woolf, W. Faulkner u. a.) verwandtes Kunstmittel, Gedanken, Eindrücke u. Assoziationen der Romanfiguren wiederzugeben. Der i. M. versucht, die Illusion der unmittelbaren Darstellung der Bewußtseinsinhalte u. der seel. Prozesse verschiedener Bewußtseinsstufen zu erwecken.

Innovation *w* [lat. = Neuerung], im Ggs. zur ↗Redundanz die Originalität, Nicht-Voraussehbarkeit einer ästhet. Information.

Inschriften, auf Stein, Metall usw. angebrachte kurze Texte; meist prakt. Zwecken zugeordnet; oft älteste Zeugnisse einer Sprache. Als I. entstanden die ↗Epigramme der griech. Antike.

Inspiration *w* [lat. *inspirare* = einhauchen], göttl. Eingebung.

Institutio *w* [lat. = Anweisung], Einführung in ein Wissensgebiet; häufig in der röm. Lit.; bes. einflußreich Quintilians *I. oratoria.*

inszenieren [nach frz. *mettre en scène;* Hw. *Inszenierung*], *Theater:* den Text eines Bühnenwerks in die Darstellung auf der Bühne umsetzen; ausgeführt durch den ↗Regisseur über Proben (↗Probe, ↗Theater).

Intendant *m* [lat.], in künstler. u. geschäftl. Hinsicht verantwortl. Leiter eines Theaters; auch einer Rundfunkanstalt.

Interlinearversion *w* [lat.], Übersetzung Wort für Wort, zw. die Zeilen eines fremdsprachigen Textes geschrieben.

Interludium *s* [lat.], ↗Intermedium.

Intermedium *s* [lat.], *Interludium,* Zwischenspiel;

bes. in It. entwickelte szen. Darbietungen, die zw. die Akte eines Schauspiels geschoben wurden (in Spanien: ↗Entremeses); meist allegor. u. mytholog. Pantomimen; zunehmend auch v. Musik begleitet, in ihrer kom. Spielart *Intermezzo* gen.

Intermezzo *s* [it.], ↗Intermedium.

Interpolationen [Mz., lat.], *Philologie:* spätere Einfügungen in einem Text; werden durch textkrit. Methoden erkannt.

Interpretation *w* [lat. *interpretatio* = Auslegung], die Deutung des einzelnen Werks mit dem Ziel, es in seinem ästhet. Eigenwert u. seinen Sinnbezügen zu erfassen. Natürl. Ergänzung der ↗immanenten I. ist das Einordnen des Werks in übergeordnete Zusammenhänge, etwa geistesgeschichtl., gattungstheoret., gesellschaftl. Art.

Intrige *w* [frz.], absichtl. Verwicklung der Handlung im Drama, listige Machenschaft.

Invention *w* [lat. *inventio* = Findung], Erfinden oder Finden (bei anderen Autoren) v. Stoffen in antiker u. ma. Poetik.

Inversion *w* [lat.], Umkehrung der normalen Wortstellung, z. B. im Fragesatz oder nach einleitender adverbialer Bestimmung. Stilmittel, das in gehobener Sprache die nüchtern-log. Wortstellung des Aussagesatzes vermeidet u. schwungvolle Eindringlichkeit verleiht.

Ioculatores [Mz., lat.], frz. *Jongleurs,* fahrende Spielleute des MA, die für den Austausch ep. Stoffe bedeutend wurden.

Ionischer Vers, *Ionicus,* metr. Grundform der griech. Verskunst: ◡◡–– (steigender I. V.), ––◡◡ (fallender I. V.), meist als ↗Dimeter verwandt.

Ironie *w* [v. gr. *eironeia* = Verstellung; Bw. *ironisch*], versteckter Spott, Lächerlichmachen unter dem Schein des Ernstnehmens. Die I. besteht wesentl. darin, daß man etwas anderes sagt, als man meint; als Stilmittel werden dabei bes. ↗Euphemismus, ↗Hyperbel u. ↗Litotes verwandt. In diesem Sinne ist die I. innerhalb der ↗Satire, aber auch etwa in polit. oder persönl. Auseinandersetzung weit verbreitet. – Die *sokrat. I.* hatte päd. Sinn: eigene scheinbare Unwissenheit, um den anderen zu genauerem Denken zu bringen. Der Begriff der *romant. I.* wurde bes. v. Fr. Schlegel entwickelt: ein Schwebezustand, der iron., distanzierte Haltung auch gegenüber der eigenen Schöpfung bedeutet; später bes. bei Heine: absichtl. Auflösung dichter. Stimmung. Um 1900 in der Lit. Ausdehnung dieser Haltung zu iron. Distanz gegenüber dem als Spiel genommenen Leben. – *Tra-*

Invention

Die erfindung der dinge ist nichts anders als eine sinnreiche faßung aller sachen die wir uns einbilden können / der Himmlischen und jrrdischen / die Leben haben und nicht haben / welche ein Poete ihm zue beschreiben und herfür zue bringen vornimpt...

(Martin Opitz: *Buch von der deutschen Poeterey,* 1624)

Inversion

Den Stoff zwar wird er von der Gegenwart nehmen, aber die Form von einer edleren Zeit, ja, jenseits aller Zeit, von der absoluten, unwandelbaren Einheit seines Wesens entlehnen.

(F. Schiller über den Künstler; Ästhet. Briefe, 9)

gische I.: der Held glaubt sich auf der Höhe des Erfolges, während ohne sein Wissen sein Untergang schon vorbereitet ist.

Irrationalismus *m* [lat.], *Geistesgeschichte:* Gegenbewegung zu ↗Rationalismus u. ↗Aufklärung, die, v. Mystik u. Pietismus angeregt, die Seelen- u. Gefühlskräfte betonte u. über Verstand u. diskursives Denken stellte (Rousseau, ↗Romantik, ↗Sturm u. Drang).

Isokolon *s* [gr.], Koppelung gleich langer Satzglieder; v. Cicero empfohlenes rhetor. Mittel; z.B. bei Augustinus am Schluß der *Confessiones:* „... sic accipietur, sic invenietur, sie aperietur."

Isometrie *w* [gr. = gleiches Maß], metr. Übereinstimmung v. Versen z.B. in Verspaar u. Strophe.

Italienische Sprache. Die it. Sprache ist ein Glied der roman. Sprachfamilie; sie wird in I., im Kt. Tessin, im südl. Graubünden, auf Korsika u. Malta, z.T. noch an der dalmatin. Küste u. in Istrien gesprochen. Sie entwickelte sich aus dem ↗Vulgärlatein I.s, das neben dem Schriftlatein bestand, u. hieß bis ins MA „lingua volgare". Sprachreste der urspr. kelt. Bev. sind gering, griech. Einfluß war bes. auf Sizilien groß. Aus den verschiedenen Mundarten wurde durch die bedeutenden Dichter des 13. u. 14. Jh., Dante, Petrarca, Boccaccio, das Florentin. (Toskan.) führend (↗Questione della lingua). Nach Vernachlässigung der it. Sprache durch die der lat. Kultur zugewandten Humanisten setzten die Cinquecentisten (Bembo u.a.) die grammat. u. stilist. Ausbildung fort.

J

Jahrbuch, jährl. erscheinende Publikation v. wiss. Gesellschaften; enthält ↗Aufsätze, ↗Bibliographien, ↗Forschungsberichte usw.

Jahrmarktbühne, ältere Bühnenform: ein erhöhtes Holzgerüst als Spielfläche trennt die Zuschauer vom Geschehen.

Jahrmarktspiel, meist unterliterarisches Spiel mit Marionetten usw.; v. Goethe im *Jahrmarktsfest zu Plundersweilern* aufgenommen.

Jambus ↗Iambus.

Jarchas [Mz.], älteste überlieferte Lyrik in einer roman. Sprache (vor 1050): span.-arab. gemischte Schlußstrophen in arab. oder hebr. Gedichten.

Jargon
(Beispiele)

„Mahlzeit!" als Gruß
= Geschäftsjargon
„Macker" für „Freund"
= Teenagerjargon
„Bulle" für „Polizist"
= Gaunerjargon

Jargon *m* [schargõn, frz.], Sprache einer bestimmten Berufsgruppe, eines Standes (oft abwertend); verdorbener ↗Dialekt einer Grenzbevölkerung.

Jesuitendrama, v. Jesuiten in der Zeit vom späten

16. Jh. bis zum 18. Jh. geschriebene u. durch Jesuitenschulen aufgeführte Dramen; lat. Text, bibl. u. hist. Stoffe.

Jesuitendrama
Vertreter u. a.
Jakob Gretser
Jakob Bidermann
N. Avancini
W. Piringer
Theoretiker des J.
Donatus
Juvencius
Lang
Masen
Pontanus

Jongleurs [schonglör, frz., Mz.] ↗Ioculatores.

Journaille *w* [schurnaije, frz.], Schlagwort für charakterlose Presse.

Journal *s* [schurnal, frz. = Tagebuch], **1)** (Tages-) Zeitung, Zschr. **2)** Tagebuch im Sinn fakt. Aufzeichnungen.

Journal des Savants [schurnal dä ßawan, frz.], älteste lit. Zschr. in Fkr.; gegr. 1665.

Journalismus *m* [schur-, frz.], *Journalistik,* Berichterstattung in Zeitung, Zschr., Funk, Film u. Fernsehen. ↗Publizistik.

Jugend, illustrierte satir.-humorist. Wochenschrift, 1896 v. G. Hirth in München gegr. zur Förderung der modernen Kunst. ↗J.stil.

Jugendbuch, *Jugend- u. Kinderbuch,* Bz. für Lit., die als für die jeweiligen Altersstufen der Jugend angemessen gilt, vom Bilderbuch u. ↗Kinderlied bis zu WW der Welt-Lit. reichend (Defoes *Robinson Crusoe;* Swifts *Gullivers Reisen; Don Quijote; Tausendundeine Nacht;* z.T. in verfälschenden Bearbeitungen). Von großer Bedeutung für die Entwicklung eines eigentl. J. wurde Comenius' *Orbis sensualium Pictus* (1658); dann im 18. Jh. die Aufklärung: in Fkr. Fénelons *Telemach,* in Dtl. die Pädagogik der Philanthropen (Basedows *Elementarwerk,* v. Chodowiecki illustriert, 1770–74; Rochows *Kinderfreund,* 1776; die v. Campe systemat. nach Lesealtern aufgebaute „Kinderbibliothek", moral. Mustergeschichten, das in Abenteuer verkleidete Lehrgespräch: Campes „Robinson"-Bearbeitung, 1779). Chr. v. Schmid u. J. P. Hebel gaben dem J. einen betont christl. Akzent. Die dt. Romantik erschloß das alte Volksgut als Bildungsmittel für die Jugend (Märchen, Sagen; Scherers *Dt. Kinderbuch,* 1849). Das spätere 19. Jh. führte den Mädchenroman ein; es entstanden bes. auch Reise- u. Abenteuerbücher v. verschiedenem Niveau (Coopers *Lederstrumpf,* die WW v. Mark Twain, Jules Verne, Karl May, Stevensons *Schatzinsel,* Kiplings *Dschungelbuch*). Seit Ende 19. Jh. in Dtl. Wirkung der Jugendschriftenbewegung (H. Wolgast), in neuerer Zeit auch Entwicklung des für die Jugend gedachten Sachbuchs.

Jahrmarktbühne

Jugendstil, eine europ., alle Kunstzweige umfassende ästhetische Bewegung um die Wende zum 20. Jh., in Dtl. nach der Zschr. „Jugend" ben., in Fkr. „Art nouveau", in Östr. Stil der Wiener Sezession. Der Name J. wird seit 1899 gebraucht. – Der

Jugendstil
O. Eckmann:
Verlagssignet des
S. Fischer Verlags

Junges Deutschland
(Hauptautoren)

H. Heine
L. Börne
L. Wienbarg
Th. Mundt
H. Laube
K. Gutzkow

Junges Polen
Vertreter u. a.:

St. Przybyszewski
K. P. Tetmajer
J. Kasprowicz
St. Żeromski
W. Berent
St. Wyspiański

Organ:
Życie (begr. 1897)

Jung-Wien
(Hauptvertreter)

H. Bahr
A. Schnitzler
H. v. Hofmannsthal
P. Altenberg
F. Salten

bildkünstler. J. (Betonung des Dekorativen, asymmetr., stets flächige pflanzl., tier. oder abstrakte Ornamente mit schwungvoll-rhythm. Linienführung) schuf wertvollen Buchschmuck. – Entsprechungen zum bildner. J. (z.B. bei R. Dehmel, St. George, H. v. Hofmannsthal, R. M. Rilke) in lit. Motiven u. Stilzügen haben zur Ausweitung des Begriffs J. auf die Lit. der Zeit geführt.

Junges Deutschland, stark v. Hegels Philosophie bestimmte, polit. liberale Strömung der dt. Lit. etwa v. 1830–1848. Der Begriff J. D. wurde v. L. Wienbarg 1834 in den *Ästhet. Feldzügen* eingeführt. Im J.D. dient Dichtung polit. (bes. zeitkrit. u. sozialrevolutionär-emanzipator.) Tendenzen. Bevorzugte Gattungen: Feuilleton, Satire, Reisebild (Heine); oft in Zschr.; daneben Roman u. Drama (Gutzkow, Laube).

Junges Polen, Dichtergruppe in Polen um 1900; verband nationales Engagement u. Auffassungen des ↗L'art pour l'art.

Jung-Wien, Gruppe v. Wiener Dichtern u. Kritikern 1891–97 um H. Bahr; pflegte impressionist.-neuromant. Tendenzen.

K

Kabarett *s* [v. frz. *cabaret* = Wirtshaus, Schenke], eine Form v. „Kleinkunst" auf der Bühne: Chansons u. kurze dramat. Szenen (Sketches), häufig verbunden durch Conférence, zur satir. Kritik an Gesellschaft, Kunst, Politik. Erstes K. 1881 in Paris („Chat noir"); Blütezeit zw. 1890 u. 1930: in Dtl. E. v. Wolzogens „Buntes Theater" („Überbrettl"; Berlin 1901/02), wenig später die „Elf Scharfrichter" (München), zahlr. weitere Gründungen in Berlin. Autoren dieser Zeit: O. J. Bierbaum (v. diesem der Ausdruck „Brettl" für K.), A. Holz, H. v. Gumppenberg, L. Thoma, F. Wedekind, O. E. Hartleben, J. Ringelnatz. In Zürich 1916 das „Cabaret Voltaire", aus dem der ↗Dadaismus hervorging. Nach dem ersten Weltkrieg: „Schall u. Rauch" (Berlin 1919ff, vorher schon 1901/02, unter Max Reinhardt), „Nelsons Künstlerbühne" (R. Nelson), das „K. der Komiker" (Willi Schaeffers), „Die Katakombe" (1929–1935, Werner Finck), die „Vier Nachrichter" (1932–35). Autoren wie B. Brecht, E. Kästner, Klabund, Mehring, K. Tucholsky brachten schärferen polit.-krit. Ton. Der Nat.-Soz. führte zu einem Rückschlag für das dt. K.; in Zürich bestand 1932–36 ein Emigranten-K. „Die Pfeffermühle" (Erika u. K. Mann). Nach dem 2. Weltkrieg Wiederbelebung.

Kabbala *w* [hebr. = Überlieferung], myst. Geheimlehre des Judentums; entstand im 12.–13. Jh. in der Provence u. in Spanien mit den HW *Bahir* u. *Sohar;* entwickelte sich nach Vertreibung der Juden aus Spanien (1492) zu einer rel. Volksbewegung. Im 16. Jh. entstand in Safed (Palästina) eine bedeutende Kabbalistenschule unter *Isaak Lurias,* die auch die messian. Bewegung des *Sabbatai Zewi* u. der *Chassidim* beeinflußte. Die u.a. aus (jüd.) Gnosis u. Neuplatonismus entstandene K. lehrt die Emanation der Welt aus einer göttl. Sphäre, das Dasein der Seele vor Zeugung u. Geburt, Seelenwanderung u. geheimnisvolle Bedeutung v. Zahlen u. Buchstaben.

Kaddisch *s* [aram. = heilig], jüd. Gebet, urspr. Abschluß haggad. Schriftauslegung, seit dem MA für die Verstorbenen.

Kadenz *w* [lat.], Bz. für die Form des Versausgangs; nach A. Heusler Prinzip der Taktzählung im Vers; sonstige Unterscheidungen: ↗akatalektisch, ↗katalektisch; männl. u. weibl. ↗Reim.

Kadenz (in der Literatur nach A. Heusler)

volle K.:
letzter Verstakt betonte Silbe, oder betonte und unbetonte Silbe

stumpfe K.:
Ausfall der letzten Hebung, Pause

klingende K.:
letzter Verstakt Nebenhebung, vorhergehend eine betonte und lange Silbe

überstumpfe K.:
Ausfall der letzten Hebung, vorhergehende klingende K.

Kaisersagen, Volkssagen mit dem Grundmotiv, daß ein goldenes Zeitalter durch einen mächtigen Herrscher, der in einen Berg entrückt ist, herbeigeführt werden wird. Bis in die byzantin. Zeit galt Alexander d.Gr., später Augustus als der in der Endzeit wiederkehrende Kaiser. Im MA hefteten sich die K. in It. u. in Dtl. an Friedrich II. (Einzug in den Ätna bzw. den Kyffhäuser), später an Friedrich I.

Kakophonie *w* [gr.], als Mißklang empfundene Lautfolge.

Kalauer *m* [nach frz. *Calembourg*], abgeschmackter Wortwitz (↗Wortspiel).

Kalendergeschichte, volkstüml. kurze Erz., oft anekdot. Charakters, urspr. als Bestandteil v. Kalendern, dann selbständige Sammlungen. Höhepunkte der Gattung u.a. bei J. P. Hebel u. B. Brecht.

Kalendergeschichte (Autoren)

H. J. Ch. v. Grimmelshausen
J. P. Hebel
O. M. Graf
K. H. Waggerl
B. Brecht

Kalliope [gr. = die Schönstimmige], Muse der ep. Dichtung u. der Wiss.

Kammerspiel, kleineres, intim wirkendes Schauspiel mit geringer Personenzahl.

Kammerspiele, kleinerer Theaterbau, urspr. für Stücke in der Art des ↗Kammerspiels.

Kampfgespräch, *Debatte,* gesteigertes ↗Streitgespräch: einer begrenzten Redezeit folgt die Abstimmung mit verbindl. Ergebnis.

Kampflied, lyr. Kurzform appellativen Charakters; gepflegt bes. in revolutionären Epochen.

Kanevas *m* [frz.], *Canevas,* Handlungsschema bei Stegreifkomödien.

Kanon *m* [gr. = Maßstab], **1)** anerkannte hll. Schriften (im Ggs. zu ↗apokryphen) einer Religion, im Christentum in die ↗Bibel aufgenommen. **2)** Auswahl anerkannt vorbildl. Autoren in der Lit., bes. im Schulbetrieb des MA; Nachwirkungen noch im heutigen lit. Bewußtsein.

Kantate *w* [it.], musikal.-dichter. Zwischenform, v. Solisten u. Chor abwechselnd gesungen mit Musikbegleitung; beliebt im Barock; oft zu konkreten Anlässen.

Kanzleisprache, dt. Sprachform der kaiserl., fürstl. usw. Kanzleien seit dem 13. Jh., die zur Grundlage der nhd. Sprachnorm wurde.

Kanzone *w* [it. *Canzone,* v. lat. *cantio* = Gesang], kunstvolles Lied, bes. der roman. Literaturen, mit meist 13zeiligen Strophen (geteilt in Aufgesang u. Abgesang), als Abschluß eine kürzere Strophe. Die K. stammt aus der provenzal. Lit. u. wurde vor allem v. Dante, Petrarca u. später Leopardi ausgebildet; in Dtl. v. Platen, Rückert u.a. nachgebildet.

Kanzonenstrophe ↗Strophe.

Kapitale *w* [v. lat. *caput* = Haupt], antike lat. Majuskelschrift mit gleich hohen Buchstaben.

Kapitel *s* [v. lat. *capitulum* = Köpfchen], Titel eines Abschnitts oder ein Abschnitt.

Karikatur
Bedeutende Zeitschriften:

Frankreich:
La Caricature
Le Charivari

England:
Punch

Deutschland:
Fliegende Blätter
Kladderadatsch
Simplizissimus

Karikatur *w* [it.; Ztw. *karikieren*], übertreibende, verzerrende oder verkehrende (meist zeichner.) Darstellung charakterist. menschl. Eigenschaften, polit. oder gesellschaftl. Verhältnisse, meist zu satir. oder humorvoller Kritik u. Verspottung.

Karolingische Minuskel ↗Minuskel.

Karolingische Renaissance [-r^{ö}näßãnß], die v. Karl d. Gr. angeregte, v. seinen Nachfolgern geförderte Wiederbelebung der geistigen Tätigkeit u. des Bildungswesens im Dienste der christl. Kirche; führte zu einer Hebung des Bildungsstandes des Klerus u. zur Entwicklung einer regen literar. Tätigkeit (Theodulf v. Orléans, Walahfrid Strabo, Einhard, Hrabanus Maurus, Eriugena). Karl d. Gr. ließ in bes. err. Schulen die Bibel, liturg. Bücher, die Kirchenväter u. WW der profanen lat. Lit. kopieren. Dieser Tätigkeit wird die Überlieferung der meisten erhaltenen WW der christl. u. klass. lat. Literatur verdankt.

Kasperle, v. J. J. Laroche im 18. Jh. in Wien (Leopoldstädter Theater) geschaffene Version des ↗Hanswurst; später lustige Figur des Puppenspiels.

Kasperletheater, auf kleiner Guckkastenbühne gespieltes Handpuppentheater mit dem ↗Kasperle als Hauptfigur.

Kasside *w,* urspr. arab., dann auch in die pers. u. türk. Lit. übernommene Gedichtform, dem ↗Ghasel ähnl.; themat. häufig Lob- u. Preisgedicht, auch Totenklage.

Katabasis *w* [gr. = Abstieg], in der ↗aristotel. Dramenform die „fallende Handlung" zw. ↗Peripetie u. ↗Katastrophe. ↗Akt.

Katachrese *w* [gr. = Mißbrauch], sinnwidrige Verwendung eines bildl. Ausdrucks; Stilblüte.

katalektisch [v. gr. *katalegein* = aufhören], in der antiken Metrik Bz. für Verse, die mit unvollständigem Metrum enden, z.B. k. trochäischer Dimeter: –́ ⏑ –́ ⏑ / –́. Ggs.: ↗akatalektisch.

Katalog *m* [gr.], **1)** *allg.:* Aufzählung, systemat. Verzeichnis. **2)** *Bibliothekswesen:* Verzeichnis v. Schr. u. Bücherbeständen einer Bibl., in Buchform *(Band-K.)*, meist aber in Karteiform *(Zettel-K.)*, mit bibliograph. Angaben u. Standort des Buches.

Katastase *w* [gr. = Aufstellung], im Drama die zunehmende Schürzung des Knotens vor der ↗Katastrophe.

Katastrophe *w* [gr. = Wendung, Umkehr], nach der älteren Dramentheorie der aus dem Vorhergehenden konsequent folgende trag. Abschluß.

Katechismus *m* [gr. = Unterweisung; Mz. *Katechismen*], im Alt. Bz. für den Unterricht der Katechumenen, im MA die rel. Unterweisung überhaupt, seit der Reformation (Luthers *Kleiner* u. *Großer K.* [1529]) das Buch (in der Lehrform v. Frage u. Antwort) für die rel. Unterweisung in Kirche u. Familie, bes. auch das Lehrbuch für den Schüler.

Katene *w* [lat. *Catena* = Kette], Bibelerklärung, bestehend aus kettenartig aneinandergereihten Stellen aus Kirchenvätern u. kirchlichen Schriftstellern.

Katharsis *w* [gr. = Reinigung], Begriff der *antiken Poetik*, v. Aristoteles eingeführt (die Tragödie bewirke „K." v. den Affekten „Furcht u. Mitleid"; diese Begriffe heute eher mit „Schauder" u. „Jammer" übersetzt); in seinem Sinn umstrittener, verschieden (eth., psycholog., ästhet.) gedeuteter Begriff.

Kehrreim ↗Refrain.

Keilschrift, die rechtsläufige Wort- u. Silbenschrift der altvorderasiat. Kulturvölker. Die Zeichen – urspr. ein Bildzeichen für ein Wort – wurden mit Rohrgriffeln in Ton eingedrückt (dadurch keilförmige Striche). Sie wurden früh auf bedeutungsverwandte u. ähnl. lautende Wörter übertragen u. dadurch mehrdeutig (Polyphonie), zugleich auch Silbenzeichen. Urspr. ca. 2000, später 500–800 Zeichen, deren Formen geometrisiert u. vereinfacht waren. – Die K. ist die älteste Schrift der Mensch-

Katalog

Formen von Bibliotheks-Katalogen

alphabet. oder Nominal-K.
nach Verfassern geordnet

systemat. oder Real- (Sach-)K.
nach Wissensgebieten geordnet

Schlagwort- und Stichwort-K.
nach Inhalt oder wesentlichstem Wort im Titel geordnet

Kreuz- oder Misch-K.
Verbindung v. alphabet. und Schlagwort-K.

Keilschrift

heit, um 3000 v. Chr. als Bildzeichenschrift v. den Sumerern erfunden.

Kenningar
„Waldfeind" = Feuer
„des Meeres Hyäne" = Hai

Kenningar [Mz.; Ez. *Kenning*], Stilfigur im Altirischen u. in der altnord. Skaldendichtung, mehrgliedrige bildl. Umschreibung.

Kernmotiv *s* [lat.], zentrales ↗Motiv eines Werks.

Kinderbuch ↗Jugendbuch.

Kinderlieder, v. Kindern gebrauchte kurze Lieder, die bei formaler Einfachheit (kurze Verse, eingängige Reime) eine inhaltl. Spannweite v. schlichter Einfalt bis zu burlesker Phantastik haben; häufig drast. sexuelle Szenen. Slg. der letzten Jahre (P. Rühmkorf, H. M. Enzensberger) deuten K. als Ausdruck einer antiautoritären Subkultur.

Kirchenlied, das bes. in der Kirche vom Volk in der Volkssprache gesungene u. im ↗Gesangbuch gesammelte Kultlied. Ursprünge waren u.a. Übertragungen v. Hymnen u. Sequenzen, Rufe, ↗Leisen, geistl. Lieder der Minnesänger oder Klöster, dt. Lieder aus Mysterienspielen. Die *Reformation* erhob das K. zum liturg. Gesang u. schuf sich durch Übernahme u. Bearbeitung vorreformator. Liedgutes (Nachdichtungen Luthers in Anlehnung bes. an Psalmen), ↗Kontrafakturen auf weltl. Melodien u. Neuschöpfungen einen Grundbestand, der bis ins 18. Jh. ständig weiterentwickelt wurde (bes. im Barock: K.dichtungen v. P. Gerhardt, J. Rist, J. Crüger). In der *kath. Liturgie* drang das K. seit dem 17. Jh. (Dichtungen u.a. von Angelus Silesius, F. v. Spee) stärker vor.

Kitsch *m*, seit Ende 19. Jh. (etymolog. ungeklärte) Bz. für scheinkünstler. Erzeugnisse aller Kunstbereiche, zuerst im Kunstgewerbe. Merkmale: Unechtheit u. Unangemessenheit der formalen Bewältigung des dem Werk zugrunde liegenden Erlebnisses; Kumulation verschiedenartiger Reize. K. zielt auf Brauchbarkeit u. Genießbarkeit des Dargestellten, meist durch virtuose, süßl.-glatte u. ausführl. Wiedergabe pathet. übersteigerter oder rührseliger Einzelheiten ohne künstlerische Gesamtwirkung, begünstigt durch industrielle Massenherstellung.

Klagelied, Lied v. schwermütiger Grundhaltung. ↗Elegie; ↗Epikedion; ↗Nänie; ↗Propemptikon.

Klangfiguren
(Beispiele)
Anapher
Paronomasie

Klangfiguren [Mz.], rhetor. ↗Figuren, die auf der Klangwirkung einer bestimmten Ausdrucksweise beruhen.

Klappentext, informierender, bes. aber werbender Einführungstext zu einem Buch auf den Klappen des Schutzumschlags.

Klarismus
(Hauptvertreter)
M. A. Kuzmin
V. Brjusov

Klarismus *m*, lit. Richtung in Rußland in den Jahren

nach 1910; forderte inhaltl. u. formale Klarheit der Lit.

Klassifikation von Texten, Einteilung v. Texten aufgrund feststehender Merkmale, die varianten Texten gemeinsam sind. Nach dem Grad der Abstraktion vom individuellen Text läßt sich folgende Rangordnung aufstellen: Grundkategorie – Gattung – Dichtungsart – Idealtypus – Realtypus.

Klassik *w* [lat.], **1)** *allg.:* Bz. für Epochen der Kultur, die als in ihrer Ausgewogenheit u. stilist. Vollendung musterhaft gelten; i. e. S. bes. auf die v. der Renaissance zum absoluten Vorbild erhobene Antike bezogen. ↗klassisch, ↗Klassizismus. **2)** *Literatur:* als K. innerhalb der Antike gilt im besonderen die griech. Lit. des 5. Jh. u. die röm. der augusteischen Zeit. K. als Epochen-Bz. für andere Literaturen kann i. ü. S. verwandt werden für die Zeiten der Hochblüte der it. Lit. um die Wende vom 15. zum 16. Jh., der span. Lit. im „Siglo de oro", der engl. Lit. der Elisabethan. Zeit; im strengen Sinn wurde eine K. – an der Antike orientiert, aber eigenständig – nur in der frz. Lit. des 17. Jh. u. der dt. Lit. der Goethezeit verwirklicht. Die Lit. der *frz. K.,* beherrscht v. Maß u. Regel, zielte auf das Allgemeinverbindliche. Alle vom MA überlieferten antiken Lit.-Gattungen wurden aufgegriffen. Zu Beginn des 17. Jh. tat F. de Malherbe mit seiner Reform der Sprache u. des Versbaus den entscheidenden Schritt; im weiteren Verlauf wurde Boileau mit seiner *Art poétique* (1674) zum ästhet. Gesetzgeber der *Klassik.* Die neue Lit. wurde Angelegenheit der ↗Salons, wie etwa des Hôtel der Marquise de Rambouillet. Corneille u. Racine führten das antikisierende Drama zum Gipfel. La Fontaine bereicherte die Äsopische Fabel. Die Idee der vernünftigen Regelung erstreckte sich auch auf die Sprache u. wurde zum Hauptanliegen der 1629 gegr. ↗*Académie française;* ihr erster bedeutender Grammatiker war Vaugelas. Das Interesse am Menschen u. an den Motiven seiner Handlungen trat in den Vordergrund: Molière gab der ↗Charakterkomödie klass. Form. Die *Maximen* v. La Rochefoucauld, die *Caractères* v. La Bruyère u. die Memoiren des Hzg. v. Saint-Simon übten scharfe analyt. Kritik am Menschen. Mme. de la Fayette schrieb den ersten klass. Roman *(Princesse de Clèves).* Der ↗Brief nahm Züge des literar. Kunstwerks an (Mme. de Sévigné). Trotz des äußeren Prunkes blieb der rel. Gegenpol wirksam: in Pascals Schriften, Bossuets Predigten *(Oraisons funèbres)* u. in der quietist. gefärbten Mystik Fénelons (Roman *Télémaque*).

Klassik

Das allgemeine vorzügliche Kennzeichen der griechischen Meisterstücke ist endlich eine edle Einfalt und eine stille Größe, sowohl in der Stellung als im Ausdrucke. So wie die Tiefe des Meers allezeit ruhig bleibt, die Oberfläche mag noch so wüten, ebenso zeigt der Ausdruck in den Figuren der Griechen bei allen Leidenschaften eine große und gesetzte Seele.
(J. J. Winckelmann: *Gedanken über die Nachahmung der griechischen Werke*)

Man wird natürlich niemals genau angeben können, wie das alte Hellas in Wirklichkeit ausgesehen hat, aber man kann ziemlich genau sagen, wie es *nicht* war: nämlich nicht so, wie das achtzehnte Jahrhundert es sich vorstellte.
(E. Friedell: *Kulturgeschichte der Neuzeit*)

Die dt. *K.* wurde vorbereitet durch Winckelmann u. Herder. Winckelmann hatte die Verbindung zu einer im Sinne „edler Einfalt u. stiller Größe" gedeuteten Antike wiedergefunden *(Gedanken über die Nachahmung der griech. Werke; Geschichte der Kunst des Altertums).* Das klass. Ideal erfuhr seine vollkommene dichter. Gestaltung auf dem Grunde v. Form u. Gesetzmäßigkeit. Das Typische, Allgemeingültige wurde angestrebt; der Mensch, seine Bildung, seine Würde, seine Selbstbeschränkung in Maß u. Humanität stehen im Mittelpunkt. Diese Lösung bleibt freilich ideal. Die dt. Klassik wurde eigentl. nur in den großen Werken Goethes v. seiner Italienischen Reise an (1786–88) u. denjenigen Schillers seit dem *Don Carlos* dichter. verkörpert, geistig aber etwa auch von W. v. Humboldt.

Klassiker [lat.], Bz. **1)** allg. für Dichter mustergültiger WW v. weltliterar. Bedeutung. **2)** seit dem Humanismus speziell für die antiken Autoren. **3)** für Dichter (u. Künstler) der jeweiligen Blütezeit nationaler Lit. (bzw. Künste), bes. für die Vertreter der dt. Klassik.

klassisch [v. lat. *classicus* = zur 1. Steuerklasse gehörig], mustergültig; danach Bz. **1)** für die als mustergültig betrachtete griech. u. röm. Antike *(k.es Altertum).* **2)** für jede typ. Erfüllung einer Kultur, Kunst- u. Wissenschaftsentwicklung (z.B.: griech. Kultur des 5. u. 4. Jh. v.Chr.; Newtonsche Physik; Shakespeare seit 1594). **3)** kunsthist. Stilbegriff (v. H. Wölfflin vorwiegend aus der Renaissance-Kunst im Ggs. zum Barock abgeleitet) für jede künstler. Vorstellungsweise, die sich in fest umrissener, innerl. geschlossener, beruhigter u. klar gegliederter Gestaltung erschöpfend darstellt.

Klassische Philologie *w, Altphilologie,* Wiss. v. der griech. u. lat. Sprache u. Lit.

Klassizismus *m* [lat.], Bz. für die v. der klass. Antike abgeleiteten Stilrichtungen, die sich stark an deren Normen u. Formprinzipien orientieren; bestimmend bes. in der frz. Lit. des 17. u. 18. Jh., weniger stark in England u. Dtl.; klassizist. Strömungen u. Schulen geringer Bedeutung bis ins 20. Jh.

Klausel *w* [lat. *clausula* = Schluß], *Rhetorik:* bes. rhythmisierte Schlußwendung in antiker Kunstprosa; ↗cursus.

Kleriker ↗Clericus.

Klimax

Veni, vidi, vici = ich kam, sah und siegte *(Caesar)*

Klimax *w* [gr. = Leiter], rhetor. Figur: Worte oder Sätze werden so gereiht, daß sich die Aussagekraft steigert.

klingender Verschluß, *klingende* ↗*Kadenz,* liegt vor, wenn nach der sprachl. letzten Hebung noch eine metr. gehobene Nebensilbe folgt; z.B. im Nibelungenlied: „uns ist in álten máerèn..."

Klio, gr. *Kleio,* ↗Muse der Geschichtsschreibung.

Klischee *s* [v. frz. *cliché* = Abklatsch], **1)** *Buchdruck:* ein nicht aus Satzmaterial hergestellter Druckstock für den Buchdruck, um Bilder zus. mit dem Text drucken zu können. Unterscheidung in Strichätzung u. Autotypie. **2)** i.ü.S. Abklatsch gängiger Meinungen u. Urteile; gedankenloser Gebrauch künstler. Mittel.

Klucht, erot.-satir. Bühnenposse, gepflegt in Holland vom späten MA bis zum 17. Jh.

Knittelvers, paarweise gereimter, vierhebiger dt. Vers; entweder alternierend (8- oder 9silbig, so bei Hans Sachs) oder mit freier, unregelmäßiger Füllung der Senkungen (Goethe: „Urfaust" u. „Faust"; „Jahrmarktsfest in Plundersweilern"; Schiller: „Wallensteins Lager"); wegen der Wirkung des „Holprigen" gern parodist. benutzt.

Knittelvers
Vater, es wird nicht gut ablaufen,/Bleiben wir von dem Soldatenhaufen./Sind Euch gar trotzige Kameraden;/Wenn sie uns nur nichts am Leibe schaden.
(F. Schiller: *Wallensteins Lager*)

Kode ↗Code.

Koine *w* [gr.], griech. Umgangssprache des Hellenismus.

Kollektivdichtung, v. mehreren Autoren verfaßte lit. WW; realisiert z.B. bei der ↗écriture automatique der Surrealisten.

Kolon *s* [gr.; Mz. *Kola*], **1)** der Doppelpunkt. **2)** *Stilistik u. Rhetorik:* rhythm. Einheit beim Sprechen, ein oder mehrere Worte umfassend, durch Pausen begrenzt.

Kolportage *w* [-tasche, v. frz. *colporter,* nach lat. *collo portare* = am Hals tragen; Ztw. *kolportieren*], lit. wertlose, nur auf stoffl. Spannung u. Sensation berechnete Werke.

Kolumne *w* [lat.], *Buchdruck:* Seite oder Spalte.

Kolumnist *m* [lat.], ein Journalist, dem tägl. oder wöchentl. eine bestimmte Spalte oder Seite in einer Zeitung oder Zschr. zur Verfügung steht.

Komik *w* [gr.], die künstler. Darstellung des Komischen (↗komisch).

Komiker *m* [gr.], Fach-Bz. für Schauspieler, die kom. Rollen spielen.

komisch [v. gr. *komos* = fröhl. Umzug, Festzug; Hw. *das Komische, Komik*], dasjenige, was Lachen erregt. – Das Komische (bzw. die Lust am Komischen) hat sehr verschiedene Deutungen erfahren. Hobbes sieht es in der Minderwertigkeit eines anderen, die zum Gefühl eigener Überlegenheit führe (Lachen als Verlachen); Theorien des Rationalismus in Dtl. weisen auf den Kontrast gegensätzl. Vorstellungen hin. Jean Paul versteht es als das angeschaute Unverständige; Kant bezeichnet als

Komik
Spezielle Ausprägungen:
Charakterkomik
Situationskomik
Repetitionskomik (mechan. Wiederholung v. Äußerungen oder Reaktionen einer Figur [z. B. der Komödie], die durch den wechselnden Zusammenhang komisch wirken)

Grund des Lachens die plötzl. Auflösung gespannter Erwartung in nichts u. betont die Analogie zum körperl. Kitzel. Romant. Theorien gelten mehr Spezialformen, wie ↗Humor u. ↗Ironie; Fr. Th. Vischer sieht das Komische da entstehen, wo die Erscheinung die Idee (das Erhabene) zu Fall bringe; für Bergson ist der Grund des Lachens die Erstarrung v. Lebendigem zum Mechanismus. Die meisten Theorien kommen darin überein, daß es sich beim Komischen um einen wahrgenommenen oder vorgestellten Kontrast handele (etwa auch zw. Schein u. Sein) u. daß es auf die menschl. Sphäre beschränkt sei (oder die Entdeckung v. Menschlichem an Tieren oder Dingen voraussetze). In der Ggw. verbindet sich das Komische häufig mit dem ↗Absurden oder Makabren (etwa in der ↗Groteske oder im ↗schwarzen Humor).

Kommentar *m* [v. lat. *liber commentarius* = Erläuterungsschrift; Ztw. *kommentieren*], **1)** fortlaufende wiss. Erklärung eines Textes. **2)** *Pressewesen:* Stellungnahme zu Tagesereignissen.

Kommunikationsmodell *s* [lat.], schemat. Darstellung der Übermittlung einer *Botschaft* vom *Sender,* der sie *enkodiert,* über ein *Medium* (Botschaftsträger) an den *Empfänger,* der sie *dekodiert.* Zum Gelingen der Kommunikation müssen Sender u. Empfänger über einen mindestens z.T. gleichen ↗*Code* verfügen. – In der Theorie lit. Texte hat der Autor die Rolle des Senders, der Leser ist Empfänger. Grundhypothese: der lit. Text ist Träger kommunikativer Zwecke.

Komödiant *m* [gr.], ältere Bz. für Schauspieler, oft herabsetzend gemeint; in heutigem Gebrauch die Spielfreude betonend.

Komödie *w* [v. gr. *komos* = Festzug u. *ode* = Gesang], dramat. Gestaltung v. Formen des Komischen (↗komisch), bes. menschl. Unzulänglichkeit verschiedenster Art; früheste Ausbildung um 500 v.Chr. in Sizilien (Epicharmos), entwickelte sich in Athen zur lit.-zeitkrit. Komödie (Kratinos, Eupolis, Aristophanes), dann zur mehr bürgerl. „neuen K." (Menander), auf der die röm. K. (Plautus, Terenz) aufbaute; daneben als Sonderformen ↗Mimus u. ↗Atellane. Die röm. K. galt der Renaissance als Vorbild (u.a. Machiavelli, Aretino). In It. Wiederbelebung der Volks-K. (Gipfel in der ↗Commedia dell'arte). Im span. Barock (Lope de Vega, Tirso de Molina, Calderón, Moreto), v. Shakespeare u. seinen Zeitgenossen (Ben Jonson) u. v. der frz. Klassik (Corneille, Molière, v. diesem beeinflußt der Däne Holberg u. der Italiener Goldoni) wurde die K. in je-

Komödie

Man klagt mit Recht, daß die reine Komödie, das lustige Lustspiel, bei uns Deutschen durch das Sentimentalische zu sehr verdrängt worden, und es ist allerdings ein herrschender Fehler auf unserer komischen Bühne, daß das Interesse noch viel zu sehr aus der Empfindung und aus sittlichen Rührungen geschöpft wird. Das Sittliche aber sowie das Pathetische macht immer ernsthaft, und jene geistreiche Heiterkeit und Freiheit des Gemüts, welche in uns hervorzubringen das schöne Ziel der Komödie ist, läßt sich nur durch eine absolute moralische Gleichgültigkeit erreichen ...
(Goethe / Schiller: Dramatische Preisaufgabe)

weils eigener Weise gestaltet. In Engl. schrieb gg. Ende des 18. Jh. Sheridan Gesellschafts-K.n; Ende des 19. Jh. bildeten sich ↗Konversationsstück (Wilde) u. Thesenlustspiel (Shaw) heraus. In Fkr. schuf Beaumarchais polit.-satir. K.en; im 19. Jh. Wendung zum ↗Boulevardtheater. Eine K. eigener Art entstand in Rußland (Gribojedow, Gogol, Ostrowskij). In Dtl. blieb es bei Einzelerscheinungen (Lessing, Kleist, G. Hauptmann), während sich in Östr. aus barocker Tradition eine theater- u. volksnahe K. (Alt-Wiener Volks-K.; Raimund, Nestroy) entwickelte. Seit dem Expressionismus zunehmend Neigung zu ↗Satire u. ↗Groteske. – Unterschieden werden häufig: Intrigen-Komödie u. ↗Charakter-Komödie; als Sonderformen gelten: nach der Seite derberer Komik hin ↗Farce, ↗Posse, ↗Schwank, nach derjenigen feinerer Komik das ↗Lustspiel, nach der des Tragischen die ↗Tragi-K. Überraschung, Verwechslung, Verkleidung gehören zur Tradition der K. ebenso wie die kom. Situation als ihr Ausgangspunkt, der das Verlachtwerden herausfordernde charakterl. Defekt („kom. Provokation") der kom. Figur u. die relative Unschädlichkeit des Geschehens.

Komparatistik *w* [lat.], ↗Vergleichende Literaturwissenschaft.

Kompendium *s* [lat.], kurzgefaßtes Lehrbuch, Handbuch, Abriß.

Kompilation *w* [v. lat. *compilare* = plündern; Ztw. *kompilieren*], Zusammenfügen v. Auszügen aus anderen Werken (meist in abwertendem Sinn).

Komposition *w* [lat.], bes. im Drama der formale u. szen. Aufbau eines Werks zum einheitl. Ganzen durch ein Gliederungsprinzip (z. B. Reihung, Steigerung, Symmetrie).

Konflikt *m* [lat. = Zusammenstoß], als Widerstreit zw. Pflichten oder Pflicht u. Neigung häufiges lit. Thema, bes. des Dramas; für dieses auch im allg. Sinn konstitutiv.

Konjektur *w* [lat. = Vermutung], die v. den Hg. alter Texte vorgeschlagene wahrscheinl. Lesart verderbter, lückenhafter oder falsch überlieferter Texte.

Konkordanz *w* [lat.; Bw. *konkordant*], alphabet. Zusammenstellung aller in einem Schriftwerk vorkommenden Worte *(Verbal-K.)* oder Gedanken *(Real-K.)*; so für die Bibel (Bibel-K.), für Dichter. Hilfsmittel zur ↗Interpretation.

Konkrete Poesie, lit. Richtung seit den fünfziger Jahren, die im Wort (d. h. in seinem Druckbild) die *„schönheit des materials"* (Gomringer) sucht u.

ordnung   ordnung
ordnung   ordnung
ordnung   ordnung
ordnung   ordnung
ordnung   ordnung
ordnung unordn g
ordnung   ordnung
ordnung   ordnung
ordnung   ordnung
ordnung   ordnung
ordnung   ordnung

Konkrete Poesie
Timm Ulrichs:
Un-ordnung

dieses Material zu *Konstellationen* gruppiert. Einfachheit, universale Verstehbarkeit u. Affinität zum Sprachempfinden des heutigen Menschen sollen der Dichtung wieder eine organ. Funktion in der Gesellschaft geben. Autoren: E. Gomringer, M. Bense, R. Döhl, G. Rühm u.a.

Konnotationen [Mz., lat.], Bedeutungsnuancen affektiver, assoziativer, sozialer usw. Art, die sich der begriffl. Grundbedeutung (↗Denotation) eines Wortes überlagern; bes. ausgeprägt in dichter. Sprache.

Konstellation ↗Konkrete Poesie.

Konstruktivismus *m* [lat.], lit. Richtung im Rußland der 20er Jahre; legte bes. auf den Aufbau der Dichtung Wert; I. Selwinski u.a.

Kontext *m* [lat.], **1)** *allg.:* i.e.S. der Satz-Zshg., in dem ein Wort steht; i.w.S. der übergreifende Zshg. einer Textstelle, der ihr erst ihren genauen Sinn gibt u. bei der Deutung mitbeachtet werden muß; **2)** *Stilistik:* Vielzahl der vorangehenden Texte einer Gattung, die die Rezeption eines konkreten Texts mitbestimmen; i.w.S. die Sinn- u. Vorstellungshorizonte, die den Verständnisprozeß lenken.

Kontrafaktur *w* [lat.], **1)** der zu einer mit einem weltl. Text verbundenen Melodie verf. geistl. Text. **2)** die Umdichtung eines weltl. in einen geistl. Text u. umgekehrt.

Kontrast *m* [v. lat. *contra stare* = entgegenstehen], Gegensätzlichkeit aufeinanderfolgender Elemente im Kunstwerk, Mittel der Ausdruckssteigerung. In der Lit., bes. im Drama, ständiges Mittel.

Die ersten dt. Konversationslexika

Brockhaus Konversationslexikon
6 Bände (1796–1808) u. 2 Nachtrags-Bände (1809–1811)

Pierers Universallexikon
26 Bände (1822–36)

Meyers Großes Konversationslexikon
46 Bände (1840–55)

Manzsche Allg. Real-Enzyklopädie
13 Bände (1846–49)

Herdersches Konversationslexikon
5 Bände (1853–57)

Konversationslexikon *s* [lat.-gr.]; ein alphabet. geordnetes Nachschlagewerk (↗Lexikon), das in gemeinverständl. Darlegung das Wichtigste des menschl. Wissens bietet. Die unmittelbaren Vorläufer des modernen K. sind die ↗Enzyklopädien der Aufklärungszeit. Aus ihnen entwickelte sich im 19. Jh. das als Mittel zur „Konversation" gedachte K.

Konversationsstück, durch geistreichen, witzig-unterhaltenden Dialog bestimmtes Theaterstück; so WW v. Wilde, Molnar.

Konzeptismus *m* [lat.], Stilrichtung der span. Lit. des Barock, gekennzeichnet durch Verwendung v. „Concetti" (Wortspiele, überraschende Bilder), bes. bei Gracián u. Quevedo; steht in Vorläuferschaft zum ↗Gongorismus.

Koran *m* [arab. *qur'an* = das zu Rezitierende], die hl. Schrift des Islam, enthält die v. Mohammed verkündeten Offenbarungen, die diesem vom Engel Gabriel nach der im Himmel befindl. Urschrift diktiert worden seien, mit Gebeten, Predigten, rechtl. Anweisungen; Grundlage der muslim. Glaubens- u. Sittenlehre; unter Mitwirkung *Zaids* ließ Kalif Othman ca. 650 eine vereinheitlichte autoritative Fassung redigieren, die in 114 Abschnitte *(Suren)* v. unterschiedl. Länge eingeteilt ist; schon früh entstanden zur K.erklärung *(Tafsir)* zahlr. Kommentare u. umfangreiche Literatur.

Korrektur *w* [lat.], *Buchgewerbe:* die Berichtigung des Drucksatzes durch Anzeichnen der Fehler auf den *K.abzügen (K.fahnen)* mit Hilfe v. festgelegten *K.zeichen.* ☐ S. 108f.

Koryphäe *m, w* [gr.], **1)** Chorführer, Vorsänger im altgriech. Drama. **2)** Größe in Kunst u. Wissenschaft.

Kostüm *s* [frz.], *Theater:* in der Antike feierl. Gewänder u. Masken; im MA typ. K.e für die einzelnen Rollen; seit der Renaissance meist Hoftracht, typ. K.e aber etwa bei der ↗Commedia dell'arte; seit Ende 18. Jh. Neigung zum hist. getreuen Kostüm, bes. gefördert durch die ↗Meininger; in der Ggw. K. der Regie-Idee entsprechend.

Kothurn *m* [gr.], hoher, mit Bändern geschnürter Stiefel, seit Äschylus Fußbekleidung der Schauspieler, im Hellenismus stelzenartig.

Kretikus *m, Kretischer Versfuß,* ein Grundmaß der griech. Metrik: –́ ◡ –́; die Längen können in Kürzen aufgelöst werden: ◡́◡ ◡ ◡́◡.

Kreuzlied, *Kreuzzugslied,* Gattung der höf. Lyrik; behandelt meist den Konflikt des Ritters zw. Minnedienst u. Kreuzzugspflicht.

Kreuzreim, Reim nach dem Schema abab; häufig im ↗Volkslied.

Kriegsdichtung, lit. Darstellung des Kriegs u. seiner Folgen; Höhepunkte in der Antike, der Zeit der Völkerwanderung, des 30jähr. Kriegs, der napoleon. Kriege u. der beiden Weltkriege.

Kriminalroman *m* [lat.-frz.], Gattung der erzählenden Lit., deren Motive eine verbrecher. Tat (häufig Mord oder geplanter Mord) u. deren Aufdeckung sind; der Akzent liegt auf der durch die Handlungsführung hervorgerufenen Spannung (der Jagd nach dem Verbrecher, des verdeckten Kampfes). Unterschieden werden mitunter K. u. *Detektivgeschichte,* wobei letztere sich erhebl. mehr auf die Aufdeckung der Tat als auf diese selbst konzentrieren soll. Eine andere Unterscheidung trennt vom K. Werke mit analogen Stoffen u. größerem lit. Anspruch ab. – Die ersten K.e entstanden gg. Ende 18./Anfang 19. Jh. (so Schillers *Verbrecher aus verlorener Ehre*); den eig. Anstoß gab E. A. Poe mit

Kreuzlied
(Autoren)

Friedrich v. Hausen
Hartmann v. Aue
Walther v. der Vogelweide
Albrecht v. Johannsdorf
Heinrich v. Rugge

Kriegsdichtung
(Beispiele)

Homer: *Ilias*
Ludwigslied
M. Opitz: *Trostgeschichte in Widerwärtigkeiten des Krieges*
Grimmelshausen: *Simplizius Simplizissimus*
Stendhal: *Die Kartause von Parma*
L. Tolstoj: *Krieg und Frieden*
E. Zola: *La débâcle*
E. M. Remarque: *Im Westen nichts Neues*
K. Kraus: *Die letzten Tage der Menschheit*

Kriminalroman

Erzählschema:
Detektiv / unterlegener Freund
E. A. Poe:
Dupin / Erzähler
Sir Arthur Conan Doyle:
Holmes / Dr. Watson
A. Christie:
Poirot / Hastings
V. Gunn:
Cromwell / Lister
R. Stout:
Wolfe / Goodwin

Korrekturzeichen nach DIN 16511

Hauptregeln

Jedes eingezeichnete Korrekturzeichen ist am Papierrand zu wiederhole[n.] Die erforderliche Änderung ist rechts neben das wiederholte Korrekt[ur]zeichen zu schreiben, sofern das Zeichen nicht (wie z. B. ⌐⌙⌐, ═══) f[ür] sich selbst spricht. Das an den Rand Geschriebene muß in seiner Reihe[n]folge mit den innerhalb der Zeile angebrachten Korrekturzeichen übere[in]stimmen und in möglichst gleichem Abstand neben den betreffend[en] Zeilen untereinanderstehen.

Falsche Buchstaben oder Wörter wirden durchgestrichen und am Papierrand mit die richtigen ersetzt; versehentlich uugedrelte Buchstaben werden in gleicher Weise angezeichnet.	|e ⊢durch |m ⌊h
Komnen in eiuer Zaile mehrere sulcher Fefler vor, so erhalten sie ihrer Reihenfolge nach unterschiedliche Zeichen.	|m ⌊i ⌊e ⌈o Fh
Überflüssige Buchstaben oder Wörter werdenn durchgestrichen durchgestrichen und am Papierrand durch ₰ (Abkürzung für deleatur = „es werde getilgt") angezeichnet.	|₰ ⊢₰
Fehlende Buchstaben werden angezeichnet, indem der vorangeende oder der folgende uchstabe durchgestrichen und am Rand zusammen mit dem fehlenden Buchstaben wiederholt wird. Es kann auch das ganze Wort der die Silbe durchgeschen und am Rand berichtigt werden.	|eh ⌊Bu ⊢oder ⊢str
Die beschädigten Buchstaben werden durchgestrichen und am Rand einmal unterstrichen.	|e
Fälschlich **aus anderen Schrift gesetzte Buchstaben** werden am Rand zweimal unterstrichen.	|a
Verstellte Buchstaben werdne durchgestrichen und am Rand richtig angebeden.	⊓en ⊢geb

einigen Erz. Er führte einen bis heute übl. erzähltechn. Trick des K. ein: erzählt wird aus der Perspektive einer mit dem Detektiv befreundeten, aber intellektuell unterlegenen Person; so kann bis zum Ende das Vorgehen des Detektivs schwer durchschaubar bleiben. Berühmt wurden dann bes. A. C. Doyles Geschichten um den Detektiv Sherlock Holmes. E. Wallace schrieb K.e im engeren Sinne; anspruchsvoller die K. v. A. Christie. Auch in anderen lit. Bereichen arbeitende Schriftsteller schrie-

Kulturgeschichte, Zweig der Geschichts-Wiss., ergänzt die polit. Gesch. durch eine umfassende Darstellung des wirtschaftl., gesellschaftl., geistigen, religiösen u. künstler. Geschehens. Nach Ansätzen im Alt. u. MA begann die eig. *Kulturgeschichtsschreibung* im Zeitalter der Aufklärung (Montesquieu, Voltaire) u. entfaltete sich bes. unter dem Einfluß Herders im 19. Jh.

Kundgabefunktion der Sprache ↗Organon-Modell.

Kunst *w* [v. können], **1)** *allg.:* jede in sich vollendete Fertigkeit, Geschicklichkeit des Menschen, z.B. Koch-, Rede-, Staats-K. **2)** die Schöpfung v. K.werken, die Gesamtheit der K.werke. K. in diesem Sinne ist ein vom Menschen geschaffener Sonderbereich zweckfreier Werke, in denen sich seine Daseinserfahrung u. der geschichtl. Stand des Bewußtseins spiegeln; sie werden im allg. dem Bereich des ↗Schönen zugerechnet, können diesen aber überschreiten. Charakteristika des K.werks sind: die im Einzelfall je verschieden akzentuierten Spannungen zw. Beziehung zur Wirklichkeit u. Eigenständigkeit, zw. Geistigem (der „Idee" des K.werks) u. sinnl. Anschaulichkeit; bes. auch das Scheinhafte (als ästhet. Schein vom log. Schein zu unterscheiden), Nähe zum Spiel. Gilt die K. meist auch als wesentl. zum Menschen gehörig, so bezeichnet sie nach anderen Theorien (Hegel) nur eine bestimmte Phase in der Entwicklung des Geistes. Die K. der Ggw. ist im allg. gekennzeichnet durch Betonung eines Wahrheitsanspruchs, durch Ablehnung irgendwelcher Grenzen des Darstellbaren; sie wirkt stärker als die ältere K. dissonant, stellt sich häufig auch selbst in Frage. Die moderne Ästhetik betont bes. das doppeldeutige Verhältnis der K. zur Gesellschaft (K. als deren Ausdruck u. anderseits als deren Kritik), den Zeichencharakter der K. (↗Semantik), die Bedeutung v. Formgesetz u. künstler. Material für das einzelne K.werk. – Als Grundgattungen der K. gelten: Bildende Künste, Musik, ↗Dichtung, ↗Theater, Tanz.

Kunstballade, ↗Ballade, die im Ggs. zur ↗Volksballade v. einem bestimmten Autor mit künstler. Zielsetzung verfaßt wurde.

Kunstlied ↗Lied.

Kunstkritik, lit. Gattung, beschreibt, deutet u. wertet WW der zeitgenöss. Bildenden Kunst; entstand Mitte 18. Jh., zuerst in Fkr. (Diderots ↗„Salons").

Künstlerdrama, *-roman, -novelle,* gestaltet den Konflikt eines Künstlers mit seiner Umwelt u. dessen innere Problematik; mögl. erst nach Aufbrechen einer Distanz zw. Künstler und Gesellschaft.

Kunstmärchen ↗Märchen.

Künstlerdrama
(Beispiele)
J. W. v. Goethe: *Tasso*
F. Grillparzer: *Sappho*
A. de Vigny: *Chartterton*
G. Hauptmann: *Kollege Crampton*

Künstlerroman
(Beispiele)
W. Heinse: *Ardinghello*
J. W. v. Goethe: *Wilhelm Meister*
Novalis: *Heinrich von Ofterdingen*
E. Mörike: *Maler Nolten*
G. Keller: *Der grüne Heinrich*

Künstlernovelle
(Beispiele)
W. H. Wackenroder: *Joseph Berglinger*
E. T. A. Hoffmann: *Das Fräulein von Scuderi*
Rat Krespel
E. Mörike: *Mozart auf der Reise nach Prag*
Th. Mann: *Tonio Kröger*

Kunstprosa, in der antiken Rhetorik zuerst ausgebildete Form der gepflegten Prosasprache mit rhetor. Figuren; steht im Ggs. zur Verssprache, andererseits zur schmucklosen Alltagsprosa.

Kursivschrift, *Kursive, Kurrentschrift,* die Schreibschrift, die schräglaufende Form der ↗Antiqua.

Kürze, *Metrik:* kurze Silbe in quantitierender Dichtung.

> **Kurzformen**
> (Beispiele)
> *Lyrik:*
> Epigramm
> *Epik:*
> Fabel – Anekdote – Parabel
> *Dramatik:*
> Einakter – Dramolett

Kurzformen, lit. Formen v. geringem äußerem Umfang.

> **Kurzgeschichte**
> Deutschsprachige Autoren seit dem 2. Weltkrieg
> W. Borchert
> G. Eich
> F. Dürrenmatt
> H. Böll
> S. Lenz
> W. Schnurre
> I. Aichinger
> G. Wohmann
> G. Gaiser

Kurzgeschichte, Kleinform der Prosa: Erz. v. knappem Umfang, konzentriert auf einen kleinen, häufig äußerl. unscheinbaren, jedoch symbol. bedeutsamen Lebensausschnitt; der Schluß kann offen sein. Entwickelte sich im späten 19. u. bes. im 20. Jh. in Europa (Maupassant, Tschechow u.a.), noch stärker in Amerika (↗Short Story); entsprach auch dem Bedarf nach kurzen Erz. in Magazinen u. Tageszeitungen.

Kurzzeile, i. Ggs. zur ↗Langzeile ohne Zäsur u. v. geringer Länge (etwa bis zu 8 Silben [4 Hebungen]).

> **Kyklos**
> (Beispiel)
> Ein Pferd, ein Pferd, mein Königreich für 'n Pferd
> (W. Shakespeare: *Richard III.*)

Kyklos *m* [gr. = Kreis], *rhetor. Figur:* das Anfangswort eines Satzes wird als Schlußwort wiederholt.

Kyrillische Schrift, *Kyrilliza, Cyrilliaca,* die aus dem griech. Majuskelalphabet abgeleitete Schrift der ältesten kirchenslaw. Lit.; fälschl. nach Kyrillos (Kyrillos u. Methodios) ben., der jedoch in der älteren *Glagoliza* schrieb; im 10. Jh. in Bulgarien ausgebildet, v. Bulgaren, Serben u. Russen in vereinfachter Form noch heute, v. den Rumänen bis ins 19. Jh. gebraucht.

L

Lai *m* [lä, altfrz. = Lied], altfrz. Dichtungsformen: **1)** kürzere Vers-Erz., meist paarweise gereimt, bes. v. Marie de France gepflegt. **2)** lyr. Lied, anfangs assonierend, im 13.–15. Jh. gereimt. – Im Mhd. ↗Leich.

Laienspiel, *Laientheater,* v. nicht schauspieler. ausgebildeten Darstellern gespieltes Theater (Ggs.: Berufstheater); wurzelt im geistl. Drama des MA, in den Mysterien-, Oster- u. Fastnachtsspielen des Spät-MA, dem Schuldrama des Humanismus u. Barock.

Laisse *w* [läß, altfrz.], *Tirade,* Formeinheit der altfrz. Epik; Versgruppen v. verschiedener Länge, verbunden durch ↗Assonanz. ↗Chansons de geste.

> **Lake School**
> (Hauptvertreter)
> W. Wordsworth
> S. T. Coleridge
> R. Southey

Lake School *w* [le'k ßkul, engl.], *Lake Poets,* engl. romant. Dichterkreis zu Ende des 18. Jh.; pflegte naturnahe Stimmungslyrik.

Lamentationen [Mz., lat.], **1)** in der Vulgata für Klagelieder. **2)** liturg. Lesungen aus den Klageliedern.

Landestheater, in Dtl. ein v. einem Land subventioniertes Theater; dazu gehören a) die sog. *Staatstheater* (z.B. München, Stuttgart); b) die sog. *Landesbühnen* als Wanderbühnen.

Länge, *Metrik:* lange Silbe in quantitierender Dichtung.

Langformen, *Großformen,* lit. Formen v. größerem äußerem Umfang.

langue *w* [lãng, frz. = Sprache], zentraler Begriff der Sprach-Wiss. seit F. de Saussure: Sprache als gemeinsames Bezugssystem der Sprecher im Ggs. zur ↗parole. Das Verhältnis v. l. u. *parole* wird v. der neueren Lit.-Wiss. als Modellvorstellung auf den Bezug v. Gattungsnorm u. Einzeltext übertragen.

Langzeile, in der german. Dichtung durch Stabreim verbundene rhythm. u. meist auch syntakt.-inhaltl. Einheit aus 2 Kurzzeilen (mit je 2 Hebungen); z.B. „tót ist Hiltibrant / Heribrantes súno" („Hildebrandslied"). Anstelle der stabreimenden L. trat seit Otfrid die binnen- (später auch end-)gereimte L. mit je 4 Hebungen; später v. 4hebigen Reimpaaren verdrängt, findet sie sich noch im frühen Minnesang, im „Nibelungenlied", bei Wolfram („Titurel").

L'art pour l'art [lar pur lar, frz. = Kunst für die Kunst], 1836 v. dem frz. Philosophen Victor Cousin geprägter Begriff; besagt, daß die Kunst Selbstzweck sei, v. Moral, Politik, Recht usw. unabhängig; in der frz. Lit. bes. v. Flaubert, Th. Gautier, dem Symbolismus u. dem Parnaß vertretener Standpunkt, führte Ende des 19. Jh. zu Richtungen des ↗Ästhetizismus (Wilde); vielfach umstrittene Lehre, durch den Hinweis auf die Eigengesetzlichkeit der Kunst jedoch grundlegend für deren Verständnis.

Lateinische Sprache, die Sprache der Römer, der röm.-kath. Kirche u. der Wiss., neben Griechisch eine Grundlage abendländ. Bildung. Die l. S. gehört innerhalb des idg. Sprachstammes zum Zweig der Italischen Sprachen. Urspr. eine in u. bei Rom gesprochene Mundart der Latiner, verbreitete sie sich seit 3. Jh. v. Chr. über It. u. den W des Reiches. Die ältesten vorliterar. Denkmäler stammen aus dem 6.–4., umfangreichere altlat. Texte aus dem 3. u. 2. Jh. v. Chr. Die lat. Schriftsprache entwickelte sich unter starker Einwirkung des Griechischen. Seit Ennius, ihrem eigentl. Schöpfer, Spaltung in Schrift- u. Volkssprache (↗Vulgärlatein, das zur Entstehung der ↗Roman. Sprachen führte); dazwi-

Langformen
Lyrik:
Lehrgedicht (Zugehörigkeit zur Lyrik fragl.)
Epik:
Roman
Epos
Dramatik:
Dramentrilogie

Langzeile
Dichtungen u. a.:
Hildebrandslied
Wessobrunner Gebet
Muspilli
Merseburger Zaubersprüche
Otfrid: Evangelienharmonie
Ludwigslied
Memento Mori

schen die Abstufungen einer lit. beeinflußten zwangloseren Umgangssprache (Plautus, Terentius). Die Schriftsprache entwickelte sich in der Zeit Ciceros zur vollendeten Kunstform *(Klass.* bzw. Goldene *Latinität),* gekennzeichnet durch Einheitlichkeit, strenge Wortwahl u. kunstmäßige, ausgewogene Satzgliederung („Periode"). Bald danach erhielt auch die Sprache der Dichtung ihre lange Zeit gültige Gestalt, scharf v. der Prosa geschieden (Vergil, Horaz). Die zwei ersten Jhh. der Kaiserzeit erstrebten durch Zuspitzung des Ausdrucks, durch gewollte Altertümlichkeit u. berechnende Klangwirkung eine geistvolle, persönl. Stilkunst *(silberne Latinität:* Seneca, Tacitus). Nach einer archaisierenden Periode stieg im Spätlatein die Sprache der unteren Schichten empor, zumal das Christentum um der breiteren Wirkung willen sich in Predigt u. Bibelübersetzung (Vetus Latina seit Ende 2. Jh.) des Vulgärlateins bediente (seit 5. Jh. auch c vor hellen Vokalen als tß, nicht mehr als k gesprochen). Gleichwohl lebte bei den Kirchenvätern u. Kirchenschriftstellern die Tradition des klass. Lateins fort. Eine kirchl. Amtssprache schuf Hieronymus, der in der Vulgata (um 400) auch die lat. Bibelübersetzung stilist. überarbeitete. Aus klass. u. vulgärem Latein erwuchs so das *Mittellatein* oder *Kirchenlatein,* das im ganzen MA lebendig blieb. Seit Mitte 15. Jh. (↗Humanismus) bemühte man sich um eine klassischere Form *(Neulatein).* Im diplomat. Verkehr herrscht die l. S. bis ins 18. Jh., in der Wiss. bis ins 19. Jh. als int. Verständigungsmittel.

Lateinschrift, die lat. Druckschrift, ↗Antiqua.

Latinismus *m* [lat.], dem Latein eigentüml. Wendung, übertragen auf andere Sprachen.

Latinismus

Ich bin der Lehrer! Dieser Schüler ist *ein so beschaffener,* daß er die höchsten Strafen verdient. Seien Sie *eingedenk* Ihrer Pflicht, damit kein Verbrecher der Gerechtigkeit entkomme! (Parodistische Verwendung in H. Manns *„Professor Unrat"*)

Laudatio *w* [lat.], Rede zum Lob einer Person, z. B. eines Preisträgers; im antiken Rom als *laudatio funebris* Lobrede auf Verstorbene.

Lautgedicht, *phonet. Poesie,* engl. *sound poetry,* besteht aus sinnfreien, nur nach klangl. Wirkung kombinierten Silben u. Lauten; z. B. im ↗Dadaismus.

Lautmalerei, *Onomatopöie,* Nachahmung v. natürl. Geräuschen durch den Klang eines Wortes, z. B. *miauen, zwitschern.*

Lautmalerei

Dichterisches Klangmittel bei E. Mörike: *„Die Geister am Mummelsee":*
Es *o*rgelt im *R*ohr, und es *kl*irret im *Schi*lf...

Lautschrift, phonet. getreue Umschrift im Ggs. zur histor. Orthographie; wird zur zweifelsfreien Kennzeichnung der Lautung eines Worts bzw. Texts verwendet. Durchgesetzt hat sich bes. die L. der *Association Phonétique Internationale* (API).

Lautsymbolik *w,* im Ggs. zur Lautmalerei nicht Nachahmung konkreter Geräusche, sondern durchgehende Zuordnung eines Sinnbereichs zu einem bestimmten Laut; z.B. in Rimbauds Gedicht *Voyelles.*

Lazzi [it., Mz.], *Theater:* die urspr. für die ↗Commedia dell'arte bezeichnenden, meist mimischen Stegreifscherze.

l. c. [lat.], *loc.cit., loco citato,* am angegebenen Ort (d.h. in einer bereits zitierten Schrift).

lebende Bilder, stat. Darstellung v. mytholog., bibl. oder histor. Szenen durch lebende Personen.

lectio difficilior *w* [lat. = schwierigere Wahl], *Textkritik:* das Prinzip, im Zweifelsfall die schwerer verständl. Lesart für richtig zu halten, weil frühere Abschreiber vermutl. eher nach dem Verständlicheren hin geändert haben.

Legendar *s* [lat.], *kath. Liturgie:* nach den Heiligenfesten geordnete Slg. v. Heiligenleben.

Legende *w* [v. lat. *legenda* = das zu Lesende], urspr. Bz. für die Lesung aus Viten u. Passionen der Mart. u. Bekenner, dann Slg. v. Heiligenleben oder das sie enthaltende Buch; *i.e.S.:* alle v. rel. Volks- oder Dichterphantasie umwobenen, hist. meist unverbürgten Heiligenleben. – Von großer Bedeutung für die Kirchen-, Kultur-, Kunst-Gesch. u. für die Sprachforschung. Im MA beliebte lit. Gattung (bei Hrothsvith v. Gandersheim, Hartmann v. Aue, Rudolf v. Ems, Konrad v. Würzburg; Passional, Legenda aurea u.a.). Die Zeit der Reformation u. der Aufklärung lehnte die L. ab; im Drama des Barock v. großer Bedeutung. Die Romantik schätzte die L. wegen ihrer Idyllik (C. Brentano, Tieck). Sie wurde jetzt zur Kunstform, ohne die Unbefangenheit der ma. L., so bei den neueren L.ndichtern G. Keller, Flaubert, Björnson, Binding, Lagerlöf.

Lehrdichtung, *Didakt. Poesie,* gibt Belehrungen über alle Wissensgebiete, bes. zu Religion u. Moral, in verschiedensten Formen; weitverbreitet in der altgriech. u. röm. Lit. (Hesiod; Parmenides; Lukrez' *De rerum natura;* Horaz' *Ars poetica;* Vergils *Georgica;* Ovids *Ars amatoria*), bes. geschätzt. im Spät-MA (Frauenlob; Freidank), in der Zeit des Humanismus u. der Reformation, in der frz. Klassik, der engl. (Pope, Young), frz. (Voltaire) u. dt. (Brockes, Haller, Gellert) Aufklärungs-Lit.; noch bei Goethe *(Metamorphose der Pflanzen),* jedoch nun schon abgewertet; Ende 19. u. im 20. Jh. jedoch wieder polit. lehrhafte WW (so B. Brechts *Lehrstücke*).

Lehrstück, Form der ↗Lehrdichtung.

Leich *m* [v. got. *leiks* = Spiel, Tanz], in der mhd. Lit. nach dem Vorbild der ↗Sequenz gebautes Gedicht mit ungleichen, aber oft doch korrespondierenden Gliedern; neben rel. L. (z.B. Walther v. d. Vogelweide) auch Minne- u. Tanz-L. (Ulrich v. Lichtenstein, Frauenlob, Tannhäuser u.a.).

Leihbücherei, *Leihbibliothek, Buchverleih,* ein gewerbl. Zwecken dienender Leihhandel mit Büchern (meist Unterhaltungs-Lit.) aufgrund privater Initiative, im Ggs. zur öff. ↗Bibliothek.

Leis *m,* geistl. Volkslied des 9.–15. Jh., ben. nach dem als Kehrreim benutzten Kyrie eleison.

Leitartikel, regelmäßig an bevorzugter Stelle erscheinender Artikel einer Zeitung, worin sich ihre polit. Richtung u. grundsätzl. Auffassung zum Zeitgeschehen ausspricht.

Leitmotiv
Beispiel:
Bild des Großvaters mit der spanischen Halskrause (in Th. Mann: Der Zauberberg)

Leitmotiv, 1) prägnantes musikal. Motiv, das bes. bei R. Wagner zur Charakteristik bestimmter Personen, Gegenstände oder Stimmungen dient u. durch entspr. Wiederholung Formelement des Musikdramas wird. **2)** *i. ü. S.* auch für ständig wiederkehrende Motive, Gegenstände oder Formulierungen, deren wiederholte Nennung bzw. Verwendung etwas Bestimmtes wieder anklingen läßt, bes. bei Th. Mann *(Tonio Kröger; Die Buddenbrooks)* in dichter. WW.

Lektor *m* [lat. = Leser], **1)** *christl. Liturgie:* Bz. für den Vorbeter oder Vorleser beim Gottesdienst. **2)** Hochschullehrer, meist nicht habilitiert, der Sprachkurse u. Übungen abhält. **3)** lit. oder wiss. geschulter Verlagsmitarbeiter, der eingehende Manuskripte auf die Brauchbarkeit für den Verlag prüft.

Lemma *s* [gr.; Mz. *Lemmata*], **1)** Stichwort, Merkwort; auch Titel. **2)** *Logik:* hypothet.-disjunktiver Schluß.

Leoninische Verse, nach einem Dichter Leo (um 1150) ben. Hexameter u. Pentameter, die sich in Mitte u. Schluß miteinander reimen.

Lesart, Abweichung vom Text einer Dichtung; in ↗kritischen Ausgaben verzeichnet.

Lesebuch, Slg. v. Texten verschiedener Dichter, meist für den Schulgebrauch; Auswahl auch nach nichtlit. (didakt. oder ideolog.) Kriterien.

Lesedrama, *Buchdrama,* dramat. Dichtung, für die Bühne wenig geeignet; z.B. manche Dramen der dt. Romantik.

Lesegesellschaft, im 18. Jh. gebräuchl. Bz. für Bücherliebhaber, die sich gegenüber einem Buchhändler verpflichteten, monatl. Bücher abzunehmen u. dafür die Neuerscheinungen einsehen durften.

Lettern [Mz., lat.], **1)** im Buchdruck verwendete Buchstabenformen, nach Form u. Stil benannt, z.B. *got. L.* **2)** zum Druck verwendete prismat. Typen.

Lettrismus *m* [v. frz. *lettre* = Buchstabe], Strömung der frz. Avantgarde; setzt die Buchstaben bzw. Laute der Worte zu sinnfreien ↗Lautgedichten neu zusammen. Wortführer: I. Idou.

Lexikographie *w* [gr.], die Lehre v. der wiss. Zusammenstellung eines Wortschatzes, die Erstellung eines Nachschlagewerkes.

Lexikon *s* [gr.; Mz. *Lexika*], Wörterbuch, alphabet. geordnetes Nachschlagewerk, z. B. ↗Konversations-L.

Libretto *s* [it. = Büchlein], Opern- oder Operettentextbuch; *Librettist*, dessen Verf.

Lied, Hauptform der ↗Lyrik, v. relativ einfacher Form, der Musik nahestehend, in seinen Anfängen mit ihr verbunden (Marienlyrik des 12. Jh., ↗Minnesang, ↗Meistersang); verbreitet im Barock, eigentl. Entfaltung als unmittelbarer Erlebnisausdruck aber seit Sturm u. Drang, ↗Göttinger Hain, den Liedern des jungen Goethe; Höhepunkt in der dt. Lit. die Lieder der Romantik. Man unterscheidet nach der Entstehung Kunst- u. ↗Volkslied, nach dem Text geistl. (Kirchenlieder) u. weltl. (etwa Kinder-, Liebes-, Marsch-, Studenten-, Tanz-, Wander-L.er). L.er.

Liederhandschriften, enthalten die Lieder (Minnelieder, rel. u. polit. Lieder) der ritterl. Dichter u. der Klöster des MA.

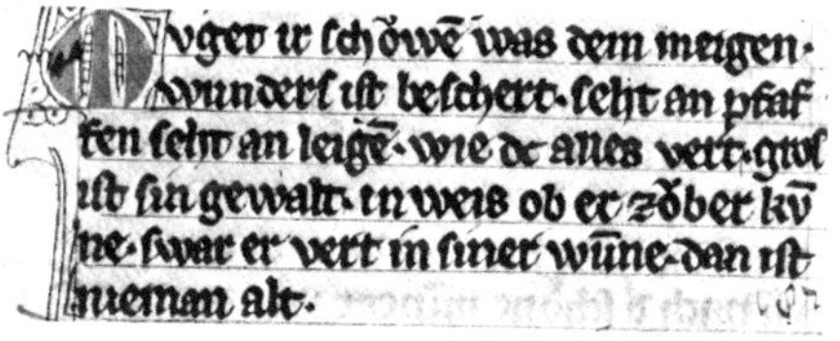
vger ir schöwe was dem meigen·
wunders ist beschert· seht an pfaf
fen seht an leige· wie dc alles vert· gros
ist sin gewalt· in weis ob er zöber kv
ne· swar er vert in siner wune· dan ist
nieman alt·

Liederhandschriften
2 Strophen Walthers aus der Maness. Handschrift

Liederspiel, Form des ↗Singspiels mit dem Lied als musikal. Hauptform.

Liedertheorie *w*, Entstehungstheorie für das ↗Volksepos, wonach das gesamte ↗Epos als Zusammenfügung vieler episod. Lieder u. verschiedenen Autoren entstand. Die L. wurde 1795 v. F. A. Wolf auf Homer, 1816 v. K. Lachmann auf das Nibelungenlied angewandt u. im ganzen 19. Jh. diskutiert, ist jedoch heute widerlegt.

Limerick *m*, in ags. Ländern volkstüml. lit. Form: skurriles 5zeiliges Gedicht, Reimschema aabba; erste Slg. 1822.

Linguistik *w* [lat.], ↗Sprachwissenschaft.

Litanei *w* [gr.-lat. = Bitten], im AT vorgebildete, über die Mischna in die jüd. Gebetbücher, über das Kyrie eleison in die *christl. Liturgie* eingegangene

literarische Gesellschaften
in Deutschland u. a.:

Deutsche Schiller-Gesellschaft
Deutsche Shakespeare-Gesellschaft
Wilhelm-Busch-Gesellschaft
Heine-Gesellschaft

literarische Zeitschriften
Bedeutende l. Z.

Frankfurter Gelehrte Anzeigen
Die Horen (Hg. F. Schiller)
Propyläen (Hg. J.W.v.Goethe)
Athenäum (Hg. F. Schlegel)
Die Fackel (Hg. K. Kraus)
Die Aktion (Hg. F. Pfemfert)
Der Sturm (Hg. H. Walden)
Les temps modernes (Hg. J.-P. Sartre)
Kursbuch (Hg. H. M. Enzensberger)

Deutsche Vierteljahresschrift für Literaturwissenschaft und Geistesgeschichte (DVjs)

Euphorion. Zeitschrift für Literaturgeschichte

Germanisch-Romanische Monatsschrift (GRM)

Literaturkritik

Es gibt nur eine einzige Kritik, die zu respektieren ist. Diese entwickelt aus dem Innersten der Sache heraus. Sie sagt zum Dichter: dies hast du gewollt, denn dies hast du wollen müssen und untersucht nun, in welchem Verhältnis sein Vollbringen zu seinem Wollen steht. Jede andere ist vom Übel.
(F. Hebbel: Tagebuch, 1847)

Gebetsform: Wechselgebet zw. Vorbeter bzw. Sänger u. formelhaft antwortender Gemeinde.

literarische Gesellschaften, fördern in organisierter Form allg. lit. Zwecke; oft auch die Erforschung einzelner Autoren. ↗PEN-Club.

literarisches Eigentum ↗Urheberrecht.

literarische Wertung, die Beurteilung der Qualität des lit. Werks; eine der problematischsten Aufgaben der Lit.-Wiss. Jede l.W. setzt eine spezif. Auffassungsweise der Lit. voraus. Während das lit. Werk bis zur ↗Aufklärung an vorgegebenen Normen gemessen wurde *(normative W.),* gehen neuere Wertungen v. seiner eigenen Intention aus u. versuchen das Maß ihrer Verwirklichung zu bestimmen (z.B. ↗immanente Interpretation). Dabei werden als Kriterien u.a. die allg. ästhet. u. die gattungsmäßige Stimmigkeit, die innere Wahrhaftigkeit, die Originalität, die historische Position des Werks und seine Rezeptionsgeschichte herangezogen.

literarische Zeitschriften, 1) als Organe v. lit. Richtungen u. Autorengruppen seit dem 18. Jh. üblich. **2)** als wiss. l. Z. in ↗Aufsätzen, ↗Rezensionen, ↗Forschungsberichten usw. über neuere lit.-wiss. Forschungen informierend.

Literat *m* [lat.], hauptberufl. Schriftsteller (zuweilen in abschätzigem Sinn).

Literatur *w* [lat. = das Geschriebene], **1)** *im weitesten Sinn:* die Gesamtheit der schriftl. Überlieferung eines Volkes oder einer Zeit. **2)** *i.e.S.:* die „schöne Literatur" (↗Belletristik, ↗Dichtung); häufig auch für durch sprachl. Gestaltung hervorragende WW aus dem nichtdichter. Bereich. **3)** Gesamtheit der Abhandlungen über ein bestimmtes Thema.

Literaturarchive [Mz., lat.-gr.], durch W. Dilthey angeregte Sammelstellen für alles handschriftl. Material eines Dichters.

Literaturatlas, kartograph. Werk, das durch Verzeichnen der Herkunft v. Dichtern den Anteil der Landschaften an der Lit. verschiedener Epochen zeigt.

Literaturbriefe, Form der Literaturkritik im 18. Jh.; berühmt Lessings 55 Beiträge zu den 333 *Briefen, die neueste Literatur betreffend* v. Nicolai.

Literaturgeschichte, die geschichtl. Entwicklung der Lit. eines Volkes oder Kulturkreises in ihren Themen u. Formen; auch deren wiss. Erforschung u. Darstellung. ↗Literaturwissenschaft.

Literaturkritik *w* [lat.-gr.], Analyse u. Beurteilung lit. WW; der Begriff bezieht sich im allg. auf Rezensionen u. Essays zur Gegenwarts-Lit. (meist nicht v. Literarhistorikern geschrieben); in Engl. u. Amerika umfaßt der Begriff *Literary Criticism* auch die ↗Literaturwissenschaft; die Grenzen zw. beiden Bereichen sind auch außerhalb des ags. Raumes in der Ggw. fließend geworden.

Literaturpreise, Auszeichnungen für lit. WW, meist in Form einer Geldspende.

Literaturpsychologie *w,* erforscht die seel. Vorgänge des lit. Schaffensprozesses u. die psych. Aufnahme des lit. Werks.

Literatursatire *w* [lat.-frz.], eine ↗Satire, die lit. WW oder Autoren verspottet; bes. z. Z. des Humanismus u. in der Goethezeit.

Literatursoziologie *w,* untersucht Lit. auf die ihr zugrundeliegenden u. v. ihr gespiegelten gesellschaftl. Bedingungen. So wird etwa das ↗Bürgerliche Trauerspiel auf das widersprüchl. Selbstverständnis des Bürgertums im 18./19. Jh. u. dessen Entwicklung untersucht. Besonderen Anteil hat die Literaturwiss. des Marxismus, die die geistigen Veränderungen in der Lit. als Folge gesellschaftl. Prozesse begreift (G. Lukács, E. Fischer, R. Goldstücker, R. Garaudy, H. Mayer u. a.).

Literatursprachen, Sprachen, die als Medium v. Dichtungen u. lit. Traditionen bedeutend geworden sind; der Begriff setzt bewußte Formung voraus.

Literaturtheorie *w* [lat.-gr.], untersucht im Ggs. zur prakt. orientierten ↗Literaturkritik u. zur histor. vorgehenden ↗Literaturgeschichte prinzipielle Kategorien, Kriterien u. Wesenszüge der Lit. Die L. der Ggw. ist gekennzeichnet durch divergente Strömungen: neben strukturalist.-zeichentheoret. Tendenzen stehen gesellschaftsbezogene lit.-soziolog. Richtungen bis hin zur materialist. ↗marxist. L.; dazu die ↗Rezeptionsästhetik.

Literaturwissenschaft, Erforschung u. Darstellung der ↗Literatur; urspr. bes. als Textkritik u. Entstehungs-Gesch. der WW, dann als ↗Literaturgeschichte, meist im Zshg. mit der allg. Geistes-Gesch.; in der Ggw. von Methodenpluralismus geprägt; Begriff erstmals 1842 v. Th. Mundt verwandt.

Literaturzeitschriften ↗lit. Zeitschriften.

Litotes *w* [gr.], *Stilistik:* Ausdrucksverstärkung durch Verneinung, z. B. „er hat nicht wenig (= viel) Geld".

Littera *w* [lat.], *Litera,* Buchstabe.

Litterae [Mz., lat.], Briefe, Wissenschaften.

Littérature engagée *w* [literatür angasche, frz.], *engagierte Lit.,* die im Dienst einer außerkünstler.

Literaturpreise

Deutschland
Büchner-Preis
Goethe-Preis
Hebel-Preis
Immermann-Preis
Lessing-Preis
Raabe-Preis
Schiller-Preis
Deutscher Jugendbuchpreis

Österreich
Grillparzer-Preis
Lenau-Preis
Stifter-Preis

Schweiz
Charles-Veillon-Preis

Frankreich
Grand Prix de l'Académie française
Prix Fémina
Prix Goncourt
Prix Medicis
Prix Théophraste Renaudot

Italien
Premio Strega
Premio Viareggio

Spanien
Premio Nadal

USA
Pulitzerpreis

Int. L.
Internationaler Verlegerpreis
Nobelpreis für Literatur
Prix Formentor

Littérature engagée

Mit Hilfe der Literatur ... geht die Gemeinschaft zur Reflexion und zum Nachdenken über, sie bekommt ein schlechtes Gewissen, ein innerlich unausgewogenes Bild ihrer selbst, das sie unausgesetzt zu modifizieren und zu verbessern sucht.
(J.-P. Sartre: *Was ist Literatur?*)

Tendenz steht; der Begriff wurde v. J.-P. Sartre geprägt, ist jedoch der Sache nach in jeder ↗Tendenzdichtung vorgeprägt.

Liturgie *w* [gr. *Leiturgia* = Dienst für das Volk], **1)** in den altgriech. Staaten unentgeltl. Dienstleistung oder Stiftung für die Volksgemeinschaft, z.B. Ausrüstung eines Kriegsschiffes, Finanzierung einer dramat. Aufführung. **2)** Bz. für den gesamten amtl. u. öff. Gottesdienst der christl. Kirchen. Die im atl. u. spätjüd. Gottesdienst verwurzelte frühchristl. L., zunächst einigermaßen einheitl. (ältestes Zeugnis in der Didache u. bei Hippolyt v. Rom), gliederte sich vom 4. Jh. ab in ostkirchl. u. abendländ. Einzeltypen mit den Zentren in Antiochia, Alexandria u. Rom.

Lizenzausgabe, *Buchhandel:* Buchveröffentlichung aufgrund einer einmaligen Erlaubnis *(Lizenz).*

locus amoenus

Es war ein Platz voll Licht und Schatten, still und wie der Zeit entrückt, voll Ruhe und gelindem Rauschen: dem Murmeln des Wassers, das im Fließen die Palmen befeuchtet und von Baum zu Baum flüchtet, dem leisen Laut der Tauben und dem Flötenton eines spielenden Kindes.
(A. Gide:
Der Immoralist, 1902)

locus amoenus *m* [lat.], seit der röm. Kaiserzeit bis zum 16. Jh. „Hauptmotiv aller Naturschilderung" (E. R. Curtius); formelhaft stilisierter Lustort, dessen feststehende Elemente Bäume, Schatten, Wiese, Quell, Blumen u. Vogelgesang sind; bis ins 20. Jh. weiter verwendet.

locus communis *m* [lat.], Gemeinplatz; ↗Topos.

Logographen [Mz., gr.], Sammel-Bz. für die ältesten griech. Geschichtsschreiber vor Herodot (Charon, Hekataios von Milet, Hellanikos von Lesbos, Xanthos); meist Sammler v. Genealogien u. Königslisten.

Logos *m* [gr.; Mz. *Logoi*], **1)** *allg.:* Wort, Rede, Sinn. **2)** *Philosophie:* Grundbegriff der griech. u. seither der abendländ. Philosophie; bei Heraklit das allg. Weltgesetz, die Weltvernunft; bei Platon die gedankl. Erfassung der alles Sein u. Tun bestimmenden Idee; in der Stoa die das All als Bewußtsein durchdringende Gottheit; bei Hegel Begriff u. Vernunft als Wesen des Seienden. **3)** *christl. Theologie: i.w.S.:* ntl. Bz. für die Offenbarung Gottes u. die Verkündigung Jesu.

Lokalstück, bringt als *Lokalposse,* neuerdings häufiger als *sozial anklagendes L.,* Sitten u. Personen einer bestimmten Gegend auf die Bühne; reich entwickelt in Wien, München usw.

Longseller *m* [engl.], *Steadyseller,* Buch mit anhaltendem Verkaufserfolg.

Loseblattsammlung, eine Buchform in losen Blättern, die, in Schnellheftern oder Kassetten aufbewahrt, bei Texten, die einem häufigen Wechsel unterliegen, ein schnelles u. einfaches Auswechseln veralteter Blätter gegen neue ermöglichen (z. B. bei Gesetzestexten).

lost generation

E. Hemingway
J. Dos Passos
Sh. Anderson
F. S. Fitzgerald

lost generation [läßt dschenere'sch^{e}n, engl.], *ver-*

lorene Generation, Gruppe am. Schriftsteller, die v. der Sinnlosigkeit des 1. Weltkriegs geprägt wurde.

Lösungsdrama, als Tragödie angelegtes Drama, das die ↗Katastrophe durch eine überraschende Lösung (z. B. ↗Deus ex machina) vermeidet.

Ludus *m* [lat. = Spiel], **1)** öffentl. Spiele in Rom, seit 240 v. Chr. auch dramat. Aufführungen. **2)** Bz. für geistl. Dramen des MA.

Lustspiel, Sonderform der ↗Komödie, v. dieser jedoch nicht streng zu scheiden; gilt als wesentl. v. ↗Humor bestimmt; so etwa Lustspiele Shakespeares, Lessings „Minna von Barnhelm".

Lyra *w* [gr.], Zupfinstrument der griech. Antike.

Lyrik *w* [gr.], neben ↗Epik u. Drama eine der 3 Grundformen der ↗Dichtung, häufig als ihre eig. zentrale Form angesehen, da am stärksten durch Sprachliches bestimmt, unmittelbar in der Aussage u. in der Konfrontation des Lyrikers mit seinem Gegenstand. Nach einer verbreiteten Auffassung ist L. wesentl. subjektiv, Stimmungs- u. Gefühlsausdruck eines Ich; doch tritt in den strengeren Formen (wie Ode, Hymne, Sonett) das Subjekt vor Gegenstand u. Gattungsprinzip zurück, ähnl. in der L. bestimmter Epochen; u. auch für das Gedicht als Gefühlsausdruck ist die sprachkünstler. Objektivierung entscheidend. Als Hauptmerkmale der L. gelten der ↗Rhythmus, der sich meist innerhalb eines metr. Rahmens (↗Metrik) entfaltet, u. der Aufbau nach ↗Versen; ↗Reim u. Zusammenfassung der Verse zu ↗Strophen können hinzutreten. L. hat sich in zahlr. Formen entfaltet: im ↗Lied (urspr. bedeutende L. alle zur ↗Lyra gesungenen Gedichte) ist sie der Musik am nächsten; das gesungene Lied steht als Gemeinschaftslied mit kult. oder sozialer Funktion an ihrem Anfang. Die Griechen entwickelten bes. ↗Elegie, ↗Hymne u. ↗Ode, die röm. Lit. folgte ihnen mit stärkerer Betonung der Formkunst; v. weltlit. Bedeutung war die arab. Liebes-L. Das MA schuf neben geistl. Dichtung ↗Minnesang u. Spruchdichtung, das Spät-MA den ↗Meistersang; bes. seit der Reformation entwickelte sich das ↗Kirchenlied, neben ihm das ↗Volkslied. Viele neue Formen (↗Sonett, ↗Kanzone, ↗Madrigal u. a.) entstanden in der it. Renaissance. Stark durch Formprinzipien, gesellschaftl. Funktion u. eigenwillige Bildlichkeit war die europ. Barock-L. bestimmt. Die Erlebnis-, Stimmungs- u. Natur-L. bildete sich im 18. Jh. heraus (seit der engl. Vorromantik u. dem dt. ↗Sturm u. Drang; Höhepunkt in Klassik u. Romantik). Den entscheidenden Anstoß für die moderne L. gab der frz. ↗Symbolismus. Die L. des

Lösungsdrama
(Beispiele)

J. W. v. Goethe:
Iphigenie auf Tauris
H. v. Kleist:
Prinz Friedrich von Homburg

Lyrik

Lyrik, als Gattung wie als gattungs-entbundenes dichterisches Verhalten, ist eine spezifische Weise der Sprache, diejenige nämlich, die am wenigsten von den Inhalten her verstanden werden will.
(H. Friedrich:
Epochen der italienischen Lyrik)

20. Jh. ist, nach ↗Expressionismus u. ↗Surrealismus, überaus vielgestaltig, löst sich dabei häufig v. überkommenen Formen u. Anschauungen (so v. der Erlebnis-L. oder der fr. postulierten Einheit v. Ich u. Welt im Gedicht), ist sowohl imaginativ wie bewußt; sucht die Grenzen des Sagbaren zu erweitern; L. wird dabei als eigenständige poet. Welt entfaltet, hat oft nicht minder krit., endl. auch sprachexperimentellen Charakter.

lyrisch, *das Lyrische,* unabhängig v. der formalen Zugehörigkeit zur ↗Lyrik grundlegende Stilkategorie, deren Wesen E. Staiger als „Erinnerung" bestimmt. Neuere Auffassungen: ↗Gattungen.

lyrisches Drama
(Beispiele)

J. W. v. Goethe: *Proserpina*
J. J. Rousseau: *Pygmalion*
G. Hauptmann: *Die versunkene Glocke*
F. Werfel: *Die Troerinnen*

lyrisches Drama, melodramat. Bühnenstück, dessen Monologe u. Dialoge musikal. untermalt sind; um 1900 im Ggs. zum naturalist. ↗Milieudrama als betont metr. gebundenes Versdrama.

lyrisches Ich, der Sprechende im Gedicht, erschließbare dichter. Figur u. vom Autor zu unterscheiden. Dem ep. ↗Erzähler vergleichbar, jedoch – nach traditioneller Theorie – ohne dessen Distanz zum Ausgesagten.

lyrisches Präsens *s,* Bz. für die im Gedicht weithin übl. Gegenwartsform mit durativem Stilwert.

M

M. A., 1) Abk. für Magister artium liberalium, im MA höchster Grad der Artistenfakultät; in Dtl. bis ins 19. Jh.; seit 1960 in der BRD wieder eingeführt. **2)** *Master of Arts,* ags. geisteswiss. Grad.

Mädchenlied, Form des ↗Minnesangs, die sich nicht an die ↗frouwe richtet, sondern an ein weniger unzugängl. Mädchen (wîp); Abweichung v. der ↗hohen Minne, zuerst 1197 in Liedern Walthers v. der Vogelweide.

Madrigal
Qual rugiada o qual pianto, / quai lagrime eran quelle / che sparger vidi dal notturno manto / e dal candido volto de le stelle? / E perché seminò la bianca luna / di cristalline stelle un puro nembo / a l'erba fresca in grembo? / Perché ne l'aria bruna / s'udian, quasi dolendo, intorno intorno / gir l'aure insino al giorno? / Fur segni forse de la tua partita, / vita de la mia vita?
(Torquato Tasso)

Madrigal *s* [aus it. *mandriale* = Schäfergedicht], **1)** *Literatur:* bes. in der it. Lit. entwickelte kurze Liedform, seit dem 16. Jh. z. T. v. epigrammat. Charakter; meist einstrophig, 6–15 Verse; dt. M.dichter: Hagedorn, Götz, Voß, Goethe, A. W. Schlegel, Platen, Uhland. **2)** in der Trecentomusik das 1- bis 3stimmige Kunstlied. – *M.komödien* bestanden aus einer inhaltl. geschlossenen Folge v. M.en u. waren einer der Vorläufer der Oper.

Mäeutik *w* [gr. = Hebammenkunst], die phil.-päd. Methode des Sokrates, im Menschen schlummernde Erkenntnis durch geschicktes Fragen hervorzubringen.

Magazin *s* [arab.] **1)** in Bibliotheken der Aufbewahrungsraum für die Bücherbestände. **2)** *Pressewe-*

sen: auf Massenabsatz berechnete Unterhaltungs-Zschr. u. Illustrierte; um 1900 erstmals in den USA, Engl. *(Penny Magazine)* u. Fkr., seit 1920 auch in Dtl.; ursprüngl. Bz. engl. gelehrter u. der Mode dienender Zschr. (z.B. *The Gentleman's Magazine*) im 18. Jh.

magischer Realismus, Bz. für einen Darstellungsstil, der äußerl. realist., zugleich jedoch hintergründig wirkt; auf verschiedene Autoren u. Autorengruppen bezogen (z. B. E. Jünger, H. Kasack in Dtl.).

Majuskeln [Mz., lat.], *Versalien,* die Großbuchstaben der lat. Schrift. Ggs. ↗Minuskeln.

Majuskel (Beispiel)

makaber [frz.], schauerlich, unheimlich, todesdüster; auch mit frivoler Einstellung.

Makame *w* [arab. = Rast], oriental. Dichtungsform, Prosa mit bestimmter Rhythmik u. Reimfolge; mit Novellenstoffen; als Begr. gilt Hamadhani, als bester M.dichter Hariri.

Makkaronische Poesie, *Maccaronische Poesie,* Dichtungen in einer Mischung aus Latein u. volkssprachl. (bes. it.) Wortbestand oder aus zwei Sprachen überhaupt; bes. in It. gepflegt, so v. Tifi degli Odasi (*Maccaronea,* um 1490) u. T. Folengo, in Dtl. WW v. S. Brant, Th. Murner u.a.

Makulatur *w* [lat.], beim Druck unbrauchbar gewordenes Papier.

Manessische Handschrift, *Große Heidelberger Liederhandschrift,* größte Slg. mhd. Lyrik, im 14. Jh. in Zürich entstanden; enthält Lieder v. 140 Dichtern u. 138 ganzseitige Miniaturen.

Manessische Handschrift: Das Verlöbnis

Manier *w* [frz.], besonderes Verfahren, Eigenart eines Künstlers (auch im Sinne des ↗Manierismus).

manieriert [frz.], gekünstelt, bestimmte Eigenarten übersteigernd.

Manierismus *m* [it., abgeleitet v. ↗*Manier*], zunächst abschätzig im Sinne v. Ziererei u. Künstlerei gebraucht, in der neueren Forschung als wertfreier, z.T. auch überzeitl. Stilbegriff. *I.e.S.:* Bz. für eine Stilrichtung der europ. Kunst des 16. Jh. im Übergang zw. Renaissance u. Barock, bes. für eine v. Michelangelo geprägte Richtung der it. Malerei. Charakterist. sind Vorliebe für elegante, überlängte, oft kompliziert u. leidenschaftl. bewegte Gestalten mit kleinen Köpfen, prunkvolle Kleidung, kühle Farben u. starke Hell-Dunkel-Kontraste, nur vage begrenzte, in die Tiefe führende Raumperspektiven u. bizarre, interessante, oft auch visionär-ekstat. Themen. Der Begriff wurde auch auf die Lit. übertragen; er bezeichnet hier „gegenklass." Strömungen, bes. des ↗Barock; als Merkmale gelten die Neigung zum ↗Grotesken, Eigenwilligkeiten v. Form u. Sprache

Manierismus

Der Manierist will die Dinge nicht normal, sondern anormal sagen. Er bevorzugt das Künstliche und Verkünstelte vor dem Natürlichen. Er will überraschen, in Erstaunen setzen, blenden.
(E. R. Curtius: *Europ. Literatur u. lat. MA*)

(↗Euphuismus, ↗Gongorismus, ↗Marinismus, ↗Schwulst). Das Wort M. wird mitunter jedoch auch für Züge des Klassizismus verwandt.

Manifest *s* [lat.], Aufruf, Programm, öff. Erklärung.

Mannheimer Nationaltheater, eines der ersten ständigen Hoftheater; 1777–78 spielte dort eine Truppe unter Marchand; neben der administrativen übernahm Dalberg bald auch die künstler. Leitung; unter ihm wurde es eine der bedeutendsten klass. Schauspielbühnen, wo zeitweise Iffland wirkte.

männlicher Reim, einsilbiger, auf die letzte Hebung im Vers gelegter Reim: z.B. *Herz – Schmerz.* Ggs. ↗weiblicher Reim; außerdem ↗gleitender Reim.

Mantel- und Degenstück ↗comedia en capa y espada.

Manuskript *s* [lat. *manu scriptum* = von Hand Geschriebenes], Bz. für Druckvorlage in ↗Handschrift, Maschinenschrift (↗Typoskript); auch Drucktext einer älteren Auflage.

Märchen

Zum Begriff des Volksmärchens gehört, daß es längere Zeit in mündlicher Tradition gelebt hat und durch sie mitgeformt worden ist, während man das Kunstmärchen zur Individualliteratur rechnet, geschaffen von einzelnen Dichtern und genau fixiert, heute meist schriftlich, in früheren Kulturen durch Auswendiglernen überliefert. Das Wort Kunstmärchen ist kein Wertbegriff, es bezeichnet nicht nur künstlerische Leistungen von hohem Rang, sondern auch einfältige Erfindungen einer Phantasie, die sich darin gefällt, Blumen, Tiere oder Möbel reden, fliegen, handeln zu lassen.
(M. Lüthi: *„Märchen"*)

Märchen, Form ep. Dichtung, meist in Prosa; Erz. v. realen in Verbindung mit wunderbaren Begebenheiten, stark phantasiebestimmt, im Unbewußten u. in Mythen wurzelnd; charakterist. sind die Verbindung aller Naturbereiche u. übernatürl. Wesen mit den Figuren u. Motive wie Metamorphose; trotz häufig schreckensvoller Handlung ist der Ausgang fast immer gut (Belohnung der Guten, Bestrafung der Bösen). – Das M. ist urspr. Volks-M. Der Orient ist bes. reich an M.; v. dort kamen sie schon vor u. im MA (Kreuzzüge) ins Abendland. – Früheste Slg. in It. v. Straparola (1550), Basile (1674), in Fkr. v. Perrault (17. Jh.). Gallands frz. Übersetzung machte die M. v. *Tausendundeiner Nacht* (im Morgenland seit dem 9. Jh.) im Abendland bekannt. Von kelt. Überlieferung beeinflußt, entwickelte sich in Engl., Irland u. Schottland eine eigene M.art. Reiche Entfaltung bei den Slawen u. in den Alpenländern. Erste eigentl. Volks-M.-Slg. in Dtl., auf Anregung v. C. Brentano, durch die Brüder Grimm, die, v. Herders Theorie des Volks-M. angeregt, die wiss. M.forschung einleiteten. – Das Kunst-M. ist das Werk eines bestimmten Dichters, der Erzähltechnik und Motive des Volks-M. übernimmt. Es beginnt mit iron.-satir. Erz. der Rokoko-Dichtung Fkr.s („Cabinet des Fées"); ähnl. M. von Wieland u. Musäus; zentrale Form der Dichtung in der Romantik; bedeutendste M.dichter der Folgezeit: W. Hauff, H. Chr. Andersen.

Märe *w* [v. mhd. *maere* = Kunde], **1)** *mhd. Lit.:* gesprochene Erzählung. **2)** *Spät-MA:* paargereimte Versnovelle.

Marginalglosse *w* [lat.-gr.], ↗Glosse.

Marginalien [Mz., v. lat. *margo* = Rand; Ez. *Marginalie*], eigentl. handschriftl. Randbemerkungen, auch überschriftähnl. Stichwörter am äußeren Rand des Satzspiegels.

Mariendichtung, Dichtung zur Verherrlichung der Gottesmutter Maria; schon in frühchristl. Zeit (bei Ephräm dem Syrer, Sedulius, Johannes v. Damaskus), bis ins 12. Jh. lat. (↗Sequenzen; ↗Hymnen wie *Salve regina*); Blütezeit im MA: Marienlieder (Frauenlobs *Marienleich,* Konrads v. Würzburg Hymnus *Die goldene Schmiede*), ep, Marienleben (Konrad v. Heimesfurt; Wernher), Marienlegenden (Hrothsvith v. Gandersheim). In Spanien entstanden Mirakelspiele um Maria, im Humanismus u. Barock in Dtl. bes. Kirchenlieder (Spee, Angelus Silesius); Wiederbelebung in der Romantik (Novalis, Brentano, Eichendorff).

Marinismus *m,* nach G. Marino benannter lit. Stil des Barock, gekennzeichnet durch überladenes Wortgepränge; entspricht dem ↗Gongorismus u. ↗Euphuismus.

Marionette *w* [v. frz. *Marion* = dt. Mariechen], v. oben durch Fäden oder Drähte gelenkte Puppe. Körper u. Gliedmaßen der M. sind bewegl. Das *M.ntheater* ist ein kleines Abbild der wirkl. Bühne, mit Kulissen, Versenkungen, Soffitten u., im Ggs. zu den anderen Arten des Puppentheaters, mit einem Bühnenboden. Es stammt vermutl. aus Indien u. Siam; bekannt in der Antike, in Dtl. im MA verbreitet; durch J. Schmid u. Graf Pocci (München, 1858) erneuert.

Marivaudage [-wodasch^{e}], nach dem frz. Komödiendichter *Pierre de Marivaux* (1688–1763) ben. Komödienstil, der sich durch psycholog. Verfeinerung u. graziöse Sprachspielereien auszeichnet.

Märtyrerakten, lat. *Acta martyrum,* Aufzeichnungen über die Märtyrerprozesse in frühchristl. Zeit (amtl. Prozeßprotokolle, Berichte v. Christen, Legenden).

Märtyrerdrama, beliebte Dramengattung des Barock, die Leiden u. Tod standhafter Märtyrer ohne trag. Konfliktsituationen zeigt.

Märtyrerdrama
(Beispiele)

P. Corneille:
Polyeucte
Calderón:
Il principe constante
J. Bidermann:
Philemon Martyr
A. Gryphius:
Leo Armenius
Papinianus
J. C. Lohenstein:
Epicharis

marxistische Literaturtheorie, abgeleitet aus dem *Marxismus,* der v. K. Marx u. F. Engels begr. Theorie des wiss. Sozialismus, die die Notwendigkeit der sozialist. Gesellschaftsordnung als Ergebnis der sozialen u. wirtschaftl. Entwicklung zu erweisen sucht. In diesem klassenkämpfer. Prozeß erhält auch die Lit. ihren Stellenwert; in polem. Abgrenzung zur bürgerl. Lit. hat sie das sozialist. Bewußt-

marxistische Literaturtheorie
(Bedeutende Theoretiker)

F. Mehring
G. Lukács
W. Benjamin
B. Brecht
E. Fischer
R. Weimann
H. Mayer
R. Garaudy

Maske
Masken der Commedia dell'arte (v. A. u. O. Sartori)

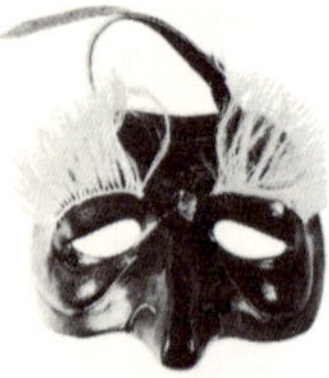

Harlekin

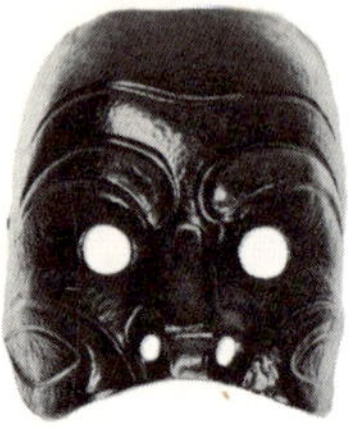

Dr. Lombardi

Pantalone

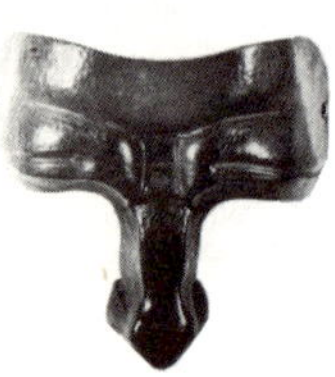

Brighella

sein voranzutreiben (↗Basis-Überbau-Modell), ist zugleich *Widerspiegelung* (↗Widerspiegelungstheorie) der Realität u. Vorwegnahme *(↗Antizipation)* zukünftiger Möglichkeiten. Eine Einengung des theoret. Spielraums brachte 1934 die Verpflichtung auf den ↗Sozialist. Realismus.

Maske *w* [arab.], *Larve,* Gesichtshülle, die den Träger unkenntl. u. zur Verkörperung des in der M. Dargestellten macht. Grundlage allen M.nwesens sind kult.-zauber. Vorstellungen; Sonderform: die *Theater-M.* (bes. in Ostasien gebräuchl., in Europa z.B. in der ↗Commedia dell'arte).

Maskenzüge, theatermäßig-allegor. Festzüge seit der it. Renaissance; v. Goethe in Weimar wiederaufgenommen.

Massenmedien, *Massenkommunikationsmittel,* techn. Einrichtungen wie Presse, Film, Funk u. Fernsehen, die der Verständigung weitverstreuter Menschenmengen dienen. In der Ggw. kommt den M. eine wachsende Rolle für die Verbreitung der Lit. zu.

Materialismus *m* [lat.], philosophische Lehre, die im Gegensatz zum ↗Idealismus alles Seiende (auch Bewußtsein, Geist, Vernunft) auf die Materie zurückführt. **1)** *Metaphys. M.:* Im Alt. entstanden mehrere materialist. Lehren, davon am bedeutendsten für die Entwicklung der Geistes-Gesch. der Atomismus Leukipps u. Demokrits, der v. Epikur u. Lukrez zu einer allg. Natur- u. Seelenlehre ausgeweitet, in der NZ v. P. Gassendi als phil. Grundlage der modernen Natur-Wiss. wiederaufgenommen wurde. In der frz. Aufklärung vertraten einen radikalen M. u.a. Ch. Bonnet, J. O. de LaMettrie (Maschinentheorie) u. D. von Holbach. In Dtl. entwickelten sich im 19. Jh. im Anschluß an L. Feuerbach 2 verschieden orientierte materialist.-atheist. Bewegungen: der *mechanist.-physiolog. M.,* der unter Einbeziehung des Darwinismus die psych. Prozesse auf physiolog. zurückführte (Vertreter u.a.: J. Moleschott, L. Büchner, C. Vogt, E. Haeckel), u. der *hist.-dialekt. M.* **2)** *Hist. M.* (Abk. *Histomat*), begr. v. K. Marx, der v. Hegel den Glauben an die „Vernunft der Gesch." u. die dialekt. Methode, v. Feuerbach die Umkehrung der Hegelschen Geistphilosophie übernahm. Subjekt der Gesch. ist nicht der Weltgeist, sondern der sozial-ökonom. Prozeß, der die v. einem ideolog. *Überbau* (Politik, Philosophie, Religion) überlagerte *Basis* der Gesellschaft darstellt. **3)** *Dialekt. M.* (Abk. *Diamat*), der v. F. Engels zum universellen weltanschaul. System weiterentwickelte Hist. M. Die Marxsche Geschichtstheorie erscheint darin nur als ein besonderes Anwendungsgebiet. Der erkenntnistheoretische Ausgangspunkt ist ein naiver Realismus, demzufolge das menschliche Bewußtsein die objektive Wirklichkeit „widerspiegelt". Die Materie entwickelt sich dialekt., indem quantitative Veränderungen in qualitative umschlagen. Der Dialekt. M. wurde über Lenin zur phil. weltanschaul. Grundlage des Kommunismus.

mathematisch-informationstheoretische Ästhetik, mit informationstheoret.-statist. Mitteln arbeitende Richtung der Lit.-Wiss. der Ggw.

mathematisch-informationstheoretische Ästhetik
(Vertreter und Werke)

M. Bense: *Einführung in die informationstheoretische Ästhetik*
W. Fucks: *Nach allen Regeln der Kunst*

Matière de Bretagne *w* [mat'är dö brötanje, frz.], kelt.-breton. Sagenkreis um König Artus' Tafelrunde, stellt ein Modellbild der höf. Gesellschaft in märchenhafter Form auf. Haupt-WW: frz. Versromane des 12. Jh. (Chrétien de Troyes, Tristan-Roman) u. dt. Nachdichtungen v. Hartmann v. Aue (Erec, Iwein), Wolfram v. Eschenbach (Parzival) u. Gotfrid v. Straßburg (Tristan).

Mauerschau ↗Teichoskopie.

Maxime *w* [lat.], Lebensregel; Mz. häufig als Titel v. Slg. v. ↗Aphorismen (Goethe, La Rochefoucauld, Vauvenargues).

Maxime

Manche Menschen kleiden ihre Fehler gut, andere ihre Tugenden schlecht.
(La Rochefoucauld)

Mäzen *m,* freigebiger Gönner v. Kunst u. Wissenschaft; ben. nach dem röm. Ritter Maecenas († 8 v.Chr.), der Vergil, Horaz u.a. förderte.

Mediäval *w* [lat.], eine Druckschrift: elegantere Form der ↗Antiqua.

Schriftform

Mediäval (Beispiel)

Medium *s* [lat. = Mittleres, Mz. *Medien*], **1)** *Sprache:* im Idg. (außer Altgriech.) meist verlorene Zustandsform (Genus) des Verbs. **2)** Bz. für das einer Kunstgattung zugrunde liegende Übermittlungsmaterial (z.B. Sprache für Dichtung). **3)** ↗Massenmedien.

Meininger, Schauspieltruppe des Meininger Hoftheaters; Gründer u. Leiter Hzg. Georg II. v. Sachsen-Meiningen-Hildburghausen (1826–1914), der selber Dekorationen u. Kostüme entwarf u. Regiebücher schuf; berühmt durch die Ausbildung des Ensemblespiels u. die hist. echte Ausstattung.

Meistersang, *Meistergesang,* die zuerst in Form u. Inhalt die Lyrik der mhd. Blütezeit fortsetzende, aber in Singschulen erlernte, damit wenig individuelle, instrumental unbegleitete lyr. Dichtung des 13.–17. Jh. (z.T. bis ins 19. Jh.); v. den Handwerkszünften getragen. Urspr. wurden auf die Melodien („Töne", „Weisen") der alten Meister neue Texte gedichtet mit meist moral. oder rel. Inhalt (Kontrafrakturen), später auch neue „Töne", die einen bestimmten Namen erhielten. „Merker" überwachten die Ein-

Meistersinger
(Hauptvertreter)

Hans Folz
Hans Sachs
Meister Muskatplüt
Hans Rosenplüt
Michael Beheim

haltung der festgelegten Regeln für „Gesetz" (Text) u. „Weise". Häufig zeigt sich Künstelei, auch in der Namengebung („kurze Affen-, fette Dachs-, traurige Semmelweis"). Älteste Meistersingerschule wohl in Mainz, dann bes. in Ulm (bis 1839), Augsburg (1450), Freiburg, Colmar, Memmingen, Nürnberg (um 1500 dort 250 Meister).

Meistersangstrophe, dreiteilige Strophe in ↗Minnesang u. ↗Meistersang; besteht aus ↗Aufgesang u. ↗Abgesang.

Melik [v. gr. *melos* = Lied], gesungene ↗Lyrik der Antike.

Melisma *s* [gr.], Folge v. mehreren Tönen über einer Textsilbe.

Melodrama *s* [gr.; Bw. *melodramat.*], *Melodram,* **1)** Textvortrag in gehobenem Rezitativstil, der v. instrumentalen Teilen begleitet oder unterbrochen wird. Beispiele: J. J. Rousseaus „Pygmalion", WW v. G. Benda, Kerkerszene in Beethovens „Fidelio", Schönbergs „Erwartung". – ↗Monodrama. **2)** ein Gedicht mit Musikbegleitung. **3)** Bz. für engl. u. frz. Schauerstücke des 19. Jh.

Melpomene, ↗Muse der Tragödie.

Memoiren [mem°ar^{e}n, frz., Mz.], *Denkwürdigkeiten,* Aufzeichnungen eigener Erlebnisse, in denen im Unterschied zur eigentl. ↗Autobiographie die äußeren, vor allem hist. Geschehnisse stark betont werden; bes. in Fkr. seit dem 14. Jh. entwickelt (Joinville, Commynes, Brantôme, Richelieu, La Rochefoucauld, Kardinal Retz, Mme. de Staël u.a.), während in Dtl. bedeutende M.-Lit. erst im 19. Jh. entstand (u.a. Gentz, Varnhagen, Goethe, Arndt, Metternich, Bismarck).

Metapher

Verblaßte Metapher (Bildlichkeit wird nicht mehr empfunden)
Der *Niedergang* der Antike ist das Resultat vieler *Entwicklungen* und *Einflüsse.*

Konventionelle Metapher (Bildlichkeit wird noch empfunden, aber das Bild wird traditionell für die gemeinte Sache verwendet)
Wüstenschiff (für: Kamel)

Kühne Metapher (Starker Abstand zwischen Bild und Sache, so daß die Zuordnung überrascht)
Der *Port* naht mehr und mehr sich zu der Glieder *Kahn* (A. Gryphius: „Abend")

Memorabilien [Mz., lat.], Denkwürdigkeiten.

Memorandum *s* [lat.], (diplomat.) Denkschrift.

Memorial *s* [lat.], Denk-, Bittschrift; Eingabe; Merkbuch.

Menippea, *w,* Satire in der Art des Menippos (3. Jh. v. Chr.): das Lächerliche menschl. Schwächen wird in ernsthaftem Dialog dargestellt, in Versen mit Prosa. Wirkung auf Seneca u. Lukian; nachgeahmt bis ins 18. Jh.

Merz-Dichtung, absurde Dichtung mit Mitteln der Collage, geschaffen in den zwanziger Jahren v. K. Schwitters u.a. (Merz = Ausschnitt aus dem Wort „kommerziell" auf einer der ersten maler. Collagen v. Schwitters).

Meßbuch ↗Missale.

Messe *w* [lat.], **1)** *Meßopfer,* aus dem lat. *missa* (seit dem 5. Jh. = Gottesdienst, abschließendes Segnungsgebet) kommende Bz. für die Eucharistiefeier. **2)** in der Kirchenmusik die Gesamtheit der liturg. Gesänge bei der Messe, bes. die Teile des Ordinariums (Kyrie, Gloria, Credo, Sanctus mit Benedictus, Agnus Dei) u. deren mehrstimmige Komposition. Die Melodien des Propriums Missae wurden vermutl. um 700 festgelegt; im 9. Jh. traten dazu ↗Sequenzen u. ↗Tropen.

Metabole *w* [gr. = Wechsel], *Rhetorik:* unerwarteter stilist. Wechsel.

Metamorphose *w* [gr.], *allg.:* Verwandlung. *Mythologie:* die Verwandlung v. Menschen in Tiere, Bäume, Steine, Feuer, Wasser u.a.; oft in der (antiken) Dichtung behandelt (Ovid).

Metapher *w* [gr. = Übertragung; Bw. *metaphorisch*], sprachl. „Bild", d.h. bildhafter Ausdruck, anstelle eines anderen; meist sinnl.-anschaul. Ausdrucks anstelle eines abstrakten Begriffs (ohne das vergleichende „wie"); wesentl. Element der Dichtung u. der Sprache überhaupt (zahlr. Begriffe sind verblaßte M.n).

Metaphrase *w* [gr.], Umschreibung; Übertragung einer Versdichtung in Prosa.

Metaphysicals [metäfisikäls, engl., Mz.], *Metaphysical poets,* engl. Dichter des Barock, die stark bildl. Lyrik mit metaphys.-rel. Thematik schufen; J. Donne, Carew, G. Herbert, R. Crashaw, H. Vaugham u. A. Marvell.

Metaphysik *w* [v. gr. *meta ta physika* = nach der Physik], v. Aristoteles begr. Grunddisziplin der abendländ. Philosophie; urspr. bibliograph. Bz. der „Ersten Philosophie", die in der Aristoteles-Ausg. des Andronikos v. Rhodos den Büchern über die Natur (Physik) folgte; seit dem Neuplatonismus inhaltl. gedeutet als Lehre vom Sein, das hinter der sinnl. erfahrbaren Wirklichkeit liegt.

Metasprache, eine Sprache, die zum Beschreiben einer anderen Sprache benutzt wird; als formale oder künstl. ↗Sprache spielt die Theorie der M. in der Informationstheorie u. Logik eine ausschlaggebende Rolle.

Methode *w* [gr.], planmäßiges, dem jeweiligen Gegenstand angemessenes wiss. Verfahren. Es werden unterschieden: *allg. M.n:* Deduktion (analyt. M.), Induktion (synthet. M.). – *M. der Lit.-Wiss.* u.a.: ↗Interpretation; ↗Stilanalyse; ↗Toposforschung; ↗Literatursoziologie; ↗Ideengeschichte.

Metonymie *w* [gr.], rhetor. Figur: Ersetzung eines Wortes durch ein anderes, mit ihm in sachl. Zshg. stehendes; z.B.: die ganze Stadt (= alle Bewohner).

Metrik *w* [gr.], Lehre v. der Gliederung des ↗Verses. In jedem Vers kehren gehobene Sprechteile

Metaphorischer Stil

Ehe noch die Wahrheit ihr siegendes Licht in die Tiefen der Herzen sendet, fängt die Dichtungskraft ihre Strahlen auf, und die Gipfel der Menschheit werden glänzen, wenn noch feuchte Nacht in den Tälern liegt.
(F. v. Schiller: *Über die ästhetische Erziehung des Menschen*)

Metaphysik

Die menschliche Vernunft hat das besondere Schicksal in einer Gattung ihrer Erkenntnisse: daß sie durch Fragen belästigt wird, die sie nicht abweisen kann; denn sie sind ihr durch die Natur der Vernunft selbst aufgegeben, die sie aber auch nicht beantworten kann; denn sie übersteigen alles Vermögen der menschlichen Vernunft.
(I. Kant: *Kritik der reinen Vernunft*)

Metrik

graph. Zeichen
für lange Silben bzw. Hochton:
– oder x́ oder ´
für kurze Silben bzw. Tiefton:
◡ oder x oder `

wichtigste Versfüße [1]
Iambus
Trochäus
Anapäst
Kretikus
Ionischer Vers
Choriambus
Daktylus
Spondeus

wichtigste Versmaße [1]
Dimeter
Trimeter
Tetrameter
Pentameter
Hexameter

[1] siehe die einzelnen Artikel

(lange bzw. betonte Silben: *Hebung* oder *Iktus*) in einigermaßen regelmäßiger Folge wieder (dies gilt auch für den v. der Prosa nur unscharf geschiedenen ↗freien *Vers,* der keine starren Betonungsfolgen aufweist). So läßt sich der Vers in einzelne Takte oder Füße (Metren) aufteilen, die sich aus betonten bzw. langen *(Hebung)* u. unbetonten bzw. kurzen Silben *(Senkung)* zusammensetzen.
Der altgriech. Vers war quantitierend, d. h., lange u. kurze Silben folgten einander in bestimmtem Wechsel, der Wortakzent kam durch Tonerhöhung zum Ausdruck, was eine eigene M.melodie ergab. Die römische Dichtung folgte griech. Vorbildern. Die roman. Dichtung ist durchweg silbenzählend. Der german. Vers war streng akzentuierend (betonte Silben u. rhythm. Hebungen stimmen überein) mit fester Hebungs- u. unbestimmter Senkungszahl (Nachwirkung im ↗Knittel-Vers), Kurzverse konnten durch Stabreim zur Langzeile verbunden sein; der heutige dt. Vers stellt einen Ausgleich zw. antikem u. german. Vers dar; das rhythm. Empfinden verlangt akzentuierenden Bau mit mindestens 1 u. höchstens 2 Senkungen zw. den Hebungen. Der Versuch, den dt. Vers nach Silbenzahl zu bilden (↗Meistersang), schlug fehl; Opitz (1624) gab ihm die Akzentuierung zurück.

Milieudrama
(Beispiele)

J. M. R. Lenz: *Die Soldaten*
G. Büchner: *Woyzeck*
G. Hauptmann: *Der Biberpelz*, *Die Weber*

Metrum *s* [gr.-lat.], Versmaß, Versfuß. ↗Metrik.

Milieu *s* [mil'ö, frz. = Mittel], Umwelt, Lebensumstände, die auf die Entwicklung einer Person oder soz. Gruppe einwirken. Gestaltungen im Sinn der *M.theorie,* die den Menschen durch sein M. festgelegt (determiniert) sieht, findet sich bes. im ↗Naturalismus (Zola, Ibsen, Hauptmann); entsprechender Stilzug ist die minutiöse Wiedergabe der Lebensumstände u. häusl.-ständ. Umgebung.

Milieustück *s* [mil'ö-, frz.], stellt Menschen u. Schicksale als Produkt ihrer Umwelt dar; soz. u. psychol. Verhältnisse eines bestimmten Milieus werden gezeigt, die die dramat. Figuren determinieren.

Mime *m* [gr.], in der Antike Darsteller.

Mimesis

Entscheidend ist eine bestimmte wesentliche Bindung an die gegebene Realität. Dichtung soll weder die Realität schlechthin reproduzieren (denn sonst würde sie zur Geschichtsschreibung) noch sich in willkürlichen und phantastischen Erfindungen ergehen, die mit der Realität überhaupt nichts zu tun haben und insofern sinnlos sind. Der Zuhörer und Leser soll hinter der Dichtung die Realität, auf die sie bezogen ist, erkennen können.
(O. Gigon über den Begriff der Mimesis bei Aristoteles)

Mimesis *w* [gr. = Nachahmung], nachahmende Darstellung eines Vorgangs, Zustands oder Menschen. Aristoteles definiert die Dichtung als M.

Mimik *w* [gr.], Darstellung innerer Erlebnisse durch Ausdrucksbewegungen des Gesichts (Mienenspiel). Hauptmittel der Schauspielkunst.

Mimus *m* [gr. = Nachahmer], urspr. Bz. für den antiken Schauspieler, dann für das zunächst unliterar. griech. derbrealist., häufig obszöne Volkstheater, das, seit dem 5. Jh. v. Chr. lit. gestaltet (Sophron, Herondas, Theokrit), über Sizilien Eingang in die röm. Kultur (Philistion, Laberius, Syrus) fand. In frühchristl. Zeit zurückgedrängt, lebte der M. im MA (Mysterien-, auch Gauklerspiel) fort. Einflüsse des M. erneut in der Commedia dell'arte u. im späteren Volkstheater.

Miniaturmalerei [v. lat. *minium* = Mennige), *Buchmalerei* (Bz. nach der Rotmalerei für Randleisten, Initialen u.ä. in ma. Hss.): die ornamentalen oder illustrativen *Miniaturen* im Text oder auf besonderer Seite meist auf Papyrus oder Pergament, Seide oder Papier mit Wachs-, Wasser- oder Temperafarben gezeichnet oder gemalt.

Ministerialen [Mz., neulat. = Diener], urspr. unfreie Beamte an den Höfen weltl. u. geistl. Fürsten, im 12. Jh. in die Lebenshierarchie eingeordnet, gingen später im niederen Adel auf; waren vielfach Autoren der mhd. Lit. (Minnesang, Spruch, Epik), so etwa Friedrich v. Hausen, Hartmann v. Aue, Wolfram v. Eschenbach u. Walther v. der Vogelweide.

Minne *w* [v. ahd. *minna* = Gedenken], urspr. das liebende Gedenken; im MA zunächst gebraucht für die christl. helfende Liebe, in der höf. Dichtung (↗Minnesang) bes. für die ↗hohe M., die unerfüllte – außer in der Situation des ↗Tagelieds – Liebe des Mannes zur ↗frouwe (Herrin); dann auch für sinnl. Liebe (↗niedere Minne).

Minneallegorie, *Minnerede,* lit. Gattung im 14. u. 15. Jh.; Anleitung zu rechter u. Verurteilung falscher Minne in der Form allegorisierender Streitgespräche. Dt. M.: Hadamar v. Labers *Die Jagd;* Eberhard v. Cersnes *Der Minne Regel.*

Minnefehde, Auseinandersetzung zw. den Minnesängern Reinmar v. Hagenau u. Walther v. der Vogelweide (um 1200), ausgetragen in anspielungsreichen Liedern; persönl., aber auch lit. Streit um den Minnebegriff (↗hohe Minne, ↗niedere Minne).

Minneparodie beliebte Gattung aus der Endzeit des MA: im Ton des hohen Minnesangs wird bäuerl. Liebe besungen. Die unangemessene Form führt zu komischer Wirkung.

Minnerede ↗Minneallegorie.

Minnesang, die Liebeslyrik der höf. Zeit (12.–14. Jh.), in der bestimmte Motive formal, musikal. u. inhaltl. kunstvoll abgewandelt wurden; angeregt u.a. von arab. Liebeslyrik. Der M. wurde ausgeübt v. ritterl., später auch bürgerl. Minnesängern. Die Lieder entstanden als künstler. Einheit v. Wort u. Melodie (doch sind aus der Blütezeit des Minnesangs, um 1200, nur wenige Melodien erhalten). Die Überlieferung setzt im 12. Jh. ein mit Gedichten einer

Minnesang
(Hauptvertreter)

Provence
Jaufré Rudel
Marcabrun
Bernart de Ventadorn
Bertran de Born
Giraut de Bornelh
Peire d'Auvorgne
Raimbaut d'Orange
Arnaut Daniel
Folquet de Marseille
Peire Cardenal
Sordel
Guiraut Riquier

Deutschsprachiger Raum
Der v. Kürenberg
Dietmar v. Eist
Friedrich v. Hausen
Heinrich v. Veldeke
Ulrich v. Gutenburg
Rudolf v. Fenis
Albrecht v. Johansdorf
Heinrich v. Rugge
Heinrich v. Morungen
Reinmar v. Hagenau
Hartmann v. Aue
Walther v. der Vogelweide
Oswald v. Wolkenstein

donauländ. Gruppe, noch unbeeinflußt vom roman. Minnesang: Der Kürenberger, Dietmar v. Aist u. a. Dem roman. Einfluß (Begriff der ↗hohen Minne, Kanzonenform) war zuerst eine rhein. Gruppe offen: Heinrich v. Veldeke, Friedrich v. Hausen, Rudolf v. Fenis; Höhepunkte: Reinmar v. Hagenau, der impulsivere, sprach- u. formgewaltige Heinrich v. Morungen u. Hartmann v. Aue. Eine Abkehr vom Begriff der hohen Minne zeigt sich bei Wolfram v. Eschenbach u. bes. bei Walther v. der Vogelweide, der an ihre Stelle die auch sinnl. bestimmte Liebe setzt. Ausklang im 13. Jh. mit Ulrich v. Lichtenstein u. Konrad v. Würzburg.

Als Reaktion auf den Minnesang u. als Zeichen des sich wandelnden Geschmacks drangen bald neue Motive ein: das Dorf, Sinnenliebe (Neidhart v. Reuental u. a.). Essen u. Trinken; Erlebnischarakter nahm, um 1400, die Lyrik von Oswald v. Wolkenstein u. Hugo v. Montfort an. – Formen u. a.: ↗Meistersangstrophe; ↗Tagelied; ↗Wechsel.

Minstrel *m* [engl., aus altfrz. *menestrel* = Diener], in Engl. vom 13.–16. Jh.: fahrender Sänger, Spielmann.

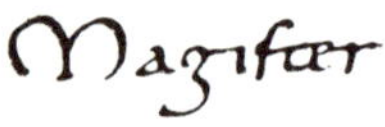

Minuskel (Beispiel)

Minuskel *w* [lat.], der kleine Buchstabe im Ggs. zur ↗Majuskel. Die lat. M. entstand durch Ausbildung der Ober- u. Unterlängen der „röm. Kursive" (3./4. Jh.), an der Hofschule Karls d. Gr. zur *Karoling. M.* vollendet; diente im 15. Jh. den Humanisten als Vorlage für ihre Buchschrift (Humanistenschrift). Daraus entstand die heutige ↗Antiqua.

Miracles [mirakl^{e}, Mz.], frz. Bz. für geistl. Spiele des MA, die Wunderstoffe aufgreifen.

Mirakelbücher, Hss- oder gedruckte Slg.en v. Wunderberichten, seit dem 14. Jh. an Wallfahrten; geben tiefen Einblick in die Volksfrömmigkeit.

Mischstil, Stil aus heterogenen Sprachelementen; mit längeren Einschüben in einer fremden Sprache.

Mischstil

„Tout le monde se retire", sagte Frau Chauchat. „C'étaient les derniers; se fait tard. Eh bien, la fête de carnaval est finie." Und sie hob die Arme, um mit beiden Händen die Papiermütze von ihrem rötlichen Haar zu nehmen, dessen Zopf als Kranz um den Kopf geschlungen war. „Vous connaissez les conséquences, monsieur."
Aber Hans Castorp verneinte mit geschlossenen Augen, ohne im übrigen seine Stellung zu verändern. Er antwortete: „Jamais, Clawdia. Jamais je te dirai ‚vous', jamais de la vie ni de la mort, wenn man so sagen kann, –"
(Th. Mann: *Der Zauberberg*)

Missale *s* [lat.], *Meßbuch, kath. Liturgie:* im lat. Ritus das Buch mit den Rubriken u. den veränderl. (Proprium) u. unveränderl. (Ordo missae, Kanon) Teilen der Messe; neben dem *M. Romanum* eigene M. der Orden u. Ausgaben in den Landessprachen.

Miszellaneen [Mz.; lat. *miscellanea* = Vermischtes], vermischte Schriften, gesammelte kleinere Beiträge.

Mittelalterliche Literatur, die Lit. der Zeit etwa v. Untergang des Röm. Reichs (476) bis um 1500. Die ma. Lit. setzt als *mittel-lat. Lit.* die antiken Traditionen fort; daneben entwickeln sich die Anfänge der nationalsprachlichen Literatur (z. B. die Mhd. Lit.) der einzelnen Völker Europas. Die große Zeit des

↗Rittertums (12./13. Jh.) ist zugleich eine lit. Blütezeit bes. auf den Gebieten der ↗geistl. Dichtung, des ↗Heldenepos, des ↗höf. Romans u. der Lyrik (↗Minnesang). Im 14./15. Jh. setzen sich bürgerliche Lehrhaftigkeit u. Nüchternheit durch; bedeutsam ist nochmals die ↗Mystik des Spät-MA.

Mittelhochdeutsch ↗Deutsche Sprache.

Moderne *w*, erstmals v. H. Bahr verwandtes Schlagwort für neue künstler. u. lit. Tendenzen.

Modernismus *m* [lat.], um 1885 einsetzende Strömung in der *span.-am. Lit.:* Orientierung an den Autoren des ↗Parnaß u. am ↗Symbolismus, zugleich Versuch, zu eigenem am. Ausdruck zu gelangen; bedeutendster Vertreter R. Darío.

Monodie *w* [gr.], **1)** *i. w. S.:* der begleitete oder unbegleitete Sologesang. **2)** *i. e. S.:* der in Lautenliedern u. ↗Madrigalen entwickelte expressive Sologesang des Barock.

Monodrama *s* [gr.], Drama, in dem nur eine Person auftritt; oft als ↗Melodrama.

Monographie *w* [gr.], wiss. Abhandlung über eine Einzelfrage oder -person.

Monolog *m* [gr.], Selbstgespräch; künstler. Mittel bes. des älteren ↗Dramas. Wegen der prinzipiell dialog. Anlage dramat. Sprechens eine sparsam verwendete Sonderform; meist in sich dialog., da sich der Sprecher im Widerstreit mit sich selbst befindet. Schon im ↗Realismus tritt der M. zurück; der ↗Naturalismus vermeidet ihn völlig als unnatürl. Stilisierung.

monologue intérieur *m* [-log ãnter'ör, frz.], ↗innerer Monolog.

Monopodie *w* [gr.], *Metrik:* ein einzelner Versfuß im Ggs. zur ↗Dipodie.

Montage *w* [-tasch[e], frz.], techn. Mittel bes. der modernen Dichtung (Lyrik, ↗Episches Theater): Unzusammengehörendes wird zusammengebracht ohne eigentl. Übergang. – Die M. ist bes. bedeutsam als techn. Mittel des Films, der sie in den verschiedensten Formen einsetzt. ↗Einblendung.

Moralbibel, frz. *Bible moralisée,* im MA (seit 13. Jh.) Bilderbibeln mit meist medaillonförmigen Kleinbildern, die Ereignisse aus der Bibel u. ihre moral. Anwendung illustrierten.

Moralische Wochenschriften, Zschr.en der Aufklärungszeit, bes. für Frauen; regten durch ihre Schilderung des bürgerl. Lebens den engl. Familien- u. Sittenroman an; in Dtl. über fünfhundert.

Moralisten [lat.], eine Gruppe frz. Autoren des 17. u. 18. Jh.: La Rochefoucauld, La Bruyère, Saint-Evremond, Vauvenargues, Chamfort, Joubert u.a.;

Moralische Wochenschriften

England:
„The Tatler" (1709)
„The Spectator" (1711 ff)
„The Guardian" (1713)

Deutschland:
„Die Discourse der Mahlern" (1721–23) v. Bodmer u. Breitinger
„Der Patriot" (1724–26) v. Brockes
„Die vernünftigen Tadlerinnen" (1725–27) v. Gottsched
„Der Biedermann" (1727–29)

bedeutende Vorgänger in der Antike: Seneca, Marc Aurel; in Spanien: Quevedo, Gracián; in It.: Guicciardini; in Fkr.: Montaigne; Gegenstand ihrer WW (meist ↗Aphorismen, ↗Fragmente) der Mensch als seel., sittl., gesellschaftl. u. polit. Wesen; nicht moral. bewertet, sondern in seinen Verhaltensweisen beschrieben.

Moralitäten [lat.], rel.-erbaul. Schauspiele des Spät-MA, seit etwa 1400 bes. in Fkr., Engl., It. u. den Niederlanden; der Kampf um die Seele eines Menschen wird durch allegor. Figuren dargestellt; am bekanntesten der *Jedermann.*

More *w* [lat. *mora* = Verweilen], metr. Einheit, quantitierend (↗Metrik): umfaßt eine kurze Silbe.

Moritat *w* [v. „Mordtat"], bes. im 17. u. 18. Jh. auf Jahrmärkten vorgetragener Erzählgesang phantast. oder schaurigen Inhalts. ↗Bänkelsang.

morphologische Literaturwissenschaft, sieht, beeinflußt durch Goethes morpholog. Denkweise, Dichtung als organ., v. innen heraus gewachsene Einheit der einzelnen Teile.

Moskauer Künstlertheater, eig. *Moskauer Akadem. Künstlertheater;* berühmte russ. Schauspielbühne, 1898 v. Stanislawskij u. Nemirowitsch-Dantschenko gegr.; spielte WW v. Ibsen, Hauptmann, Gorki, bes. Tschechow.

Motiv *s* [lat. *motivus* = antreibend], in WW der Lit. sich wiederholende, vorgeprägte typ. Handlungsteile; im Ggs. zum konkreten Fall, an dem das M. realisiert wird (↗Stoff); formulieren menschl. Grundsituationen. Man unterscheidet nach der Funktion im Werk ↗Kern-, ↗Haupt-, ↗Neben-, ↗Rand-M., ferner ↗blinde M.; nach der inneren Struktur ↗Situations- u. ↗Typen-M.

Motivation *w* [lat.], Gesamtheit der zu einer Handlung führenden Beweggründe; im Drama die innere Vorbereitung der einzelnen Handlungen, die ihr Zustandekommen erklärt.

Motivkonstanz *w* [lat.], die Erscheinung, daß ↗Motive als vorgeformte Bauelemente über lange Zeit u. in immer neuen Stoffen stabil bleiben.

Motivverknüpfung, die Verflechtung v. mehreren ↗Motiven innerhalb des Handlungsgeflechts einer Dichtung; manche Motive neigen zu einer Verknüpfung mit anderen Motiven.

Motto *s* [it.], Denk-, Leitspruch; oft einem lit. Werk zur pointierten Bekräftigung seiner Grundthesen vorangestellt; bei manchen Autoren exzessiv gebraucht (z.B. Hamann; Kierkegaard).

Münchener Dichterkreis, eine v. Kg. Maximilian II. v. Bayern geförderte Gruppe vorwiegend norddt.

Dichter, die eine neuklass. Formkunst pflegten; Vertreter u.a. Geibel, Heyse, Lingg, Bodenstedt, Leuthold, Dingelstedt, Schack; auch „Krokodil" genannt.

Mundart, *Dialekt,* orts-, zeit- u. sozialgebundene (Volks-)Sprache (↗Soziolekt, ↗Topolekt), die sich v. geregelter Schrift- oder Einheitssprache abhebt, aber v. ihr, ebenso wie v. den angrenzenden M.en, dauernd beeinflußt wird. Rein äußerl. unterscheiden sich die M.en durch lautl. u. formale Verschiedenheiten, in Sprachmelodie, Wortschatz u. Satzbau. ↗Mundartdichtung.

Mundartdichtung, *Dialektdichtung,* Dichtung in ↗Mundart; von M. wird erst dann gesprochen, wenn die Mundart bewußt anstelle einer Schriftsprache lit. verwandt wird. Dt. M. zuerst in Dramen des 16. u. 17. Jh. (z.B. Gryphius: „Die geliebte Dornrose"); Blütezeit im 19. Jh.; durch J. H. Voß wurde J. P. Hebel („Alemann. Gedichte") angeregt. Reiche M. bes. auch im Nd. u. im Rheinfränk. (Niebergall); ferner in der Schweiz (Gotthelf), in Bayern u. Östr. (Alt-Wiener Volkskomödie); außerhalb des dt. Sprachbereiches bes. in It.

Museion *s* [gr.], **1)** in der Antike Sitz u. Heiligtum der Musen. **2)** wiss. Forschungs- u. Lehrstätte in Alexandria.

Musen [Mz., gr.], griech. *Mythologie:* weibl. Gottheiten der Künste u. Wiss.

Die neun Musen

Erato *(Liebesdichtung)*
Euterpe *(Musik)*
Kalliope *(ep. Dichtung)*
Klio *(Geschichte)*
Melpomene *(Tragödie)*
Polyhymnia *(feierlicher Gesang)*
Terpsichore *(Tanz)*
Thalia *(Komödie)*
Urania *(Astronomie)*

Musenalmanach, poet. ↗Almanach, so der Göttinger M. (↗Göttinger Hain); bedeutender Schillers M. (1795–1800) mit Goethes u. Schillers Balladen, den Xenien u.a.; dann zahlr. M.e in der Romantik u. im 19. Jh.

Musenalmanach
Titel des Göttinger Musenalmanachs von 1770, hg. von Boie

Musenanruf, seit Homer *(„Nenne mir, Muse, den Mann ...")* geläufig im ↗Epos; der Dichter wendet sich an die ↗Musen um Beistand bei seinem Werk.

Musical *s* [mjusik^{e}l, engl.], singspielähnl. Bühnenstück nord-am. Herkunft mit gesprochenem Dialog, Gesangs- u. Tanznummern, gelegentl. auf lit. anspruchsvolle oder gesellschaftskrit. Texte, häufig Umarbeitungen v. Dramen.

Musical
(Beispiele)

S. Porter:
Kiss me, Kate
Fr. Loewe:
My Fair Lady
L. Bernstein:
West Side Story

Musikdrama *s* [gr.], die v. R. Wagner als ↗Gesamtkunstwerk konzipierte Form der ↗Oper ohne separate „Nummern". Vorform: Glucks ↗Reformoper.

Musterbuch, im MA Slg. v. Zeichnungen typ. Einzelformen wie auch ganzer Bildformeln, die Künstlern als Vorlage für ihre Arbeiten dienten (berühmt das Bauhüttenbuch des Villard de Honnecourt). Im Kunsthandwerk bis zur Ggw. als Vorlagenbuch gebräuchlich.

Muttersprache, im Ggs. zum lat. *sermo patrius* =

Vatersprache im German. Bz. für die heim. Sprache (nd. *modersprake,* niederländ. *moedertaal,* nordgerman. *módurmál* u. danach gebildet mittellat. *materna lingua*). Das Wort findet sich im Nhd. kurz nach 1500 u. zeigt eine neue Bewertung der eigenen Sprache.

Mysterienspiel, Bz. für das ↗geistl. Spiel seit dem 14. Jh. in Fkr. *(mystère)* u. Engl. *(mystery);* aus der Liturgie entwickelte Darstellungen aus dem Leben Christi.

Mystik *w* [v. gr. *myein* = die Augen oder Lippen schließen; Bw. mystisch], in der *Religions-Gesch.* die das gewöhnl. Bewußtsein u. die verstandesmäßige Erkenntnis des Menschen übersteigende, unmittelbare Erfahrung der göttl. oder transzendenten Realität. Die *jüd. M.* entstand im 2. u. 1. Jh. v. Chr. u. gipfelt im jüd. Gnostizismus u. in der ↗Kabbala des 12. Jh.; neue Formen des 16. Jh. führten zum Chassidismus (↗Chassidim). – Die *christl. M.* geht auf Origenes u. die Dreieinigkeits-M. Augustins zurück; mit Bernhard v. Clairvaux beginnt die ma. Braut-M., die mit der Leidens-M. ihre Blüte in den dt. Frauenklöstern *(dt. M.)* erlebte. Höhepunkte der phil.-spekulativen M. sind H. Seuse u. Meister Eckhart; die *span. M.* wurde bes. v. Theresia v. Ávila u. Johannes vom Kreuz befruchtet. – Die *ev. Mystiker* (u.a. K. Schwenckfeld, S. Franck, J. Böhme, Ph. J. Spener, E. Swedenborg, G. Arnold) standen fast alle außerhalb des offiziellen Kirchentums; Höhepunkte ev. M. u. a. im ↗Pietismus u. in der Herrnhuter Brüdergemeine.

Die dt. M. ist bedeutend durch ihr Sprachschöpfertum (Meister Eckhart, J. Böhme, J. Tauler, H. Seuse), ihre Bildhaftigkeit u. die Erschließung neuer seel. Bereiche; sie beeinflußte u. a. den ↗Sturm und Drang, die ↗Romantik u. den dt. ↗Idealismus.

Mythen ↗Mythos.

mythisch [gr.], sagenhaft, im ↗Mythos überliefert.

Mythologie *w* [gr.], in der urspr. Bedeutung das (kult.) Vortragen v. Taten u. hl. Worten der Götter; im wiss. Sprachgebrauch Bz. für die Summe v. Mythen oder die Lehre vom Wesen des ↗Mythos.

Mythos *m* [gr. = Wort; Mz. *Mythen*], lat. *Mythus,* Geschichte, Erzählung vom Handeln der Götter u. Geister, vom Wirken dieser Mächte im Himmel, auf der Erde u. in der Unterwelt. Diese als wirkl. Geschehnisse berichteten, außerhalb der realen Zeitlichkeit liegenden myth. Ereignisse sollen das innerzeitl. Geschehen durch ihre Wiederholungen im Kult neu begründen u. auf göttl. Handlungen zurückführen. Dem Inhalt nach unterscheidet man verschiedene Typen des M.: *theogon. M.* (fragt nach der Herkunft der Götter), *kosmogon. M.* (fragt nach der Entstehung des Kosmos u. dessen Existenzbedingungen), damit vielfach verbunden *anthropogon. M.;* der *Urstands-M.* behandelt die menschl. Lebensbedingungen im Verhältnis zu den gesetzten überzeitl. Ordnungen; der *soteriolog. M.* berichtet v. der rettenden göttl. Hilfe; vom Weltende handelt der *eschatolog. M.*

N

Nachahmung ↗Mimesis.

Nachdichtung, freiere Form der Übersetzung, die relativ selbständig das Original nachschafft.

Nachdruck, 1) unveränderter Neudruck eines Werkes. **2)** widerrechtl. Vervielfältigung v. Schriftwerken. – *Recht:* grundsätzl. ohne Erlaubnis des Berechtigten verboten; sein Urheberrecht ist u.a. eingeschränkt bei Vervielfältigung einzelner Exemplare zum persönl. u. für Kirchen-, Schul- u. Unterrichtsgebrauch.

nachgelassene Werke, beim Tod des Autors nicht veröff. Werke; Erlöschen des ↗Urheberrechts 70 Jahre nach dem Tod des Urhebers oder, wenn das Werk zw. dem 60. u. 70. Jahr nach seinem Tod veröff. wird, 10 Jahre nach Veröffentlichung.

Nachklassik *w,* Bz. für die Zeit nach der Klassik, bes. die unmittelbar anschließende, noch v. ihr bestimmte Zeit.

Nachklassik
(Typische Autoren)
F. Grillparzer
A. v. Platen

Nachrichtenmagazin *s,* ein aus den USA kommender, in der „Time" vorgebildeter Typ einer bebilderten Wochenzeitschrift, in der ein kollektives Journalistenteam („Gruppenjournalismus") die (meist polit.) Informationen mit unterhaltsamen Detailschilderungen u. in feuilletonist. Aufmachung für das Massenpublikum darstellt.

Nachtstücke, erzählende Werke bes. der Romantik, die das Grausige, Gespenstische gestalten; am bekanntesten die *N.* E.T.A. Hoffmanns (1817).

naiv u. sentimentalisch, Bz. Schillers (1796) für zwei konträre Dichtertypen: der N.e dichtet v. der Einheit des Naturzustands her, der S.e sucht diese Einheit als verlorengegangene. Typologie, die die Spannweite zw. Realist u. Idealist umfaßt; Einordnung der Dichtungsarten: ↗Satire mißt die disharmon. Wirklichkeit am Ideal, ↗Elegie beklagt den Verlust der Harmonie, ↗Idylle zeigt die Wirklichkeit als ideal.

Nänie *w* [-ni^e, lat.], *Nenie,* Form der Totenklage im alten Rom, v. Klageweibern ausgeführt; später lit. Klagelied; Gedicht v. Schiller.

Narrenspiegel, *Narrenliteratur,* lit. Gattung bes. des 15. u. 16. Jh.; Satire auf menschl. Dummheit u. Schwächen überhaupt; bes. S. Brants „Narrenschiff", Erasmus' „Lob der Torheit", Th. Murners „Narrenbeschwörung" u. „Von dem großen luth. Narren", Abraham a Sancta Claras „Judas, der Erzschelm".

narodnost' [russ. = Nationalcharakter], Forderung des ↗Sozialist. Realismus nach Gestaltung v. typ. nationalen Motiven.

Nationalbibliothek *w* [lat.-gr.], Bz. für eine ↗Bibliothek, die die besondere Aufgabe hat, das gesamte Schrifttum der eigenen Nation vollständig zu sammeln. ↗Deutsche Bibl.; ↗Deutsche Bücherei.

Nationalepos

Babylonien: Gilgamesch
Griechenland: Ilias
Rom: Äneis
Frankreich: Chanson de Roland
Spanien: Cantar de Mio Cid
Portugal: Os Lusiadas
Rußland: Igorlied

Nationalepos *s* [lat.-gr.], als Ausdruck nationalen Charakters u. nationaler Thematik anerkanntes Epos innerhalb einer Lit.

Nationalliteratur *w* [lat.], Ende des 18. Jh. entstandener Begriff für die Lit. eines Volkes; wurde schon v. Goethe (↗Weltliteratur) als überholt angesehen, in Dtl. im 19. Jh. aber noch viel verwandt.

Nationalsprache, Sprache eines Volkes; innerhalb des v. Rom beherrschten Sprachraums die Volkssprache im Ggs. zum Latein.

Nationalstil *m* [lat.], irreführende Bz. für *Sprachstil,* den für die Sprache einer Sprachgemeinschaft charakterist. Stil.

Nationaltheater *s* [lat.-gr.], repräsentative Bühne eines Landes; die Idee eines N., etwa nach dem Vorbild der ↗Comédie française, wurde bes. in Dtl. im 18. Jh. entwickelt (Gottsched, Lessing, Schiller); es sollte staatl. subventioniert sein, mit künstler. Zielsetzung, aber auch im Sinne der „moral. Anstalt" wirken; teilweise durch Hoftheater wie das ↗Burgtheater u. das ↗Mannheimer N. verwirklicht.

Natur *w* [lat.], in älterer Lit. meist in ihrer gebändigten Spielart (↗locus amoenus) gezeigt; ungebändigte N. im MA als Bild des Bedrohlichen. Aufklärer. Dichtung gestaltet die *„schöne N."* (N. unter Weglassung ihrer chaot. Züge); Interesse an der geheimnisvollen Schönheit wilder N. erst in der Romantik (nach Vorarbeit des Sturm u. Drang).

Naturalismus

Die historische Mission jedes Naturalismus ist es, die neue Wirklichkeit festzustellen, künstlerisch zu registrieren, im allgemeinen Bewußtsein durchzusetzen: dies ist immer nur eine Durchbruchsarbeit. Sie ist unbedingt notwendig, aber wenn sie getan ist, ist sie schon überflüssig geworden. Der Naturalismus ist eine Vorarbeit: er macht zunächst eine Art Brouillon von der neuen Realität. (Egon Friedell: *Kulturgeschichte der Neuzeit*)

Naturalismus, lit. Strömung im Europa des späten 19. Jh., bes. v. 1880–1900. Der N. forderte die genaue Wiedergabe der Wirklichkeit u. stellte bes. deren häßlichen u. gewöhnl. Seiten dar. Den Menschen sieht er abhängig v. Milieu u. Vererbung u. zeigt ihn mit starkem sozialkrit. Engagement. Den Durchbruch des N. brachte auf dem Gebiet des Romans E. Zolas ↗roman expérimental, der auch naturwiss. Mittel einbezog u. alles Faktische genau registrierte. Züge des N. finden sich auch in WW der russ. Romanciers F. M. Dostojewskij u. L. N. Tolstoj. Für das naturalist. Drama wurden die gesellschaftskrit. u. psycholog. Stücke der Skandinavier Ibsen u. Strindberg vorbildlich; mit deren großen Wirkung in Dtl. entwickelte sich hier ein eigener Stil in Darstellung (Abschaffung v. ↗Monolog u. ↗Beiseitesprechen) und Sprache (Einführung v. Dialekt und Umgangssprache; genaue Milieudarstellung in Regieanweisungen). Dessen Repräsentanten sind bes. G. Hauptmann, H. Sudermann, A. Holz-J. Schlaf. Weitere dt. Autoren des N. sind M. G. Conrad, K. Bleibtreu, H. Conradi, W. v. Polenz.

Natureingang, im ↗Minnesang Liedeinleitung durch ein Naturbild (Jahreszeiten usw.); keine Eigenmacht, sondern nur Analogie (oder Gegenbild) zur menschl. Situation.

Naturtheater *s* [lat.-gr.], Freilichttheater, das die unveränderte Natur als Dekoration benutzt, im Ggs. zu den architektonisch gestalteten Gartentheatern des Barock u. Rokoko.

Naumachie *w* [gr.], urspr. Seeschlacht; im antiken Rom ein Schaukampf mit Schiffen in einer mit Wasser gefüllten Arena. In Renaissance u. Barock zu pomphaften Darstellungen ausgeweitet.

Nekrolog *m* [gr.], kurze Lebensbeschreibung eines Verstorbenen, Nachruf.

Nemesis, griech. Göttin, urspr. allg. Ausdruck des Unwillens allem Unrecht gegenüber; dann Personifikation der ausgleichenden Gerechtigkeit, Rächerin menschl. Frevels, z. B. in der Tragödie.

Neologismus *m* [gr.], neugebildetes Wort.

Neorealismus *m* [v. it. *neorealismo* = neuer Realismus], *Neoverismus,* vorherrschende Stilrichtung der it. Nachkriegslit. u. des gleichzeitigen it. Films: stellt die soziale Situation bes. der unteren Schichten kraß dar.

Neoteriker [Mz., gr. = die Neueren], Dichterkreis der ciceronian. Zeit; röm. Lyriker, die in der Nachfolge des alexandrin. Stils Themen wie Freundschaft, Liebe usw. kunstvoll gestalteten.

Neoverismus ↗Neorealismus.

Neue Sachlichkeit, der bildenden Kunst entlehnte Bz. für allg. künstler. u. lit. Gegentendenzen zum ↗Expressionismus etwa ab 1920, die nüchterne Skepsis u. fakt. Genauigkeit erstreben; z. T. dem ↗Magischen Realismus entsprechend.

Neuhochdeutsch ↗Deutsche Sprache.

Neuhumanismus, *Zweiter Humanismus,* Wiederbelebung des ↗Humanismus im 18. u. 19. Jh. mit

Neorealismus
(Hauptvertreter)

C. Malaparte
A. Moravia
C. Pavese
I. Silone

Film:
R. Rossellini

Neoteriker
(Hauptvertreter)

Valerius Catullus
Valerius Cato
Licinius Calvus
Furius Bibaculus

Neue Sachlichkeit
Vertreter der Stiltendenzen u. a.

A. Bronnen
F. Bruckner
A. Döblin
H. Fallada
L. Feuchtwanger
E. Kästner
H. Kenter
H. Kesten
A. Zweig

besonderer Betonung der griech. Sprache u. Kultur, ausgehend v. einer Reform des Sprachunterrichts. Die Idee der Humanität wurde durch F. A. Wolf, J. G. Herder, Goethe u. Lessing zum Bildungsideal, durch W. v. Humboldt, F. J. Niethammer (1766–1848) u. F. Thiersch (1784–1860) zur Grundlage der Erziehung u. Ausbildung in Schulen u. Universitäten.

Neuklassik *w,* gg. den ↗Naturalismus gerichtete lit. Bewegung nach 1900, die eth.-ideellen Gehalt lit. WW u. Formstrenge bes. in Drama u. Novelle forderte; vertreten – bes. in theoret. Schriften – von P. Ernst, W. v. Scholz, S. Lublinski.

Neumen [Mz.] ↗Notenschrift.

Neuphilologie *w,* Wiss. v. den lebenden Sprachen, bes. Anglistik, Romanistik, Germanistik, Slawistik.

Neuplatonismus, *m,* v. Ammonios Sakkas begr. geistige Bewegung der ausgehenden Antike. Der N. faßte die Grundlehren Platons u. phil. u. rel. (bes. myst.) Anschauungen Griechenlands u. des Orients zusammen u. übte großen Einfluß auf die Philosophie des MA, auf die christl. Mystik u. auf den ↗Humanismus aus.

Neuromantik
(Deutsche Autoren)

H. Hesse
H. v. Hofmannsthal
G. Hauptmann (z. T.)
H. Stehr
A. Miegel

Neuromantik *w,* Strömung in der europ. Lit. um u. nach 1900, die z. T. an die Romantik anknüpfte, irrationale u. stimmungshafte Elemente bes. betonte; dem ↗Naturalismus entgegengesetzt, mit dem ↗Symbolismus u. der ↗Dekadenz mehr oder weniger verschmelzend.

New Criticism
(Vertreter)

J. A. Richards
W. Empson
F. R. Leavis
J. C. Ransom
A. Tate
R. P. Warren
C. Brooks

New Criticism *m* [nju kritißism], Schule der angloam. Literaturkritik, die sich auf die Analyse v. einzelnen lit. WW u. ästhet. Wertung konzentriert.

Nexus *m* [lat.], Zusammenhang, Verknüpfung, z. B. im Drama.

Nibelungenlied
(Anfang)

Nibelungenstrophe:
(Formschema)

4k. | 4s. a
4k. | 4s. a
4k. | 4s. b
4k. | 4v. b
4: Zahl der Hebungen
k.: klingender Verschluß
s.: stumpfer Verschluß
v.: voller Verschluß
a/b: Reim

Nibelungenstrophe *w,* Strophenform des dt. Heldenepos, besteht aus 4 Langzeilen zu je 2 Kurzzeilen. Die ersten Kurzzeilen jeder Langzeile tragen je 4 Hebungen mit klingendem Versschluß (Kadenz); die zweiten Kurzzeilen der ersten 3 Langzeilen 4 Hebungen, wovon die 4. pausiert ist (stumpfe Kadenz); die 4. weist auch die 4. Hebung in voller Kadenz auf.

Niedere Minne, im Ggs. zur ↗Hohen M. die Hinwendung zur menschl. nahen, nicht mehr höf. stilisierten Frauengestalt, z. B. in Walther v. der Vogelweides ↗Mädchenliedern.

Nihilismus *m* [v. lat. *nihil* = nichts], die Leugnung allgemeingültiger Werte, Erkenntnisse u. sozialer Ordnungen. Der Begriff wurde 1799 zum erstenmal v. F. H. Jakobi für den Idealismus Fichtes, 1824 von F. v. Baader für die Leugnung Gottes u. der Offenbarung verwendet; allg. verbreitet durch Turgenjews Bz. *Nihilisten* (in dem Roman *Väter u. Söhne*) für die sich gg. den Zarismus erhebenden Anarchisten; durch Dostojewskij u. Nietzsche in metaphys. Bedeutung als negative Lebensentscheidung gegenüber einem transzendenten Welt- u. Lebensgrund. Im Ggs. zu Dostojewskijs Versuch einer rel. Überwindung des N. fordert Nietzsche die Setzung v. zeitl. begrenzten Normen ins Nichts hinein, damit das Leben nicht durch die Erkenntnis ewiger Sinnlosigkeit zugrunde gehe.

No, *No-gaku* [jap. = Kunst des freien Spiels], *No-Spiel,* Form des jap. Dramas bzw. Theaters, Ende 14. Jh. v. *Kanami Kiyotsugu* (1323–84) u. seinem Sohn *Seami Motokiyo* (1363–1444; v. ihm stammen ca. 100 der 240 Stücke des Repertoires u. zahlr. Traktate zum Theater) entwickelt; mit Stoffen meist aus Legende u. Mythos; stark vergeistigt; Gesang, Pantomime u. Tanz sind vorherrschend; kleines Orchester, Frauenrollen werden v. Männern gespielt; durchweg hohe Stilisierung; in der strengen Form nur ein Hauptdarsteller *(Shite),* der eine Maske trägt.

Nobelpreis für Literatur, aus einer Stiftung v. Alfred Nobel seit 1901 jährlich durch die Stockholmer Akademie vergeben. □ S. 142.

Nomenklatur *w* [lat.], *Nomenklator m, allg.:* Wörter-, Namenverzeichnis.

Nominalismus *m* [lat.], erkenntniskrit. Anschauung, nach der die Allgemeinbegriffe (Universalien) konventionelle sprachl. Zeichen (Bezeichnungen) sind, denen in der objektiven Wirklichkeit nichts entspricht. Wirklich sind nur Einzelerkenntnisse; Allgemeinbegriffe entstehen durch Zusammenstellung v. ähnl. Einzelerfahrungen. Ggs. ↗Realismus.

Nominalstil *m* [lat.], im Ggs. zum ↗verbalen Stil geprägt v. Substantiven u. deren Aneinanderreihung; für die Sprache der Ggw. typisch.

Nonarime *w* [it.], um eine Zeile ergänzte ↗Stanze; Reimschema: abababccb.

non-fiction *w* [nån-fiksch^e^n, engl. = Nicht-Erfin-

Nihilismus

Was ich erzähle, ist die Geschichte der nächsten zwei Jahrhunderte. Ich beschreibe, was kommt, was nicht mehr anders kommen kann: *die Heraufkunft des Nihilismus.* Diese Geschichte kann jetzt schon erzählt werden: denn die Notwendigkeit selbst ist hier am Werke. Diese Zukunft redet schon in hundert Zeichen, dieses Schicksal kündet überall sich an; für diese Musik der Zukunft sind alle Ohren bereits gespitzt. Unsre ganze europäische Kultur bewegt sich seit langem schon mit einer Tortur der Spannung, die von Jahrzehnt zu Jahrzehnt wächst, wie auf eine Katastrophe los: unruhig, gewaltsam, überstürzt: wie ein Strom, der *ans Ende* will, der sich nicht mehr besinnt, der Furcht davor hat, sich zu besinnen.
(Fr. Nietzsche: *Umwertung aller Werte*)

Nominalstil

Wenn in einem Text die Substantive und die Verben in einem einigermaßen ausgewogenen Verhältnis stehen, und besonders, wenn die vorkommenden Verben eine starke Eigenbedeutung haben und nicht nur syntaktische, in der Semantik aber abgeblaßte Bindeglieder für den Gesamtsatz sind, spricht man von einem verbalen Stil. Überwiegen dagegen die Substantive und eventuell die Adjektive, und werden die Verben als Bedeutungsträger in der Satzaussage zurückgedrängt, dann hat man es mit einem Nominalstil zu tun.
(H. Eggers: *Deutsche Sprache im 20. Jh.*)

Träger des Nobelpreises für Literatur

1901 Sully-Prudhomme (eig. René François-Armand Prudhomme) (Frankreich)
1902 Theodor Mommsen (Deutschland)
1903 Bjørnstjerne Bjørnson (Norwegen)
1904 Frédéric Mistral (Frankreich)
José Echegaray y Eizaguirre (Spanien)
1905 Henryk Sienkiewicz (Polen)
1906 Giosuè Carducci (Italien)
1907 Rudyard Kipling (Großbritannien)
1908 Rudolf Eucken (Deutschland)
1909 Selma Ottilia Lovisa Lagerlöf (Schweden)
1910 Paul Heyse (Deutschland)
1911 Maurice Poldsore Marie Bernard Maeterlinck (Belgien)
1912 Gerhart Hauptmann (Deutschland)
1913 Rabindranāth Tagore (Indien)
1914 zurückgestellt, nicht verliehen
1915 Romain Rolland (Frankreich)
1916 Carl Gustav Verner von Heidenstam (Schweden)
1917 Karl Adolph Gjellerup (Dänemark)
Henrik Pontoppidan (Dänemark)
1918 zurückgestellt, nicht verliehen
1919 Carl Spitteler (Schweiz)
1920 Knut Hamsun (Norwegen)
1921 Anatole France, eig. Jacques-Anatole Thibault
1922 Jacinto Benavente (Spanien)
1923 William Butler Yeats (Irland)
1924 Władysław Stanisław Reymont (Polen)
1925 George Bernard Shaw (Großbritannien)
1926 Grazia Deledda (Grazia Madesani, geb. Deledda; Italien)
1927 Henri Bergson (Frankreich)
1928 Sigrid Undset (Norwegen)
1929 Thomas Mann (Deutschland)
1930 Sinclair Lewis (USA)
1931 Erik Axel Karlfeldt (Schweden)
1932 John Galsworthy (Großbritannien)
1933 Ivan Alekseevič Bunin (UdSSR)
1934 Luigi Pirandello (Italien)
1935 zurückgestellt, nicht verliehen
1936 Eugene Gladstone O'Neill (USA)
1937 Roger Martin du Gard (Frankreich)
1938 Pearl S. Buck (Pearl Walsh, geb. Sydenstricker, USA)
1939 Frans Eemil Sillanpää (Finnland)
1940 nicht verliehen
1941 nicht verliehen
1942 nicht verliehen
1943 nicht verliehen
1944 Johannes Vilhelm Jensen (Dänemark)
1945 Gabriela Mistral (Lucila Godoy Alcayaga; Chile)
1946 Hermann Hesse (Schweiz)
1947 André Gide (Frankreich)
1948 Thomas Stearns Eliot
1949 William Faulkner (USA)
1950 Bertrand Earl of Russell (Großbritannien)
1951 Pär Fabian Lagerkvist (Schweden)
1952 Francois Mauriac (Frankreich)
1953 Sir Winston Leonard Churchill (Großbritannien)
1954 Ernest (Miller) Hemingway (USA)
1955 Halldór Kiljan Laxness (Island)
1956 Juan Ramón Jiménez (Spanien)
1957 Albert Camus (Frankreich)
1958 Boris Leonidovič Pasternak (UdSSR)
1959 Salvatore Quasimodo (Italien)
1960 Saint-John-Perse (eig. Marie René Alexis Saint-Léger, Frankreich)
1961 Ivo Andrić (Jugoslawien)
1962 John Steinbeck (USA)
1963 Giorgos Seferis (Griechenland)
1964 Jean-Paul Sartre (Frankreich)
1965 Michail Aleksandrovič Šolochov (UdSSR)
1966 Nelly Sachs (Schweden)
Josef Samuel Agnon (Israel)
1967 Miguel Angel Asturias (Guatemala)
1968 Yasunari Kawabata (Japan)
1969 Samuel Beckett (Irland)
1970 Aleksandr Solženicyn (UdSSR)
1971 Pablo Neruda (Chile)
1972 Heinrich Böll (Deutschland)
1973 Patrick White (Australien)

---

dung), im Ggs. zu ↗fiction ein berichtetes Geschehen, das im persönl. oder hist. Erfahrungsfeld des Berichterstatters liegt u. als singuläres Ereignis auch außerhalb des Berichts existiert.

Nonsens-Literatur *w* [lat.], bes. in Engl. entwickelte lit. Form (fast immer Verse), die inhaltl. paradox, inkonsequent u. sinnlos ist; vertreten u.a. von E. Lear, L. Carroll, W. S. Gilbert, in Dtl. v. Ch. Morgenstern; im Unterschied zu der modernen absurden Lit. phantasievoll-heiter.

normative Poetik *w* [lat.-gr.], eine P., die v. vorgegebenen *Normen* aus die *Regeln* (daher auch: *Regelpoetik*) der Dichtkunst u. ihrer Gattungen definiert; beruht auf der Auffassung v. der Lern- u. Lehrbarkeit der Dichtkunst u. herrschte bis ins 18. Jh. vor; danach abgelöst v. induktiv-beschreibenden Poetiken.

normative Poetik
(Beispiele)

I. C. Scaliger: Poetices libri septem
M. Opitz: Buch von der deutschen Poeterey
G. Ph. Harsdörffer: Poetischer Trichter
J. Ch. Gottsched: Critische Dichtkunst
Ch. Batteux: Les beaux arts réduits à un même principe

Notenschrift, die schriftl. Aufzeichnung v. Musik. Früheste abendländ. Formen sind die *Buchstaben-N.*, die den Tonhöhen Buchstaben zuordnet, u. die *Neumenschrift* für die Aufzeichnung des Chorals (Choralnotation). Die Neumen kamen im 8. Jh. in Gebrauch u. werden unterschieden nach cheironom. Neumen, die nur die Melodierichtung anzeigen, u. diastemat. Neumen, die auch die Intervallgröße fixieren; Tondauer u. Rhythmus bleiben unbestimmt. Die Einführung v. (zunächst 4) Notenlinien durch Guido v. Arezzo um 1028 ermöglichte dann die genaue Aufzeichnung der relativen Tonhöhe, die v. Notenschlüsseln auch die der absoluten Tonhöhe.

Notwendigkeit, Unmöglichkeit des Nichtseins, Nichtgeschehens. In der älteren Tragödientheorie wird N. der Katastrophe gefordert; wäre sie nur zufällig, so würde das den Eindruck der trag. Unausweichlichkeit verwischen. Dagegen ist die Überwindung des Tragischen mögl. (z.B. Goethe: *Iphigenie;* Kleist: *Prinz v. Homburg*).

nouveau roman [nuwo romãn], die Erzählweise einer Reihe frz. Autoren seit den 50er Jahren des 20. Jh.: Romane mit wenig Handlung, Betonung der Dingwelt, Reduzierung der Figuren bis zur Ununterscheidbarkeit.

Nouvelle Revue Française [nuwäl r^{o}wü frãnßäs], frz. Monatsschrift für Lit., 1908–1943 u. seit 53.

Novelle *w* [lat.-it.], meist prosaepische Dichtung (auch *Vers-N.*), durch Knappheit, strengen Aufbau, objektive Erzählweise gekennzeichnet; geht aus v. einer „unerhörten Begebenheit" (Goethe) oder einem „Lebenskonflikt" (Storm), der „das Ganze der N. bestimmt u. seine Teile organisiert"; entfaltet sich in „Wendepunkten" (Tieck); durch den Vorrang der Handlung wird ein dramat. Charakter erreicht; häufig ist auch die Rahmenerzählung. In nahezu allen Literaturen heimisch, entfaltete sich die N. in der Renaissance, bes. in den roman. Ländern, als Kunstform der Gesellschaftskultur (Boccaccios „Decamerone", das „Heptameron" der Margarete v. Navarra, Chaucers „Canterbury Tales" u. Cervantes' N.n). In Dtl. während des Barocks u. der Aufklärung als Vers-N. ausgebildet, wurde sie v. Goethe, Kleist u. den Romantikern (u.a. Tieck, Brentano, Eichendorff) in veränderter Form weiterentwickelt; hatte bisher die N. in einer pointierten Erz. bestanden, so wurde nun unter Einfluß der theoret. Begriffsbestimmung u. Reflexion über die N. (bes. durch Goethe, die Brüder Schlegel, Tieck; im 19. Jh. trat Paul Heyse mit seiner an Boccaccio

Notenschrift

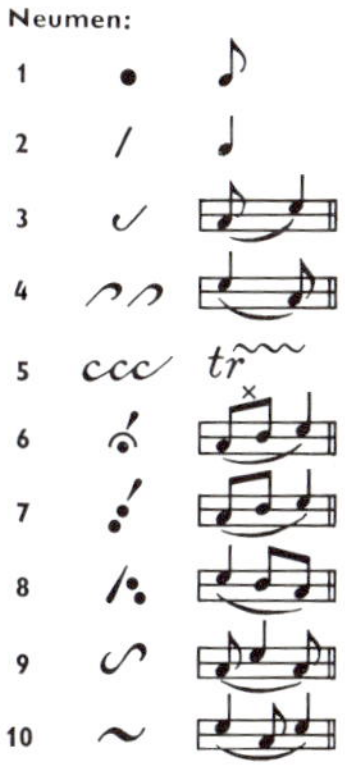

1 Punctus, Punctum (kürzere Note), **2** Virga (höherer Ton), **3** Pes, Podatus (steigendes Intervall), **4** Flexa oder Clivis (absteigendes Intervall), **5** Quilisma (Triller), **6** Salicus (2 steigende Töne mit Halbtonschnitt), **7** Scandicus (2 steigende Töne), **8** Climacus (2 fallende Töne), **9** Torculus oder Pes flexus (3 Töne in der Folge tief, hoch, tief), **10** Porrectus oder Resupina (3 Töne in der Folge hoch, tief, hoch)

nouveau roman
A. Robbe-Grillet
M. Butor
N. Sarraute
M. Duras
Cl. Mauriac

Nouvelle Revue Française
Mitarbeiter u. a.:
A. Gide
M. Proust
P. Valéry

orientierten ↗„Falkentheorie" – Forderung eines dingl. ↗Leitmotivs – hervor) unter Beibehaltung der strengen Architektur bes. die seel. Vertiefung der Handlung gefordert u. schließl., beginnend mit Kleist u. E. T. A. Hoffmann, die Menschengestaltung in der realist. N. (Grillparzer, Stifter, Droste-Hülshoff, G. Keller, C. F. Meyer, Storm, F. v. Saar, M. v. Ebner-Eschenbach) in den Vordergrund gerückt. In den roman. u. russ. N.n des 19. Jh. (Merimée, Daudet, Maupassant; Gogol, Leskow, Tolstoj, Tschechow) allmähl. Wendung zur Psychologie, ebenfalls im Naturalismus u. Impressionismus (Schnitzler, S. Zweig, Th. Mann, Hofmannsthal); in der Ggw. Zurücktreten der N. zugunsten der Erzählung im weiteren Sinn.

Novellino, *Il N.,* eig. *Le Cento Novelle Antiche,* älteste it. Novellen-Slg., anonym, Ende 13. Jh.; 100 Novellen mit antiken, bibl. u. zeitgenöss. Stoffen.

Nuance *w* [n^{ü}ãnß^{e}, frz.], Spielart, feine Besonderheit, feiner Unterschied. Forderung nach lit. Gestaltung der N. (im Ggs. zu groben Effekten) bei Symbolismus (P. Verlaine) u. Impressionismus.

O

obszön [lat.; Hw. *Obszönität*], unzüchtig, schamlos.

Ode *w* [gr. = Gesang], lyr. Form, stroph. gebautes, feierl. Gedicht, das seinen Gegenstand ins Erhabene stilisiert; in der Antike bei Alkäus, Sappho, bei Pindar noch der ↗Hymne verwandt; bedeutendste lat. Oden v. Horaz; reiche Odendichtung in der neulat. Lit. (im Barock bes. J. Balde); in dt. Sprache bei Gryphius, Klopstock, Goethe, Hölderlin, im 20. Jh. bes. bei Weinheber; in Fkr.: Ronsard, V. Hugo, Lamartine; in It.: Alfieri, Manzoni, D'Annunzio; in Spanien: Ponce de León; in Engl.: Pope, Dryden, Keats; in Rußland: Puschkin, Lermontow.

Odenstrophen [Mz., gr.], in der Antike festgelegte u. nach den Dichtern Alkäus (gr. Alkaios; um 600 v. Chr.), Asklepiadeus (gr. Asklepiades; um 270 v. Chr.) u. Sappho (um 600 v. Chr.) ben. Strophenformen, die in der dt. Dichtung (mit geringen Varianten) übernommen wurden (Klopstock, Hölderlin, Platen, R. A. Schröder u. a.).

1
–∪–∪∪–   –∪∪–∪–
–∪–∪∪–   –∪∪–∪–
–∪–∪∪–∪
–∪–∪∪–∪–

2
–∪–∪–∪∪–∪–∪
–∪–∪–∪∪–∪–∪
–∪–∪–∪∪–∪–∪
–∪∪–∪

3
∪–∪–∪–∪∪–∪–
∪–∪–∪–∪∪–∪–
∪–∪–∪–∪–∪
–∪∪–∪∪–∪–∪

Odenstrophen
1. Alkäische O.
2. Asklepiadeische O.
3. Sapphische O.

Œuvre *s* [öwr^{e}, frz.], Werk, bes. Kunstwerk; Lebenswerk, Gesamtwerk.

Off-Broadway-Bühnen [of-brådwe^{i}-, Mz.], kleinere avantgardist. Theater neben dem ↗Broadway-Theater, die dessen Unterhaltungsstil vermeiden.

offene Form, im Drama nichtaristotel. Bauweise mit ep. Elementen: Vielsträngigkeit der Handlung, Auftreten zahlr. Figuren, reihende Komposition mit szen. Blitzlichttechnik. Typ. Mittel: Prosa, bedeutende Rolle der Pantomime, Wechsel v. verschiedenen Bühnenbildern. Historisch verwirklicht z. T. bei Shakespeare u. Schiller *(Kabale u. Liebe)*, extrem im dt. Drama des ↗Sturm u. Drang, bei Büchner, Wedekind u.a. Ggs. ↗geschlossene Form; Brechts ↗Episches Theater weist bei starken Anklängen an die o. F. wieder festere (parabol.) Bauformen auf.

Off-Broadway-Bühnen

The American Place
Living Theatre
La Mama

offener Brief ↗Brief.

Ohrenreim, beruht auf bloßem Gleichklang der Versenden bei verschiedener Schreibung; z. B. *verhallt – Wald* (Eichendorff, *Im Walde*).

o. J., Abk. für *ohne Jahr;* bei Büchern ohne Angabe des Erscheinungsjahres.

Oktav *s* [lat.], als Buchformat (8°) bis 22,5 cm Höhe; als *Klein-O.* (kl. 8°) bis 18,5 cm, als *Groß-O.* (gr. 8°) oder Lexikonformat bis 25 cm Höhe.

Oktett *s* [v. lat. *octo* = acht], achtzeilige Strophe (auch die beiden ↗Quartette des ↗Sonetts zusammen).

Onomatopöie *w* [gr.; Bw. *onomatopoetisch*], ↗Lautmalerei.

o. O., Abk., bes. in wiss. Arbeiten, für *ohne Ort* (d. h. Buch ohne Nennung des Erscheinungsortes).

Oper *w* [v. it. *opera* = Werk], dramat.-musikal. Bühnenwerk, in dem Sänger solist. hervortreten u. Musik u. Text in engem Zshg. stehen. Als 1. O. entstand in der Camerata Fiorentina bei den Bemühungen um Wiederbelebung der antiken Tragödie 1598 Peris *Dafne,* der schon 1607 mit Monteverdis *L'Orfeo* eine repräsentative Barock-O. folgte, in der die Trennung v. Rezitativ u. Arie einsetzte. Die daraus in der Neapolitan. Schule entwickelte Form der *Opera seria* mit der konsequenten Stilisierung v. Rezitativ u. Arie, deren schematisierter Abfolge (Nummern-O.) u. der Bevorzugung mytholog. Stoffe strahlte auf fast alle Länder Europas aus, bildete den Angriffspunkt für Glucks O.nreform u. trat noch in Mozarts Opera seria auf. Aus den Intermezzi zur Opera seria entwickelte sich die heitere, bürgerl. *Opera buffa* (z. B. Pergolesis *La serva padrona,* 1773), in der sich mehr der klass. als der barocke Stil verkörperte. In Engl., wo Purcells *Dido and Aeneas* (1689) eine v. It. kaum beeinflußte O.nreform brachte, wandte sich die *Ballad-opera* als volkstüml. u. zeitkrit. Singspiel gg. die u. a. von Händel vertretene it. O. Die frz. O.ntradition knüpfte an Lullys Werke an, in dessen Nachfolge mehr lyr. u. zumeist mit Chor- u. Balletteinlagen versehene Formen wie Comédie-ballet, Tragédie lyrique u.

Oper

Ja, Mozart hat gesagt, daß „in einer Opera die Poesie schlechterdings der Musik gehorsame Tochter sein müsse" (13. Oktober 1781). Das ist genau die Umkehrung der Theorie Glucks und Wagners – Glucks, der in seiner Reformoper zu vergessen vorgab, daß er Musiker sei, Wagners, der das Unheil der Oper darin sah, und das in fetten Lettern drucken ließ, „... daß ein Mittel des Ausdruckes (die Musik) zum Zwecke, der Zweck des Ausdruckes (das Drama) aber zum Mittel gemacht war". Aber in der Praxis stimmen Gluck und Wagner völlig überein mit Mozart... Es wäre viel richtiger zu sagen, daß nicht nur in der Geschichte der Oper, sondern auch in jeder einzelnen Oper selber sich das Schwergewicht zwischen ‚Drama' und ‚Musik' fortwährend verschiebt, daß die Waage nur selten auf Gleich steht, daß immer ein Übergewicht nach einer der beiden Seiten vorhanden ist.
(Alfred Einstein: *Mozart*)

Opéra comique, im 18./19. Jh. Grand Opéra (Große Oper), Drame lyrique sowie Revolutions- u. Schrekkens-O. herrschten. In Dtl. ging das Übergewicht der it. O. mit Mozart verloren, dessen dt. Singspiele, vor allem *Die Zauberflöte* (1791), Grundlage der romant. Stimmungs-O. wurden (u.a. Webers *Der Freischütz* v. 1821). Das v. Lortzing, Nicolai, Flotow u. Cornelius vertretene Singspiel wurde nach 1850 v. R. Wagners Musikdrama zurückgedrängt, das u.a. auf Humperdinck, Pfitzner u. den frühen R. Strauss wirkte. Eine kontinuierlichere Entwicklung erfuhr die O. in It. mit Rossini, Bellini, Donizetti u. Verdi bis zu den Veristen Leoncavallo u. Mascagni u. den lyr. Dramen Puccinis. In den musikal. Randstaaten Europas hatte gleichzeitig die Entstehung nationaler Opern zur Bildung nationaler Schulen geführt (Smetana u. Dvořák in der Tschechoslowakei, Glinka, Tschaikowsky u. Mussorgskij in Rußland, Moniuszko in Polen). Das 20. Jh. kennt ohne erkennbar einheitl. Stil u.a. die impressionist. (Debussy), expressionist. (Schönberg, Berg), Jazz- u. Schlager- (Weill), neoklassizist. (Ravel, Busoni, Strawinsky), neoromant. (Hindemith) O. u. O.n, die lit. wertvolle Libretti bes. zur Geltung kommen lassen (Henze, Britten, A. Bergs, *Wozzeck* und *Lulu*). – Um O.n-Regie bemühen sich in der Ggw. bedeutende Regisseure; stilprägend wurde bes. Wieland Wagners Bayreuther Regiekonzept.

Operette *w* [frz. = kleine Oper], musikal. Bühnenstück mit Wechsel v. gesprochenem Dialog u. Instrumental- u. Gesangsnummern, eingängiger Melodik u. leicht verständl. Handlung. Entstanden aus verschiedenen Opern-, Singspiel- u. Possenformen, nach 1850 v. Offenbach in Paris zur parodist.-satir. u. v. Suppé, J. Strauß, Millöcker u. Zeller in Wien zur gelegentl. sentimentalen Wiener O. entwickelt, die nach 1900 v. Léhar, Kálmán, Nebdal, O. Straus, P. Abraham, Benatzky, Raymond u. Dostal vertreten wurde. Daneben trat die mehr vom Schlager bestimmte Berliner O. mit Lincke, Kollo, Mackeben u. Künnecke sowie die engl. O. mit Sullivan u. Jones. Neuerdings erhält das ↗Musical anstelle der O. größere Bedeutung.

Opposition *w* [v. lat. *oppositio* = Entgegenstellung], *Sprach-Wiss.:* in der *Phonologie* der bedeutungs-differenzierende Gegensatz zweier Phoneme (*R*and – *S*and); *allg.* unterscheidender Gegensatz zw. Elementen einer Struktur. – Ggs.: Analogie.

Optimismus *m* [lat.], *Philosophie:* Lehre v. der Vernünftigkeit des Wirklichen u. der stetigen Zunahme der Erkenntnis (u.a. bei Platon, in der Stoa, in der

Optimismus

„Oh, Pangloss", rief Candide aus, „von diesen Greueln hast du nichts geahnt. Nun ist es soweit: ich werde endlich auf deinen Optimismus verzichten müssen." „Optimismus – was ist das?" fragte Cacambo. „Ach", sagte Candide, „das ist die Sucht, zu behaupten, es sei alles in Ordnung, wenn's einem elend geht."
(Voltaire: *Candide oder der Optimismus*)

Aufklärung); Überzeugung, daß die Welt trotz aller Übel die beste aller möglichen sei (bes. in Leibniz' *Theodizee*), parodiert v. Voltaire in seinem berühmtesten Roman *Candide.* – Ggs. ↗Pessimismus.

oraison funèbre [oräsõ̲n̲ fünäbr^{e}], frz. Form der ↗Trauerrede.

Oratio *w* [lat.], Rede, Redeweise, Redegabe; *O. obliqua,* indirekte Rede; *O. directa,* direkte Rede.

Oratorium *s* [lat. = Bethaus], musikal. Gattung für Solisten, Chor u. Orchester, zumeist als nicht-szen. O. mit einem Erzähler (Testo, Historicus, Evangelista), der die fehlende Handlung durch Berichte ersetzt, seltener szen. aufgeführt. Während in der Frühform bis gg. 1640 Lauden bzw. Motetten zu größeren Formen als O. zusammengefaßt wurden, entwickelte sich das O. in der 2. Hälfte 17. Jh. als repräsentative Gattung mit geistl., später auch weltl. Texten, wobei Rezitativ u. Arie, Chor- u. Instrumentalsätze v. anderen Vokalformen (Oper, Kantate, Passion) übernommen wurden. Nach Carissimi, Händel u. J. S. Bach schrieben Haydn, Mendelssohn Bartholdy, Liszt u. C. Franck im 19., Honegger u. Strawinsky im 20. Jh. große O.en im Stil der Zeit.

Orchestra *w* [gr.], im antiken Theater Tanzplatz des Chores vor der eig. Bühne; anfangs kreisrund, dann halbkreisförmig.

Ordensdrama, das in kath. rel. Orden entstandene Drama bes. der Gegenreformation u. des ↗Barock (↗Jesuitendrama; auch Dramen v. Benediktinern, bes. S. Rettenbacher).

Organ *s* [gr.], Stimme; Zeitung, Zeitschrift.

Organon *s* [gr. = Werkzeug], Logik als „Werkzeug" des wiss. Denkens; Bz. der log. Schriften des Aristoteles, denen F. Bacon sein *Novum O.* gegenüberstellte. Von B. Brecht aufgenommen als Titel v. Schriften zum Theater.

Organon-Modell *s* [gr.-lat.], in der Sprachtheorie K. Bühlers die Bestimmung der 3 Grundleistungen der Sprache, die sich aus den Bezugsgrößen *Sprecher – Hörer – Dinge* u. ihren mögl. Rollen ergeben: Sprache ist *Kundgabe* (Symptom, Ausdruck) als Äußerung der Innerlichkeit des Sprechers, *Darstellung* (Symbol) als Aussage über Dinge, *Appell* (Signal) als Beeinflussung des Hörers. ↗Poetische Funktion.

Original *s* [lat.], **1)** Urfassung; Urtext. **2)** Mensch mit eigenartigen Ideen, Sonderling; in der Erzählkunst des 19. Jh. mit Vorliebe gestaltet (Keller, Raabe, Dickens, Balzac u.a.).

Organon-Modell

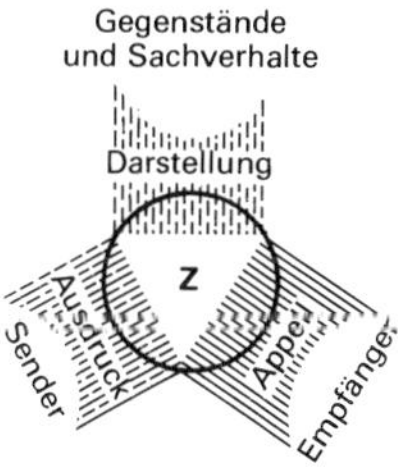

Organon-Modell

Der Kreis in der Mitte symbolisiert das konkrete Schallphänomen. Drei variable Momente an ihm sind berufen, es dreimal verschieden zum Rang eines Zeichens zu erheben. Die Seiten des eingezeichneten Dreiecks symbolisieren diese drei Momente. Das Dreieck umschließt in einer Hinsicht weniger als der Kreis (Prinzip der abstraktiven Relevanz). In anderer Richtung wieder greift es über den Kreis hinaus, um anzudeuten, daß das sinnlich Gegebene stets eine apperzeptive Ergänzung erfährt. Die Linienscharen symbolisieren die semantischen Funktionen des (komplexen) Sprachzeichens. Es ist *Symbol* kraft seiner Zuordnung zu Gegenständen und Sachverhalten, *Symptom* (Anzeichen, Indizium) kraft seiner Abhängigkeit vom Sender, dessen Innerlichkeit es ausdrückt, und *Signal* kraft seines Appells an den Hörer, dessen äußeres oder inneres Verhalten es steuert ...
(K. Bühler: *Sprachtheorie,* 1934)

Pantragismus

In der Maßlosigkeit liegt die Schuld, zugleich aber auch, da das Vereinzelte nur darum maßlos ist, weil es, als unvollkommen, keinen Anspruch auf Dauer hat und deshalb auf seine Zerstörung hinarbeiten muß, die Versöhnung, soweit im Kreise der Kunst danach gefragt werden kann. Diese Schuld ist eine uranfängliche, von dem Begriff des Menschen nicht zu trennende und kaum in sein Bewußtsein fallende, sie ist mit dem Leben selbst gesetzt. Sie zieht sich als dunkelster Faden durch die Überlieferungen aller Völker hindurch und die Erbsünde selbst ist nichts weiter, als eine aus ihr abgeleitete, christlich modifizierte Konsequenz. Sie hängt von der Richtung des menschlichen Willens nicht ab, sie begleitet alles menschliche Handeln, wir mögen uns dem Guten oder dem Bösen zuwenden ...

(Fr. Hebbel: *Mein Wort über das Drama*)

Originalgenie ↗Genie.

Osterspiele, Form des ↗geistlichen Spiels, aus der Osterliturgie erwachsen, zum erstenmal vermutl. vom St. Galler Mönch Tuotilo um 900 gestaltet; urspr. v. Klerikern, später v. Bürgern aufgeführt. Den Kern bildete der oratorienhafte Wechselgesang zw. den das Grab des Heilands aufsuchenden Marien u. dem Engel. Erweiterungen durch Einführung weiterer Szenen aus dem Osterevangelium u. in burleskem Sinn durch die Einführung u. a. des Wettlaufs der Apostel zum Grab u. die Szene des Salbenkaufs beim Krämer (bald volkssprachl.). Der Rahmen der O. wurde durch Einbeziehung der Passion u. der Höllenfahrt Christi erweitert. Die bedeutendsten O.: Muri (13. Jh.), Redentin (um 1460), Schmalkalden (um 1340).

Otfrid-Strophe, Strophenform der Evangelienharmonie Otfrids v. Weißenburg (um 870): zwei binnengereimte Langzeilen, die aus je 2 Kurzzeilen zu je vier Hebungen bestehen.

Oxymoron *s* [gr.], Stilfigur, die zwei sich gegenseitig ausschließende Begriffe zusammenfügt; häufig in Liebesdichtung seit der Antike („dulce malum" = süßes Unheil); gelegentl. Stilprinzip eines ganzen Werks (z.B. Villons *Ballade du concours de Blois;* Anfangsvers: „Je meurs de soif auprès de la fontaine = Ich sterbe dürstend nahe bei der Quelle"). Je nach dichter. Bewältigung manierist. Spielerei oder Ausdruck echter Widersprüchlichkeit des Lebensgefühls.

P

p., *pag.,* Abk. für ↗Pagina.

Päan *m* [gr.], *Paian,* altgriech. Chorlied, urspr. Kultlied zu Ehren des Apollo; dann allg. für Preislied.

Paarreim, paarweise Reimung v. Versen; Reimfolge aa, bb, cc usw.

Pagina *w* [lat.], Abk. *p., pag.,* Seite; *paginieren,* die Seiten beziffern.

Paideia *w* [gr.], altgriech. Erziehungsideal einer harmon. Ausbildung aller geistigen, seel. u. körperl. Anlagen.

Paläographie *w* [gr.], *Handschriftenkunde,* die Wiss. v. den alten (bes. lat. u. griech.) Schriften u. deren Entzifferung, hist. Hilfswissenschaft; begr. v. J. Mabillon u. B. de Montfaucon.

Palimpsest *m, s* [gr.], Schriftstück, dessen 1. Beschriftung im Alt. oder MA (bes. 7. bis 12. Jh.) aus Sparsamkeit durch Abwaschen (bei Papyrus) oder durch Abschaben (bei Pergament) entfernt u. durch eine andere ersetzt wurde. Mittels Fluoreszenzphotographie wird die Erstschrift wieder lesbar. *P.-Inst.* (seit 1912) im Kloster Beuron.

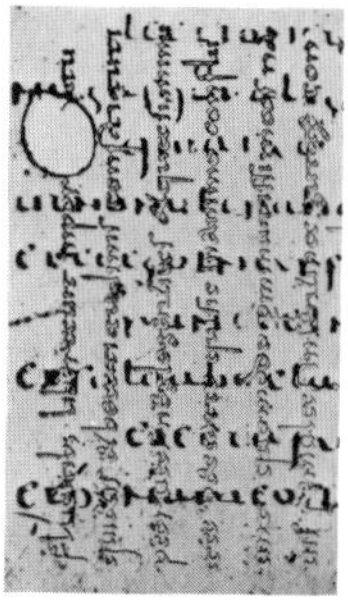

Palimpsest: sichtbar gemachte Erstschrift (senkrecht)

Palindrom *s* [gr. = Rücklauf], Wörter u. Wortreihen, die, vor- u. rückwärts gelesen, sinnvoll oder gleichlautend sind; z.B. „Reliefpfeiler".

Palinodie *w* [gr.], dichter. Widerruf, etwa eines schmähenden Gedichts.

Pamphlet *s* [frz.], Schmähschrift, (polit.) Streitschrift.

Pan, 1895–1900 in Berlin v. der gleichnamigen Gesellschaft hg. Kunst- u. Lit.-Zschr.

Pan

Redaktion der Zeitschrift:
O. J. Bierbaum
J. Meier-Graefe
C. Flaischlen

Mitarbeiter u. a.
Th. Fontane
R. Dehmel
D. v. Liliencron
O. E. Hartleben
M. Liebermann
F. v. Stuck
W. v. Bode

Panegyrikus *m* [gr.; Bw. *panegyrisch*], Rede vor einer Festversammlung *(panegyris),* um den Anlaß des Festes oder das Volk zu feiern; bes. etwa v. Gorgias, Isokrates; später, bes. in Rom, Lobreden auf einzelne Personen.

Pantalone *m* [it.], Figur der ↗Commedia dell'arte: der ältl., geizige u. verliebte Kaufmann; mit schwarzem Umhang, schwarzer langer Hose, roter Weste, abstehendem Ziegenbart.

Pantalone

Pantheismus *m* [gr.], rel.-phil. Lehre über die Wesenseinheit Gottes mit der Welt unter Leugnung seiner Transzendenz u. Personalität u. der Selbständigkeit anderer (endl.) Substanzen.

Pantomime *w* [v. gr. *pantomimos* = alles nachahmend], Darstellung v. Figuren u. Vorgängen allein durch Gestik u. Mimik (auch der Darsteller selbst); so im alten Griechenland u. bes. in der röm. Kaiserzeit trag. u. kom., bes. erot. Szenen, im 6. Jh. verboten; 16.–18. Jh. Erneuerung in It., Fkr., Engl.; pantomim. Elemente häufig auch im sonst gesprochenen Drama, bes. der Komödie; im 20. Jh. in Ausdruckstanz (H. Kreutzberg) u. Stummfilm (Chaplin u. a.); bedeutender P. der Ggw. ist M. Marceau.

Pantragismus *m* [gr.], Bz. v. F. Hebbel für seine Auffassung v. Welt u. Leben als unaufhebbar tragisch. ⊔ S. 148.

Pantschatantra *s* [Sanskrit = Fünfbuch], Slg. altind. Fabeln, 5 Bücher mit jeweils zahlr. Fabeln in Prosa, metr. Einlagen v. Spruchweisheit; Original (um 300 n.Chr.) nicht erhalten; behandelte bes. Lebensklugheit u. Staatskunst; v. den Bearbeitungen ist das *Tantrakhjajika* am ältesten, das moralisierende *Hitopadescha* jünger. Über die im 6. Jh. entstandene mittelpers. Übersetzung, der eine arab. *(Kalila Wa-Dimna)* folgte, wirkte das P. auf die arab., hebr., griech. u. lat. Lit. u. lieferte Boccaccio u. Chaucer viele Motive; über 200 Fassungen.

Paperback *s* [pe^{i}p^{er}bäk, engl.], ein Buchtyp mit einfacher Bindung („Papierrücken") in Taschenbuchart.

Papier *s,* um 100 n. Chr. in China erfundener, seit etwa 1300 statt des ↗Pergaments üblich gewordener Schriftträger.

Papstfabeln, erdichtete Papstgeschichten des MA, bes. v. Martin v. Troppau verbreitet, z. B. die Fabel v. der Päpstin Johanna, der Bekehrung Konstantins d. Gr. durch Silvester I.

Papyrologie *w* [gr.], *Papyruskunde,* die Wiss. v. der Erforschung, Konservierung u. Entzifferung der Papyri.

Papyrus *m* [lat.; v. gr. *papyros;* Mz. *Papyri*], Schreibmaterial des Alt., das aus dem in Scheiben geschnittenen u. kreuzweise verklebten Mark der Papyrusstaude nam. in Ägypten (unter Staatsmonopol) hergestellt wurde. Als P.blatt, -rolle oder -buch bis zum 5. Jh. n. Chr. im röm. Kaiserreich der übl. Beschreibstoff; dann vom ↗Pergament verdrängt.

Parabase *w* [gr.], in der att. Komödie eine aus Gesang u. Rezitation gemischte Chorpartie v. 7 Teilen; meist polit.-satir.

Parabel *w* [gr. = Gleichnis], lehrhafte Erzählung, die eine Wahrheit an einem modellhaften (analogen) Vorgang innerhalb einer anderen Bezugsebene verdeutlicht. Im Ggs. zum ↗Gleichnis besteht der Bezug zw. beiden Bereichen nicht nur in einem Punkt, sondern der modellhafte Vorgang als Ganzes ist aussagekräftig. In diesem Sinn sind auch die „Gleichnisse" des NT (z. B. vom verlorenen Sohn) eher P.n. – Eine große Rolle spielt die P. in moderner Dichtung (Kafka, Brecht usw.).

parabolisch [gr.], gleichnishaft.

Paradeisspiel, *Paradiesspiel,* ma. Volksschauspiel v. Adam und Eva im Paradies. In der Steiermark bis heute lebendig.

Paradoxie

Nur ganz selten bewirkt Vernunft die vernünftigen Dinge. Fast nie kommt der Mensch aus Vernunft zur Vernunft.
(Montesquieu)

Paradoxie *w* [gr. = wider die Meinung; Bw. *paradox*], ein der allg. Ansicht widersprechender, wirklich oder scheinbar widersinniger Satz; Widerspruch in sich.

Paragraph *m* [gr. = das Danebengeschriebene], **1)** bei den antiken Grammatikern ein Interpunktions- oder krit. Zeichen. **2)** Bz. der in Gesetzes- u. anderen Schriftwerken fortlaufend numerierten, meist kleineren Abschnitte unter Voransetzung des P.zeichens (§), vermutl. Abk. des lat.-gr. P. *(paragraphus).*

Paralipomena [Mz.; gr. = Weggelassenes], Titel v. Schr., die Nachträge oder Auslassungen eines Hauptwerkes enthalten.

Paralipse *w* [gr. = Auslassung], *rhetor. Figur:* der Sprechende kündigt an, etwas als unwichtig zu übergehen, macht aber gerade dadurch darauf aufmerksam.

Parallelismus *m* [gr.], gleich oder sehr ähnl. gebaute, aufeinanderfolgende u. sich in ihrem Sinn bestärkende Sätze oder Verse; bes. etwa in den Psalmen.

Paraphrase *w* [gr.], erweiternde Umschreibung eines Schriftwerks oder einer Stelle daraus.

Parasit *m* [gr.], typ. Figur der antiken Komödie; lebt auf Kosten anderer.

Parataxe *w* [gr.], Beiordnung, Nebeneinanderstellung verschiedener (Haupt-)Sätze ohne Bz. ihrer Abhängigkeit. Ggs.: ↗Hypotaxe.

Parenthese *w* [gr. = Einschaltung], in den Satz eingeschobene Wörter u. Sätze; durch Gedankenstriche, Kommata oder Klammern gekennzeichnet.

Parerga [Mz.; gr. = Beiwerke; Ez. *Parergon*], gesammelte kleinere Schriften.

Parlando *s* [it. = sprechend], schnelle, dem natürl. Redefluß nahekommende Gesangsart, vor allem in der kom. Oper des 17.–18. Jh.

Parnaß *m*, gr. *Parnassos*, Kalkgebirge nördl. v. Delphi. Galt im Altertum als Sitz des Apollon u. der Musen, daher Symbol für das Reich der Dichtkunst.

Parnaß, *Parnasse*, frz. Dichterschule (ihre Mitgl.: *Parnassiens*), die sich um 1860 um Leconte de Lisle u. Th. Gautier bildete; stellte der Romantik eine klass.-strenge Versform u. objektive Darstellung gegenüber.

Parodie *w* [gr. = Gegengesang], verspottende Nachahmung eines ernsten bzw. ernstgemeinten Werks; nach der älteren Poetik v. der ↗Travestie unterschieden; schon in der Antike in Blüte (bes. Aristophanes); im MA grotesk-unflätige Formen (z.B. „Eselsmessen" in Fkr.); dann in Humanismus, Renaissance, Barock, bes. Aufklärung (Bodmer, Lichtenberg, Nicolai) u. Romantik (Tieck) stark entwickelt; im 19. Jh. u.a. P. v. Vischer, Nestroy, Mauthner, im 20. Jh. v. R. Neumann, K. Kraus u.a.

parole *w* [parol, frz. = gesprochenes Wort], zentraler Begriff der Sprach-Wiss. seit F. de Saussure: die konkrete sprachl. Äußerung im Ggs. zur ↗langue. Das Verhältnis v. p. u. *langue* wird v. der neueren Lit.-Wiss. als Modellvorstellung auf den Bezug v. Einzeltext u. Gattungsnorm übertragen.

Paronomasie *w* [gr. = Wortumbildung], rhetor. Figur: Wortspiel durch Zuordnung gleichklingender Wörter mit verschiedenem Sinn.

pars pro toto [lat.], „der Teil fürs Ganze"; in der Rhetorik eine Figur im gleichen Sinne: z.B. Segel für Schiff. Stilistische Wirkung: Anschaulichkeit.

Parallelismus

... Diesen Leuten dient zur Nachricht, daß alles, wenigstens bei den Griechen und Römern, in ganz umgekehrter Ordnung erfolgt ist. Diese Völker machten mit der *heroischen* Epoche, welches ohne Zweifel die höchste ist, die erschwungen werden kann, den Anfang; als sie in keiner menschlichen und bürgerlichen Tugend mehr Helden hatten, *dichteten* sie welche; als sie keine mehr dichten konnten, erfanden sie dafür die *Regeln;* als sie sich in den Regeln verwirrten, abstrahierten sie die *Weltweisheit* selbst; und als sie damit fertig waren, wurden sie *schlecht.*

(H. v. Kleist: *Betrachtungen über den Weltlauf*)

Parnaß
(Mitglieder der frz. Dichterschule)

Leconte de Lisle
Th. Gautier
Ch. Baudelaire
Th. de Banville
J.-M. de Hérédia
F. Coppée
C. Mendès

Paronomasie

So ein Sündenvater und muffiger Ketzer, / Läßt sich nennen den *Wallenstein,* / Ja freilich ist er uns allen ein *Stein* / Des Anstoßes und Ärgernisses.

(F. Schiller: *Wallensteins Lager*)

pars pro toto

„Die Römer griffen zum *Schwert*"
für
„Die Römer griffen zu den *Waffen*"

partijnost'

Die These der marxistisch-leninistischen Ästhetik von der Parteilichkeit der Kunst... bildet das sicherste Kriterium für die Beurteilung von Kunstwerken. Sie legt die Richtung für die schöpferische Tätigkeit der Künstler im demokratischen und sozialistischen Lager fest.

(Wörterbuch der Philosophie, UdSSR)

Parthenien [Mz., gr.], altgriech. Hymnen für Jungfrauenchöre.

partijnost' [russ.], im ↗Sozialist. Realismus die Parteilichkeit des Kunstwerks, seine Übereinstimmung mit den Zielen der kommunist. Partei.

Pasigraphie *w* [gr. = Allgemeinschrift], Schrift, die die Gedankeninhalte aller Sprachen durch allg.-gültige Zeichen ausdrücken will; z.T. verwirklicht im arab. Ziffernsystem, in der musikal. Notenschrift u. im int. Morsealphabet.

Pasquill *s* [it.], anonyme Schmähschrift.

Passional *s* [lat.], *Passionar s,* **1)** Leidens-Gesch. der Heiligen, im MA beim Chorgebet (Matutin) verlesen. **2)** dt. Legendensammlung aus dem Kreis der Deutschordensdichtung, v. einem unbekannten Geistlichen, um 1300.

Passionsspiel, neben den ↗Osterspielen die bedeutendste Form des ↗geistl. Spiels im MA; gestaltet im Spiel die Passion Christi. Seit dem 14. Jh. dt., Blüte im 15. Jh.; die Aufführungen erstreckten sich teilweise über Tage (z. B. Bozener P.); an ihnen nahmen häufig die Bewohner einer ganzen Landschaft teil. P.e sind etwa aus derselben Zeit wie die ersten Osterspiele überliefert. Ihr Ursprung liegt in der liturg. Feier. Die Spiele lösten sich später aus dem Gottesdienst heraus u. wurden v. Bruderschaften u. Zünften vor der Kirche, auf Plätzen usw. als Pantomime oder Spiel aufgeführt. Das älteste überlieferte P. ist das St. Gallener P. um 1330. Spiele u. Spielgruppen sind z.B. bekannt aus Frankfurt a.M., Alsfeld, Heidelberg, Augsburg, Eger, Wien, Tirol u. der Schweiz. Seit dem 16. Jh. traten die P.e zurück. Nur wenige Dorfgemeinschaften retteten alte Spieltraditionen in die neuere Zeit herüber, bes. das Oberammergauer u. das Erler P., das P. in Thiersee b. Kufstein.

Passus *m* [lat. = Schritt], Stelle, Satz, Abschnitt eines Texts.

Pastorale *s* [lat.], ↗Schäferspiel.

Pastorelle *w,* [lat.-frz.], dialog. Schäferlied der altfrz. u. provenzal. Lyrik des 13. Jh.

pathetisch [v. ↗*Pathos*], v. übersteigertem Gefühlsausdruck.

Pathos *s* [gr. = Leiden], Leidenschaft, Ergriffenheit, gesteigerter Ausdruck.

patriotische Dichtung, Dichtung über vaterländ. Stoffe u. Motive; in Dtl. bes. die Dichtung der Befreiungskriege.

Patristik *w* [gr.-lat.], die Wiss., die sich mit Person u. Lehre der Kirchenväter befaßt; i.w.S. Bz. für die Gesch. der altchristl. Lit. u. für die wiss. Disziplin, die sich mit den christl. Schriftstellern des Alt. sowie mit ihren lit. Gegnern befaßt (kath. Bz. *Patrologie*].

Pause *w* [gr. = Aufhören], *Metrik:* metr. erforderliche, aber sprachl. nicht gefüllte Silbe (oder Silben).

p. Chr., *p. Chr. n., post Christum (natum),* nach Christus bzw. Christi Geburt.

Pegasus *m, griech. Sage:* geflügeltes Roß, sein Hufschlag schuf die den Musen geweihte Quelle Hippokrene; daher auch Dichterroß.

Pegasus: Darstellung auf einem Gewebe (6. Jh.)

Pegnesischer Blumenorden, *Pegnitzschäfer, Gekrönter Blumenorden,* ↗Sprachgesellschaft des Barocks; 1644 in Nürnberg v. Harsdörffer u. Klaj begr., später u.a. auch S. v. Birken Mitgl.

Peking-Oper, die repräsentative Form des chin. klass. Theaters; nach Pekinger Vorbild auch in anderen Städten; schließt Musik ein; Hauptgewicht liegt auf dem Schauspielerischen, das akrobat. Elemente einschließt.

PEN, *P.E.N.-Club,* int. Schriftstellervereinigung v. *Poets, Essayists* (u. Editors), *Novelists;* gegr. 1921 v. Mrs. C. A. Dawson-Scott. Mitgl. werden nur durch Wahl aufgenommen nach Unterschreibung der Freiheitscharta. Internationale PEN-Kongresse jährl., ferner Tagungen der einzelnen Zentren.

Pentameter *m* [gr.], antiker Vers v. 5 Füßen; meist nur der sog. *eleg. P.,* der mit dem ↗Hexameter das ↗Distichon bildet.

Pentameter (Beispiel)

Im Hexameter steigt des Springquells flüssige Säule, / *Im Pentameter drauf fällt sie melodisch herab.*

(F. Schiller: *Das Distichon*)

Pergament *s, Pergamentleder,* nach der Stadt Pergamon ben. Schreibfläche aus enthaarter u. mit Kalk an der Luft getrockneter Tierhaut, die dann mit Bimsstein abgeschliffen wird. Im Alt. u. MA statt des ↗Papyrus seit dem 2. Jh. v. Chr. häufig benutztes Schreibmaterial u. Einbandmaterial.

Perikopen [Mz.; gr. = Ausschnitte, Abschnitte], **1)** *allg.:* Abschnitte, Strophengruppen. **2)** *christl. Liturgie:* Bz. für die bibl. Abschnitte, die im liturg. Gottesdienst als ↗Epistel oder ↗Evangelium nach bestimmter Ordnung *(P.ordnung)* verwendet werden.

Periode *w* [gr. = Umlauf], **1)** *Lit.-Gesch.:* Zeitabschnitt. **2)** *Sprache:* längeres Satzgefüge v. kompliziertem, aber geordnetem Bau, bes. in lat. Kunstprosa planvoll auf den Schluß hin (↗cursus) komponiert (z. B. Cicero); i. w. S. auch in neuerer Lit.

Periodika [Mz., gr.], regelmäßig erscheinende Druckschriften.

Periodisierung *w* [gr.], Gliederungs- u. Darstellungsmittel der Lit.-Gesch.: Einteilung der lit. Produktion in einzelne ↗Epochen, die in eine chronolog. Folge gebracht werden. Die P. bleibt als idealtyp. Konstruktion problemat. u. deckt sich nie

personale Erzählsituation

„Was ist das. – Was – ist das…"
„Je, den Düwel ook, c'est la question, ma très chère demoiselle?"
Die Konsulin Buddenbrook, neben ihrer Schwiegermutter auf dem geradlinigen, weißlackierten und mit einem goldenen Löwenkopf verzierten Sofa, dessen Polster hellgelb überzogen waren, warf einen Blick auf ihren Gatten..

(Th. Mann: *Buddenbrooks*)

Personifikation
(am Beispiel der Geschichte in *St. Zweigs* „Sternstunden der Menschheit")

Nirgendes ist versucht, die seelische Wahrheit der äußern oder innern Geschehnisse durch eigene Erfindungen zu verfärben oder zu verstärken. Denn in jenen sublimen Augenblicken, wo sie vollendet gestaltet, bedarf die Geschichte keiner nachhelfenden Hand. Wo sie wahrhaft als Dichterin, als Dramatikerin waltet, darf kein Dichter versuchen, sie zu überbieten.

voll mit dem wirkl. Ablauf; so existieren z.B. um 1800 Tendenzen der ↗Aufklärung, des ↗Sturm u. Drang, der ↗Klassik u. der ↗Romantik nebeneinander.

Peripetie *w* [gr.], Umschwung, namentl. der entscheidende Wendepunkt im Schicksal eines Dramen- oder Romanhelden, im Aufbau eines Dramas, Romans.

Periphrase *w* [gr.], *rhetor. Figur:* Umschreibung.

Periplus *m* [gr. = Umfahrt; Mz. *Periploi*], in der Antike Beschreibungen der Inseln, Küsten u. Häfen eines Meeres nach Art der Schilderung einer Umfahrt um diese mit Angabe der Entfernungen u. naut. wichtiger Einzelheiten. Dann auch allg. Erd- u. Länderbeschreibungen; bekannt ist der P. des Skylax v. Karyanda.

Persiflage *w* [-flasch^{e}, frz.; Ztw. *persiflieren*], versteckte Verspottung.

personale Erzählsituation *w*, ist gekennzeichnet durch das Zurücktreten des ↗Erzählers, so daß der Leser das Geschehen wie durch die Augen der Romanfiguren wahrnimmt. Mittel der p.E. sind z.B. ↗erlebte Rede u. ↗innerer Monolog.

personaler Roman *m* [lat.], Roman, in dem die ↗personale Erzählsituation vorherrscht.

Personifikation *w* [lat.; Ztw. *personifizieren*], Darstellung v. etwas Unpersönlichem unter dem Bild einer menschl. (oder myth.) Person.

Perspektive *w* [lat.], **1)** *Theater:* räumliche Tiefe des Bühnenbildes, wird erreicht durch ein Größenverhältnis abgestufter Kulissen u.a. **2)** ↗Erzähler.

Perspektivismus *m* [lat.], *Philosophie:* Annahme einer standortbedingten Beschränkung der menschl. Erkenntnis; zuerst v. Protagoras ausdrückl. formuliert („Der Mensch ist das Maß aller Dinge"); bei Leibniz perspektiv. Abbildung der einen Welt durch die Monaden; bei Ortega y Gasset die Unterschiedlichkeit des Weltbildes in den verschiedenen Geschichtsepochen.

Pessimismus *m* [lat.], *Philosophie:* Lehre, daß alles Wirkliche schlecht bzw. böse u. sinnlos ist. Der Ursprung des Übels wird u.a. in der Aussonderung v. Einzelexistenzen (Buddhismus), im blinden Urwillen (Schopenhauer) u. im irrationalen Unbewußten (E. v. Hartmann) gesehen. Lit. ausgeprägt ist der P. bes. bei G. Leopardi, N. Lenau. Ggs. ↗Optimismus.

Petit *w* [p^{ö}ti, frz. = klein], ein ↗Schriftgrad v. 8 Punkt Kegelstärke.

Petrarkismus *m*, Liebesdichtung (bes. Sonette) in der Tradition u. im Stil *F. Petrarcas* (1304–74): Preis der in ihrer Schönheit geschilderten Dame, Liebesklage, Schwanken zw. Beseligung u. Leid. In der Tradition des P. stehen u.a. in Italien P. Bembo, in Fkr. die ↗Pléiade, in Dtl. Opitz, Fleming.

Pflichtexemplar, *Buch- u. Bibliothekswesen:* urspr. das einer staatl. Behörde oder öff. Bibl. vom Verleger abzuliefernde 1. Exemplar eines Druckwerkes; heute auch Freistück an bestimmte Bibl.en (z.B. ↗Dt. Bibl.).

Phantasiestück ↗Phantastische Dichtung.

Phantastische Dichtung, verwendet zwar (oft sogar bes. scharf- u. genau gestaltete) Elemente der Wirklichkeit, setzt sie jedoch zu einem nicht rational erklärbaren, verfremdeten Gesamtbild zusammen. Beliebt in der Romantik (Erz. Arnims, Hoffmanns *Phantasiestücke,* WW v. Gogol; E. A. Poe); aufgenommen vom ↗Surrealismus.

phatische Funktion *w* [gr.-lat.], die Funktion der Sprache, Kommunikation herzustellen, z.B. durch Überprüfen des Kontaktmediums („Hören Sie mich?").

Philippika *w,* allg. Kampf-, Strafrede; ben. nach den 4 v. Demosthenes gg. Philipp II. v. Makedonien gehaltenen Reden. [u. Lit.

Philologie *w* [gr.], wiss. Beschäftigung mit Sprache

Philologie
Hauptgebiete:
Klass. (oder Alt-) Philologie
Orientalistik
Germanistik
Anglistik / Amerikanistik
Romanistik
Slawistik

Phlyake *m* [gr.], Darsteller der derb-kom. altgriech. Volkskomödie (häufig auf Vasenbildern) bzw. diese selbst; ↗Mimus.

phonetische Poesie *w* [gr.] ↗Lautgedicht.

phonetische Schrift ↗Lautschrift.

Photomontage *w* [-montasch^e^, gr.-frz.], ein aus mehreren Photoaufnahmen zusammengesetztes, durch Retusche zu einheitl. Wirkung gebrachtes Bild. Nach dem 1. Weltkrieg gelangte die satir.-zeitkrit., polit. aggressive P. vor allem durch J. Heartfield zu großer Wirkung.

Photoroman ↗Fotoroman.

Phrase *w* [gr.], Redewendung, leere Redensart.

Phraseologie *w* [gr.], Slg. v. einer Sprache eigentüml. Redensarten.

Phraseonym *s* [gr.], ↗Pseudonym in Gestalt einer Redewendung.

Phraseonym
(Beispiel)
‚Von einem Wanderer'

Phrenonym *s* [gr.], ↗Pseudonym, das eine Charaktereigenschaft ausdrückt.

Physiologus *m* [gr.-lat.], Titel einer Natur-Gesch. der Tiere, v. einem alexandrin. Christen des 3. Jh., fußt auf einem pseudo-aristotel. Werk. Die Tiere werden erklärt u. allegor. auf die Heils-Gesch. bezogen. Neben äthiop., syr., arab. u.a. Übersetzungen seit dem 5. Jh. lat., auf denen die span., engl., frz. Fassungen *(Bestiaires)* beruhen; wirkten auf Lit. u. bildende Kunst des MA.

Pierrot (Gemälde von Watteau)

Pikaresker Roman
(Autoren und Werke)

Quevedo: *Historia de la vida del Buscón*
Cervantes: *Rinconete y Cortadillo*
Mateo Alemán: *Guzman de Alfarache*
Guevara: *El diablo cojuelo*

Pléiade

P. de Ronsard
J. du Bellay
P. de Tyard
A. de Baïf
E. Jodelle
R. Belleau

Pleonasmus
(Beispiel)

weißer Schimmel

Poème en prose

La petite vieille ratatinée se sentit toute réjouie en voyant ce joli enfant à qui chacun faisait fête, à qui tout le monde voulait plaire; ce joli être, si fragile comme elle, la petite vieille, et, comme elle aussi, sans dents et sans cheveux. (*Charles Baudelaire*, „Le désespoir de la vieille", aus: „Le Spleen de Paris")

kursiv: Vokalgleichgänge
unterstrichen: rhythm. Gleichklänge

Piccolo Teatro, Mailänder Theater, 1947 v. P. Grassi u. G. Strehler begr., int. berühmt; unter Strehler Darstellungen sowohl im Commedia-dell'arte-Stil als auch bedeutende Brecht-Inszenierungen, Gastspielreisen.

Pickelhering [= Pökelhering], komische Figur in den Stücken der ↗englischen Komödianten; ähnl. dem ↗Hanswurst.

Pierrot [pˈiärọ, frz. = Peterchen], kom. Figur des it. Theaters in Paris seit dem 17. Jh.; meist der geprellte Liebhaber.

Pietismus *m* [v. lat. *pietas* = Frömmigkeit], Sammel-Bz. für die bes. v. Ph. J. Spener ausgehende rel. Erneuerungsbewegung, die ein verinnerlichtes Frömmigkeitsleben u. werktätigen Glaubenseifer forderte mit dem Ziel, urchristl. rel. Lebensformen wiederherzustellen; die Bibel, bes. das NT, war daher wichtigste Quelle. Der P. beeinflußte Predigt u. Kirchenlied; lit. Wirkung auf Jung-Stilling, Lavater, Goethe *(Bekenntnisse einer schönen Seele* in *Wilhelm Meister),* Klopstock, Lenz, Herder, Hamann, Schleiermacher.

pikaresker Roman, *Picaro-Roman* [v. span. *pícaro* = Schelm], der ↗Schelmenroman der span. Lit.; 1. Beispiel Lazarillo de Tormes (1554).

pindarische Ode, nach dem griech. Dichter Pindaros (um 518–445 v. Chr.) ben. Form der ↗Ode, bestehend aus Strophe, Gegenstrophe, Abgesang; in Dtl. bes. im Barock.

Plagiat *s* [lat.], geistiger Diebstahl, bes. an künstler. WW; *rechtl.:* Verletzung des ↗Urheberrechts.

Pléiade *w* [plejạd], frz. Dichtergruppe der Renaissance; erstrebte Reinigung u. Bereicherung v. dichter. Sprache u. Dichtformen nach dem Vorbild der Antike.

Pleias *w* [gr.], **1)** die ↗Pléiade. **2)** eine Vereinigung v. 7 griech. Tragikern im 3. Jh. v. Chr. in Alexandria.

Pleonasmus *m* [gr. = Überfluß], überflüssiges Nebeneinanderstellen gleich-(oder ähnlich-)bedeutender Wörter.

Plot *s* [engl. = Komplott], Handlungsfabel, übergreifende ↗Intrige in einem Werk.

Pluralis maiestaticus *m* [lat.], *Pluralis maiestatis,* Redeweise, bei der der Sprecher sich als „wir" bezeichnet; geht zurück auf die hellenist. Herrscher.

Poem *s* [gr.], Gedicht.

poème en prose *s* [poạmᵉ ạ̃n prọsᵉ, frz.], *Prosagedicht,* Gedicht, das auf gebundene Sprache verzichtet; geschrieben in musikal. rhythmisierter, klangvoller u. stark metaphor. Prosa; gepflegt bes. vom frz. ↗Symbolismus (Baudelaire, Rimbaud).

Poesie *w* [v. gr. *pioesis* = Schaffen, Schöpfung; Bw. *poetisch*], *i. w. S.:* die ↗Dichtung, *i. e. S.:* die Versdichtung im Ggs. zur ↗Prosa.

Poésie pure *w* [-esi pür, frz.], „reine Dichtung" im Sinn der Tendenzfreiheit; ↗L'art pour l'art.

Poet *m* [gr.-lat.], Dichter.

poeta doctus *m* [lat.], Idealvorstellung des „gebildeten" Dichters, dessen Werke v. Intellekt u. reichem Wissen bestimmt sind; seit der hellenist. Epoche gefordert.

Poeta laureatus [lat.], (lorbeer-)gekrönter Dichter; ↗Dichterkrönung.

Poetaster *m* [neulat.], Dichterling (abwertend).

poeta vates *m* [lat. = Dichter als Seher], Vorstellung vom Dichter, der aus höherer ↗Inspiration schöpft; Gegentypus zum ↗Poeta doctus. Vom göttl. „Wahnsinn" der Dichter spricht Platon *(Phaidros);* in Spätantike u. MA Weitergabe der Vorstellung. Moderner Nachklang: in den *Voyant*-(= Seher-)Briefen v. A. Rimbaud.

Poetik *w* [gr.], Lehre vom Wesen u. v. den Formen der ↗Dichtung, Teilgebiet der allg. ↗Ästhetik. Die Gesch. der P. beginnt in der Antike, deren wichtigste Vertreter (Aristoteles u. Horaz) bis zur Aufklärung bestimmenden Einfluß ausübten: auf Tasso, Du Bellay, Ronsard, Scaliger, Boileau, Opitz, Gottsched, Bodmer u. Breitinger. P. gilt hier als Lehre v. der Technik der Dichtkunst u. als ihre Gesetzgebung. Diese Auffassung änderte sich seit dem 18. Jh.: P. wurde nun in zunehmendem Maß nicht mehr als ↗normative P., sondern als Deutung v. Dichtung verstanden (Shaftesbury, Pope, Young, Lessing, Hamann, Herder, Winckelmann, Moritz, Schiller, Goethe, A. v. Humboldt, A. W. Schlegel). Im 19. u. 20. Jh. bildet sie entweder das je verschiedene Programm lit. Schulen oder wird als Teil der Lit.-Wiss. gesehen.

poetische Funktion der Sprache, neben den 3 Grundleistungen des Bühlerschen ↗Organon-Modells nach J. Mukařovský die besondere Leistung der dichter. Sprache, die sich nicht nach außersprachl. Instanzen, sondern aus dem innersprachl. Kontext bestimmt.

Poetischer Realismus, Bz. für den Realismus Raabes, Kellers u. anderer Dichter, die im 19. Jh. die Unvollkommenheiten des biedermeierl. Daseins zwar zeigen, aber zugleich durch ↗Humor verklären.

Pointe *w* [p°ãnt, frz.], Kern eines Witzes, einer Anekdote; witziger Einfall.

Polemik *w* [v. gr. *polemos* = Krieg; Bw. *polemisch,*

Poetik
Bedeutende Poetiken

Aristoteles: *Poetik*
Horaz: *De arte poetica* (Epistula ad Pisones)
Quintilian: *Institutio oratoria*
J. C. Scaliger: *Poetices libri septem*
T. Tasso: *Discorsi dell'arte poetica*
M. Opitz: *Buch von der dt. Poeterey*
N. Boileau: *L'art poétique*

Poetischer Realismus

Die würdigen alten Herren mit weißen Haaren führten ein gemächliches Gespräch über allerlei Schreiberei, sprachen von Cervantes, von Rabelais, Sterne und Jean Paul sowie von Goethe und Tieck, und priesen den Reiz, welchen das Verfolgen der Kompositionsgeheimnisse und des Stiles gewähre, ohne daß die Freude an dem Vorgetragenen selbst beeinträchtigt werde. Sie stellten einläßliche Vergleichungen an und suchten den roten Faden, der durch all dergleichen hindurchgehe; bald lachten sie einträchtig über irgendeine Erinnerung, bald erfreuten sie sich mit ernstem Gesicht über eine neugefundene Schönheit, alles ohne Geräusch und Erhitzung, und endlich, nachdem der eine seinen Tee ausgetrunken, der andere sein Schöppchen geleert, klopften sie die langen Tonpfeifen aus und begaben sich auf etwas gichtischen Füßen zu ihrer Nachtruhe.
(aus G. Keller: *Die mißbrauchten Liebesbriefe*)

Ztw. *polemisieren*], scharfe Führung eines Meinungsstreits oder wiss. Streits.

Politische Dichtung, seit der Antike gepflegte Art des Dichtens, die polit. Fragen aufgreift, meist als ↗Tendenzdichtung mit der Absicht, in die Entwicklung einzugreifen. Polit. Absichten verfolgt im Alt. großenteils die Geschichtsschreibung (z. B. Caesar, Tacitus); im MA bedeutende polit. Lyrik (Spruchdichtung Walthers v. der Vogelweide). Goethe lehnte polit. Dichtung ab; seit dem ↗Jungen Deutschland wachsende Bedeutung. Stark im Bann polit. Themen steht die dt. Lyrik seit Brecht.

Polyfunktionalität *w* [gr.-lat.], ↗Evokation.

Polyglotte *w* [gr. = Vielsprachige], **1)** in mehreren Sprachen zugleich abgefaßtes Werk. **2)** Bibelausgaben, die neben dem Urtext in parallelen Spalten eine Mehrzahl v. Übersetzungen aufweisen.

Polyhymnia, die ↗Muse des feierl. Gesangs.

Polymetrie *w* [gr.], Verwendung v. verschiedenen Versmaßen in einem Gedicht.

Polyptoton *s* [gr.], *rhetor. Figur:* dasselbe Wort wird nacheinander in verschiedenen Flexionsformen gebraucht.

Polyptoton
homo homini lupus (der Mensch ist dem Menschen ein Wolf)

Polysyndeton *s* [gr.], *rhetor. Figur:* mehrfache Wortverknüpfung durch immer dieselbe Konjunktion.

Polysyndeton
(Beispiel)

Da pfeift es und geigt es und klinget und klirrt, / da ringelts und schleift es und rauschet und wirrt, / da pisperts und knisterts und flüsterts und schwirrt; ...

(J. W. v. Goethe: *Hochzeitslied*)

Polyvalenz *w,* ↗Evokation.

Populismus *m,* frz. lit. Schule um 1930; wollte bes. das Leben der Arbeiter beschreiben, begr. v. L. Lemonnier u. A. Thérive.

Populismus
(Vertreter)

L. Lemonnier
A. Thérive
Dabit
Th. Monnier
M. van der Meersch
P. Hamp

Pornographie *w* [v. gr. *porne* = Dirne, *graphein* = schreiben; Bw. *pornographisch*], häufige Bz. für lit. minderwertige WW (auch für Filme, Bilder), die sich stoffl. auf Motive des Sexuellen konzentrieren.

Portugiesische Sprache. Als roman. Sprache entstammt das Portugies. dem Vulgärlatein u. behauptet sich in Wortschatz u. grammatikal. Aufbau selbständig neben dem nächstverwandten, aber jüngeren Spanisch. Es wird in Portugal, auf Madeira u. den Azoren, in der span. Prov. Galicien, in Portugies.-Übersee u. Brasilien gesprochen. Älteste Mundart ist das Galicische. Die Grenze zw. Alt- u. Neuportugies. liegt um 1500. Das Portugies. hat großen Wortschatz u. grammatikal. Bildsamkeit, ist klangvoll-vokalreich. *Lingua geral* heißt die maßgebende Aussprache der Gebildeten. Das Brasilian. (Brasilische) weicht vom europ. Portugies. nur sehr gering ab.

Positionslänge, Wertung eines an sich kurzen Vokals als metrisch lang vor doppelter Konsonanz in quantitierender ↗Metrik.

Positivismus *m* [lat.], *Philosophie:* die Anschauung u. Lehre, daß nur das erkannt werden kann, was in der Sinneserfahrung gegeben ist: sinnl. wahrnehmbare Sachverhalte u. ihre gesetzmäßige Verknüpfung. Eine darüber hinausgehende Erkenntnis (z.B. der Wesensordnung der Dinge im ganzen [↗Metaphysik] oder einer im Wesen des Menschen liegenden Ordnung seines persönl. u. gesellschaftl. Daseins, Lebens u. Verhaltens [Naturrecht]) wird geleugnet. Der P. entstand unter dem Einfluß der Natur-Wiss. als besondere Ausprägung des Empirismus; als phil. Theorie v. D. Hume vorbereitet u. von A. Comte entwickelt; griff im 19. Jh. auf die gesamten Geistes-Wiss. über. Erneuerung positivist. Lehren in dem vom Wiener Kreis ausgegangenen Neu-P.

Posse *w* [it.], derbere Abart der ↗Komödie, mit vereinfachender u. karikierender Gestaltung v. Handlung u. Figuren, oft mit Liedeinlagen, in der Art v. Volks- u. Lokalstück; Ursprünge u. erste Verwirklichungen in ↗Mimus, ↗Fastnachtsspiel, ↗Commedia dell'arte; im dt.-sprachigen Theater Entwicklung bes. im bayer. Bauerntheater, in Wien (Alt-Wiener Volkstheater) u. Berlin (Kalisch).

post Christum [lat.], *p. C. natum,* nach Christi (Geburt); Abk. *p. Chr. (n.).*

posthum [lat.] ↗postum.

Postille *w* [lat.], Erklärung bibl. Texte, die in kleinen Abschnitten jeweils den Kommentaren vorausgehen, auch fortlaufende Erklärungen einzelner oder aller bibl. Bücher; dann die Predigt als Homilie u. Jahrgangs-Slg. v. Predigten u. erbaul. Lesungen über die Sonn- u. Festtagsperikopen; bedeutend Luthers *Kirchen-P.* u. die *Hand-P.* v. L. Goffiné.

postum [lat.], *posthum,* nachgeboren, nachgelassen, nach dem Tod des Verfassers veröffentlicht.

post urbem conditam [lat.], Abk. *p. u. c.,* nach Gründung der Stadt (Rom; 753 v. Chr.).

Präambel *w* [lat.], **1)** *allg.:* Vorrede. **2)** Vorspruch vor Gesetzes- u. Vertragstexten, bes. Verfassungsurkunden; nennt Beweggründe u. Zielsetzungen, die bei der Auslegung des Textes zu berücksichtigen sind.

Praeceptor Germaniae [lat. = Lehrer Dtl.s], Ehrentitel bedeutender Gelehrter.

Praeceptor Germaniae
u. a.
Hrabanus Maurus
Ph. Melanchthon
J. Wimpfeling

Prädikat *s* [lat.], **1)** *Sprache:* die im Satz über das Subjekt des Satzes gemachte Aussage. **2)** Aussage über ein Subjekt im Urteil.

Prakrit *s* [Sanskrit = natürlich, im Ggs. zu *Sanskrit* = künstlich], Sammel-Bz. für alle mittelind. Sprachen; in den erhaltenen Texten bereits Lit.-Sprachen. Die P.s gliedern sich in eine östl. (z.B. Magadhi, Gaudi), westl. (Maharaschtri) u. nordwestl. Gruppe (Gandhari, zentralasiat. P.). In verschiedenen P.s wurden lyr. (Sattasai, 2. Jh.), epische sowie rel. Werke der Dschaina u. mehrerer buddhist. Sekten abgefaßt.

Prämisse *w* [lat.], *Logik:* Vordersatz beim Schluß.

Präraffaeliten
(Literarische Hauptvertreter)

A. Ch. Swinburne
Sir W. Scott
D. G. Rosetti
C. Patmore
A. Dobson
Th. Woolner
W. Morris

Präraffaeliten [Mz.], *Pre-Raphaelite Brotherhood,* 1848 gegr. Gruppe v. Malern u. Dichtern, die nach symbol. Gestaltung in gewählter Sprache strebten; typ. Form ist das „Gemäldegedicht".

Präsenzbibliothek *w,* ↗Bibliothek.

Präzipitation *w* [lat.], Beschleunigung der dramat. Handlung zum Ende hin; z.B. durch überraschend eintretende Ereignisse, die eine Entscheidung verlangen.

Précieuses [preßiös, frz., Mz.] ↗Preziöse.

Précis *m* [-ßi, frz.], Abriß, kurze konzentrierte Darstellung. ↗Aufsatz.

Predigt *w* [lat.], die Verkündigung des Wortes Gottes durch die v. den christl. Kirchen dazu Beauftragten. Lit. Bedeutung durch sprachkünstler. Anspruch, bes. im MA.

Preislied, frühgerman. Dichtung auf Taten zeitgenöss. Krieger u. Fürsten; entstanden wohl in der Zeit der Völkerwanderung; meist als Improvisation im Wechselgesang vorgetragen.

Prenonym

Jean Paul
statt
Jean Paul Friedrich Richter

Prenonym *s* [gr.], als ↗Pseudonym gewählter eigener Vorname.

Presse *w* [lat.], Gesamtheit aller durch Druck vervielfältigten Schriften; *i.e.S.:* Bz. für das Tagesschrifttum, bes. für ↗Zeitungen u. ↗Zeitschriften mit ihren mannigfaltigen Grundlagen geistiger u. wirtschaftl. Art *(Zeitungswesen).* Die P. ist ein Mittel der ↗Publizistik.

Pressefreiheit, freie Meinungsäußerung in Wort, Schrift u. Bild; gefordert schon vor der Frz. Revolution, im modernen Rechtsstaat weitgehend verwirklicht (Grundgesetz der BRD, Art. 5).

Preziöse [Mz., frz.], frz. *Précieuses,* Bz. der bes. im Hotel de Rambouillet sich versammelnden Damen, die sich um Verfeinerung der Sitten u. gesuchte, metaphernreiche dichter. Sprache bemühten; ihnen stand u.a. Malherbe nahe; v. Molière verspottet in der Komödie *Les précieuses ridicules* (Die lächerl. P.).

Priameldichter

Spervogel
Marner
Freidank
Rosenplüt

Priamel *s* [v. lat. *praeambulum* = Vorrede], Form der dt. Spruchdichtung im MA; gereihte Sätze mit zusammenfassender Schlußzeile.

Priapea [Mz.], altröm. obszöne Epigramme, z.T. auf Priapos-Statuen.

Primärliteratur *w* [lat.], eigentl. dichterische Texte; Ggs. ↗Sekundärliteratur.

Privatdrucke, nicht für den Handel bestimmte Veröffentlichungen privater Auftraggeber (bes. Bühnenstücke, genealog. Lit. u. ä.), oft auf Privatpressen (sog. *Pressendrucke*) bes. buchkünstler. gestaltet u. in kleiner Aufl. hergestellt.

Privilegien [Mz.; lat. = Sonderrechte], vor Einführung des ↗Urheberrechts der im eigenen Land gültige Schutz des Landesherrn gg. ↗Nachdrucke; dem Verleger gewährt.

Prix Goncourt [pri gõkur], bekanntester frz. Lit.-Preis, jährl. v. der Académie Goncourt verliehen.

Probe *w* [lat.], *Theater:* Vorbereitung zur Aufführung (↗inszenieren), z. T. auf *P.bühnen;* mit der Arrangier-(Stell-)P. beginnend; meist dann mehrwöchige P.zeit bis zur Haupt- u. General-P.

prodesse et delectare ↗Ars poetica.

Professorenroman *m* [lat.], hist. Romane v. Gelehrten gg. Ende des 19. Jh., in denen die Schilderung vergangener Epochen den Vorrang hat vor künstler. Anspruch.

Programmlyrik *w* [gr.], Bz. für Gedichte, die ein außerlit. (z. B. polit.) Programm verkünden oder vertreten; z. B. im ↗Sozialist. Realismus.

Programmschrift, theoret. Darlegung eines lit. oder außerlit. Programms; z. B. V. Hugos *Préface de Cromwell* als großangelegte P. der frz. Romantik.

progressive Universalpoesie *w,* v. F. Schlegel geprägte Bestimmung der Dichtung der ↗Romantik; bedeutende theoret. Äußerung der Frühromantik.

Proklisis *w* [gr.], Anlehnung eines ton- u. sinnschwachen Worts an das wichtigere folgende.

Prolegomena [Mz.; gr. = Vorbemerkungen; Ez. *Prolegomenon s*], einleitende Vorrede, Vorwort, Einführung in ein Werk.

Prolepse *w* [v. gr. *prolepsis* = Vorwegnahme], *Rhetorik:* vorwegnehmende Antwort auf einen mögl. Einwurf.

Prolog *m* [gr. = Vorrede], Einleitung zu dramat. Dichtungen, auch Opern; Mittel, um Absicht u. Thema des Werks anzukündigen. Ggs.: ↗Epilog.

Promemoria *s* [lat. = zur Erinnerung], Denkschrift.

Proömium *s* [lat.], gr. *Prooimion,* urspr. Vorgesang zu Epen, dann allg. Vorspiel, Eingang, Vorrede bei WW der Antike.

Propemptikon *s* [gr.], Gattung der antiken Lit.: Geleitgedicht für einen Abreisenden mit formelhaften Segenswünschen; in Dtl. in Humanismus u. Barock nachgeahmt.

Propositio *w* [lat.], Satz, Urteil; Ober- oder Untersatz im Schluß.

Professorenromane
(Vertreter und beispielhafte Werke)

F. Dahn *(Ein Kampf um Rom)*
G. Freytag *(Die Ahnen)*
Parodie auf den Professorenroman:
F. Th. Vischer, *Auch einer* (Pfahlbauergeschichte)

progressive Universalpoesie

Die romantische Poesie ist eine progressive Universalpoesie. Ihre Bestimmung ist nicht bloß, alle getrennten Gattungen der Poesie wieder zu vereinigen, und die Poesie mit Philosophie und Rhetorik in Berührung zu setzen …
Sie umfaßt alles, was nur poetisch ist, vom größten wieder mehrere Systeme in sich enthaltenden Systeme der Kunst, bis zu dem Seufzer, dem Kuß, den das dichtende Kind aushaucht in kunstlosen Gesang …
Andre Dichtarten sind fertig, und können nun vollständig zergliedert werden. Die romantische Dichtart ist noch im Werden; ja das ist ihr eigentliches Wesen, daß sie ewig nur werden, nie vollendet sein kann.
(F. Schlegel: Athenäumsfragment Nr. 116)

Proklisis

's ist gut
statt
es ist gut

Propyläen, 1798–1800 v. Goethe hg. Kunstzeitschrift; ben. nach den monumentalen Torbauten der griech. Architektur.

Prosa *w* [lat.], im Ggs. zur ↗Poesie die nicht metrisch gebundene Sprache; meist die Rede- u. Schreibweise des Alltags; zur Kunstform erhoben in Roman, Erz., Essay, hier z. T. mit eigenem Rhythmus.

Prosaepik *w* [lat.-gr.], im Ggs. zur *Versepik* (↗Versroman; ↗Versnovelle, ↗Epos) die nicht in Versform gehaltene ↗Epik.

Prosagedicht ↗poème en prose.

Prosarhythmus *m* [lat.-gr.], durch rhythm. Effekte, wie gelegentl. Taktieren (↗Takt) u. bes. angeordnete Satzschlüsse (↗cursus), erreichte Klangsteigerung der ↗Kunstprosa.

Prosodie *w* [gr.], die antike Lehre v. Silbenmessung u. Akzentuierung im Vers.

Prosopopöie *w* [gr. = Maskendichtung], Verwendung geschichtl. oder erdichteter Persönlichkeiten, damit die eigene Meinung stärker wirken soll; z. B. Nietzsches *Zarathustra.*

Prospekt *m* [lat. = Ausblick], **1)** *Buchhandel:* Ankündigung eines zum Erscheinen vorgesehenen Schriftwerks. **2)** *Theater:* bemalte Bühnenrückwand, die durch perspektiv. Mittel Tiefe vortäuscht.

Proszenium *s* [gr.], im antiken Theater die Spielfläche vor dem Szenengebäude; im heutigen Theater der Raum zw. Vorhang u. Rampe.

Protagonist *m* [gr.], **1)** in der griech. Tragödie der „erste" Schauspieler, der dem Chor gegenübertritt. **2)** *i. ü. S.:* Vorkämpfer einer Idee.

Protest Song *m* [prᵉteßt-, engl.-am.], ↗Song mit engagiert zeitkrit. Text.

Protokoll *s* [gr.], **1)** vorn angeklebtes Blatt eines ↗Papyrus, das die Aufschrift enthielt. **2)** Niederschrift v. einer wiss. oder amtl. Veranstaltung; soll Verlauf u. Ergebnisse objektiv umreißen; als Dokument v. einem Teilnehmer verfaßt.

Proverbes dramatiques

Gattungstypischer Titel *(A. de Musset)*: „On ne badine pas avec l'amour" (Man scherzt nicht mit der Liebe)

Proverbes dramatiques [-wärb -tik, frz.], einaktige frz. Schauspiele, die mit wenig Aufwand an Personen meist die Wahrheit einer Lebensregel illustrieren.

Provinzialismus *m* [lat.], Ausdruck, der nur im Gebiet einer ↗Mundart gebräuchl. ist.

Psalmen [Mz., v. gr. *psalmos* = Gesänge mit Saitenspiel], die im atl. ↗Psalter 1) gesammelten 150 rel. Lieder Israels, allg. in 5 Bücher unterteilt u. wohl aus Einzel-Slg.en zusammengewachsen; die hebr. Zählung (in der exeget. Lit. gebräuchl.) weicht v. der griech.-lat. ab. Die Überlieferung schreibt David als dem großen Initiator des P.gesangs in Israel die meisten P. zu, doch wurde ein bedeutender Teil der P. nach dem Exil verf.; der Gattung nach unterscheidet man ↗*Hymnen,* (kollektive u. individuelle) ↗*Klagelieder* u. das *Danklied des Volkes* (66, 8–12; 124f; 129) bzw. *prophet.-eschatolog.* (darunter die sog. *Königslieder* auf den König Israels; ob diese z.T. eschatolog.-messian. Charakter haben *[messian. P.],* ist umstritten) u. *didaktische P.* (Lehr-P. u. Weisheitslieder).

Psalmist *m* [gr.], Psalmendichter, bes. David.

Psalmodie *w* [gr.], urspr. das Singen v. Lobliedern u. Psalmen, dann der allg. Vortrag der Psalmen des AT u. des Stundengebets; das schlichte Rezitieren auch außerkirchl. Melodieformeln.

Psalter *m* [gr.], lat. *Psalterium,* **1)** Psalmensammlung oder -bearbeitung. ↗Psalmen. **2)** der marian. Rosenkranz. **3)** *Rhythmischer P.,* ma. außerliturg. Andachtsdichtung (Reimgebete) aus 150 Reimstrophen; seit dem 13. Jh. auch dt. Marien-P. (= *Mariengrüße*).

Pseudandronym *s* [gr.], männl. ↗Pseudonym für eine Frau.

Pseudogynym *s* [gr.], weibl. ↗Pseudonym für einen Mann.

Pseudonym *s* [gr. = falscher Name], falscher oder erfundener Name, unter dem ein Schriftwerk erscheint.

Pseudonym (Formen des Pseudonyms)

Anagramm
Kryptonym
Prenonym
Hagionym
Phraseonym
Phrenonym
Telonisnym
Pseudandronym
Pseudogynym
(vgl. die einzelnen Stichworte)

Psychoanalytische Methode *w,* wendet die Erkenntnisse der v. *S. Freud* begr. Psychoanalyse auf lit. Werke zu deren Deutung an; das lit. Werk wird als Objektivierung des Unbewußten angesehen. Beispiele psychoanalyt. Deutungen lieferte Freud selbst (z.B. sein Aufsatz *Das Unheimliche* über E. T. A. Hoffmanns *Sandmann*). Die p.M. vermag einzelne ↗Motive zu erhellen, muß jedoch zur Deutung des Gesamtwerks zumindest durch andere literaturwiss. Methoden ergänzt werden.

Psychodrama *s* [gr.], monolog. Schauspiel, das das seel. Ringen einer Figur gestaltet.

Psychologischer Roman *m,* Roman, der die äußere Handlung der seel. Analyse unterordnet; bes. im 19. Jh. gepflegte Spielart der Romankunst.

Psychologischer Roman (Vertreter)

Stendhal: *Die Kartause von Parma*
G. Flaubert: *Madame Bovary*
F. M. Dostojewskij: *Schuld und Sühne*
Th. Mann: *Der Zauberberg*
A. Gide: *Die Falschmünzer*

Publikation *w* [v. lat. *publicare* = veröffentlichen], Veröffentlichung, Bekanntgabe; auch das Bekanntgegebene.

Publikum *s* [lat.], Öffentlichkeit, Zuhörerschaft, Zuschauerschaft.

Publizist *w* [lat.], ein auf dem Gebiet der ↗Publizistik verantwortl. tätiger Journalist.

Publizistik *w* [lat.], Unterrichtungen u. Veröffentlichungen, die zu Fragen der Zeit, vor allem der Politik, Stellung nehmen u. somit bei der Bildung der öff. Meinung mitwirken (↗Journalismus). Mittel der P. sind die Massenkommunikationsmittel (↗Massenmedien). Da sich die P. mit der „öff. Aussage aktueller Bewußtseinsinhalte" beschäftigt, hat sich nach 1945 aus der ↗Zeitungs-Wiss. eine Wiss. v. der P. *(P.-Wiss.)* weitergebildet.

Pulcinella [pultschi-, it. = kleines Hähnchen], Figur der ↗Commedia dell'arte; Typ des unverschämten u. gefräßigen Dieners; aus neapolitan. Volkspossen.

Pulitzer-Preis, wird seit 1917 alljährl. für besondere Leistungen in Zeitung, Reportage, Lit. u.a. verliehen; testamentar. gestiftet v. dem amerikan.-ungar. Verleger u. Journalisten *J. Pulitzer.*

Puppentheater, *Puppenspiel,* ein Theater, in dem die agierenden Darsteller Puppen sind, d.h. plast. oder halbplast. Figuren (Verwendung flächiger Figuren dagegen im Theatrum mundi u. im ↗Schattenspiel). Nach Art ihres Mechanismus sind es *Hand-* (Kasperle) oder *Stockpuppen* u. ↗*Marionetten.* Das P. ist bei fast allen Kulturvölkern bekannt. Es stammt aus Asien (hier bes. verbreitet in China, Japan, Java sowie in den Ländern des islam. Kulturkreises); wurde z.Z. der Kreuzzüge v. Gauklern aus Kleinasien nach Europa gebracht; zunächst reine Jahrmarktsbelustigung, sehr beliebt bis ins 18. Jh. auch als Kinderspiel. Stoffe wurden den Schwänken, Märchen, Sagen u. Volksbüchern (Faustus) entnommen. Neue Hinweise auf das P. in der Romantik; Förderung Mitte des 19. Jh. in München durch Graf Pocci u. J. Schmid; Wiedererweckung nach dem 1. Weltkrieg.

Puranas [Sanskrit = alte (Erzählungen)], ind. rel.-epische Texte: Königsgenealogien, Weltschöpfung, Mythen, Beschreibung hll. Stätten, Wallfahrten u.a.

Purimspiele [Mz., hebr.-aram.-jidd.], zum jüd. Freudenfest am 14. Februar aufgeführte Schauspiele in jidd. Sprache, z.T. auch in den Landessprachen Mittel- u. Osteuropas; seit dem 16. Jh. erhalten.

Purismus *m* [lat.], **1)** Streben nach „Reinheit" der Sprache, d.h. Kampf gg. Fremdwörter; **2)** allg. Streben nach Stilreinheit.

Pythische Spiele, altgriech., zu Ehren des Apollon in Delphi veranstaltete panhellen. Kultfeste; sollen zunächst alle 8, seit 582 v.Chr. alle 4 Jahre gefeiert worden sein; bestehend aus mus., gymn. u. hipp. ↗Agonen. Ihr Hauptstück war der sog. *Pyth. Nomos,* ein Loblied auf Apollons Kampf mit dem Drachen Python.

quadrivium *s* [lat.], ma. Bz. für 4 der 7 ↗Freien Künste.
Quaestio *w* [lat.], Frage, Streitfrage, Untersuchung; im MA kurze theol. oder phil. Abhandlung.
Quantität *w* [v. lat. *quantitas* = Menge], *Metrik:* Silbendauer; als Unterscheidung v. ↗Längen u. ↗Kürzen (variabel dagegen: ↗anceps) ausschlaggebend in quantitierender Dichtung (↗Metrik). Die Länge einer kurzen Silbe wird als ↗More bezeichnet.
quantitierende Dichtung ↗Metrik.
Quart(o) *s* [v. lat. *quartus* = vierter], ein ↗Buchformat (Abk. 4°) für größere Bände.
Quartett *s* [lat.-it.], Vierzeilenstrophe im ↗Sonett.
Quatrain *m* [katrãn, frz.], vierzeilige Strophe, häufig mit der *Reimfolge abba;* bes. in der frz. Lit., in Barock u. Aufklärung auch in der dt. Literatur (Epigramme).
Quellen, 1) *Geschichtswissenschaft:* alle Texte, Gegenstände oder Tatsachen, die Zeugnis v. der Vergangenheit ablegen. **2)** in der Lit. die stoffl. Vorlagen einer Dichtung.
Quellenkunde, wertet die verschiedenartigen ↗Quellen (Vorlagen, Handschriften, Dokumente, Urkunden usw.) aus, die außer dem lit. Werk selbst zu dessen Deutung verwertbar sind.
Querelle des anciens et des modernes [k°räl däsãnßjãn e dä -därn, frz. = Streit der Traditionalisten u. Neuerer], frz. lit. Auseinandersetzung um den Vorrang der antiken oder der klass. frz. Autoren als Vorbilder der Lit.; zu Beginn des 18. Jh. zugunsten der *modernes* entschieden.
Querelle du Cid [k°räl dü ßid, frz.], berühmter lit. Streit um Corneilles *Cid* (Eröffnungsdrama der frz. Klassik, 1637); Stellungnahme der ↗Académie française im Geist klassizist. Stilempfindens.
Questione della lingua [kwe-, it. = Sprachenfrage], Streit um den Vorrang einer it. Mundart als Grundlage der Literatursprache, die das Lat. ersetzen sollte; im 16. Jh. zugunsten des Toskanischen entschieden.
Quietismus *m* [v. lat. *quies* = Ruhe], die myst. Lehre, daß die Seele, um Gott zu finden, in Passivität verharren müsse.
Quintessenz *w* [v. lat. *quinta essentia* = fünfte Wesenheit], bei Aristoteles der Äther als das fünfte, wichtigste Element; in übertragenem Sinn: Hauptsache, Inbegriff.
Quodlibet *s* [lat. = was beliebt], **1)** *allg.:* Allerlei, Durcheinander. **2)** im MA kürzere Disputation über eine theol. Frage.

Rahmen, Mittel der Strukturierung eines Erzählwerks: eine oder mehrere Erz. werden v. einer *Rahmenerzählung* eingeschlossen, z.B. einem Gespräch, in dem ein oder mehrere Teilnehmer die eigentl. Erz. darbieten. Der R. kann mehrere selbständige Erz. zu einem Zyklus verbinden, so etwa in Hauffs *Karawane,* deren einzelne Märchen-Erz. sich die Teilnehmer einer Reise nacheinander erzählten. – In der einzelnen Erz. kann der R. Mittel der Distanzierung, Beglaubigung, perspektiv. Brechung usw. sein. – In beiden Fällen ergeben sich bes. künstler. Wirkungen durch kunstvolle Bezüge zwischen den Erzählebenen des R. und der Binnenerzählung.

Randglosse *w, Marginalglosse,* ↗Glosse; ↗Marginalien.

Randmotiv *s, Füllmotiv,* ↗Motiv, das nur Randbedeutung in einem Werk hat.

Rang *m* [frz.], *Theater:* an den Wänden des Zuschauerraums angebautes Stockwerk (meist mehrere) mit Sitzreihen u. Logen *(R.theater).*

Räsoneur *m* [-nör, frz.], im Drama auftretende Nebenfigur, welche Situationen erläutert, Personen u. ihre Handlungen charakterisiert bzw. erklärt; wendet sich vielfach an den Zuschauer.

Rationalismus *m* [lat.], *allg. Geistes-Gesch.:* im Ggs. zum ↗Irrationalismus u. Empirismus die einseitige Betonung der Vernunft (Ratio), des begriffl. Denkens u. der wiss. Erkenntnis. Den neuzeitl. R. begr. Descartes.

Rätsel *s,* eine in der Regel in Frageform, häufig in Reime gebrachte Verkleidung oder Umschreibung einer Sache oder eines Gedankens. Lit. Kleingattung; häufig auch als Märchenmotiv.

Raubdruck, nichtautorisierter Erst- oder Nachdruck; fr. stark verbreitet.

Räuberroman *m,* durch Schillers „edlen Räuber" Karl Moor angeregte Form der Unterhaltungs-Lit., die rasch zur ↗Trivialliteratur absank. Held ist meist ein Beschützer der Unterdrückten u. Kämpfer gg. Machtwillkür.

Raumdrama *s,* ein Drama, in dem Geschehen u. Figuren im Dienst der Darstellung eines (z. B. histor.) Raums u. seiner Spielarten stehen; z.B. Schillers *Wallensteins Lager.*

Realenzyklopädie *w* [lat.-gr.], ein Sachwörterbuch, enthält Sach- u. Grundbegriffe eines Wissensgebietes, alphabet.-lexikal. angeordnet.

Realien [Mz., v. lat. *realia studia*], **1)** wirkliche Dinge, Sachkenntnisse. **2)** ältere Bz. für die Unterrichtsfächer, die seit dem 17. Jh. neben dem Studium des

Rahmenerzählung
(zyklisch)

Tausendundeine Nacht
Boccaccio: *Decamerone*
Chaucer: *Canterbury Tales*
Marguerite de Navarre: *Heptameron*
Basile: *Pentameron*

Rahmen in einzelnen Erzählungen u. a.
C. F. Meyer: *Die Hochzeit des Mönchs*
Th. Storm: *Der Schimmelreiter*
F. Grillparzer: *Der arme Spielmann*

Räuberroman
(Beispiele)

Ch. A. Vulpius: *Rinaldo Rinaldini*
A. Dumas d. Ä.: *San Felice*
G. Berto: *Il brigante*

Raumdrama

Das Raumdrama ist besonders als historisches Drama realisiert worden. Die Fülle von Figuren und Schauplätzen, die Lockerheit des Geschehens, das Sich-Verlieren in Teilstücke, die selbstherrlich werden, das Auskosten lyrischer Bilder, das Genießen rhetorischer Reden, die auch sprachlich große Mannigfaltigkeit der Ausdrucksformen, – all dieses bunte Nebeneinander schafft Distanz …

(W. Kayser: *Das sprachliche Kunstwerk*)

klass. Altertums wachsende Bedeutung gewannen (u.a. Mathematik, Natur-Wiss., neuere Sprachen, Gesch.).

Realindex *m* [lat.], *Realregister,* Sachverzeichnis.

Realismus *m* [lat.], **1)** *Philosophie,* a) *Metaphysik:* die Anschauung, daß das begriffl. Allgemeine unabhängig vom erkennenden Subjekt u. „vor" (extremer platon. R.) oder „in den Dingen" (gemäßigter oder aristotel. R.) wirkl. sei. Ggs.: ↗Nominalismus. In der Scholastik waren Hauptvertreter des platon. R. Wilhelm v. Champeaux u. Anselm v. Canterbury, des aristotel. R. Thomas von Aquin. – b) *Erkenntnislehre:* Annahme einer vom erkennenden Subjekt unabhängigen Außenwelt; als ungeprüfte Voraussetzung im *naiven R.,* unter Berücksichtigung des subjektiven Charakters der Wahrnehmungs- u. Denkinhalte im *krit. R.* Hauptvertreter u. a. F. Bacon, Th. Hobbes, R. Descartes, die Materialisten. Kant vertrat einen krit. Ideal-R., nach dem das Ding an sich zwar wirkl., aber nicht erkennbar ist, E. Hartmann einen transzendentalen R., nach dem die Erscheinungswelt durch die subjektiven Anschauungsformen Raum u. Zeit bestimmt ist. **2)** *Kunst u. Literatur:* wirklichkeitsnahe Darstellung, bes. der soz. Wirklichkeit u. des Alltäglichen; häufig verwandter, jedoch vager Begriff. **3)** als lit. Epochenbegriff (auch ↗*poetischer R., bürgerlicher R.*) Bz. für die Zeit etwa v. 1830–1880 bzw. deren vorherrschende lit. Tendenzen. Diesen ist gemeinsam das Streben nach Darstellung des ungeschminkt alltägl. Lebens ohne Heroisierung und Stilisierung, der gesellschaftl. Wirklichkeit in ihren (oft mit ↗Humor gesehenen) Details; Grundhaltung ist häufig die Resignation. Für die Entwicklung einer realist. Erzählkunst wurde bes. Fkr. maßgebend (Romane v. Balzac, Stendhal, Flaubert); bedeutende Erzähler des R. sind: in Engl. Ch. Dickens, W. Thackeray, in Rußland Turgenjew, Tolstoj, Dostojewskij, in Dtl. u. der Schweiz G. Keller, W. Raabe, Th. Storm, C. F. Meyer, Th. Fontane, M. v. Ebner-Eschenbach. – Während die Lyrik im R. eher zurücktrat, schufen Fr. Hebbel, Ch. D. Grabbe, G. Büchner Dramen aus realist. Grundhaltung.

realistisch [lat.], **1)** *allg.:* illusionslos; an der Wirklichkeit orientiert, wirklichkeitsgetreu. **2)** den ↗Realismus betreffend.

Realkatalog *m* [lat.-gr.], ↗Katalog.

Reallexikon *s* [lat.-gr.], ein Sachwörterbuch (↗Konversationslexikon) im Ggs. zu einem Sprachwörterbuch.

Realtyp *m* [lat.-gr.], *Gattungspoetik:* induktiv aus

Realismus

Wenn man mir übrigens noch sagen wollte, der Dichter müsse die Welt nicht zeigen, wie sie ist, sondern wie sie sein solle, so antworte ich, daß ich es nicht besser machen will als der liebe Gott, der die Welt gewiß gemacht hat, wie sie sein soll. Was noch die sogenannten Idealdichter anbetrifft, so finde ich, daß sie fast nichts als Marionetten mit himmelblauen Nasen und affektiertem Pathos, aber nicht Menschen von Fleisch und Blut gegeben haben, deren Leid und Freude mich mitempfinden macht und deren Tun und Handeln mir Abscheu oder Bewunderung einflößt. Mit einem Wort, ich halte viel auf Goethe oder Shakespeare, aber sehr wenig auf Schiller.

(G. Büchner: Brief v. 28. Juli 1835)

Rechtschreibung
(historische Beispiele)

In themo sehsten mânude gisentit uuard engil Gabriel fon gote in thie burg Galilee, thero namo ist Nazareth...
(Tatian, 9. Jh.)

si sprach 'hêr, waert ir komen dar / zuo der jaemerlîchen schar, / sô waere dem wirte worden rât / vil kumbers den er lange hât.'
(Wolfram von Eschenbach, Anfang 13. Jh.)

Retten die pfaffen als gern latein, / als gern sie trincken guten wein, / So fund man manichen gelerten man, / der mer latein kunt, den er kan.
(Anonym, Ende 15. Jh.)

Zue einer Satyra gehören zwey dinge: die lehre von gueten sitten und ehrbaren wandel / vnd höffliche reden vnd schertzworte.
(M. Opitz, 17. Jh.)

einer gegebenen Menge v. konkreten lit. Werken gewonnener Typus; im Ggs. zum ↗Idealtyp nur mit hist. Geltung (z.B. Barockroman; Shakespeare-Sonett).

Rechtsbücher, private Rechtsaufzeichnungen des MA, die später Rechtsquellen mit Gesetzesgeltung wurden, z. B. Sachsenspiegel.

Rechtschreibung, *Orthographie,* die „richtige", d.h. übliche oder amtlich anerkannte Art, die Wörter einer Sprache durch Schriftzeichen (Buchstaben, Satzzeichen) wiederzugeben. Die grundsätzl. Schwierigkeit jeder R. besteht darin, daß eine begrenzte Anzahl v. Zeichen eine viel größere Zahl v. Lauten u. Lautkombinationen festhalten soll u. die Schreibung konservativer ist als die sich wandelnde Sprache (z.B. der Unterschied in Schreibung u. Aussprache des Engl. oder Frz.). – *Gesch. der dt. Rechtschreibung:* Das MA kannte keine einheitl. R.; hist. Schreibweise läßt sich früh belegen, z.B. i für gesprochenes ei in bayer. Hss. Im 14.–16. Jh. brachten die an einer Regelung stark beteiligten u. interessierten Kanzleien u. Druckereien viele Neuerungen; z.B. Bz. der Länge durch e (roer), i (hain), h (rohr), der Kürze durch Doppelkonsonant (Gottes), doch auch sinnlose Konsonantenhäufungen (hellffen). Seit dem Barock üblich: Großschreibung der Substantive. Anweisungen zur R. gibt es seit dem 18. Jh. (Freyer, 1722; Adelung, 1788). Bestrebungen, eine verpflichtende R. ein zuführen, hatten erst seit 1876 Erfolg; sie führten in den einzelnen Ländern (Preußen 1880, Puttkamersche R. ebd.) zu der neuen R. für die Schulen, ohne daß der amtl. Verkehr sie annahm. Erst die orthograph. Konferenz v. 1901 fand mit ihren Vorschlägen Eingang in den amtl. Verkehr. Die heute übliche R. ist festgehalten in *Der Große Duden.* – In der Ggw. verstärkt sich der Ruf nach einer *Reform der R.,* deren Befürworter bes. die teilweise oder totale Beseitigung der Großschreibung, Anpassung der Interpunktion an den Sprechrhythmus u. vereinfachte Schreibweise bei Fremdwörtern verlangen.

Rechtssprichwörter, einprägsam kurze Formulierungen v. Rechtssätzen als Gedächtnishilfen aus dem ältesten dt. Recht.

Redakteur *m* [-tör, frz.], in der Schweiz *Redaktor,* Schriftleiter; allg. wer mit Auswahl, Überarbeiten und Druckfertigmachen *(Redigieren)* v. Manuskripten, auch mit der Abfassung eigener Artikel, bes. bei der Presse, beschäftigt ist; entspr. *redaktionelle* Tätigkeit auch bei Verlagen, Nachrichtendiensten, Rundfunk u. Fernsehen.

Redaktion *w* [lat.], **1)** Zusammentragung, Anordnung v. Material, das zur Veröffentlichung bestimmt ist. **2)** die Gesamtheit der bei Herausgabe einer Druckschrift beschäftigten ↗Redakteure. Die R. wird in Sparten (Ressorts) eingeteilt. **3)** Arbeitsort der Redakteure.
Redefiguren ↗Rhetorik.
Redekriterium *s,* wichtigstes antikes Einteilungsprinzip für Dichtung: im *genus narrativum* spricht der Dichter selbst, im *genus dramaticum* reden handelnde Personen, das *genus mixtum* mischt beide Darstellungsarten.
Redekunst ↗Rhetorik.
Redondilla *w* [-dilja], span. Strophenform aus 4-, 6- oder 8silbigen Versen, Reimschema meist abba.
Redundanz *w* [lat.], *Informationstheorie:* Überschuß an Information (z.B. durch „Zweimalsagen"); schützt vor Übertragungsstörungen. – Formale Festlegungen (z.B. Endreim; allg. metr. Regeln) schaffen im lit. Werk „ästhet. R."
Referat *s* [lat.], Vortrag, Bericht, Besprechung.
Reformation *w* [lat. = Wiederherstellung], rel. Bewegung in Europa, die auf Erneuerung der Kirche aus dem Geist des Evangeliums abzielte; in zahlr. lit. Formen propagiert (Flugschrift, Streitschrift, Satire usw.), durch den Buchdruck gefördert. Am einflußreichsten wurden neben Luthers Schriften (bes. ↗Bibelübersetzung, 1534), die wesentl. zur Vereinheitlichung der dt. Schriftssprache beitrugen, Fabel, Kirchenlied u. bes. das Drama (R.-Drama, ↗Schuldrama), das vorwiegend päd. Zwecke verfolgte. Große Bedeutung hatte H. Sachs (Propagandaschriften für Luther, Spruchgedichte, Meisterlieder), der das v. H. Rosenplüt u. H. Folz gepflegte Fastnachtsspiel zur Vollendung führte. Daneben unterhaltende Lit. (J. Wickram: Rollwagenbüchlein; J. Fischart, *Geschichtsklitterung;* ↗Volksbücher).
Reformoper *w* [lat.], Bz. für die Opernform Ch. W. Glucks; in ihr, einer Vorform des ↗Musikdramas, erhält die dramat. Handlung mehr Gewicht als in der rein musikal. ausgeformten it. opera seria. ↗Oper.
Refrain *m* [röfrãn, frz.], Kehrreim, in stroph. Gedichten am Ende der Strophen stets wiederkehrende Verse.
Regelpoetik *w,* ↗normative Poetik.
Regie *w* [reschi, frz.], Tätigkeit des ↗Regisseurs.
Regionalismus *m* [lat.], auf die Gestaltung der heimatl. Landschaft konzentrierte lit. Strömungen.
Regisseur *m* [reschißör, frz.], der künstlerische Lei-

Reim

reiner R.:
nieder / Glieder
unreiner R.:
verhöhnet / sehnet
rührender R.:
erzeigen / zeigen
identischer R.:
Ewigkeit / Ewigkeit
männlicher R.:
Nachtigall / Schall
weiblicher R.:
zerdrücken / Brücken
gleitender R.:
das Unbeschreibliche / das Ewig-Weibliche

Paarreim:
aabb
Kreuzreim:
abab
Umarmender R.:
abba
Schweifreim:
aabccb

Reimchronik

12. Jh.
Kaiserchronik

13./14. Jh. (Blütezeit)
Weltchronik
Rudolf von Ems
Jans Enikel
Heinrich von München
Livländische R.
Österreichische R.
Deutschordenschronik

Reimschema
(Beispiel)

In allen meinen Taten / Laß ich den Höchsten raten, / Der alles kann und hat. / Er muß zu allen Dingen / Soll's anders wohl gelingen / Selbst geben Rat und Tat. /
(Paul Fleming)
Schema: aabccb

ter einer Theater-Aufführung, v. Filmen, Hörspiel- u. Fernsehinszenierungen.

Register *s* [lat.], *Index,* Verzeichnis, z.B. für Akten; bes. in Büchern als *Personen-, Orts-* u. *Sach-R.,* meist in alphabet. Folge zum rascheren Auffinden gesuchter Stellen.

Regression *w* [v. lat. *regressio* = Rückgang], *rhetor. Figur:* die Einzelglieder eines mehrgliedrigen Ausdrucks werden unterscheidend wiederholt.

reicher Reim ↗rührender Reim.

Reihung, Gestaltungsprinzip v. lit. WW in einzelnen Mitteln der Darstellung (z.B. ↗Parataxe; Stilfiguren wie ↗Asyndeton, ↗Polysyndeton usw.); als Kompositionsprinzip weniger wirkungsvoll als z.B. die Steigerung.

Reim, ursprüngl. mhd. *rîm* im Sinn v. Vers, heute meist als Endreim der Gleichklang der Versenden vom letzten betonten Vokal an. Der Endreim stammt aus der lat. Lit. (auch in anderen Sprachen bekannt) u. drang nach roman. Vorbild im 9. Jh. (Otfrids ↗Evangelienharmonie) ins Dt. ein. Er verdrängte den ↗Stabreim der altgerm. Dichtung. Bis ins 12. Jh. wurde nicht volle Reinheit (genauer Gleichklang) gefordert, gleiche Vokale (↗Assonanz) genügten. Im 12. Jh. setzte sich der ↗reine Reim durch; ↗unreine Reime sind in volkstüml. Gattungen jedoch bis heute möglich. Seit dem 18. u. bes. im 20. Jh. wurde reimlose Dichtung wieder häufiger. – Einteilung des R. nach verschiedenen Kriterien: Korrektheit; Zahl der reimenden Silben; Anordnung der reimenden Verszeilen. Sonderformen sind der ↗Anfangs- u. der ↗Binnenreim.

Reimbibel, Bz. für die ma. Übers. des lat. Bibeltextes in Versform mit legendären Zusätzen; früheste R. um 1120; Blütezeit im 15. Jh.

Reimbrechung ↗Hakenstil; ↗Enjambement.

Reimchronik *w,* im MA beliebte geschichtl. Darstellung in Reimpaaren.

Reimlexikon *s,* Slg. v. miteinander reimenden Wörtern als Hilfsmittel des Dichters (oder deskriptiv zu wiss. Zwecken).

Reimoffizium *s,* Bz. für das kirchl. ↗Stundengebet im MA, wenn Hymnus, Antiphon u. Responsorium in Rhythmus u. Reim gefaßt sind; bes. verbreitet in der franziskan. Poesie (mit ca. 770 Reimoffizien); vom Tridentinum verboten.

Reimpaar, 2 durch Paarreim (aa) verbundene Verse; bes. in der mhd. Epik.

Reimschema *s,* schemat. Darstellung der Reimfolge in Gedichten; übl. ist die Kennzeichnung durch Kleinbuchstaben.

reiner Reim, erfüllt die Definition des ↗Reims genau im Ggs. zum ↗unreinen R.

Reisebeschreibung, lit. Gattung, seit der Antike z.T. auch nur als Element innerhalb lit. WW (Odyssee; Pytheas v. Massila u.a.). Auch das christl. MA schätzte die R., bes. beliebt waren Beschreibungen der Reisen nach Palästina (u.a. *Peregrinatio ad loca sancta* der Aetheria, Ende 4. Jh.). 1301 Marco Polos R.; Mitte 14. Jh. die phantast. *Reisen des Ritters John Mandeville* v. Jean de Bourgoigne. Das Entdeckungszeitalter u. der Buchdruck förderten die Verbreitung v. Gesandtschaftsberichten (Olearius), wiss. u. populär gehaltenen Länderbeschreibungen (Bernal Díaz del Castillo über Mexiko; Francesco Carletti, *Reise um die Welt,* 1594). Während sich Humanismus u. Aufklärung mehr den exakten Einzelberichten zuwandten, bemühten sich Geniezeitalter u. Romantik um künstler.-dichter. Ausgestaltung (auch Idylle) der R. (L. Sterne, Thümmel). Einen klass. Höhepunkt schuf Goethe in seiner „It. Reise". Sachl. Beschreibungen v. Weltreisen stammen v. G. Forster, A. v. Chamisso. Neue Impulse durch naturwiss. Forschungen im 19. Jh., eingeleitet durch A. v. Humboldt; mehr subjektiv: Heine, Pückler-Muskau. Seit Ende des 19. Jh. nochmals starke Ausweitung der R., die sich in der Ggw. meist auf Gesellschaftsdarstellung konzentriert.

Reisebuchhandel, Zweig des ↗Buchhandels zum Vertrieb größerer WW (z.B. Lexika) durch Reisevertreter.

Relation *w* [lat.], period. erscheinende flugblattähnl. Zeitung im 16.–17. Jh., z.B. die Meß-R.en der Frankfurter u. Leipziger Buchmessen.

religiöse Dichtung, *i.w.S.:* Dichtung, in der rel. Motive zentrale Bedeutung haben; in älteren Literaturen kult. Dichtung, bes. kult. Theater; *i.e.S.:* ↗Christliche Dichtung. – ↗geistliche Dichtung, ↗geistliches Spiel, ↗Kirchenlied, ↗Legende, ↗Mirakelbücher.

Remittenden [Mz., lat.], *Buchhandel:* die vom Sortiment infolge Nichtsverkaufs nach bestimmter Frist dem Verleger zurückgesandten Bücher.

Renaissance *w* [r°näßanß, frz. = Wiedergeburt], *i.e.S.:* kulturgeschichtl. Bz. für die Zeit des ausgehenden MA (14.–16. Jh.) als eine Zeit der Wiedergeburt der Antike. Der Begriff erscheint erstmals in Fkr. u. Dtl. um 1820 u. wurde v. den Italienern im 19. Jh. mit *Rinascimento* rückübersetzt. Im heutigen Begriff R. fallen zus.: a) Wiederbelebung der Antike, b) ein alle Lebensbereiche umfassender Stil, bei dem im Ggs. zum ma. Welt- u. Menschenbild Diesseitigkeit, Entfaltung der Persönlichkeit, Naturbeobachtung, starkes Interesse für das Einzelne in seinem individuellen Charakter im Mittelpunkt stehen; neues Ideal der allseitig gebildete Mensch (uomo universale); c) die hist. Epoche in It. etwa 1420–1600, im übrigen Europa etwa 1500–1600. – Die Wiederentdeckung der Antike in Italien führte zur wiss. Beschäftigung mit den literar. u. künstler. WW der Vergangenheit. Das neue Selbstverständnis u. Selbstbewußtsein des Menschen (↗Humanismus) äußerte sich in neuen Formen der Kunst u. Lit. (bes. bei Petrarca, Boccacio). Neben den Klerus traten als Bildungsträger gelehrte Laien. Zur Entstehung eines neuen Weltbildes trugen die großen Entdeckungen (N. Kopernikus, Ch. Kolumbus) bei. Der gesellschaftl. Raum der R. waren die Fürstenhöfe u. Stadtrepubliken.

renouveau catholique [r°nuwo katolik], lit. Bewegung in Fkr. zu Ende des 19. Jh., die nach Neubelebung christl. Ideale strebte; vertreten durch P. Claudel; Polemiken v. L. Bloy; Zschr. „Cahiers de la Quinzaine" v. Ch. Péguy.

Repertoire *s* [r°pärt°ar, frz. = Register], die zur Aufführung bzw. zum Vortrag einstudierten Stücke, Texte oder Musikwerke eines Theaters, Ensembles oder einzelnen Künstlers; häufig i.ü.S.

Repetitorium *s* [lat.], Schriften, die zu Wiederholungszwecken einen bestimmten Lehrstoff, oft in Form v. Frage u. Antwort, darbieten.

Report *m* [frz.], Bericht, Mitteilung.

Reportage *w* [-tasch°, frz.], Berichterstattung in Wort u. Bild; soll schlagkräftig sein u. das vom *Reporter* als Augenzeugen Erlebte eindringl. vermitteln; Mittel v. Presse, Rundfunk u. Fernsehen; fand auch Eingang in die Lit. (z.B. in der am. Kurzgeschichte).

Reprints [Mz., engl.], *Buchwesen:* unveränderter Neudruck meist älterer WW (Bücher, Zeitungs- u. Zschr.-Jahrgänge, auch einzelner Artikel u. Aufsätze).

Requisiten [Mz., lat.], *Theater:* die in einer Aufführung verwandten kleinen Gegenstände, z. B. Waffen, Schmuck, Geschirr usw.

Resumé *s* [-sü-, frz.], *Resümee,* knappe (abschließende) Zusammenfassung.

Retardation *w* [lat.; Ztw. *retardieren*], Verzögerung eines sich schon ankündigenden Geschehnisses im Drama; neben der ↗Präzipitation wichtigstes dramat. Mittel der Zeitgestaltung.

Revue *w* [r°wü, frz.], **1)** *Pressewesen:* Rundschau; Titel für illustrierte Blätter oder Bz. für Zschr., die eine kulturelle, wiss. oder polit. Überschau bieten wollen. **2)** *Theater:* lose Reihe v. meist tänzer. Darbietungen mit prunkvoller Ausstattung; dagegen Piscators polit.-gesellschaftskrit. Revuetheater.

Rezension *w* [lat.; Ztw. *rezensieren*], **1)** *Buchbesprechung,* krit. Beurteilung eines in Buchform erschienenen Werkes durch einen *Rezensenten.* **2)** in der philolog. Textkritik die Herstellung eines Textes durch Vergleichung verschiedener Handschriften; die ↗krit. Ausgabe.

Rezeption *w* [lat.], An-, Aufnahme, Übernahme (bes. fremden Kulturgutes; auch des lit. Werks eines Autors).

Rezeptionsästhetik *w* [lat.-gr.], *i.w.S.* Untersuchung des Prozesses, in dem der Leser das lit. Werk aufnimmt; *i.e.S.* (auch *Rezeptionsgeschichte*) Versuch v. H. R. Jauß, die ästhet. Qualität lit. WW durch das „dialog. Verhältnis Werk–Leser" vom Leser her zu begreifen.

Rezeptionstheorie *w* [lat.-gr.], untersucht die Aufnahme v. lit. WW zu verschiedenen Zeiten; diese ändert sich als Folge der ständigen Umstrukturierung der Kulturkodes, die zur semant. Entschlüsselung notwendig sind. ↗Rezeption.

Rezitation *w* [lat.], Vortrag v. Gedichten, Szenen oder Prosa.

Rezitativ *s* [it.], musikal. Vortragsstil, bei dem ein nach dem Deklamationsrhythmus bzw. der syntakt. Gliederung der Sprache gegliederter Sprechgesang v. Instrumenten begleitet wird.

Rhapsoden [Mz., gr.], in der griech. Antike die fahrenden Sänger, die Epen u. Epen-Teile *(Rhapsodien)* vortrugen.

Rhetor *m* [gr.], im alten Griechenland Redner, auch Lehrer der ↗Rhetorik.

Rhetorik *w* [gr.], Redekunst, auch Anleitungen zu deren Erlernung u. Ausübung, bes. zur Führung der Gedanken, Steigerung bei Hauptpunkten, wirkungsvoller Ausgestaltung der Sätze durch sog. rhetor. Figuren. Die R. wurde in Griechenland v. den Syrakusanern Korax u. Teisias begr. (5. Jh.), mit Entstehung der Demokratie in Athen weiterentwikkelt; ihre Beherrschung war Voraussetzung für eine öff. Laufbahn. Die Gattungen der polit. Rede u. der Gerichtsrede bildeten sich heraus, daneben die Preis- u. Festrede. In der R. unterrichteten „Weisheitslehrer" (Sophisten). Gorgias (5. Jh.) führte sprachl. Kunstformen in die Rede ein. Isokrates u. Demosthenes waren vollendete Vertreter der griech. Redekunst. Seit dem 2. Jh. übermittelten griech. Rhetoren die R. nach Rom. Wichtige lat.

Rezeptionsästhetik

Das ‚Urteil der Jahrhunderte' über ein literarisches Werk ist mehr als nur „das angesammelte Urteil anderer Leser, Kritiker, Zuschauer und sogar Professoren", nämlich die sukzessive Entfaltung eines im Werk angelegten, in seinen historischen Rezeptionsstufen aktualisierten Sinnpotentials, das sich dem verstehenden Urteil erschließt, sofern es die „Verschmelzung der Horizonte" in der Begegnung mit der Überlieferung kontrolliert vollzieht.

(H. R. Jauß: *Literaturgeschichte als Provokation*)

Rhetorik
rhetorische Figuren

Akkumulation
Anapher
Annominatio
Anthiteton
Antiklimax
Antithese
Aposiopese
Asyndeton
Chiasmus
Correctio
Epipher
Figura etymologica
Hendiadyoin
Homoioteleuton
Hypallage
Hyperbaton
Hyperbel
Klimax
Litotes
Metonymie
Oxymoron
Parallelismus
Paronomasie
pars pro toto
Periphrase
Pleonasmus
rhetorische Frage
Synekdoche
Topos

(vgl. die einzelnen Artikel)

Lehrbücher der R.: *Rhetorica ad Herrenium,* um 85 v.Chr.; Ciceros *De inventione;* Quintilians *Institutio oratoria;* sie hatten teilweise große Bedeutung für das MA. Mit dem Untergang der röm. Republik verloren Gerichts- u. Staatsrede ihre Bedeutung, während die Preisrede (panegyr. Rede) um so feiner ausgebildet wurde. Auch Byzanz u. der islam. Bereich entwickelten (z.T. in antiker Tradition) die R. (arab. Balagha) weiter. Im MA spielte die R. als zweite der „7 freien Künste" eine wichtige Rolle. In der Predigt (z.B. Savonarola) zeigt sich ihre direkte Fortwirkung. Eifrig gepflegt wurde sie wieder in den Jesuitenschulen, in neuerer Zeit bes. in Ländern mit alter parlamentar. Tradition.

Rhétoriqueurs [-körß; Mz., frz.], Gruppe frz. Lyriker um 1500; virtuoses Formenspiel um wenige immer wieder variierte Themen (Herrscherlob usw.); bes. am burgund. Hof.

rhetorisch [gr.], die ↗Rhetorik betreffend, rednerisch; phrasenhaft.

rhetorische Figuren ↗Figur, ↗Rhetorik.

rhetorische Frage, ein rhetor. Mittel, Scheinfrage, in der die Antwort vorweggenommen ist.

rhetorische Frage

Ihr alle saht, wie am Lupercusfest / Ich dreimal ihm die Königskrone bot, / Die dreimal er geweigert. *War das Herrschsucht?* (W. Shakespeare: *Julius Cäsar*)

rhythmische Dichtung, Bz. für lat. und dt. Dichtungen des MA, die akzentuierend u. nicht quantitierend gebaut sind. ↗Metrik.

rhythmische Prosa *w,* ↗Kunstprosa, die durch rhythm.-klangl. Effekte (↗cursus) v. schmuckloser Alltagsprosa abgehoben ist.

rhythmische Prosa (Beispiel)

In mir fühl ich deiner Geschäftigkeit Ende – <u>himmlische Freiheit selige Rückkehr.</u> In wilden Schmerzen erkenn ich deine Entfernung von unsrer Heimat, deinen Widerstand gegen den alten, herrlichen Himmel.

(Novalis: *Hymnen an die Nacht*)

Unterstreichung: rhythm. Klangwirkung (x́xxx́x // x́xxx́x)

Rhythmus *m* [v. gr. *rhein* = fließen], im Vers (aber auch: Prosa-R.) die individuelle, aus der Spannung zw. dem starren Metrum u. der natürl. (inhaltsbezogenen) Akzentuierung der Sprache resultierende Betonungsordnung.

Rigweda *m* [Sanskrit], ältester u. wichtigster ↗Samhita u. ältester ind. Text überhaupt; eine Slg. der beim Opfer rezitierten Hymnen, zw. dem 16. u. 12. Jh. v. Chr. kompiliert, Hauptquelle für Mythologie u. Weltanschauung des Wedismus (↗Weda).

rime enchaînée *w* [rim ãnschäne, frz.], frz. Gedichtform, bei der das Schlußwort einer Zeile zu Beginn der nächsten wiederaufgenommen wird; auch abgewandelt.

rime riche *w* [rim risch, frz.], ↗rührender Reim.

Rimur [Mz.; Ez. *Rima*], gereimte isländ. Gedichte des 14. u. 15. Jh. in 4zeiligen Strophen; meist Sagastoffe.

Ringelgedicht ↗Rondeau.

Ringerzählung, kreisförmig geschlossene Form bes. des Volksmärchens: der Schluß lenkt zurück zu einer Situation, Person usw. des Anfangs.

Risorgimento *s* [-dschi-, it. = Wiedererhebung], die it. Einheits- u. Freiheitsbewegung, bes. 1815–60; lit. Vorkämpfer Manzoni, Pellico.

Rispetto *s* [it.], volkstüml. toskan. Kurzgedicht aus 8 Zeilen; 6 Zeilen mit Kreuzreim, die 2 letzten mit Paarreim. Blütezeit im 15. Jh.

Ritornell *s* [it. = Wiederkehr], der ↗Terzine ähnl. it. Gedichtform, in deren dreizeiligen Strophen die 1. u. 3. Zeile reimen, die mittlere reimlos bleibt.

Ritterdichtung ↗Rittertum.

Ritterdramen [Mz.], Dramen um einen Ritter als Helden; häufig bes. seit Goethes *Götz von Berlichingen;* später meist epigonal.

ritterliches Tugendsystem *s*, v. G. Ehrismann 1919 angenommene, v. der Forschung lange diskutierte dogmat.-lehrhafte Zusammenstellung ritterl. Tugenden im MA. Den Systemcharakter bestritt E. R. Curtius.

Rittertum *s*, im MA der internationale Stand der adligen, vollgerüsteten, zu Pferd kämpfenden Ritter; zum Kriegsdienst verpflichtet u. durch ein Lehen belohnt. Das R. entwickelte bes. vom 10.–11. Jh. ab besondere Tugendideale (Tapferkeit, Treue, Zucht, Frauendienst, Schutz für Arme u. Schwache) u. verfeinerte Verhaltensweisen, die zu einer höf. Spielkultur nach frz. Vorbild führten. Der Höhepunkt ritterl. Dichtung fällt ins 12.–13. Jh., das im ↗höfischen Roman u. im ↗Minnesang das Streben des R. nach Erfüllung des ritterl. Ethos in der Spannung v. Diesseits u. Jenseits gestaltet. Im Spät-MA geraten R. u. ritterl. Dichtung durch die Verbürgerlichung der Lebens- u. Anschauungsweisen in zunehmenden Verfall.

Ritter- und Räuberroman *m*, verbreitete Form des Unterhaltungsromans Ende des 18. Jh.; verarbeitet Motive der ↗Volksbücher u. der zeitgenöss. Kenntnis des MA.

Ritualbücher, 1) *allg.:* schriftl. Slg.en der Normen u. Texte des Kults. **2)** *Christentum:* liturgische Bücher.

Robinsonade *w*, Form des Abenteuerromans, ben. nach dem hervorstechendsten Beispiel: Defoes *Robinson Crusoe;* bes. im 18. u. 19. Jh. beliebt; so J. G. Schnabels *Insel Felsenburg,* J. H. Campes *Robinson der Jüngere,* J. H. Wyß' *Schweizer. Robinson,* Marryats *Mastermann Ready* (dt. Sigismund Rüstig).

Rokoko *s* [auch rokoko; v. frz. *Rocaille*], seit ca. Mitte 18. Jh. (urspr. abwertende) Bz. für den europ. Kunststil ca. 1730–1770/80, die graziöse u. intime Spätform, z.T. auch Weiterbildung des ↗Barock.

Ritornell
(dt. Vertreter)

F. Rückert
W. Müller
P. Heyse
Th. Storm

Ritterdramen
(Beispiele)

J. W. v. Goethe: *Götz v. Berlichingen*
F. M. Klinger: *Otto*
L. Uhland: *Ernst, Herzog v. Schwaben*

ritterliches Tugendsystem

Den ganzen Umkreis dieser Tugenden und Lebensideale auf ein dürftiges Schema zu bringen und aus einem lateinischen Florileg abzuleiten, scheint mir kein Gewinn. Den eigentümlichen Reiz des Ritterethos macht gerade das Schweben zwischen vielen teils nah verwandten, teils auch polaren Idealen aus.
(E. R. Curtius: *Europ. Lit u. lat. MA*)

Ritter- und Räuberroman

F. Ch. Schlenkert: *Friedrich mit der gebissenen Wange*
Ch. A. Vulpius: *Rinaldo Rinaldini*
H. D. Zschokke: *Abällino der große Bandit*
L. Wächter: *Sagen der Vorzeit*

Rollenfach

Jugendlicher Held und Liebhaber
Charakterspieler
Bonvivant
Intrigant
Held
Väterdarsteller
Naive
Salondame
Komische Alte

Lit. Rokoko: zeitgenöss. ↗Schäferdichtung, ↗Anakreontik u. bes. die Dichtung Ch. M. Wielands.

Rolle, *Theater:* Text des einzelnen Schauspielers (urspr. „gerollt"); auch die v. ihm zu verkörpernde Gestalt.

Rollenfach, *Theater:* bestimmte Rollentypen, bes. im Theater des 17.–19. Jh.

Rollengedicht, *R.lied,* lyr. Form, in der das ↗lyrische Ich die Rolle einer typ. (Wanderer, Knabe usw.) oder individuellen Gestalt einnimmt; z.B. Brentanos *Der Spinnerin Lied.*

Roman

Der Romanschriftsteller gibt jedoch weniger einen Fall – einen Charakter oder ein Geschehen – als eine Welt. Bei allen großen Romanschriftstellern findet sich eine solche Welt, die sich mit der empirischen zwar überschneidet, aber in ihrer Verständlichkeit aus den ihr eigenen Zusammenhängen heraus etwas Gesondertes darstellt... Dickens' Welt kann mit London, Kafkas mit dem alten Prag identifiziert werden, aber beide Welten sind so „projiziert", so schöpferisch und geschaffen und hernach in der empirischen Welt als Dickens' Charaktere und Kafkas Situationen erkennbar, daß solche Identifikationen recht unwichtig erscheinen.
(R. Wellek, A. Warren: *Theorie der Literatur*)

Roman *m* [lat.-frz.], urspr. ein Schriftwerk, das nicht mehr in der lat. Hochsprache, sondern in der *lingua romana,* der roman. Volkssprache, verfaßt ist. In Dtl. ist das Wort R. erst seit dem 17. Jh. gebräuchlich. Gegenüber dem ↗Epos gibt der R. den Versrhythmus auf u. geht zur Prosa über (↗Verserzählung als Zwischenstufe); inhaltl. wird im R., dessen Gesch. in der Antike mit phantast. Abenteuer- u. Liebes-R.en (↗Erotische Literatur) beginnt, die dem Epos zugehörige myth. Götterwelt preisgegeben u. der Held aus den kosm.-myth. Zusammenhängen losgelöst; es kommt zur Selbstentdeckung des Ichs (seit dem Renaissance- u. Barock-R.) auf allen Stufen (bis – im modernen R. – zur Darstellung des Unbewußten). Der R. hat hinsichtl. seiner besonderen Kunstform eigene, freil. nicht genau fixierbare Formgesetze, die vom Wandel der ästhet. Anschauungen abhängig sind. So haben sich Theorien des R. ergeben, die v. der ältesten des frz. Bischofs Huet *(Traité de l'origine des romans,* 1670) u. der ersten dt. des C. F. v. Blankenburg (*Versuche über den R.,* 1774) über die Romantiker u. F. v. Spielhagen bis zur Ggw. (G. Lukács u.a.) ein Wesensbild des R. zu entwerfen versuchen. Einteilungen sind nach verschiedensten Gesichtspunkten mögl. (stoffl.: hist., utop., Staats-, Schäfer-, Abenteuer-, Kriminal-, Liebes-, Ehe-, Frauen-, Familien-, Gesellschafts-R.; nach der Form: z.B. Brief-R.); hist. größere Bedeutung haben bes. der ↗Schelmenroman, der ↗Entwicklungs- u. ↗Bildungs-R., der psychol.-gesellschaftl. R. Dieser wurde von Stendhal, Balzac u. Flaubert in Fkr. wie im betont realist. Stil in Engl. ausgebildet; in Rußland: Gogol, Turgenjew, Tolstoj, Dostojewskij; Nachwirkungen bes. im am. Roman bis heute. Im 20. Jh. neben zahlr. der Tradition zugehörigen WW Wandlungen u. Erweiterungen der R.form bes. durch Proust, Conrad, Joyce, Kafka, V. Woolf, Faulkner, Musil; bes. bedeutsam: neue Durchleuchtung des Bewußtseins; veränderter Standpunkt des Erzählers (ironisch, distanziert, reflektierend); Wechsel u. gegenseitige Brechung der ↗Erzählperspektive; akontinuierl. Erzählweise; Zurücktreten v. Handlung, Eindringen essayist. Elemente; charakterist. etwa der ↗nouveau roman.

Romancero [-ßero, span.] ↗Romanzero.

Romancier *m* [romãnßie, frz.], **1)** *urspr.:* Romanzendichter. **2)** *heute:* Romanschriftsteller.

roman expérimental *m* [-mãn -mãntal, frz.], nach einer Schrift v. É. Zola (1880) Bz. für dessen Romankonzeption, die die experimentellen Methoden der Natur-Wiss. übernimmt: genaue Beobachtung, Auffassung v. der Determiniertheit der Menschen u. Ereignisse.

Romania *w* [lat.], **1)** volkstüml. Bz. für das Röm., dann für das Byzantin. Reich. **2)** das Gesamtgebiet der roman. Sprachen u. Kulturen; Bz. seit Gaston Paris (1872) üblich.

Romanische Sprachen, gehören dem idg. Sprachstamm an, entstanden aus dem v. röm. Kaufleuten, Soldaten u. Siedlern gesprochenen Volkslatein (Vulgärlatein): Sardisch, Italienisch, Rätoromanisch, Frz., Provenzal., Spanisch, Katalan., Portugies., Rumän. u. das nicht mehr gesprochene Dalmatinisch. Der Übergang vom Vulgärlatein zu den r. S. ist nicht genau zu bestimmen u. im einzelnen verschieden zu datieren (roman. Wörter schon im 6. Jh., roman. Sprachdenkmäler seit dem 9. Jh.). Die Bildung einheitl. Schriftsprachen erfolgte durch den Sieg eines Dialekts über die übrigen Mundarten, so in der Provence im 12. Jh. (kastil. Dialekt), in Fkr. im 13.–14. Jh. (Dialekt der Île-de-France), in It. durch Dante, Petrarca u. Boccaccio (Toskanisch), am spätesten in Rumänien (15.–16. Jh. Dakorumänisch). Das Rätoroman. hat keine einheitl. Schriftsprache hervorgebracht.

Romanistik *w* [lat.], *Romanische Philologie,* Wiss. v. den ↗Romanischen Sprachen, Lit. u. Kulturen.

Romantik *w* [lat.], eine alle Kulturbereiche umfassende, v. Deutschland ausgehende geistige Bewegung v. etwa 1790 bis in die 30er Jahre des 19. Jh., die sich zunächst gg. die verstandesbetonte Aufklärung u. gg. das strenge Formideal der Klassik wandte u. eine stark auf das Subjekt bezogene Denkweise entwickelte. Unendlichkeitsstreben, romant. ↗Ironie, Haltung der Sehnsucht sind bezeichnend, ferner die Erweiterung des Menschenbildes durch Gestaltung des Dämonisch-Unbewußten, Hinwendung zur Volksdichtung u. der Welt des MA als Verkörperungen des Märchenhaft-Poetischen. Gipfelleistungen der R. bes. in Lyrik u. Epik,

Romantik
in Deutschland:

„Jenaer Romantik" (Früh-R.):
W. H. Wackenroder
L. Tieck
Fr. und A. W. Schlegel
Novalis

„Heidelberger Romantik" (Hoch-R.):
J. Görres
C. Brentano
A. v. Arnim
L. Uhland
Brüder Grimm

Romantische Dichtung in Berlin, Königsberg Schlesien, Schwaben usw.:
A. v. Chamisso
F. de la Motte-Fouqué
E. T. A. Hoffmann
Z. Werner
J. v. Eichendorff
W. Hauff

weniger im Drama. – Den Auftakt bildeten in Dtl. Wackenroders *Herzensergießungen eines kunstliebenden Klosterbruders* (1797). Romant. Theorien verkündeten die Gebr. Schlegel in der Zschr. *Athenaeum,* A. W. Schlegel in seinen Berliner *Vorlesungen über schöne Lit. u. Kunst* (1801–04). Die romant. Poesie galt als ↗„progressive Universalpoesie". Die ganze Welt sollte poetisiert werden (z. B. in Novalis' *Heinrich v. Ofterdingen*). Sprache u. Dichtung waren für die Romantik eins. Die romant. Ironie wirkt sich z. B. bei Brentano u. Tieck aus u. später – verschärft u. abgewandelt – bei Heine.
Schon in der Frühromantik bahnte sich eine Wendung zu nationalen u. christl. Inhalten an (programmat.: Novalis, *Die Christenheit oder Europa*). In Heidelberg gaben Arnim u. Brentano die *Einsiedlerzeitung* (als Buch *Trösteinsamkeit*) u. *Des Knaben Wunderhorn* (1806–08) u. Görres *Die teutschen Volksbücher* heraus, die Brüder Grimm sammelten Märchen. In Berlin entstanden um Aug. Varnhagen u. Rahel Levin lit. Salons; Arnim, Chamisso, Fouqué wirkten hier. Mythos u. Orient wurden neu entdeckt (Görres, F. Schlegel), die Übersetzungskunst wurde gepflegt (A. W. Schlegels u. Tiecks *Shakespeare-,* Tiecks *Don-Quijote*-Übersetzung). In der Lyrik sprach sich eine Seite der Romantik – Stimmungshaftes, Traumdeutung, Neigung zum Wunderbaren – bes. subtil aus; die Sprache wurde zum Ausdrucksmittel nuanciertester Empfindungen, häufig zugleich ungemein musikalisch (so bei Eichendorff u. Brentano). Das Drama (meist Buchdrama) stand mehr am Rande. Wesentlicher sind Roman, Erzählung u. Märchen; dabei blieb der Roman oft Fragment. Die Spätromantik ging sehr verschiedene Wege: Gestaltung des Dämonischen u. Phantastischen (E. T. A. Hoffmann, W. Hauff), Überwindung der Subjektivität (Eichendorff).
In allen europ. Ländern wurden romant. Strömungen zumindest in der Lit. ausgelöst. In *England* läßt sich v. einer *Vor-R.* sprechen (Young, Gray, Macpherson); bedeutendste spätere Romantiker: Percy, Coleridge, Wordsworth, Scott, Byron, Shelley u. Keats. – In *Nordamerika* zeigt sich zu Beginn des 19. Jh. eine R. (Landschaftsschilderung, Wendung zur Vergangenheit, zum Exotischen u. Irrationalen) bei Irving, Cooper, Poe. – Die *nord. Länder,* bes. *Dänemark,* standen schon unter Wirkung der dt. Vorromantiker u. fanden in H. Steffens den Vermittler frühromant. Ideen, die begeistert aufgenommen wurden (Oehlenschläger, Tegnér, Atter-

bom). – In *Frankreich* setzte sich die R. in langen Kämpfen gg. die klassizist. Tradition durch u. kam namentl. mit V. Hugo zum Sieg (*Hernani,* 1830), wurde aber doch immer als etwas Fremdes („Deutsches") betrachtet. Vermittlerin war Mme. de Staël (De *l'Allemagne,* 1810). Frz. Romantiker: Nerval, Chateaubriand, Constant, Lamartine, Vigny, Musset, Dumas d. Ä. – In *Spanien* schufen im 3. u. 4. Jahrzehnt des 19. Jh. die zurückgekehrten Verbannten des Absolutismus eine R., bestimmt v. Byronscher Schwermut u. dem Pathos der romant. Dramatik Fkr.s (Espronceda, Zorilla, Hartzenbusch, Bécquer). Entsprechend gab es in *Portugal* nach dem Sturz des absolutist. Regimes eine romant. Bewegung mit Wendung zu volkstüml. Dichtung *(Almeida Garrett).* – In *Italien* Leopardi, Manzoni. – In *Rußland:* Puschkin, Lermontow, Odojewskij. – In *Polen:* Mickiewicz, Słowacki, Krasiński).

romantische Ironie *w,* ↗Ironie.

Romanze *w,* span. *Romance,* roman.-span. Dichtungsgattung, der ↗Ballade verwandt; im 14.–15. Jh. in Spanien entstanden, mit Stoffen der span.-kastil. Gesch. u. der Sagenwelt; teils volkstüml., bes. im 16.–17. Jh. Kunstdichtung (Góngora, Lope de Vega, Quevedo). Von Gleim wurde die R. in die dt. Dichtung eingeführt, wobei der urspr. trochäische Achtheber in trochäische Vierheber umgewandelt wurde. Dt. R.n u.a. von Herder, Schlegel, Tieck, Uhland, Brentano, Heine.

Romanzero *m,* span. *Romancero, Romanzenbuch, Romanzensammlung,* bes. v. Romanzen der Volksdichtung („Romancero general", 1. Ausgabe 1602).

Rondeau *s* [rõdo, frz.], *Ringelgedicht,* frz. Gedichtform, im 15. Jh. als vereinfachtes ↗Rondel geschaffen: in der Urform 13 Zeilen; die Anfangsworte der 1. Zeile kehren nach der 8. u. 13. Zeile wieder.

Rondel *s* [rõdäl, frz.], frz. Gedichtform v. 13 oder 14 Zeilen mit nur 2 Reimen; die ersten beiden Zeilen kehren als 7./8. u. am Ende als ↗Refrain wieder.

Rosarium *s* [lat.], **1)** im MA häufiger Buchtitel (im Sinn v. Blütenlese, Sammlung). **2)** in der lat. Hymnodie eine Art des Reimgebetes, bestehend aus 50 Strophen entspr. den 50 Ave-Maria des Rosenkranzes.

Rota Vergilii *w* [lat. = Rad des Vergil], kreisförmige schemat. Darstellung des MA, die zu den 3 vorgegebenen Stilarten (*stylus gravis, mediocris, humilis* = hoher, mittlerer, niedriger Stil) die jeweils angemessenen Gegenstände usw. vorschreibt; entnommen aus Dichtungen Vergils.

Rota Vergilii
(aufgelöst)

1. *stylus gravis (Aeneis):*
   Ritter
   Roß
   Schwert
   Burg
   Lorbeer
2. *stylus mediocris (Georgica):*
   Bauer
   Rind
   Pflug
   Acker
   Obstbaum
3. *stylus humilis (Bucolica):*
   Hirt
   Schaf
   Stab
   Weide / Buche

Rotulus *m*, lat. Bz. für ↗Buchrolle.

Rotunda *w* [lat. = rund], eine im 13.–14. Jh. in It. gestaltete got. Schrift.

Roundel
(Reimschema)

a
b
a
b (Refrain)

b
a
b

a
b
a
b (Refrain)

Roundel *s* [raund^{e}l, engl.], engl. Gedichtform; v. Swinburne aus dem ↗Rondeau entwickelt.

Rubrik *w* [v. lat. *rubrum* = rot], Überschrift, Abteilung, Abschnitt.

Rubrikator *m* [lat.], Schreiber, der in ma. Hss. u. ↗Inkunabeln in das vollendete Werk Titel u. Überschriften rot eintrug.

Rückblende, bes. in ↗Film u. ↗Hörspiel übl. Art der Zeitgestaltung: Zurückgehen aus der Ggw. auf vergangenes Geschehen, das dann gezeigt wird. ↗Einblendung.

Rückkoppelung, Bz. für die Beziehung der ↗parole zur ↗langue: wie parole die *Realisation* v. langue ist, so beeinflußt sie diese wiederum als ihre Konkretisierung *(R.seffekt).* Von R. läßt sich entsprechend beim Verhältnis v. ↗Gattungen (= langue) u. Einzelwerken (= parole) sprechen.

rührender Reim, Gleichklang der Versenden schon vor dem letzten betonten Vokal (mit dem oder den vorausgehenden Konsonanten); z. B. *begleiten – gleiten.* Im MA übl., jedoch in neuerer dt. Dichtung deutl. Klangfehler; in frz. Dichtung als *rime riche* (= reicher Reim) geläufig u. korrekt.

rührendes Lustspiel ↗comédie larmoyante.

Rührstück ↗comédie larmoyante.

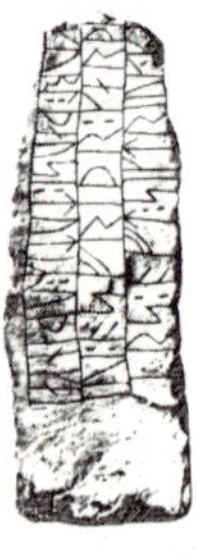

Runen: oben R.alphabet, unten R.stein (Kleiner Sistryggstein, 10. Jh.; Kiel, Museum)

Runen [Mz.], die ältesten Schriftzeichen der Germanen. Jede Rune bezeichnete zugleich einen Buchstaben u. ein Wort u. hatte eine kult.-mag. Bedeutung *(R.zauber).* Das älteste bekannte *R.alphabet* (nach den ersten Buchstaben *Futhark* gen.) besteht aus 24 verschiedenen Zeichen, deren Folge einen myth.-rel. Sinn hatte. Die ältesten *R.inschriften* stammen aus dem 2. oder 3. Jh.; der (nichtgerman.) Ursprung der R. liegt jedoch früher.

Rüpelspiel, gelegentl. Bz. für derb-kom. Einlagen (Spiel v. Pyramus u. Thisbe in Shakespeares *Sommernachtstraum)* u. Schwänke (Gryphius, *Herr Peter Squentz*).

Russische Schrift, eine Abart der ↗Kyrill. Schrift, die Ende 17. Jh. durch E. Kopiewitsch an die Antiqua angepaßt u. 1708 durch Peter d. Gr. für den profanen Gebrauch eingeführt wurde.

Russische Sprache, der nordöstl. Zweig der slaw. Sprachfamilie. Seit das Ukrain. (Kleinrussische) u. das Weißruss. selbständige Sprachen sind, ist Russ. nur die Sprache der Großrussen, gesprochen im ganzen N, im östl. Teil v. Mittel- u. Süd-Rußland u. in Sibirien; es ist heute die Verkehrssprache in der UdSSR. Das Altruss. reichte bis ins 14. Jh. Seitdem bildete sich das Neuruss, gekennzeichnet u.a. durch Ersatz des urspr. musikal. Akzents durch den exspirator., durch Verlust der Nasalvokale, der sog. Halbvokale (Jor u. Jer) u. des Duals, Aorists, Imperfekts. Bis ins 18. Jh. wurde in Rußland das Alt-Kirchenslawische als Lit.-Sprache, das Russ. nur als Amts- u. Kanzleisprache verwendet. Noch M. W. Lomonossow (erste russ. Grammatik, 1755) setzte fest, daß das Russ. nur in niederen lit. Gattungen (Fabel, Lustspiel, Brief) gebraucht werden dürfe, in den höheren Gattungen (Ode, Tragödie, heroisches Epos) aber nur das Altkirchenslawische. Erst A. Puschkin gab der russ. Schriftsprache ihre endgültige Form.

S

Sachbuch, Sammel-Bz. für Bücher zur Information u. Bildung über bestimmte Sachgebiete, auf einen nichtfachgebildeten Leserkreis abgestimmt; starke Entwicklung seit dem 2. Weltkrieg, begünstigt durch fortschreitendes Bedürfnis nach Popularisierung wiss. Erkenntnisse u. techn. Fortschritt in der Wiedergabe v. (bes. farbigen) ↗Illustrationen.

Sachkatalog ↗Katalog.

Sachregister ↗Register.

Saeculum *s* [lat.], *Säkulum,* Menschenalter, Jh., Zeitalter.

Saga *w,* **1)** urspr. mündl. überlieferte, im 12.–13. Jh. schriftl. festgehaltene altisländ. Prosa-Erz. myth. u. hist. Inhalts; einzige Prosagattung der altnord. Lit., früheste Prosa der europ. Lit., gekennzeichnet durch knappen Stil u. mittelbare Charakterisierung der Personen. Die S.s berichten vom Leben u. Handeln der isländ. (adeligen) Bauern u. ihrer Sippen bis etwa 1030. Fehde u. Rache sind Hauptthemen *(Laxdaela-, Gisla-, Eyrbyggja-, Egils-, Grettirs-, Njals-, Gunnlaugs-S.* u. a.). Berühmt, aber nicht eig. eine S. ist das *Landnahmebuch,* gesammelt unter dem Namen *Sturlunga-S.;* hist. ist auch die *Kristni-S.* (isländ. Kirchen-Gesch.). Norweg. Königsgeschichten sind Snorris *Heimskringla.* Die *Fornaldar-S.s* sind eine Gruppe der myth.-sagenhaft erzählenden Vorzeit. Die *Völsunga-S.* erzählt in Prosa die Heldengedichte der ↗Edda u. des Nibelungenkreises. Die späteste Gruppe bilden Übersetzungen festländ. Ritterdichtungen (13. Jh.): *Thidreks-S., Erek-, Tristan-, Karlssagas* u.a. **2)** *i.ü.S.:* für Zyklen v. Familienromane.

Sage, *Volks-S.,* mündl. überlieferte Erz., oft an ge-

Sage

Volkssagen
Natursagen
Ereignissagen
Erlebnissagen
Heldensagen
Göttersagen

schichtl. Ereignisse oder Personen anknüpfend, durch die Volksphantasie umgestaltet u. umgedeutet. Gemeinsam hat sie mit dem Märchen oft das Eingreifen dämon.-jenseitiger Mächte (etwa v. Naturmächten, Riesen), ist aber an einen bestimmten Ort u. bestimmte Personen gebunden, im Ausgang oft düster. S.n, die sich bei verschiedenen Völkern bzw. in verschiedenen Landschaften in ähnl. Weise finden, heißen *Wander-S.n.* S.n sind erst seit dem 17. Jh. gesammelt worden. Begr. der dt. S.nforschung sind die Brüder Grimm. ↗Heldensagen. Sammlungen: J. u. W. Grimm, Dt. S.n; Dt. S.nbuch, hg. v. F. von der Leyen, F. Ranke, K. Wehrhaus (4 Bde); Dt. S.nschatz, hg. v. P. Zaunert (12 Bde).

Sainete *m* [span.], kom. Einakter; Hauptvertreter: Ramón de la Cruz Cano.

Säkulum *s* [lat.], ↗Saeculum.

Salon *m* [ßalõn, frz.], **1)** Gesellschaftsraum, in dem sich, meist um eine Dame der Gesellschaft (z.B. Mlle de Scudéry), in Frankreich seit dem 17. Jh. die Gesellschaft traf; geschmacksbildende Funktion in lit., künstler., philos. u. wiss. Dingen. **2)** in Fkr. Bz. für period. Ausstellungen der Malerei u. Plastik; Mz. auch für kunstkrit. Schriften, die sich auf diese beziehen, z.B. von Diderot, Heine, Baudelaire.

Salzburger Festspiele, jährl. Aufführungen v. Schauspielen u. Opern (bes. Mozart) – auch Konzerten – in Salzburg, angeregt bes. v. M. Reinhardt, H. v. Hofmannsthal, R. Strauss; 1920 erste Aufführung v. Hofmannsthals *Jedermann.*

Samhita *m* [Sanskrit], Sammlung (der ältesten ind. Texte). Die sog. S.s bilden den ↗Weda.

Sammelhandschriften, enthalten Texte mehrerer Autoren; bes. die ↗Liederhandschriften des MA.

Sammelwerk, ein aus getrennten Beiträgen mehrerer Verf. bestehendes Werk.

Sänger, Bz. für Vermittler (oft auch Autoren) v. lyr. u. ep. Dichtungen früherer Zeiten; z.B. ↗Barde, ↗Skalde, Spielmann, ↗Troubadour.

Sapphische Strophe *w,* ↗Odenstrophen.

Satire *w* [v. lat. *satura* = Fülle, Gemengsel], spött. oder bittere Kritik (häufig karikierend) an einzelnen Personen, menschl. Unzulänglichkeit, überhaupt gesellschaftl. u. polit. Zuständen, Lit. (↗Literatursatire) usw., auch nur an begrenzten, aber als charakterist. gesehenen Phänomenen, die an Idealvorstellungen gemessen oder v. ihrem eigenen (nicht erfüllten) Anspruch her gerichtet werden. *I. e. S.* als Spottgedicht eine Schöpfung der Röm. Lit. (zuerst bei Lucilius); *i. w. S.* finden sich satir. Elemente mit verschiedener Akzentuierung in zahlr. WW der

Satire

Der Satiriker ist ein gekränkter Idealist: er will die Welt gut haben, sie ist schlecht, und nun rennt er gegen das Schlechte an.

Übertreibt die Satire? Die Satire muß übertreiben und ist ihrem tiefsten Wesen nach ungerecht. Sie bläst die Wahrheit auf, damit sie deutlicher wird, und sie kann gar nicht anders arbeiten als nach dem Bibelwort: „Es leiden die Gerechten mit den Ungerechten."

Was darf die Satire? Alles.

(K. Tucholsky: *Was darf die Satire?*)

Welt-Lit.: altatt. Komödie, WW v. Menippos, Petronius u. Lukian, in den Dunkelmännerbriefen, bei Murner, Rabelais, Fischart, Cervantes, Guevara, Lesage, Quevedo, Moscherosch, bes. Swift, bei Voltaire, Lichtenberg, sehr häufig in der Romantik u. Nachromantik (Heine), bei Nestroy, Karl Kraus, Shaw, Wedekind, Sternheim.

Saturnier, der älteste bekannte röm. Vers, Langvers aus zwei Kurzzeilen.

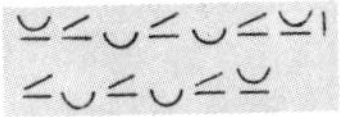

Saturnier

Satyrspiel, in der griech. Dichtung ein parodist. Spiel, das der Tragödientrilogie folgte; benannt nach dem auf der Bühne auftretenden Chor der Satyrn.

Satz *m,* **1)** *Sprache:* die normale Einheit des sprachl. Geschehens, in dem eine Mitteilung erfolgt; meist aus 2 Gliedern (Subjekt u. Prädikat) bestehend; Lehre vom Satz: ↗Syntax. **2)** auch *Schriftsatz,* im *Buchdruck:* die aus ↗Lettern, Linien u. dem Blindmaterial zusammengesetzte Druckform.

Satzfiguren, rhetor. Figuren, die auf einer bestimmten Art des Satzbaus beruhen.

Satzfiguren
(Beispiele)

Parallelismus
Chiasmus

Satzlehre ↗Syntax.

Satzmelodie *w,* die besondere Tonfolge eines Satzes; vor allem v. Art u. Länge der Vokale abhängig.

Satzspiegel, *Buchdruck:* Format der v. Schriftsatz ausgefüllten Seite.

Schachbuch, Art der mhd. Lehrdichtung: allegor. Auslegungen des Schachspiels nach dem lat. S. des Jacobus de Cessolis (Ende 13. Jh.): die Schachfiguren als die einzelnen Stände gedeutet; am bekanntesten das S. v. Heinrich v. Beringen.

Schachtelsatz, mit näheren Bestimmungen, Nebensätzen usw. angefüllter Satz, in dem die sinngebenden Worte erst am Schluß stehen. Im Ggs. zur ebenfalls komplizierten, aber durch innere Ordnung (z. B. ↗Parallelismus) klaren ↗Periode ein stilist. Mangel.

Schäferdichtung ↗Arkadische Poesie.

Schäferroman *m,* Sonderform der ↗Arkadischen Poesie, Idylle in bukol. Form; in der Antike: *Daphnis u. Chloe* v. Longos; besondere Entfaltung im 16. u. 17. Jh., auch unter Wirkung des ↗Amadisromans, Sidneys *Arcadia,* Barclays *Argenis,* Montemayors *Diana,* d'Urfés *Astrée;* in Dtl. WW u. a. von Opitz, Zesen, Klaj, Harsdörffer, Birken.

Schallanalyse *w,* v. E. Sievers begründete philol. Forschungsmethode; Versuch, die persönl. Klangmerkmale des Sprechens, auch in lit. WW, zu bestimmen.

Schallform *w,* die charakterist. klangl. Konkretion

Schauerromane

England:
H. Walpole: *Das Schloß von Otranto*
A. Radcliffe: *Der Italiener*
M. G. Lewis: *Der Mönch*
Ch. M. Maturin: *Melmoth der Wanderer*
M. Shelley: *Frankenstein*
B. Stoker: *Dracula*

Deutschland:
E. T. A. Hoffmann: *Die Elixiere des Teufels*
G. Meyrink: *Der Golem*

der Sprache; v. Faktoren wie ↗Rhythmus, Artikulation, ↗Satzmelodie, Tempo usw. bestimmt.

Scharade *w* [frz.], Rätsel in Gedichtform; das Rätselwort ist nach dem Sinn der Worte bzw. Silben zu finden (z. B. Stiefel-Knecht).

Scharteke *w* [nd.], altes, wertloses Buch.

Schattenspiel, *Schattentheater*, ein Puppenspiel, bei dem lichtundurchlässige oder durchscheinende, z. T. farbige Figuren aus Metall, Papier oder Leder, v. rückwärts beleuchtet, hinter einer Leinwand, oft bei Musikbegleitung, bewegt werden. Das S. ist in China entstanden (angebl. v. dem Magier Shau Weng um 100 v. Chr. erfunden, literar. seit dem 11. Jh. n. Chr. bezeugt), kam v. dort über Java (Hauptmotiv: Kämpfe v. Göttern oder Fürsten mit Ungeheuern) u. weiter über Indien u. Iran nach der Türkei u. war hier bis ins 20. Jh. sehr volkstüml. (*Karbatschuk,* mit dem *Karagöz,* dem Hanswurst). In It. fand das S. im 18./19. Jh. ähnl. Verbreitung wie das Puppenspiel.

Schauerroman *m*, engl. *gothic novel,* bedeutendste Ausprägung der Horrorliteratur: Motive des Übernatürlichen, Schrecklichen u. Geheimnisvollen werden zu massierten Effekten eingesetzt u. beherrschen die meist kolportagehafte Handlung.

Schauspiel
(Beispiele für das S. im engeren Sinne)
G. E. Lessing: *Nathan der Weise*
J. W. v. Goethe: *Iphigenie auf Tauris*
F. v. Schiller: *Wilhelm Tell*
H. v. Kleist: *Prinz Friedrich von Homburg*

Schauspiel, *i. w. S.:* Oberbegriff für alle Arten des Dramas; *i. e. S.:* Bz. eines ernsten, aber nicht trag. endenden Dramas; formal der ↗Tragödie nahe; jedoch wird der Konflikt am Ende überwunden; Form bes. der dt. ↗Klassik.

Schauspielkunst, die reproduzierende Darstellung v. dramat. Rollen durch Deklamation, Mimik, Gestik bis hin zur ↗Pantomime. Berufsschauspieler i. e. S. gibt es seit dem 17. Jh.

Schauspielmusik ↗Bühnenmusik.

Schelmenroman *m,* dem ↗Abenteuerroman verwandter Romantyp, als Bericht eines „Schelmen" über seine Streiche, Abenteuer, Lebenspraktiken, zugleich als satir. Gesellschaftsschilderung angelegt; in Ich-Form; zuerst in Spanien als ↗pikaresker Roman entwickelt; dann WW der dt. Barock-Lit., teils Übersetzungen, teils originale Romane wie etwa v. Grimmelshausen; in Fkr. Lesages *Gil Blas;* Elemente des S. noch im 20. Jh. wirksam: Th. Mann, *Felix Krull;* G. Grass, *Die Blechtrommel.*

Schembartlaufen [v. mhd. *schemebart* = bärtige Maske, danach volksetymolog. *Schönbart*], *Schönbartlaufen, Schönbartspiel,* Fastnachtsbrauch mit Aufzug u. Tanz maskierter Gestalten; am bekanntesten die städt.-bürgerl. Form der Metzgerzunft in Nürnberg (seit 1458), in ca. 40 handschriftlichen

Schembartbüchern überliefert, 1539 v. Hans Sachs geschildert.

Schichtenmodell *s*, wertende Rangfolge der Literaturtypen; z.B. ↗Schöne Lit., ↗Unterhaltungs-Lit., ↗Trivial-Lit.; wegen der Relativität abgrenzender Kriterien problematisch.

Schicksalsdrama *s*, bes. in der dt. Romantik v. Müllner, Z. Werner (auch Grillparzer, *Die Ahnfrau*) entwickelter Dramentyp, in dem ein trag. Geschehen v. außen (Familienfluch, Vererbung, Unglückstage, Zufälle) ausgelöst wird.

Schildbürger, sinnbildl. Figuren des Spießbürgertums, die Bewohner v. Schilda (Schildau); im Lalebuch zum erstenmal Sammlung ihrer törichten Streiche *(S.streiche)*; später Volksbücher v. K. Simrock u. G. Schwab. In der Antike ähnl. die Bewohner v. Abdera.

Schiller-Nationalmuseum, Dokumenten-Slg. über Leben u. Werk F. v. Schillers u. seiner Zeitgenossen, später auf die gesamte dt. Lit. seit Schiller erweitert; auch zahlr. Handschriften, Bibliothek, Sitz in Marbach am Neckar; 1903 vom Schwäb. Schillerverein begr., heute v. der Dt. Schiller-Gesellschaft betreut.

Schimpfspiel, possenhafte Komödie des 16. Jh.

Schlager, Bz. zunächst für ein allg. beliebtes Musikstück gleich welchen künstler. Ranges, dann eingeengt auf Gesangsstücke, die bes. leicht eingängig sind u. nur geringe musikal. u. textl. Ansprüche stellen, in Herstellung u. Verbreitung kommerzialisiert.

Schlagreim, Reim zweier unmittelbar aufeinanderfolgender Worte innerhalb einer Zeile.

Schlagreim

Quellende, schwellende Nacht... / ... /
Steigendes, neigendes Leben... /
(Fr. Hebbel: *Nachtlied*)

Schlagzeile, engl. *headline,* in Zeitungen u. Zschr. eine über mehrere Spalten hinweggehende Überschrift in bes. großen Buchstaben als Blickfang.

Schlesische Dichterschulen, ältere Bz. für lit. Strömungen des ↗Barock; *1. S. D.,* v. Opitz ausgehend; *2 S. D.:* bes. Lohenstein u. Hofmannswaldau.

Schlüsselroman *m,* frz. *roman à clef,* Roman, in dem (bei veränderten Namen) wirkl. Personen dargestellt sind; meist anspielend auf reale Geschehnisse.

Schlüsselroman
(Beispiele)

K. Mann: *Mephisto*
E. Jünger: *Auf den Marmorklippen*

Schlüsselwörter, 1) *allg.:* Wörter in einer Dichtung oder im Werk eines Autors, die einen grundlegenden Vorstellungsbereich bezeichnen. **2)** *allegor. Dichtung:* Wörter, die in ihrer eigentl. Bedeutung stehen u. damit aufschließende Funktion haben.

Schlüsselwörter
in der Lyrik Ch. Baudelaires:

idéal (Ideal)
gouffre (Abgrund)
spleen (Schwermut)
ennui (Weltschmerz)

Schmähschrift, enthält sachl. u. (vor allem) persönl. Angriffe auf Gegner.

Schmiere, abwertende Bz. für schlechtes Theater.

Schmöker *m* [von nd. *smöken* = rauchen], altes,

Scholastik

Früh-Scholastik (1070–1200) Problem der ↗Universalien, Kenntnisnahme der log. Schriften Aristoteles', Ausbildung der scholast. Methoden

Hoch-Scholastik (1200–1320) Übrige aristotel. Schriften, Auseinandersetzung mit arab.-jüd. Philosophie, Synthese von Aristotelismus und Christentum

Spät-Scholastik (1320–1520) z. T. Erstarrung zu formeller Begrifflichkeit

Scholastik der Neuzeit (bes. Italien, Spanien) (16. und 17. Jh.)

Neuscholastik

vergilbtes (verräuchertes) Buch; *schmökern,* in Büchern blättern, da u. dort eine Seite lesen; viel lesen.

Schmutztitel *m, Buchwesen:* das Blatt mit abgekürztem Buchtitel, das dem eig. Titelblatt vorangeht.

Schmutz- und Schund-Literatur *w,* jugendgefährdende Schriften; v. Kitsch dadurch unterschieden, daß nicht nur die künstler. Qualität gering ist, sondern auch kein künstler. Anspruch besteht; z. B. zur Gewalt anweisende Schriften.

Schnadahüpfl *s, Schnaderhüpferl,* im bayer.-östr. Alpenraum zum Tanz improvisierte, meist gesungene Vierzeiler neckenden bis streitenden Inhalts.

Schnulze *w,* Bz. für Kitschfilme, sentimentale Schlager.

Schnürboden, *Theater:* der Rollboden über der Bühne mit einer Maschinerie zum Aufziehen v. Kulissen u. Prospekten.

Scholastik *w* [gr.-lat.], die urspr. in den Schulen des MA entwickelte *Theologie,* aus der Albertus Magnus u. bes. Thomas v. Aquin eine selbständige *Philosophie* heraushoben. Methodisch gliedert sich das theol. u. phil. Denken der S. in: die *lectio,* begr. in der Glaubenszustimmung zum Gotteswort in der Bibel, legt diese aus (ähnl. auch bei anderen Texten); die *quaestio* sucht mit einer selbst gewählten Frage das Gotteswort zu klären u. zu erschließen; die *disputatio* erweitert die quaestio durch Auseinandersetzung mit den verschiedenen Lehrmeinungen. Die daraus erwachsenden theol. *Summen* bieten eine org. gegliederte Gesamtdarstellung der Heilswahrheit; die *Kommentare* sind der schriftl. Niederschlag einer fortlaufenden lectio bes. der Bibel u. der Sentenzen des Petrus Lombardus.

Scholastikus *m* [gr.-lat.; Mz. *Scholastiker*], *Scholaster,* im MA Bz. für den Leiter einer Kloster- oder Domschule, dann auch für den Lehrer der 7 Freien Künste.

Scholien [Mz., gr.], gelehrte Anmerkungen oder Kommentare zu griech. u. lat. Autoren der Antike; Verf. *Scholiasten.*

Schönbartspiel ↗Schembartlaufen.

das Schöne

Vollkommen ist ein Gegenstand, wenn alles Mannigfaltige an ihm zur Einheit seines Begriffs übereinstimmt; schön ist er, wenn seine Vollkommenheit als Natur erscheint. Die Schönheit wächst, wenn die Vollkommenheit zusammengesetzter wird und die Natur dabei nichts leidet; denn die Aufgabe der Freiheit wird mit der zunehmenden Menge des Verbundenen schwieriger und ihre glückliche Auflösung eben darum überraschender.

(F. v. Schiller: *Kallias-Briefe*)

Schöne, *das Schöne, Schönheit,* **1)** *allg.:* im Ggs. zum Häßlichen dasjenige, was, ohne unmittelbares Besitzstreben zu erregen, gefällt, weil es in sich vollendet ist. Das Ideal des S.n ist nach Kulturen u. hist. Epochen verschieden. **2)** *Philosophie:* Gegenstand der ↗Ästhetik; bei Platon die das Körperl. durchleuchtende Idee, die den Eros zum Urschönen führt, das mit dem Urguten zusammenfällt *(Kalokagathie);* bei Kant das, was interesseloses Wohlgefallen erregt; bei Hegel das anschaul. Erscheinen des Geistigen in sinnl. Gestalt.

Schöne Literatur *w*, die ↗Belletristik.

Schöpfungsbericht, im AT der bildl. Bericht über die metaphys. u. rel. Urerfahrung der Schöpfung; liegt in 2 Fassungen vor: a) Gn 1, 1 – 2,4a als der jüngere S.; trotz mancher Parallelen zur altoriental. mytholog. Kosmogonie setzt er sich mit diesem vom Standpunkt des atl. Gottesglaubens her auseinander. b) Gn 2,4b–25 als der ältere S. hat zum eigentl. Thema die Erschaffung des 1. Menschenpaares.

Schreibschriften, urspr. die für das Schreiben mit der Hand gebrauchten Schriftarten, dann auch als Buchdruckschriften eine kursive Form engl. u. lat. Schriftarten. ↗Kursivschrift.

Schrift, 1) sichtbare Darstellung der ↗Sprache mittels (graph.) Zeichen; entwickelte sich erst in Jt.en zu den heute geschriebenen u. gedruckten S.en. Als Voraussetzung abendländ. *S.formen* gilt die ↗Hieroglyphen-S. der Ägypter. Diese ↗Bilder-S., eigentl. nicht gelesen, sondern nur gesehen, hat parallel schon früh (vor 2000 v. Chr.) mehrlautende u. andeutungsweise einlautende Zeichen entwikkelt, so daß Bild- u. Lautwiedergabe nebeneinanderlaufen. Ausschließl. Lautwert erlangten ägypt. S.zeichen mit Übernahme durch die Semiten (1800/1500 v. Chr.): die urspr. Bildzeichen erhielten jeweils den Lautwert des ersten Konsonanten des semit. Bildwortes (akrostichisch). Das Ägypt. u. Semit. bleiben jedoch auf der Stufe der Bilderschrift: Konsonanten sind Träger des Wortsinnes, die Wörter nicht durchartikuliert (daher z. B. die zweifache Aussprache Zaphanja – Sophonias, Obadja – Abdias, Osee – Hosea). Dies gelang erst den Griechen zu Anfang des 1. Jt. v. Chr., indem sie die phönik. Konsonanten-S. übernahmen: Reihenfolge u. Zeichen des Alphabets, dem sie neugeschaffene Vokalzeichen einfügten. Damit war die Stufe der echten *Laut-S.* erreicht. Gegenüber dieser Herleitung v. der ägypt. zur altsemit. u. durch Vermittlung der Phöniker (die lange als die „Erfinder der S." galten) zur griech. S. behaupten einige idg. Forscher die Herkunft der abendländ. S. v. den ↗Runen; die Buchstaben-S. sei auf idg. Grundlage entstanden. Bereits im 4. Jt. v. Chr. als *Wort-S.* ausgebildet war die chin. S. (mit ca. 50000 Wortzeichen), während sich die *Ideen-S.* der Azteken u. Maya (↗Bilderschrift) nicht zu eig. Begriffs-S.en entwickelten. Auch die ↗*Keil-S.en* der vorderasiat. Kulturen zählen zu den Wort- bzw. Silben-S.en. Aus der phönik. Buchstaben-S. haben sich die hebr. Quadrat-S. u.

Schriftarten

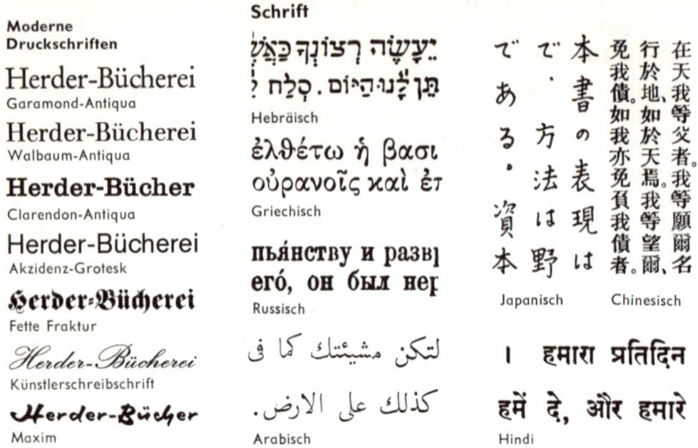

weiter die Kursiv-S.en der vorderasiat. Semiten (Aramäer, Syrer, Araber) entwickelt. **2)** Schriften, ↗Schriftarten. **3)** *Heilige S.,* a) *allg. religionswiss.:* ↗Hl. S. b) *christl.:* ↗Bibel.

Schriftarten, *Druckschriften,* die im Druckgewerbe benutzten *Schriften,* unterschieden nach der jeweiligen Form der Buchstaben. Die beiden Haupt-S. ↗Antiqua u. Fraktur zerfallen in etliche tausend Stil- u. Sonderentwicklungen, auch Bastardschriften; eine besondere Form ist die ↗Schreibschrift. – Die älteste lat. Buchschrift ist die vorkaroling. Kapitalschrift. Erst im 8. Jh. setzt mit der allg. geistigen Erneuerung die Karoling. ↗Minuskel ein, die in der Halbunziale seit dem 5. Jh. bes. in It. einen Vorläufer hatte. Mit dem 12. Jh. kommt in Nord-Fkr. u. wenig später in Dtl. die got. Schrift auf, in zahlr. Varianten später auch als Drucktype häufig verwendet. Zw. den got. u. den Antiquaschriften suchen die ↗Rotunda u. im 14.–15. Jh. die Bastardschriften auszugleichen. Die Fraktur erlangt als eine typisch dt. Schrift besonders im 16. Jh. (Dürer) Bedeutung, blieb aber bis zu den schriftkünstler. Neugestaltungen im 19. Jh. hauptsächl. auf Dtl. beschränkt. Stilist. Änderungen wurden an der Antiqua bes. im 18. Jh. vorgenommen (Bodoni, Didot u. a.). Anfang 19. Jh. entstehen in Engl. wesentl. Nebenformen der Antiqua (Grotesk, Égyptienne). Mit Renaissance u. Barock setzte eine unübersehbare Vielfalt v. S. ein.

Schriftgrade, Schriftgrößen im Buchdruck.

Schriftsprache, Bz. für die im gesamten Sprachraum einer Sprachgemeinschaft verbindl., daher für den schriftl. Verkehr benutzte Sprachnorm;

Höhe des Schriftkegels in Punkten	Name der Schriftgrade	Schriftbild	Schriftkegel
3	Brillant	H	▮
4	Diamant	H	▮
5	Perl	H	▮
6	Nonpareille	H	▮
7	Kolonel	H	▮
8	Petit	H	▮
9	Borgis	H	▮
10	Korpus	H	▮
12	Cicero	H	▮
14	Mittel	H	▮
16	Tertia	H	▮
20	Text	H	▮
24	Doppelcicero	H	▮

Schriftgrade

mißverständl. im Sinn eines Vorrangs schriftl. fixierter Sprache.

Schriftsteller, Verf. v. Schriftwerken: sowohl v. Dichtung als auch v. Sach- u. wiss. Lit.; der Begriff v. dem des Dichters schwer abgrenzbar.

Schriftstellerverbände, Organisationen v. Schriftstellern im berufsständ. Sinn; bestehen seit Ende des 19. Jh. auf nationaler und internationaler Ebene.

Schuldrama *s, Humanistendrama,* im Humanismus u. zur Reformationszeit entwickelte Form des Dramas, v. Schülern u. Studenten gespielt, der Förderung der Beredsamkeit u. ä. Zwecken dienend; bes. bibl. (z. B. Verlorener Sohn), aber auch antike Stoffe. Bedeutendste Vertreter: Gnaphäus, Macropedius, Birck, Naogeorg, Frischlin. Im prot. S. verdrängte die dt. Sprache bald die lat., das kath. S. (↗Jesuiten-, ↗Ordensdrama) hielt an der letzteren fest.

Schuloper *w,* eine aus den humanist. ↗Schuldramen entwickelte, singspielartige Form, im 17. Jh. bes. in den Jesuitenschulen gepflegt; im 20. Jh. die aus verschiedenen Reformbewegungen hervorgehenden, für Schüler geschriebenen musikal. Bühnenstücke, z. B. von Weill, Hindemith, Britten.

Schund [v. nhd. *schinden*], *eigentlich:* Inhalt der Abdeckergrube; *allg.:* Wertloses, Minderwertiges. ↗Schmutz u. S.

Schüttelreim, Reim mit Vertauschung der konsonant. Anlaute der beiden letzten Vers- u. Reimwörter.

Schutzfrist, Zeitdauer, während deren das lit. Werk urheberrechtl. geschützt ist: 70 Jahre nach dem Tod des Autors bzw. nach Erscheinen anonymer Werke.

Schwäbischer Dichterbund, *Schwäb. Dichterschule,* der lit. Kreis um L. Uhland (1805–08 in Tübingen); wirkte auch auf W. Hauff u. E. Mörike; sog. *Schwäb. Romantik;* zum S. D. zählen u. a. J. Kerner, G. Schwab, H. Köstlin u. K. Mayer.

Schwank, 1) kom. Erz. in Prosa oder Versen, oft derb-obszön; in Fkr. u. Dtl. entwickelt, bes. seit dem 13. Jh. beliebte lit. Gattung. **2)** derb-kom. Form der ↗Komödie, der ↗Posse verwandt, jedoch ohne Gesangseinlagen u. meist realistischer.

Schwarze Kunst, die ↗Buchdruckerkunst.

schwarzer Humor, *m,* Bz. für einen bes. in der Ggw. verbreiteten Typ des makaber. oder zyn. wirkenden Witzes; auch als lit. Prinzip in größeren WW, so etwa schon bei Swift *(Bescheidener Vorschlag),* Th. de Quincey *(Der Mord als eine schöne Kunst betrachtet).*

Schriftstellerverbände

Deutsche S.

Dt. Schriftstellerverband (gegr. 1887)

Allg. Schriftstellerverein (gegr. 1900)

Schutzverband dt. Schriftsteller (gegr. 1909)

Reichsverband des dt. Schrifttums (gegr. 1927)

Bundesvereinigung der dt. Sch. (gegr. 1952 für BRD)

Verband deutscher Schriftsteller (gegr. 1969; 1973 Beschluß, sich der IG Druck u. Papier anzuschließen)

Dt. Schriftstellerverband (DDR)

Internationale S.

Pen Club

Conféderation internationale des sociétés d'auteurs et compositeurs.

Schwäbischer Dichterbund

L. Uhland
G. Schwab
J. Kerner
H. Köstlin
K. Mayer

Schwarzer Humor

Sehr oft ereignet es sich, daß wir Zeugen fremden Unglücks sind. In solchen Fällen müssen wir gefühlvoll sein. Sehen wir zum Beispiel, daß jemandem die Straßenbahn beide Beine abgefahren hat, so dürfen wir ihn nicht auslachen und ihn fragen, womit er jetzt Fußball spielen werde. Vermeiden wir es, spöttische Bemerkungen zu machen! Schneidet ein Lastautomobil jemandem den Kopf ab, dürfen wir diesen nicht aufheben, um ihn in der Hand abzuwägen. Es ist zwar richtig, daß solch ein abgeschnittener Kopf einen Menschen oft auf eine ungewöhnlich harte Probe stellt, aber er muß doch versuchen, fest zu bleiben und leichtsinnige Bemerkungen zu vermeiden.

(Jaroslav Hašek)

Schwellvers
(Beispiel)

sáca mid iro selboro dádium, thie môtun wesan súni dróhtines genémnide.

(*Heliand*, V. 1318)

Science-fiction

Autoren:
(Beispiele)

R. Bradbury
J. Lloyd Castle
D. E. Keyhoe
C. Siodmak
I. Asimov

Zeitschriften:
„Fantasy and Science Fiction"
„Galaxy"

Scrutiny School
(Hauptvertreter)

F. R. Leavis
W. Empson
L. Ch. Knights

Sekundenstil

Ein dunkler Punkt am Horizont, da, wo die Geleise sich trafen, vergrößerte sich. Von Sekunde zu Sekunde wachsend, schien er doch auf einer Stelle zu stehen. Plötzlich bekam er Bewegung und näherte sich. Durch die Geleise ging ein Vibrieren und Summen, ein rhythmisches Geklirr, ein dumpfes Getöse, das, lauter und lauter werdend, zuletzt den Hufschlägen eines heranbrausenden Reitergeschwaders nicht unähnlich war. Ein Keuchen und Brausen schwoll stoßweise fernher durch die Luft. Dann plötzlich zerriß die Stille. Ein rasendes Tosen und Toben erfüllte den Raum, die Geleise bogen sich, die Erde zitterte – ein starker Luftdruck – eine Wolke von Staub, Dampf und Qualm, und das schwarze, schnaubende Ungetüm war vorüber.

(G. Hauptmann: *Bahnwärter Thiel*)

Schwedische Akademie, *Svenska akademien*, 1786 in Stockholm gestiftete Akad. zur Pflege der schwed. Sprache; verleiht seit 1901 den Nobelpreis für Literatur.

Schweifreim, Reimanordnung nach dem Schema aabccb; oft gebraucht in Volks- u. Kunstlyrik.

Schweizer [Mz.], Bz. für Bodmer u. Breitinger, die im 18. Jh. ein lit. Gegenprogramm zu Gottsched vertraten.

Schwellvers *m*, in german. Stabreimdichtung längerer Vers mit zusätzl. Hebung in der Halbzeile; einzeln oder in Gruppen häufig in altsächs. u. ags. geistl. Dichtung.

Schwulst, abwertende Bz. für den hochbarocken Stil in Dtl., bes. ausgeprägt bei Hofmannswaldau u. Lohenstein; dem ↗Gongorismus, ↗Marinismus, ↗Euphuismus verwandt.

Science-fiction *w* [ßai^e^nß fiktsch^e^n], Form der utop. Lit., in der die Aspekte techn. Entwicklung (Weltraumflug) dominieren; nach dem 2. Weltkrieg bes. in den USA entwickelt in Form v. Romanen, Erz., auch Bilderstreifen („Comics"); inhaltl. meist bestimmt durch Motive der gewaltsamen Auseinandersetzung.

Scrutiny School *w* [ßkrutini ßkul, engl.], engl. lit.-wiss. Richtung; werkimmanent vorgehend.

Seelendrama *s*, Bz. für Dramen, die dem inneren vor dem äußeren Geschehen extremen Vorrang geben; z. B. Goethes *Iphigenie.*

Seeschule, dt. Bz. für ↗Lake School.

Seher ↗poeta vates.

Sekundärliteratur *w* [lat.], *Lit.:* wiss. Schrifttum über bestimmte Autoren, Werke, Themen, Epochen, Formen usw.

Sekundenstil *m* [lat.], ein typ. Darstellungsmittel des ↗Naturalismus: der Zeitablauf eines Vorgangs (z. B. Vorbeifahren eines Zugs in G. Hauptmanns *Bahnwärter Thiel*) erscheint bis in seine kleinsten Elemente aufgesplittert u. in allen Nuancen wiedergegeben.

Selbstbiographie *w*, ↗Autobiographie.

Selbstgespräch ↗Monolog.

Selbstverlag, Veröffentlichung u. Vertrieb eines Schriftwerkes durch den Verf. selbst.

Semantik *w* [gr.], **1)** *Semasiologie*, Bedeutungslehre, Lehre vom Bedeutungswandel des Wortes. **2)** *Informationstheorie:* die Lehre v. der Darstellung (Beschreibung) des *inhaltl.* Teils (Bedeutung) einer (formalisierten) Sprache in einer ↗Metasprache (↗Semiotik).

Semiotik *w* [gr.], *Semiologie, Zeichentheorie, In-*

formationstheorie: allg. Wiss. vom Zeichen; drei Bereiche: *Syntaktik* untersucht die Aufeinanderfolge der Zeicheneinheiten, *Semantik* deren Bedeutung, *Pragmatik* die Rolle der Zeichen im Kommunikationsprozeß. Da Lit. das Zeichensystem der Sprache benutzt, kann sie semiot. betrachtet u. in ihrer ↗Zeichenstruktur bestimmt werden.

semiotische Texttheorie *w,* Theorie lit. Texte aus der Blickrichtung der ↗Semiotik; beschreibt die Bedeutung eines Texts aus dessen Verhältnis zu seinem ↗Kontext, d.h. den semiot., kommunikativen u. sozialen Voraussetzungen, die die Produktionssituation des Autors u. die ↗Rezeption bestimmen.

Semitistik *w,* die Erforschung der semit. Sprachen u. Kulturen.

Senar *m* [lat.], röm. Form des ↗Trimeters.

Senkung, metrisch unbetonte Silbe.

Sentenz *w* [lat.], *Literatur:* treffende, allgemeingültige Aussage, Sinnspruch. Selbständige Kurzform; daneben S. als Bestandteil des dramat. Dialogs im klass. Drama.

Sentenz
(im Drama)

Tell: Ein jeder zählt nur sicher auf sich selbst.
Stauffacher: Verbunden werden auch die Schwachen mächtig.
Tell: Der Starke ist am mächtigsten *allein.*

(F. v. Schiller: *Wilhelm Tell*)

sentimental [frz.; Hw. *Sentimentalität*], empfindsam, gefühlsselig, rührselig.

septem artes liberales ↗Freie Künste.

Septenar *m* [lat.], Versmaß der röm. Dichtung; $7\frac{1}{2}$ Versfüße.

Septett *s* [lat.-it.], siebenzeilige Strophe.

Sequenz *w* [lat.], eine im MA in die Meßliturgie eingefügte Dicht- u. Kompositionsform, in der Regel eine Folge v. Doppelversen mit Anfangs- u. Endvers; Ausgangspunkt die textlosen Jubilationen, deren gedehnt gesungener Schluß seit dem 10. Jh. komponiert u. mit Texten versehen wurde. Die Zahl der S.en wurde auf dem Konzil v. Trient (1545–63) auf 5 beschränkt; jetzt nur noch 3.

Sequenz
5 Sequenzen nach dem Konzil von Trient:

Lauda Sion
Dies irae
Stabat mater
Victimae paschali und
Veni Sancte Spiritus

Serapionsbrüder, 1) 1816 in Berlin gebildete Vereinigung v. Schriftstellern; nach dem Kalenderheiligen des Gründungstages, dem ägypt. Aszeten Serapion Sindonita benannt; in E. T. A. Hoffmanns *Die S.* geschildert. **2)** 1919 begr. russ. Dichtergruppe mit dem Ziel poet. Originalität, die polit. Engagement des Künstlers ablehnten.

Serapionsbrüder

1) E. T. A. Hoffmann
Fouqué
Hitzig
Contessa
Koreff

2) J. Samjatin
L. Lunz
N. Tichonov
M. Soschtschenko
M. Slonimski
W. Iwanow
W. Kawerin

Serenade *w* [it. u. span.], **1)** bes. in Süd-It. u. Spanien ein Gitarrenlied als Abendständchen des Liebhabers. **2)** im 18. Jh. Bz. für szen. aufgeführte Festkantaten.

Seria *w* [it.], die *Opera s.,* ↗Oper.

Sestine *w* [it.], v. dem provenzal. Troubadour Arnaut Daniel aus der Kanzone entwickelte Gedichtform: 6 sechszeilige Strophen mit regelmäßiger Vertauschung der Reimwörter.

Sestine

Reimschema

I abcdef
II faebdc
III cfdabe

Dichter

Dante
F. Petrarca
T. Tasso
Lope de Vega
A. W. Schlegel
F. Rückert

Sext *s* [v. lat. sextus = sechster], ein ↗Buchformat (Abk. 6°).

Sextett *s* [lat.-it.], sechszeilige Strophe; auch Bz. für die beiden ↗Terzette im ↗Sonett.

Shakespeare-Bühne [schekßpier-], Bz. für die Bühne des engl. Volkstheaters der Elisabethan. Zeit.

Shakespeare-Bühne (Modell): bestand aus einer dekorationslosen, in den Zuschauerraum hineinragenden Vorderbühne, mit Vorhängen abzuteilender Hinterbühne und balkonähnlicher Oberbühne

Shanties [schäntis, engl.; Mz.], Matrosenlieder der engl. u. am. Volksdichtung; zur Arbeit gesungen.

Short short story *w* [schårt schårt ßtori, engl.-am.], bes. in Amerika übl. extreme Kurzform der ↗Short story.

Short story [schårt ßtori], in Amerika u. Engl. Bz. für die ↗Kurzgeschichte, dort häufig aber auch für längere, novellenartige Erz. verwandt.

Short story
(Wichtige Autoren)
W. Irving
E. A. Poe
N. Hawthorne
M. Twain
J. London
R. Kipling
E. Hemingway
T. Williams
T. Wolfe
C. McCullers
T. Capote
F. Scott Fitzgerald
W. Goyen
W. Faulkner

Show [schou], Schau, Bz. bes. für Musik, Tanz, Spiele verbindende Veranstaltungen mit reicher Ausstattung.

sic! [lat.], so! (meist als Anmerkung): so geschrieben!

Sigel *s* [lat.], *Sigle,* regelmäßige Abk. eines Wortes durch Buchstaben oder Zeichen; auch *Charaktere* gen.

Siglo de oro, das „goldene Zeitalter" der span. Lit., etwa v. 1550 bis zum Tod Calderóns 1681.

Signal *s* [lat.], Begriff der Sprachtheorie K. Bühlers (↗Organon-Modell).

Signatur *w* [lat.], **1)** *Drucktechnik:* Kennzeichnung der Folge der Druckbogen durch Ziffern am Fuße der 1. (u. 3.) Seite des Bogens. **2)** *Bibliothekswesen:* Bestellnummer bzw. Standort-Bz. eines Buches in Bibliotheken.

Siglo de oro
(Bedeutendste Autoren)

Cervantes
Lope de Vega
Calderón
Góngora
Quevedo
Gracian

signifiant *s* [sinjifjan̄, frz.], *Signifikant,* in F. de Saussures Modell vom sprachl. ↗Zeichen das *Bezeichnende,* der Zeichenkörper (Ggs. ↗signifié).

signifié *s* [sinjifje, frz.], *Signifikat,* in F. de Saussures Modell vom sprachl. ↗Zeichen das *Bezeichnete* (Ggs. ↗signifiant).

Silbenschrift, ↗Schrift mit Zeichen für Silben u. nicht für Buchstaben.

Silberne Latinität ↗lateinische Sprache.

Sillen [Mz.; v. gr. *sillos* = schielend], Spottgedichte der altgriech. Lit. in Hexametern.

Silvae [lat. = Wälder], Bz. für lat. Gedichtsammlungen, noch im Humanismus verwandt; bei Herder verdeutscht für sein Prosawerk „Kritische Wälder".

Simplicissimus, liberale, polit.-satir. Wochenschrift, 1891 in München v. A. Langen u. Th. Th. Heine gegr.; Mitarbeiter u. a.: L. Thoma, F. Wedekind, O. Gulbransson. Neugründung 1954; 67 eingestellt.

Simultanbühne, *Theater:* Bz. für eine Bühne, auf der mehrere Schauplätze nebeneinander aufgebaut sind; zuerst im MA, auch in der Ggw. verwandt (mit wechselnder Ausleuchtung).

Simultaneität *w* [v. lat. *simul* = zugleich], *Simultantechnik,* das Verfahren bes. des modernen ↗Romans seit J. Joyce, das zeitl. Nebeneinander verschiedener Handlungen u. Weltaspekte zu zeigen; verwirklicht durch Mittel wie ↗Montage, ↗Einblendung usw.

Simultaneität

... wenn auch dieses Streben nach Simultaneität (das auch durch die Zusammendrängung der Geschehnisse auf einen einzigen Tag angedeutet wird) nicht den Zwang durchbrechen kann, daß das Nebeneinander und Ineinander durch ein Nacheinander ausgedrückt werde, das Einmalige durch die Wiederholung, so bleibt die Forderung nach Simultaneität trotzdem das eigentliche Ziel alles Epischen, ja alles Dichterischen ...

(H. Broch: *James Joyce und die Gegenwart*)

Singspiel, musikal. Bühnenwerk meist heiteren oder empfindsamen Charakters, in dem gesprochene Texte mit Liedern oder Arien u. Instrumentalstücken wechseln. I. w. S. auch Ballad Opera u. Opéra comique, i. e. S. nur das dt.-sprachige S., das bes. im 18. Jh. das bürgerl., naturhafte Gegenstück zur it. Oper bildet.

Singspiel
(Komponisten)

J. A. Hiller
J. Schenk
K. Ditters v. Dittersdorf
W. A. Mozart

Sinnbild ↗Symbol.

Sinngedicht, dt. Wort für ↗Epigramm.

Sinnspruch, formuliert eine allg.-gültige Einsicht; meist in Versform; ↗Epigramm, ↗Gnome, ↗Sentenz.

Sirventes *s* [v. provenzal. *sirvent* = Dienstmann], altprovenzal. Bz. für ein Gedicht mit lehrhaftem, tadelndem oder lobendem, oft auch polit. Inhalt. Nordfrz. als *Serventois,* it. als *Serventese* bekannt.

Sittenroman *m,* schildert krit. (in Trivial-Lit. oft vorgetäuscht) den moral. Verfall einer bestimmten Zeit.

Sittenstück, *Sittenkomödie,* zeigt u. kritisiert die sozialen Verhaltensweisen einer Zeit u. deren Defekte.

Sittenstück
(Beispiele)

A. Dumas (fils): *Le demimonde*
H. Sudermann: *Die Ehre*
G. B. Shaw: *Pygmalion*
V. Sardou: *Divorçons (Cyrienne)*
A. Ostrowskij: *Eine Dummheit macht auch der Gescheiteste*

Situationsmotiv
(Beispiele)
Mann zwischen zwei Frauen
Kampf mit einem unerkannten Gegner
Vater-Sohn-Konflikt

Situation *w* [lat.], seel. oder äußere Lage, die zum Inhalt eines lit. Werks wird.

Situationskomik *w* [lat.-gr.], zeigt im Ggs. zur ↗Charakterkomik das Verhalten normaler Figuren, die Opfer einer vom Zuschauer, aber nicht v. ihnen selbst durchschauten kom. Situation werden.

Situationsmotiv *s* [lat.], von einer spezif. Situation einer oder mehrerer Figuren geprägtes ↗Motiv; Ggs. ↗Typenmotiv.

Siziliane
(Reimfolge)
abababab

Siziliane *w* [it.], aus Sizilien stammende 8zeilige Strophe, Nebenform der ↗Stanze.

Skalden
(auf Island)
Egill
Kormak
Hallfred
Gunnlaugr Ormstunga
Sighvath

Skalden [Mz.], altnord. Dichter, die als Gefolgsleute v. Fürsten sich gleichzeitig als Hofdichter betätigten u. meist kunstvolle Preisgedichte *(drápa),* daneben Gelegenheitsstrophen *(lausavisur)* schufen. Ihre Dichtungen sind stroph. mit Stabreim, oft Binnenreim. Den Stil kennzeichnen komplizierte Wortstellung u. Gebrauch der *heiti* (Tropen, Metaphern) u. ↗Kenningar. – Erste bekannte S. waren Norweger: Bragi (um 830), Thorbjorn, Thjodolf, Eyvind. Blüte der S.dichtung in Island. Im 13. Jh. (bereits Verfallszeit) schrieb Snorri Sturluson seine Prosa-↗Edda als Lehrbuch der S.kunst.

Skamander
(Angehörige der Gruppe)
J. Tuwim
A. Slonimski
J. Lechoń
Z. Nalkowska
M. Dabrowska

Skamander, poln. Dichtergruppe 1918–39; bes. Großstadtlyrik; sprachl. Offenheit.

Skenographie *w* [gr.], in der Antike Bz. für die hellenist. Bühnenmalerei.

Skeptizismus *m* [v. gr. *skepsis* = Zweifel, Untersuchung], erkenntnistheoret. Position, die die Möglichkeit wahrer Erkenntnis bestreitet. In der Philosophie vorbereitet bei den Sophisten (bes. bei Protagoras u. Gorgias), erstmals v. Pyrrhon v. Elis systemat. ausgebaut, v. Sextus Empiricus wiederaufgegriffen u. hist. u. systemat. dargestellt; in der NZ Erneuerung u.a. durch Montaigne, P. Charron; Ausgangspunkt Descartes' method. Zweifel. Weitere Vertreter u. a.: Pascal, Hume, Bayle, Diderot, Voltaire.

Sketch *m* [ßketsch, engl.], kurzes Stück, bes. für Kabarett, meist pointiert ironisch.

Skizze *w* [it.], kurzes, meist impressionist. Prosastück; Entwurf zu einem größeren Werk.

Skolien [Mz.; Ez. *Skolion*], altgriech. Stegreif-Trinklieder.

Skop *m* [westgerman.], Berufsdichter der Westgermanen; Verf. v. Helden- u. Preisliedern.

Skribent *m* [lat.], Schreiber, Vielschreiber.

Skriptum *s* [lat.], *Skript,* Schriftstück.

Slang *m* [ßläng, engl.], Umgangssprache, im Engl. deren niederste Schicht; in moderner Lit. häufig verwendet.

Slawische Sprachen, Zweig der idg. Sprachen; charakterisiert durch viele palatale Konsonanten, urspr. 7 Kasus, heute wenige Zeitformen, Erhaltung der Aktionsarten.

Slawistik *w, Slawische Philologie,* Erforschung der slaw. Sprachen, Literaturen u. Kulturen.

Slawophile [Mz., slaw.-gr. = Slawenfreunde], um 1840–60 eine Gruppe gebildeter Russen; forderten im Ggs. zu den ↗Westlern einen eigenen, v. dem des Westens verschiedenen Weg der Slawen in Kultur, Wirtschaft u. Politik.

Slogan [ßloᵘgᵉn, engl.], Feldgeschrei; heute: einprägsames Schlagwort.

Snob [engl.], Geck, Vornehmtuer, jemand, der Lebensformen u. Moden höherer sozialer Schichten nachahmt oder sich betont v. anderen Schichten absetzt *(Snobismus);* viel verwandtes Wort seit Thackerays *Book of snobs* (1846), nach der Abk. s(ine) nob(ilitate), mit der angebl. Bürgerliche im 18. Jh. in die Cambridger Matrikel eingetragen wurden; *snobistisch,* heute allg. dünkelhaft.

Soccus *m* [lat.], leichter, im Vergleich zum ↗Kothurn niedriger Schuh des Schauspielers in der antiken Komödie.

Soffitten [Mz., it.], v. oben herabhängende Teile des ↗Bühnenbilds zur Darstellung des Himmels oder der Zimmerdecke.

Soirée *w* [ßᵒare, frz.], Abendgesellschaft; musikal. oder lit. Abendveranstaltung.

Sonderdruck, besonderer Abdruck eines Zeitschriftenartikels oder Buchbeitrags, oft zum Gebrauch des Autors.

Sondersprachen ↗Standes- u. Berufssprachen.

Sonett *s* [it; v. lat. *sonare* = klingen], strenge Form des lyr. Gedichtes; besteht aus 2 vierzeiligen Strophen (Quartetten) u. 2 dreizeiligen Strophen (Terzetten). Gepflegt v. Dante u. Petrarca, kam das S. v. It. nach Spanien, wo es die meistgebrauchte Gedichtform wurde, Portugal (Camões), Fkr. (Ronsard u. a. Dichter der Pléiade) u. Engl. (Milton, Wordsworth). In Engl. bildete sich eine Sonderform (↗Englisches Sonett). Nach Dtl. kam das S. durch Opitz, wurde aufgegriffen v. Goethe (in Zyklen), Hölderlin, der Romantik (Platen, Eichendorff), in der Moderne u. a. von George, Rilke, Weinheber, Heym, R. Schneider. Der *S.enkranz* besteht aus 15 S.en. Die letzte Zeile ist zugleich die 1. Zeile des nächsten S. Das 15. Sonett wird v. den 14 Anfangszeilen (nacheinander) gebildet.

Song *m* [engl.], in Engl. u. Amerika Bz. für Lied, Gesang; in Dtl. Schlagerlied bzw. Gesangsstück mit

Slawische Sprachen

Ostslawisch:
Großrussisch
Ukrainisch

Westslawisch:
Polnisch (mit Kaschubisch u. Slowinzisch)
Tschechisch
Slowakisch
Sorbisch (Wendisch)
Polabisch (ausgestorben)

Südslawisch:
Slowenisch
Serbokroatisch
Makedonisch
Bulgarisch

Slawophile
u. a.

A. S. Chomjakow
I. W. Kirejewskij
I. Aksakow
K. Aksakow

Sonett
Strophen- und Reimschema: (z. T. variiert)

a b b a – I. Quartett
a b b a – II. Quartett
c d c – I. Terzett
d c d – II. Terzett

Variationen der Terzette

c c
c d
d e

c c
c c
d e

Sozialistischer Realismus

... meinen wir, wenn wir Realismus sagen, daß der Schriftsteller bemüht ist, mit welchen Ausdrucksmitteln immer, Wirklichkeit darzustellen, oder meinen wir eine bestimmte Methode dieser Darstellung?

Und wenn wir Wirklichkeit sagen – was meinen wir damit? Gilt als Wirklichkeit nur die Außenwelt, die unverzerrt widerzuspiegeln Funktion des Schriftstellers sei, oder auch der Spiegel selbst, dieser lebendige, tätige, nicht selten seinen Standort wechselnde Spiegel? Ist nicht die mannigfaltige Weise, auf welche Außenwelt zum subjektiven Erlebnis wird, ein wichtiges Moment der Wirklichkeit? Ist Wirklichkeit nur, was Menschen tun und was ihnen angetan wird, oder nicht auch, was sie träumen, ahnen, fühlen, als noch nicht oder nur unsichtbar gegenwärtig, vorwegnehmend in das Jetzt und Hier einbeziehn? Ist nicht die vierte Dimension des Künftigen, des Möglichen, des wie ein Schimmer oder Schatten in die Gegenwart Fallenden, mitunter tiefere Wirklichkeit als die mit Händen zu greifenden sogenannten Tatsachen?

(E. Fischer: Kafka-Konferenz)

Jazzmerkmalen. In Brechts Dramen unterbrechen S.s die Handlung durch allg. Betrachtungen.

Sophisma *s* [gr.; Mz. *Sophismen, Sophismata*], Trugschluß.

Sortimentsbuchhandel, der Zweig des ↗Buchhandels, der ein „Sortiment" v. Büchern verschiedener Verleger auf Lager hält u. im Einzelhandel, meist in einem Ladengeschäft *(Buchhandlung),* an das Publikum verkauft. Der Buchhändler im S. heißt auch *Sortimenter.*

Sotie *w* [frz. *sot* = Narr], *Sottie,* urspr. satir. Dialog zu dramat. Spielen des MA, dann satir. Gattung des Fastnachtsspiels; beste S.s v. Gringoire.

Souffleur *m* [ßuflör, frz.], weibl. *Souffleuse* [-ös^{e}], spricht dem Schauspieler aus dem vor der Bühne liegenden *S.kasten* oder v. der Seite her den Text vor.

Sozialistischer Realismus *m,* wurde 1934 in der UdSSR zur allein gültigen Schaffensmethode in Kunst u. Lit. proklamiert; forderte „hist. konkrete Darstellung der Wirklichkeit in ihrer revolutionären Entwicklung" u. stellte „ideolog. Umformung u. Erziehung" als Aufgabe der Kunst hin; später durch die Forderung nach Parteilichkeit der Lit. ergänzt. Hauptgrundsätze: einfache, anspruchslose u. lebensnahe Themen; ideolog. Gehalt; sozialist. Perspektive; Hervorhebung des positiven Helden u. des Typischen; Theoretiker u. einer der bedeutendsten Vertreter M. Gorkij. Der S. R. wurde auf Ungarn, Polen, Bulgarien, die ČSSR u. DDR (Vertreter u.a. A. Seghers, J. R. Becher, W. Bredel u. L. Renn) übertragen. 1953 (Tod Stalins) bis 1964 (Sturz Chruschtschows) Unterbrechung des S. R. Ernst Fischers grundsätzl. Erörterung des Realismusbegriffs auf der historischen Kafka-Konferenz in Liblice b. Prag (1963) signalisierte die Überwindung des starren S. R.

Sozialkritische Dichtung, gestaltet soz. Konflikte in krit., z. T. kämpfer. Sicht. Nach dem ↗bürgerlichen Trauerspiel u. den Dramen des ↗Sturm und Drang bes. ausgeprägt im 19. Jh. durch Lyrik u. Prosa des ↗Jungen Deutschland, die Dramen Büchners u. des ↗Naturalismus in Dtl., erzähler. WW Gogols u. Dostojewskijs in Rußland. Höhepunkte der S. D. im 20. Jh. bringen der ↗Expressionismus, das ↗Epische Theater Brechts u. seiner Nachfolger, der ↗Sozialistische Realismus (M. Gorkij) u. allg. die europäische u. amerikanische Dichtung seit dem 2. Weltkrieg.

Soziolekt *m* [lat.-gr.], einem bestimmten soz. Milieu entsprechende Variante einer ↗Mundart.

Soziolinguistik *w* [lat.], Zweig der Sprach-Wiss., der sich mit den soz. u. soziol. Aspekten v. Sprache u. Spracherwerb befaßt.

Spanische Sprache, eine der roman. Sprachen, in Spanien (auch in dem bask., galic. u. katalan. Sprachgebiet), auf den Kanar. Inseln, in Südamerika (außer Brasilien), Mittelamerika, auf den Antillen u. in Mexiko als Mischsprache (Judenspan., Rotwelsch in Mexiko, Malaiospan. auf den Philippinen u. Negerspan.) gesprochen. Die Dialekte Asturisch-Leonesisch, Kastilisch (einheitl. Schriftsprache nach der nationalen Einigung 1474), Aragones. u. Andalus. zeigen nur geringe Unterschiede. – Die span. Sprache ist aus dem ↗Vulgärlatein entstanden. Typisch ist die durchgehende Diphthongierung v. lat. offenem e zu ie und v. offenem o zu ue, die Weiterbildung v. lat. f zu h, die Erhaltung v. lat. End-s. Der Anteil der Iberer u. Kelten am Wortschatz ist gering. German. Wörter sind (vielfach über Fkr.) in die Kriegs- u. Rechtssprache eingedrungen, während die Goten fast keine Spuren hinterlassen haben. Nachhaltig aber wirkte sich das Arab. auf den Wortschatz aus (Handel, Handwerk, Verw.). Daş Frz. hat dauernd, das Portugies. kaum Einfluß geübt. Die Grenze zw. Alt- u. Neuspan. liegt um 1500. Die Rechtschreibung wurde 1815 vereinfacht. Die Formenlehre ist zieml. einheitl., die Syntax elastisch.

Spannung, dichter. Mittel, das Interesse des Aufnehmenden zu erregen, bes. im Drama u. in ep. Kleinformen (Novelle, Kurzgeschichte). Mittel zum Erzeugen der S. sind geheimnisvolle Vorausdeutungen, Verrätselung durch Widersprüche (z.B. in Schillers *Wallenstein* entgegengesetzte Deutungen Wallensteins durch andere vor seinem Auftreten), im Drama bes. auch Aktschlüsse, die entscheidende Fragen offenlassen.

Speculum *s* [lat.], im MA Titelwort (entspr. dt.: *Spiegel*) für zusammenfassende Darstellungen, z.B. „S. humanae salvationis" (Heilsspiegel); Sachsenspiegel.

Spiel, die freie, lustbetonte Betätigung der Kräfte ohne unmittelbar zweckhafte Ausrichtung. Das S. ist dem Menschen als urspr. Lebensäußerung eigen. Von der einfachsten bis zur höchstentwickelten geistigen u. körperl. Form möglich, durchwirkt es Sprache, Kult, Kultur. Eine große Rolle spielt das S. in der Lit., insofern sich die „ästhet. Erziehung" (Schiller) des Menschen als Entwicklung spieler. Verhaltens auffassen läßt. Aber auch die einzelnen Gesetze der Lit., z.B. der ↗Metrik, sind Spielregeln,

Spiel im Spiel (Beispiele)

W. Shakespeare: *Hamlet*
A. Gryphius: *Absurda comica*
L. Tieck: *Der gestiefelte Kater*
A. Schnitzler: *Der grüne Kakadu*
L. Pirandello: *Sechs Personen suchen einen Autor*

Spielmannsdichtung (Wichtige Werke)

König Rother
Herzog Ernst
Orendel
Oswald
Salman und Morolf

d.h. in ihrem Sosein willkürl. bei begrenzter Analogie zur Wirklichkeit.

Spiel im Spiel, das Einbeziehen eines Theaterspiels in die Handlung eines Bühnenwerks; ermöglicht raffinierte Spiegelungen v. Handlungselementen.

Spielleute ↗Spielmannsdichtung, ↗Vaganten, ↗Minstrel, ↗Ioculatores, ↗Skop.

Spielmannsdichtung, Gruppe mhd. Epen des 12. Jh. v. unbekannten Verf.n (wahrscheinl. Spielleuten, z.T. vielleicht Geistlichen), gekennzeichnet durch lockere Form, altertüml. Züge v. Vers, Reim u. Sprache, Motivwiederholungen.

Spieloper, die dt. kom. ↗Oper des 19. Jh., u.a. von Lortzing vertreten.

Spielplan, Verzeichnis der in einer Spielzeit v. einem Theater aufgeführten oder aufzuführenden Stücke.

Spiritual *s* [ßpiritju^{a}l, engl.], *Negro S.,* Sammel-Bz. für die Hymnen u. geistl. Lieder der nord-am. Neger.

Spleen *m* [ßplin, engl. = Milz], in heutiger Bedeutung Überspanntheit, Verschrobenheit; im ↗Symbolismus (Baudelaire) neben *ennui* (= Langeweile, Ekel) Ausdruck für die weltschmerzl. Zerrissenheit des modernen Ich.

Spondeus *m* [gr.], antiker Versfuß, bestehend aus zwei Längen: ⏗ –

Spondiacus *m* [gr.], ein ↗Hexameter, dessen 5. Daktylus ausnahmsweise durch einen Spondeus ersetzt wurde.

Sprachakademien [Mz.], wiss. Vereinigungen zur Pflege der Sprache u. Lit.; in It. bes. die ↗Accademia della Crusca; in Fkr. die ↗Académie française; in Dtl. die ↗Sprachgesellschaften; 1925–45 Dt. Akademie in München; seit 49 Dt. Akad. für Sprache u. Dichtung.

Sprachatlas *m,* Slg. v. Sprachkarten, die bestimmte Formen u. Wörter entspr. ihrem geograph. Auftreten verzeichnen.

Sprache, 1) *Informationstheorie: formalisierte S.,* ein Kalkül, dessen Ausdrücke inhaltl. interpretiert sind; zum Beschreiben ist eine bekannte Sprache notwendig; ↗Metasprache. **2)** zunächst der physiolog. Vorgang des menschl. Sprechens; dann das einer Gruppe v. Menschen gemeinsame System v. Worten u. grammat. Regeln für deren Verbindung zu Sätzen (↗Satz 1; ↗Syntax); ganz allg. ein zu Mitteilung u. Ausdruck dienendes, dem Menschen eigenes System v. Zeichen, bei dem mit bestimmten Lautgebilden (diese opt. wiedergegeben v. Schriftzeichen; ↗Schrift 1) Begriffe verbunden sind. Die Sprachphilosophie sieht in ihr eine Weise des Geistes, die Welt zu erfassen (dabei liegt in der S. nach W. Humboldt aber auch eine eigene, die Wahrnehmung der Gegenstände prägende „Weltansicht"). Denken ist weitgehend an Wortgebilde (sei es auch nur im inneren Sprechen) gebunden. – Neben der Laut-S. ist dem Menschen auch eine Mienen- u. Gebärden-S. (etwa bei Taubstummen) möglich. – Die S. ist ein geschichtl. Phänomen: Gemein-S.n entstehen, wandeln sich in der Bedeutung ihrer Worte u. in ihren grammat. Regeln, sterben ab (sog. „tote", im Ggs. zu den „lebenden", v. einem Volk oder einer Volksgruppe noch gesprochenen S.n) u. werden oft nur durch wiss. Überlieferung erhalten. Ungeschichtl. sind dagegen die Welthilfssprachen u. andere künstl. Sprachen.

Sprachfamilie *w,* Gruppe verwandter ↗Sprachen 2), die sich auf eine Grundsprache zurückführen lassen z.B.: german., roman. S.

Sprachgesellschaften, nach dem Vorbild der Florentiner ↗Accademia della Crusca bes. im 17. Jh. wirkende Vereinigungen, die die Pflege der Sprache u. Lit. u. „Reinigung" der Sprache v. Fremdwörtern zum Ziel hatten; in Dtl. bes.: „Fruchtbringende Gesellschaft", „Aufrichtige Tannengesellschaft" (Straßburg), „Deutschgesinnte Genossenschaft" (Hamburg), ↗Pegnes. Blumenorden, Elbschwanenorden (Lübeck).

Sprachphilosophie *w,* phil.-sprachwiss. Grenzdisziplin, die sich um Erkenntnis des Ursprungs, Wesens u. der Bedeutung der Sprache bemüht; schon bei Platon u. Aristoteles u. im MA Frage nach dem Verhältnis v. S. u. Erkenntnis; in der NZ gingen wesentl. Impulse v. der Linguistik u. Philologie aus (F. de Saussure, L. Weisgerber, K. Vossler); seit den 30er Jahren zunehmende Bedeutung der S. des Neupositivismus (u.a. L. Wittgenstein, R. Carnap); S. wird auf Sprachkritik *(linguistic analysis)* reduziert.

Sprachwissenschaft, *Linguistik,* entwickelte sich in Europa im 18. Jh., bes. im 19. Jh. (F. Schlegel, W. von Humboldt, J. Grimm, F. Bopp, R. Rask, später u.a.: die Junggrammatiker: F. de Saussure, seit diesem Unterscheidung v. synchron. [beschreibender] u. diachron. [hist.] Sprachbetrachtung). Die S. des letzten Jahrzehnts ist geprägt v. ↗Strukturalismus u. ↗generativer (Transformations-)Grammatik; ihre informationstheoret. Ansätze greifen gegenwärtig immer mehr auf die Lit.-Wiss. über.

Sprachzertrümmerung, Bz. für eine Stiltendenz moderner Dichtung seit ↗Expressionismus u. ↗Dadaismus: semant. u. syntakt. Ordnungen der

Sprachzertrümmerung

Eile mit feile
eile mit feile
eile mit feile
durch den fald

durch die füste
durch die füste
durch die füste
bläst der find

falfischbauch
falfischbauch

(E. Jandl: *Etüde in f* [Beginn])

Sprache werden zerbrochen bis zur sinnlosen Lautfolge.

sprechende Namen, bezeichnen eine Eigenschaft einer lit. Figur; z. B. Herr v. Biederling, Herr v. Seifenblase als Karikaturen des Derben bzw. Blasierten in Dramen v. J. M. R. Lenz; häufig in der Komödie.

Sprecherziehung, Anleitung zum richtigen Sprechen, bes. zum Vortrag lit. Werke u. zur freien Rede (↗Rhetorik); umfaßt neben Atemschulung, Lautbildung u. Sprechtechnik Gestaltungslehre des gesprochenen Wortes.

Sprechgesang, die Art des gehobenen, deklamator. Sprechens im ↗Monodrama. ↗Rezitativ.

Sprechkunde, befaßt sich mit der freien Rede in ihren verschiedenen Erscheinungsformen u. mit Lesen u. Sprechkunst, d. h. der werkgerechten Wiedergabe v. Dichtung; Grundlage ist die Kenntnis der Atemtechnik, Stimm- u. Lautbildung.

Sprechstücke, Bz. für die Theaterform bes. P. Handkes, die ohne konventionelle Handlung sprachrhythm. Redensarten, Gemeinplätze usw. aneinanderreiht.

Sprichwort, ein meist vom Volk geprägter u. überlieferter, feststehender, oft erzieherischer Erfahrungsgrundsatz; Sprichwort-Slg.en schon bei den Griechen.

sprichwörtliche Redensarten, im Ggs. zum ↗Sprichwort verbale Ausdrücke, die als bildhafte Wendungen in immer neue Satzzusammenhänge eingepaßt werden können; wertfrei u. inhaltl. unbestimmt.

Spruch, ein- oder mehrstrophiges mhd. Gedicht; in der Bauweise dem Minnelied (↗Minnesang) ähnlich, dreiteilig oder auch unstollig, zum Gesang bestimmt. Der S. umfaßt inhaltl. biograph.-persönl., polit., allg. lehrhafte u. rel. Themen; er wurde nach Anfängen v. Herger u. Spervogel durch Walther v. der Vogelweide durchgesetzt.

Staatsroman *m,* meist als ↗Utopie angelegte, mehr oder weniger romanhafte Darstellung v. Staat u. Gesellschaft; auch in der Form des ↗Fürstenspiegels.

Stabreim, bes. der altgerman. Dichtung eigene Form des Reims; im Ggs. zum End-↗Reim reimt der Wortanlaut, im Ggs. zur bloßen ↗Alliteration müssen die stabtragenden Wörter im Vers in der Hebung stehen; daher ist S. nur mögl. in Sprachen mit Anfangsbetonung; er ist an sinnschwere Wörter gebunden (meist 3 Wörter einer Langzeile). Konsonanten staben mit sich selbst, jeder Vokal jedoch mit jedem anderen; die Lautgruppen *sk, st, sp* sta-

Sprechstücke
v. P. Handke:

Publikumsbeschimpfung
Kaspar
Selbstbezichtigung
Weissagung
Hilferufe

Sprichwort u. sprichwörtliche Redensarten

Ein Sprichwort hat die Form eines abgeschlossenen Satzes in fester und unveränderlicher Formulierung, z. B. ‚Hunger ist der beste Koch'. ... Eine sprichwörtliche Redensart dagegen ist ein verbaler bildhafter Ausdruck, wie z. B. ‚für jemand die Kastanien aus dem Feuer holen' – ‚einen ins Bockshorn jagen' – ‚einem ein X für ein U vormachen' – ‚einem den Daumen drücken'. Diese sprichwörtlichen Redensarten müssen erst in einen Satz eingefügt werden, um eine feste Aussage zu ergeben; als verbale Ausdrücke sind sie veränderlich nach Zeit und Person: Wer drückt wem, wann, wofür den Daumen?

(L. Röhrich: *Lexikon der sprichwörtlichen Redensarten*)

Spruch-Dichter

Herger
Spervogel
Walther v. der Vogelweide
Reinmar v. Zweter
der Marner
Frauenlob

Stabreim

Beispiel aus dem Heliand:

... das Schwert aus der Scheide / und schlug auf ihn ein, auf den vordersten Feind, / mit seiner Faust Gewalt

ben nur als Ganzes. – Versuch der Wiederbelebung durch R. Wagner im 19. Jh.

Stadttheater *s,* im 19. Jh. neben dem ↗Hoftheater entstandene Bühnen, v. Städten organisator. u. finanziell getragen.

Stammbuch, ein Buch mit Stammbaum, Wappen, Wahlspruch u. Adelsbrief eines Adelsgeschlechtes; seit 15. Jh. auch in bürgerl. Kreisen. – *I. ü. S.:* Erinnerungsbuch mit persönl. Eintragungen v. Freunden.

Ständeklausel *w,* v. antiken Beispielen abgelöste u. bis zum Barock fast uneingeschränkt gültige Festlegung, wonach die ↗Tragödie nur unter Personen hohen Standes spielt, bürgerl. Personen aber in die ↗Komödie gehören.

Standes- und Berufssprachen, Sondersprachen bestimmter Schichten, in Stil u. Wortschatz v. der Landessprache abweichend. ↗Soziolekt.

Standortkatalog *m,* ein ↗Katalog, der die Buchbestände nach der Aufstellung in der Bibl. aufführt.

Stanze *w,* it. *Ottaverime, Oktave,* seit Boccaccio beliebte it. Eposstrophe (Bajardo, Ariost, Tasso), auch in andern Sprachen. 8 Elfsilber mit dem Reimschema abababcc; in Dtl. zunächst frei (Wieland), dann getreu nachgebildet (Heinse, Goethe, A. W. Schlegel, Platen), meist in wechselweise klingend u. stumpf reimenden iamb. Fünfhebern. Reimt auch das letzte Verspaar ab, dann heißt die S. *Siziliane.*

Stasimon *s* [gr. = Standlied], Lied des Chores zw. den Szenen im altgriech. Drama.

Stationendrama *s* [lat.-gr.], v. A. Strindberg *(Nach Damaskus)* begr. u. vom Expressionismus fortgeführte dramat. Form: lockere Folge v. symbol. Szenen; oft monologisch.

Statisches Gedicht [v. lat. *stare* = stehen], stellt widersprüchl. Erscheinungen gleichzeitig u. unvermittelt nebeneinander, um so die auseinanderstrebende Lebenstotalität zu spiegeln; lyr. Form des ↗Dadaismus; bei G. Benn das „reine Gedicht", antidynamisch konstruiert.

Statist *m* [v. lat. *stare* = stehen], auf der Bühne u. im Film Darsteller, der keinen Text zu sprechen hat; bes. in Massenszenen eingesetzt. *S.erie,* das Aufgebot an S.en.

Staufische Klassik *w,* die Blütezeit der mhd. Dichtung während der Herrschaft der Hohenstaufenkaiser, in der zu Beginn des 13. Jh. Reinmar v. Hagenau, Walther v. der Vogelweide, Hartmann v. Aue, Wolfram v. Eschenbach u. Gotfrid v. Straßburg nebeneinander wirkten.

Stegreif ↗Improvisation.

Ständeklausel

Die Comedie bestehet in schlechtem wesen unnd personen: redet von hochzeiten / gastgeboten / spielen / betrug und schalckheit der knechte / ruhmrätigen Landtsknechten / buhlersachen / leichtfertigkeit der jugend / geitze des alters / kupplerey und solchen sachen / die täglich unter gemeinen Leuten vorlauffen. Haben derowegen die / welche heutiges tages Comedien geschrieben / weit geirret / die Keyser und Potentaten eingeführet; weil solches den regeln der Comedien schnurstracks zuewieder laufft.

(M. Opitz: *Buch von der deutschen Poeterey*)

Stationendrama

Im ‚Stationendrama' ist der Held, dessen Entwicklung es schildert, von den Gestalten, die er an den Stationen seines Weges antrifft, aufs deutlichste abgehoben. Sie erscheinen, indem sie nur in seinem Zusammentreffen mit ihm auftreten, in seiner Perspektive und so auf ihn bezogen. Und da den Grund des Stationendramas nicht eine Vielzahl von einander weitgehend gleichgestellten Personen, sondern das eine zentrale Ich bildet, sein Raum also kein apriori dialogischer ist, verliert auch der Monolog hier den Ausnahmecharakter, den er im Drama notwendig besitzt...
Die einzelnen Szenen stehen hier in keinem kausalen Bezug, bringen einander nicht, wie im Drama, selber hervor. Vielmehr erscheinen sie als isolierte Steine, aufgereiht am Faden des fortschreitenden Ich.

(P. Szondi: *Theorie des modernen Dramas*)

steigende Handlung ↗Akt.

Stichometrie *w* [gr.], *Antike:* Zeilenzählung nach einem Normalmaß (15 oder 16 Silben) zur Umfangsbestimmung; Schutz vor ↗Interpolationen.

Stichomythie

Pylades.
Der deinen Bruder schlachtet, dem entfliehst du.
Iphigenie.
Es ist derselbe, der mir Gutes that.
Pylades.
Das ist nicht Undank, was die Noth gebeut.
Iphigenie.
Es bleibt wohl Undank; nur die Noth entschuldigt's.
Pylades.
Vor Göttern und vor Menschen dich gewiß.
Iphigenie.
Allein mein eigen Herz ist nicht befriedigt.
Pylades.
Zu strenge Fordrung ist verborgner Stolz.
Iphigenie.
Ich untersuche nicht, Ich fühle nur.

Stichomythie *w* [gr.], im Versdrama der Wechsel v. Rede u. Gegenrede Vers für Vers. ↗geschlossene Form.

Stichwort, 1) in *Nachschlagewerken* das an die Spitze eines Artikels gestellte Themawort; in *Buchtiteln* das wesentlichste Wort. **2)** *Theater:* das jeweils letzte Wort eines Schauspielers, auf das hin der Partner seinen Text beginnt.

Stichwortkatalog ↗Katalog.

Stil *m* [v. lat. *stilus* = Griffel], die besondere Art u. Weise jeder künstler. Darstellung, bezeichnet die Einheit der Formen, die in einem Kunstwerk zum Ausdruck kommt; bei literar. WW bes. bezogen auf Wortschatz, Satzbau, Sprachrhythmik, Struktur. Urspr. nur für den sprachl. Bereich gebraucht, wird der Begriff seit dem 18. Jh. (Winckelmann) auch auf die bildende Kunst bezogen. Ältere Epochen begreifen den S. als objektiv u. v. der gewählten Gattung bestimmt (↗Rota Vergilii); nur innerhalb dieser Grenzen konnte sich der individuelle S. eines Künstlers (für den der Begriff fehlte) entfalten. Noch Schiller definiert den S. nur als Funktion des dargestellten Gegenstands; die persönl. Darstellungsweise des Künstlers, die später den S.begriff bestimmt, ist für ihn *Manier.* – Zur lit.-wiss. Untersuchung des Individualstils ↗Stilanalyse.

Stilanalyse *w* [lat.-gr.], moderne Methode der Lit.-Wiss., als Bz. seit etwa 1920 v. L. Spitzer gebraucht. S. richtet sich auf den Individualstil eines Autors bzw. Werks, registriert die besonderen (d.h. immer wiederkehrenden) Stilmittel u. versucht ihr Zusammenwirken in dem in sich stimmigen Gefüge des stilist. Organismus zu verstehen. In diesem deskriptiven Anspruch liegt die Abgrenzung zur wesentl. normativen ↗Stilistik. Ein Hw. der S. ist neben Spitzers Arbeiten E. Auerbachs *Mimesis.*

Stilarten, lat. *genera dicendi,* aus der antiken Rhetorik stammendes u. im MA systematisiertes Einteilungsmodell, das *hohen, mittleren* und *niedrigen Stil* kennt u. best. Inhalten zuordnet (↗Rota Vergilii). Zugrunde liegt ein objektiver, v. der Individualität des Autors losgelöster Begriff des ↗Stils. Nachwirkungen bis zur dt. Klassik (Einschätzung bestimmter Gattungen).

Stilbruch

Wie ein Wurm nagte das Elend in meinem Herzen und nagte – der arme Chinese trägt keine Schuld, ich habe dieses Elend mit mir zur Welt gebracht. Es lag schon mit mir in der Wiege, und wenn meine Mutter mich wiegte, so wiegte sie es mit, und wenn sie mich in den Schlaf sang, so schlief es mit mir ein, und es erwachte, sobald ich wieder die Augen aufschlug. Als ich größer wurde, wuchs auch das Elend und wurde endlich ganz groß und zersprengte mein – Wir wollen von anderen Dingen sprechen, vom Jungfernkranz, von Maskenbällen, von Lust und Hochzeitsfreude – lalarallala, lalarallala, lalaral – la – la – la. –
(H. Heine: *Ideen – Das Buch Le Grand*)

Stilbruch, plötzl. Übergang aus einer einmal gewählten Stilebene in eine andere, nicht dazu passende. Ein S. kann sich aus künstler. Ungeschick ergeben, kann aber auch (z.B. in grotesker Dichtung) bewußt gesetzt sein, um besondere Wirkungen zu erzielen.

Stilbühne, benützt andeutend-stilisierte räuml. Darstellungsmittel anstelle v. realist. Kulissen; vorherrschend im ↗Expressionismus.

Stilisierung *w* [lat.], Umformen einer Naturform auf ein Stilideal hin im Ggs. zur realist. oder naturalist. Darstellungsweise.

Stilistik *w* [lat.], *Stilkunde,* Lehre vom guten Schreibstil; wiss. Untersuchung des Sprachstils der Dichtung.

Stilmittel, einzelnes Element eines stilist. Gefüges. Im lit. Kunstwerk kann neben den vorgeprägten S.n etwa der ↗Rhetorik (z.B. ↗Antithese) jede sprachl. Einzelheit, sofern sie in überzufälliger Häufung auftritt u. eine erkennbare Funktion hat, S. sein.

Stilogramm *s* [lat.-gr.], v. J.-M. Zemb entwickelte opt.-statist. Darstellung v. Stileigenarten: Frequenzzahlen verschiedener sprachl. Kennzeichen werden auf mehreren Radien eingezeichnet u. an Vergleichswerten (Normal- bzw. anderer Individualstil) gemessen.

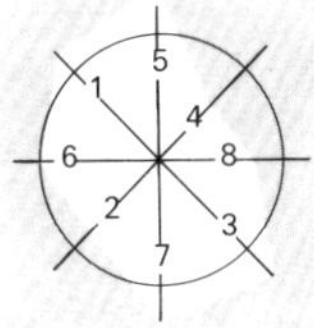

Stilogramm

Stoff, der sachl., histor. konkrete Inhalt eines lit. Werks; existiert bereits vor dem Werk u. wird vom Dichter gewählt (z. B. der Iphigenie-Stoff v. Euripides, Racine, Goethe usw. nacheinander aufgegriffen).

Stoffgeschichte, Vorgehensweise bes. der ↗vergleichenden Literaturwiss., die Weitergabe u. Wandlungen der lit. Stoffe u. Formen in verschiedenen Epochen u. zw. Völkern untersucht.

Straßentheater

Stoichedon *s* [gr.], Schreibweise bei griech. Inschriften des 5. u. 4. Jh. v. Chr., bei der die Buchstaben in horizontaler u. vertikaler Richtung genau aufeinander ausgerichtet wurden.

Stollen ↗Aufgesang.

Story *w* [ßtåri, engl.], Geschichte; auch: Fabel, Handlung eines lit. Werkes.

Strambotto *s* [it.], Form der sizilian., ab 15. Jh. der it. Dichtung; 8 paarig gereimte Elfsilbenverse.

Straßentheater *s,* aus dem Bedürfnis nach unmittelbarer Kommunikation mit dem Massenpublikum entstandene Form des Theaterspielens an öff. Orten; meist in der Art der ↗Revue u. mit polit. Engagement. Nach dem S. des russ. ↗Agitprop brachte bes. die frz. u. dt. Studentenbewegung der späten sechziger Jahre ein Aufleben.

stream of consciousness *m* [ßtrim of konschᵉßniß, engl. = Bewußtseinsstrom], seit E. Dujardin, J. Joyce u. V. Woolf übliches Mittel moderner Erzähl-

stream of consciousness
(Beispiel)

Krach. Die Türe zu, zugeschlagen. Rrrrrr, der Riegel wird vorgeschoben. Donnerwetter. Die Tür ist zu. Son Biest. Da stehst du. Die ist wohl verrückt. Ob die mich erkannt hat. Braune Tür, Türfüllung, ich steh auf der Treppe, mein Schlips sitzt. Ist gar nicht zu glauben. Muß nochmals klingeln, oder nicht.
(A. Döblin: *Berlin Alexanderplatz*)

technik: die Handlung erscheint zurückgenommen in ihre Spiegelung im „Bewußtseinsstrom“ der Hauptperson, der mit allen (auch alogisch-unterbewußten) Assoziationen u. simultanen Vorstellungsfetzen wiedergegeben wird. ↗Bewußtseinsliteratur, ↗innerer Monolog.

Streitgedicht, ↗Streitgespräch in Versen.

Streitgespräch, 1) formales Prinzip zahlr. älterer Dichtungen: meist allegor. Personen diskutieren Wert u. Unwert einer bestimmten menschl. Haltung oder anderer Dinge, z. B. gewisser Formen der ↗Minne. **2)** als z. T. öffentl. *Diskussion* Form der Beleuchtung u. Klärung v. Konflikten (z. B. in den ↗Massenmedien).

Strophe *w* [gr. = Wendung], eig. Teil des Tanzes, dann des Tanzliedes; später die höchste metr.-rhythm. u. musik. Einheit (als Zusammenfassung einzelner Zeilen), vorwiegend in der Lyrik, doch auch im Epos (z. B. Nibelungenlied). Reicher S.nbestand bes. in der antiken Lyrik (z. B. sapphische, alkäische S.). In der mhd. Lyrik steht neben heim. Formen die roman. Kanzonen-S. (2 Stollen u. Abgesang). Die it. Dichtung schuf viele S.nformen, die Gemeingut aller Literaturen wurden. ↗Vers.

Struktur *w* [lat.], in der Lit. das Zusammenstimmen der verschiedenen Stilzüge in einer org. Gemeinsamkeit.

Strukturalismus *m* [lat.], urspr. eine Methode der Sprach-Wiss.; heute, bes. in Fkr., u. a. von C. Lévi-Strauss, zu einer Gesamt-Wiss. vom Menschen u. seinen soz. Einrichtungen entwickelt. Auf lit. Werke als sprachl. Zeichen- u. Bedeutungssysteme eigener Art angewandt, stellt der S. Modelle der formalisierten (v. Inhalten abgelösten) Relationen auf, die lit. Gattungen, Epochen usw. gemeinsam sind.

Stück ↗Schauspiel.

Studentenlieder, gesellige Lieder bes. der Studentenverbindungen, zusammengefaßt im *Kommersbuch:* Kneip-, Wander-, Liebeslieder usw. Seit dem Beginn in der lat. Vagantendichtung auch Beiträge bedeutender Dichter (J. Ch. Günther, Eichendorff, Heine u. a.).

Studie *w* [lat.], lit. Vorarbeit für ein Werk; kleinere wiss. Darstellung; Bericht über bestimmte (z. B. soz.) Sachverhalte.

Studiobühne, Experimentierbühne (Studio) an Theaterschulen u. Universitäten, an Berufstheatern für avantgardist. u. experimentelle Stücke.

stumpfer Versschluß liegt vor, wenn der ganze metr. gebotene letzte Takt (Hebung + Senkung) sprachl. nicht gefüllt ist.

stumpfer Verschluß

Múget ir schóuwen wáz dem méien / wúnders íst beschért [– ´– –]?
letzter Takt fehlt
(Walther von der Vogelweide)

stumpfes Motiv *s,* ↗blindes Motiv.

Stundenbuch, lat. *Horarium,* frz. *Livre d'heures,* das im Hoch-MA aufgekommene Gebetbuch für Laien mit Texten für die einzelnen Horen.

Sturm, *Der S.,* 1910 v. H. Walden begr. Zschr. für Kunst u. Kultur; erschien bis 1933.

Sturm und Drang, nach einem Drama Klingers ben. „Geniezeit" der dt. Lit. v. kurz vor 1770 bis etwa 1785; im Ggs. zum Vernunftdenken der ↗Aufklärung regelloses Eigenschöpfertum propagierend. Als Vorbilder galten Homer, Shakespeare, Ossian, das Volkslied; Herder u. Hamann als theoret. Begründer. Wesentl. Leistungen auf dem Gebiet des Dramas: J. M. R. Lenz, *Die Soldaten;* Goethe, *Götz v. Berlichingen* u. *Clavigo;* Schiller, *Die Räuber, Fiesko* u. *Kabale u. Liebe;* daneben Klinger, *Die Zwillinge;* Wagner, Gerstenberg, Leisewitz. Die Lyrik gekennzeichnet durch Gefühls- u. Erlebnisdichtung; Hauptvertreter: der junge Goethe, Maler, Müller, Schubart. Von geringerer Bedeutung ist die Epik (Goethe, *Werther;* Heinse, *Ardinghello;* Jacobi, *Aus Ed. Allwills Papieren*).

Sturm und Drang

J. G. Herder
J. G. Hamann
J. C. Lavater
J. W. v. Goethe
J. M. R. Lenz
H. W. v. Gerstenberg
F. M. Klinger
Maler Müller
H. L. Wagner
W. Heinse
F. v. Schiller (zeitweise nahestehend)

style indirect libre *m* [ßtil ãndirekt libr^e, frz.], frz. Bz. für ↗erlebte Rede.

Subskription *w* [lat.; Ztw. *subskribieren*], *Buchhandel:* seit dem 17. Jh. nachweisbare Gepflogenheit; für größere oder mehrbändige Werke vor deren Erscheinen Abnehmer zu ermäßigtem *S.preis* zum Kauf zu verpflichten.

Sufismus [v. arab. *sūfī* = mit Wolle bekleideter Asket], die Mystik des Islam. Der bedeutendste Sūfī war Ibn al-Arabi; die größten myst. Dichter waren Perser, u. a. Hafis.

Sujet *s* [ßüschä, frz.], Gegenstand, künstler. Vorwurf.

Summa *w* [lat.], *allg.:* Summe, Zusammenfassung; häufiger Titel wiss. WW im MA.

Supplement *s* [lat.], Ergänzung, Nachtrag.

Surrealismus *m* [ßür-, frz.-lat.], nach dem 1. Weltkrieg in Paris aufgekommene Richtung, die die Grenzen des Bewußtseins zu überschreiten suchte, unter Verzicht auf die rationallog. Formen des Denkens; Programmatiker A. Breton (*Manifeste du surréalisme,* 1924) verlangte für das Schreiben Unterwerfung unter das „Diktat" des Vorbewußten, Inspiration durch den Traum; als Vorläufer galten bes. Baudelaire, Lautréamont, Apollinaire; der dem ↗Dadaismus nahestehende S. wirkte bes. in den 20er, auch noch in den 30er Jahren, doch gab es nur wenige Surrealisten strenger Provenienz; weiter reichte die Aufnahme einzelner surrealist. Stile-

Surrealismus

Surrealismus, reiner psychischer Automatismus, durch den man sich vornimmt, sei es mündlich, sei es schriftlich, sei es auf ganz andere Weise, das wirkliche Funktionieren des Gedankens auszudrücken. Vom Gedanken diktiert, ohne jede von der Vernunft geübte Kontrolle, außerhalb jeder ästhetischen oder moralischen Voraussetzungen. Der Surrealismus beruht auf dem Glauben an die überlegene Wirklichkeit gewisser bisher vernachlässigter Assoziationsformen, an die Allmacht des Traumes, das selbstlose Spiel des Gedankens. Er strebt danach, endgültig alle anderen psychischen Mechanismen zu zerstören und sich an ihrer Stelle zur Lösung der hauptsächlichsten Lebensprobleme einzusetzen.

(Definition v. A. Breton: 1925 in der *Revue surréaliste*)

lemente bes. in der Lyrik u. im Drama. Hauptvertreter: L. Aragon, P. Éluard, Ph. Soupault, P. Reverdy, R. Desnos u.a.; surrealist. Elemente finden sich in Dtl. bei H. H. Jahnn, H. Hesse u. F. Kafka, in England bei J. Joyce, in Spanien bei García Lorca, in Chile bei Pablo Neruda u. in Italien bei C. Pavese u. S. Quasimodo. – Einfluß hatte der S. auch auf den Film (L. Buñuel, S. Dalí; J. Cocteau).

Syllogismus *m* [gr.], Grundform des Schlusses, bestehend aus zwei Prämissen u. einem Schlußsatz.

Symbol *s* [v. gr. *symballein* = zusammenwerfen], **1)** Sinnbild, eindringl. Mittel dichter. Bildlichkeit: ein Ding wird durchsichtig auf eine höhere Bedeutung hin, mit der es nun identifiziert wird, ohne darüber seine vordergründige Rolle als Ding zu verlieren. Der künstler. Reiz des S. liegt in dieser gleichzeitigen Zugehörigkeit zu zwei Ebenen. Im Ggs. zur ↗Metapher wird der (dort nur punktuelle) Bezug zw. Anschauung u. Bedeutung festgehalten, im Ggs. zur ↗Allegorie ist nicht die Anschauung für die Bedeutung konstruiert; Bild u. Bedeutung befinden sich im Gleichgewicht. – Beispiel symbol. Gestaltung: der Becher der Geliebten, den Goethes sterbender „König in Thule" ins Meer wirft, behält seine „normale" Rolle im äußeren Geschehen, versinnbildlicht aber zugleich das Wiederaufgehen der Individualität im All. **2)** Begriff der Sprachtheorie K. Bühlers (↗Organon-Modell).

Symbolik *w* [gr.], **1)** der in einem ↗Symbol dargestellte bzw. gemeinte, transzendierende Inhalt. **2)** prakt. Gebrauch oder systemat. Darstellung geltender oder hist. Symbole. **3)** rel., künstlerische oder auch wiss. Grundeinstellung, welche die Erscheinungsformen v. Natur u. Leben als erschließende Darstellung allg. oder geistiger Wirklichkeit versteht.

Symbolismus *m* [gr.], begann als lit. Bewegung um 1885 in Fkr. (vorbereitet durch Baudelaire, Mallarmé, Verlaine, Rimbaud), v. der dt. Romantik (Novalis), Poe, Rossetti u. R. Wagner angeregt; Manifest v. J. Moréas 1886 im „Figaro". Der S. wirkte sich, bes. in der Lyrik, bald in vielen Spielarten im abendländ. Kulturbereich aus; im Ggs. zum ↗Naturalismus vertrat er u. a. den Grundsatz des ↗„l'art pour l'art" u. suchte bes. auch Traum, Geheimnis, Mystik, seel. Welterleben durch ständig verfeinerte Kunstmittel (Suggestionen, Analogien, Assoziationen, Synästhesien, symbol. Zeichen, eigenwillige Bildlichkeit u. Rhythmik – bes. Nähe zur Musik) darzustellen; leitete zur Dichtung des 20. Jh. über.

Symbolismus
(Dichter außerhalb v. Fkr.)

G. Rodenbach
E. A. G. Verhaeren
M. P. M. B. Maeterlinck

A. Verwey

W. B. Yeats

W. J. Brjussow
A. A. Blok
A. Bely

G. d'Annunzio

R. Darío

St. George
R. M. Rilke
H. v. Hofmannsthal

Symposion *s* [gr.], **1)** bei den alten Griechen Gastmahl mit phil. Gesprächen u. musik. Darbietungen; bei Platon (Titel eines Dialogs) u.a. Einkleidungsform für phil. oder wiss. Erörterungen. **2)** nichtöff. wiss. Fachgespräch.

Symptom *s* [gr.], Begriff der Sprachtheorie K. Bühlers (↗Organon-Modell).

Synalöphe *w* [gr. = Verschmelzung], in der lat. u. roman. Kunstsprache Verschleifung v. unbetontem Auslautvokal u. unmittelbar folgendem Anlautvokal; metr. Zählung als *eine* Silbe.

Synalöphe

O natura cortese,
Son quest*i i* doni tuoi,
quest*i i* diletti sono...
(G. Leopardi: *La quiete dopo la tempesta*)
(gelesen:
...questidoni...
...questidiletti...)

Synaphie *w* [gr. = Zusammenfügung], enge Verbindung, „Fugung" zweier Verse durch syntakt. u. metr. bruchloses Weiterlaufen der Sprache.

Synästhesie *w* [gr. *synaisthesis* = Zugleichempfinden], Wahrnehmung v. Sinnesreizen durch noch ein anderes als das angesprochene Organ, z.B. Farbenhören. Als metaphor. Stilzug beliebt in der Romantik, dann im frz. ↗Symbolismus.

Synästhesie

Brentano:

Golden wehn die Töne nieder / ... der Töne Licht

Eichendorff:

... und zogen / ihn in der buhlenden Wogen / farbig klingenden Schlund

Tieck:

Er nimmt den Tönen ihre dunkle Hülle

Synchronie *w* [gr.; Bw. *synchronisch*], *Sprach- u. Lit.-Wiss.:* Struktur einer Sprache bzw. Gattung zu einem bestimmten Zeitpunkt als Gegenstand der Analyse; Ggs. ↗Diachronie.

Synekdoche *w* [gr.], rhetor. Figur, die Teil u. Ganzes, Konkretes u. Abstraktes, Stoff u. daraus Gefertigtes vertauscht (z.B. Dach für Haus, „ein Cicero" für Redner).

Synkope *w* [gr.], **1)** *Metrik:* Ausfall einer Senkung. **2)** *Sprache:* Vokalausstoßung im Wortinnern (z.B. Allmächt'ger statt Allmächtiger).

Synonymik *w* [gr.], Lehre v. den Bedeutungsunterschieden sinnverwandter Wörter; Teil der Stilistik.

Synopse *w* [gr. = Zusammenschau], **1)** *allg.:* knappe Zusammenfassung, Übersicht. **2)** *NT:* seit J. J. Griesbach Bz. für die Darbietung des Evangelientextes der Synoptiker Matthäus, Markus u. Lukas, die die parallelen Texte in Spalten nebeneinander (oder in Zeilen untereinander) abdruckt. **3)** Paralleldruck verschiedener Fassungen eines lit. Werks.

Syntaktik *w* [gr.], ↗Semiotik.

Syntax *w* [gr.], **1)** *Grammatik:* Lehre vom Bau der Sätze (↗Satz), v. ihrer Gliederung, der Stellung u. Zuordnung der einzelnen Wörter u. Satzteile u. der Stellung der Sätze zueinander: Unterscheidung in Haupt- u. Nebensätze; erstere sind selbständig, Nebensätze erhalten erst durch den Hauptsatz vollen Sinn; Hauptsatz mit einem oder mehreren Nebensätzen: *Satzgefüge* (*Hypotaxe;* Ggs.: ↗Parataxe). Inhaltlich werden bes. 4 Satztypen unterschieden: Aussage-, Aufforderungs-, Ausrufe-, Fragesatz. **2)**

Informationstheorie: Theorie der Zeichenordnung in einer Aussage ohne Berücksichtigung der Zeichendeutung. ↗Semiotik.

synthetische Sprache, bildet ihre Formen durch Aneinanderfügen der unterscheidenden Einheiten im Ggs. zur umschreibenden ↗analyt. Sprache (z. B. lat. *laudavi* – dt. *ich habe gelobt*).

systematische Poetik *w* [gr.], jede Poetik, die die lit. ↗Gattungen v. zeitlos kategorialen Bestimmungen ableitet, im Ggs. zur *geschichtl. Poetik;* Möglichkeit u. Erkenntniswert einer s. P. sind in der Ggw. umstritten.

Szenarium *s* [gr.-lat.], *Szenar,* Skizze des Inhalts eines Bühnenstücks in genauer Szenenfolge; Plan für den Inspizienten: Angabe der Auftritte, Requisiten usw.

Szene *w* [gr.], **1)** *Skene,* im altgriech. Theater: ein langes, schmales Gebäude, das den Abschluß des Blickfeldes bildet (die Schauspieler befanden sich auf dem ↗Proszenium u. der ↗Orchestra davor). **2)** ↗Auftritt. **3)** Bühne; Schauplatz auf der Bühne.

T

Tabulatur *w* [v. lat. *tabula* = Tafel], Buch des ↗Meistersangs mit Vorschriften zur handwerkl. Gestaltung der Gedichte.

Tagebuch, als literar. Form in der Renaissance, dann seit dem 18. Jh. u. bes. im 20. Jh. entwickelt: autobiograph. Aufzeichnungen, Notizen zu geplanten WW usw., z. T. von Anfang an für Leser gedacht.

Tagebuch
(Bedeutende Autoren)
J. W. v. Goethe
Fr. Hebbel
A. u. E. Goncourt
R. Musil
F. Kafka
A. Gide
M. Frisch

Tagelied, Gattung des ↗Minnesangs, schildert Abschied der Liebenden bei Tagesanbruch, nachdem ein Vogel oder der Ruf des Wächters sie gewarnt hat; ausgebildet in der Provence (provenzal. *Alba,* nordfrz. *Aubade* oder *Aube*) u. in Dtl.; später auch parodist. oder geistl. T.er.

Tagelied
T.-Dichter in Deutschland u. a.

Dietmar v. Aist
Heinrich v. Morungen
Walther v. der Vogelweide
Wolfram v. Eschenbach

Takt *m* [lat.], kleinste formale Einheit der Lyrik; in akzentuierender ↗Metrik die meist regelmäßig wiederkehrende Betonungsgruppe v. einer Hebung bis zur nächsten; mehrere T.e bilden eine Verszeile. Je nach Bau der Gruppen unterscheidet man die ↗Taktarten.

Taktarten, die nach Position der Hebung u. Zahl der Senkungen unterschiedenen Ausprägungen des ↗Takts.

Talmud *m* [hebr. = Studium, Lehre, Belehrung], neben dem AT Hauptschrift der Juden, vom 2. Jh. v. Chr. bis zum 6. Jh. n. Chr. in mittelhebr. u. aram. Sprache verfaßt; liegt in zwei Versionen vor: der *palästinens.* (jerusalem.) *T.* (T. jeruschalmi) ist älter

u. kürzer, der *babylon. T.* (T. bawli) ist länger u. jünger u. ist der T. schlechthin. Man unterscheidet zwei Gattungen des talmud. Stoffes: die Halacha (Auslegung der Vorschriften) u. die Haggada (Erzählstoffe). Der T. ist gleichzeitig Bibelerklärung u. vom bibl. Gut unabhängig, seine Hauptform ist der Dialog, die Diskussion. Der wichtigste T.kommentar ist der v. Raschi.

Taktarten

Jambus (x x́)
Trochäus (x́ x)
Anapäst (x x x́)
Daktylus (x́ x x)

Tanzlied, *Tanzleich,* (spät-)ma. Dichtungsgattung: einem getragen erzählten ersten Teil folgen rhythm. aufgelockerte „getanzte" Strophen (oft im Kehrreim).

Taschenbuch, aus den USA gekommene Form der Buchausgabe *(pocket book):* kleines Format *(Taschenausgabe),* einheitl., einfache Ausstattung, broschiert oder kartoniert, niedriger Preis; häufig Nachdrucke früherer normaler Ausg. in großer Auflage.

Tatsachenliteratur *w,* verfolgt bei Verzicht auf Fiktionen informative, oft aufklärer. Zwecke. Ästhet. Anspruch kann in der Form (Untertitel wie „Roman der Archäologie" usw.) bestehen. In der Ggw. wird das Verhältnis v. T. u. „schöner Literatur" stark diskutiert.

Tatsachenroman *m,* romanhafte Ausgestaltung v. tatsächl. Ereignissen, bes. um wiss. Entdeckungen, berühmte Personen oder Vorfälle.

Tautogramm , [gr.], Gedicht, dessen Zeilen, oder Vers, dessen Wörter alle mit demselben Buchstaben beginnen.

Tautologie *w* [gr. = Dasselbe-Sagen], (überflüssige) Verdoppelung einer Aussage, bes. die Bz. desselben Begriffes oder Gedankens durch verschiedene, aber gleichbedeutende Wörter, z. B. *einzig und allein.*

Tauwetter-Periode *w,* nach I. Ehrenburgs Roman *Tauwetter* ben., relativ freiheitl. Phase der sowjet. Literatur nach Stalins Tod; gegenwartskritische Werke.

Tauwetter-Periode

W. Dudinzew
D. Granin
S. Kirssanow
A. T. Twardowskij
J. Jewtuschenko
B. Pasternak

Technik *w* [v. gr. *techne* = Kunst, Fertigkeit], die handwerkl. Gestaltung des Kunstwerks, die auf der Beherrschung erlernbarer Kunstbegriffe usw. beruht.

Teichoskopie *w* [gr.], *Mauerschau,* im Drama Schilderung v. auf der Bühne schwer darstellbaren oder stilist. unerwünschten Vorgängen (z. B. Schlachten) durch einen Beobachter v. einer Mauer oder einem Turm aus. Darstellungsmittel im Drama der ↗geschlossenen Form.

Tektonik *w* [gr.], geschlossener, streng durchgeformter Aufbau eines Werks; gliedert die einzelnen

Teile in eine höhere Ganzheit ein; Ggs. Atektonik (lockerer Aufbau).

tektonische Form *w* [gr.], ↗geschlossene Form.

Telaribühne, in der it. Renaissance Vorstufe der Kulissenbühne: perspektiv. bemalte Leinwandprismen *(telari)* sind drehbar angeordnet, so daß schneller Szenenwechsel mögl. ist.

Telegrammstil (Beispiel)

Majorin: Er soll rasend werden – Unsere Familie – Infamie! – – O ich kann nicht mehr – *(Fällt auf einen Stuhl.)* *Major: (geht auf sie zu):* Willst du mit der Sprach heraus? – Oder ich dreh dir den Hals rum.

Majorin: Deine Tochter – Der Hofmeister – Lauf!

(Fällt in Ohnmacht.)

(J. M. R. Lenz: *Der Hofmeister*)

Telegrammstil *m* [gr.-lat.], extrem knapper Sprachstil; erreicht durch Aussparen aller Verbindungswörter usw.; häufig im ↗Sturm und Drang u. ↗Expressionismus.

Telestichon *s* [gr.], manierist. Formspiel: die Endbuchstaben der Verse im Gedicht ergeben, fortlaufend gelesen, ein Wort (oder mehrere), z. B. den Namen des Autors.

Telonisnym *s* [gr.], ↗Pseudonym aus den letzten Buchstaben des Verfassernamens.

Tendenzdichtung, Dichtung, die einen außerkünstler. Zweck verfolgt (z. B. polit. Art).

Tenor *m* [lat.], die Grundhaltung (Ton) einer Rede oder Schrift.

Terenzbühne, *Badezellenbühne,* in It. Ende 15. Jh. entwickelte Bühnenform: freie Vorderbühne, im Hintergrund mehrere Türen (Vorhänge), symbol. für die Häuser der Figuren; später Übergang zu perspektiv. Bühnenbild.

Terenzbühne

Terminologie *w* [lat.-gr.], Fachsprache, besondere Ausdrucksweise.

Terpsichose, die Muse des Tanzes.

tertium comparationis *s* [lat.], „das 3. der Vergleichung", der Punkt, in dem zwei verglichene Dinge, Vorgänge übereinstimmen.

Terzett *s* [lat.-it.], Dreizeilenstrophe im ↗Sonett.

Terzine *w* [it.], it. Strophenform; besteht aus fortlaufenden Abschnitten v. je 3 Elfsilblern mit Kettenreimung: aba bcb cdc u. abschließendem Einzelvers; Versmaß in Dantes „Göttl. Komödie"; in der dt. Lit. bes. in der jüngeren Romantik, später bei H. v. Hofmannsthal.

Testament *s* [lat.], **1)** in den lat. Bibelübersetzungen *(testamentum)* als Übersetzung des griech. *diatheke* u. des hebr. *berith* (= Vertrag, Bund) Bz. für den Bund Gottes mit den Menschen vor (Altes T.) u. nach der Erlösung (Neues T.); seit dem 2. Jh. auch Bz. für die 2 Slg.en der Schriften des Alten u. Neuen Bundes (↗Bibel). **2)** Bz. für Dichtungen, die sich als Vermächtnis eines sich vom Leben Verabschiedenden geben; oft burlesk (z. B. bei F. Villon).

Tetralogie *w* [gr.], Folge v. 4 zusammengehörigen Dramen.

Tetrameter *m* [gr.], in der antiken Metrik ein Vers aus vier gleichen Metren.

Text *m* [v. lat. *textus* = Gewebe], **1)** *allg.:* Bz. für das lit. Werk, bes. kleineren Umfangs. **2)** Wortlaut, bes. Hauptinhalt eines Druckwerks im Ggs. zu den Anmerkungen; ferner Worte eines Lieds, einer Gesetzes-, Bibelstelle. **3)** ein ↗Schriftgrad.

Textanalyse ↗elektron. T.

Textarten, *Textsorten,* empir. Sammelbegriff für die Präsentationsebenen v. lit. Texten; beruht auf der herkömml. Einteilung Lyrik – Epik – Dramatik; diese ↗Gattungs-Einteilung selbst wird wegen ihrer ideolog. Vorbelastung heute meist vermieden.

Textbuch ↗Libretto.

Textklassen [Mz., lat.], Gruppen v. Texten, denen eine dominante Eigenschaft gemeinsam ist (z. B. Witzigkeit, Pathos usw.). ↗Klassifikation v. Texten.

Text-Kontext-Relation *w* [lat.], die Wechselwirkung zw. einem konkreten ↗Text, der rezipiert wird, u. dem ↗Kontext im Bewußtsein des Aufnehmenden, den dessen lit.-ästhet. u. ideolog. Normensysteme bilden.

Textkritik *w* [lat.-gr.], Zweig der ↗Philologie; versucht, der verlorenen urspr. Fassung v. Texten (bes. des Alt. u. MA) möglichst nahezukommen (↗Rezension 2); arbeitet u. a. mit ↗Konjekturen.

Textlinguistik *w* [lat.], bechreibt die Struktur v. lit. Texten immanent mit math. Mitteln; Versuch einer Synthese v. Sprach- u. Lit.-Wiss.

Textsoziologie *w* [lat.], Richtung der Sprach-Wiss.: untersucht die in einen Text eingegangene u. in ihm vermittelte gesellschaftl. Wirklichkeit.

Texttheorie *w* [lat.-gr.], stellt das Wesen, den sprachl.-semant. Status, außerdem Produktions- u.

Rezeptionsbedingungen des lit. Texts systemat. dar; dabei geht die neuere T. von semiot. Sichtweise aus (↗Semiotik).

Thalia, gr. *Thaleia*, **1)** eine der drei Chariten (Göttinnen der Anmut). **2)** Muse der Komödie, trägt eine kom. Maske u. Krummstab.

Theater *s* [gr.], Bz. für den Gesamtbereich der Darstellenden Künste, insbesondere die szen. Realisierung v. Schaupsiel, Oper, Operette, Ballett; auch die Sonderformen umfassend: Marionettentheater (↗Marionette), ↗Puppentheater, ↗Schattenspiel, ↗Pantomime. Die Kunst des T. beruht auf der mim. u. Spielbegabung des Menschen, auf dem Drang nach Verwandlung u. Nachahmung. Sie ist Urkunst, urspr. noch wenig differenziert, bei geringer Bedeutung der Sprache. Nachahmungsspiele (z.B. Jagdzauber) stehen am Anfang, anderseits Kultisches i.w.S.: Totenkult, Götterverehrung, Fruchtbarkeitsriten. Bei den Griechen entwickelten sich aus diesen Urformen ↗Tragödie u. ↗Komödie, v. den Schauspielern mit ↗Masken gespielt. Daneben stand der ↗Mimus mit seiner Nachahmung allg.-menschl. Situationen. An die Stelle dieser Formen, die z.T. unterdrückt weiterlebten, trat im MA das ↗geistl. Spiel. Die in It. nie ganz vergessene Antike erwachte in den Tragödien u. Komödien der Renaissance zu neuem Leben. Sie bot mit Prozessionen u. Trionfi auch reines Schau-T. Gleichzeitig kam als improvisiertes, komödiant. T. die ↗Commedia dell'arte auf, die das gesamte europ. T. beeinflußte. Große Volkstümlichkeit errang das engl. T. in der elisabethan. Zeit, das span. im „Siglo de oro" (zeitweise bis 300 Wandertruppen). Das Barock wurde aber allg. in Europa zu einer Epoche blühender (meist höf.) T.kultur; in Fkr. mit einer Wendung zum Klassizismus. In Dtl., das zunächst nur das Laien-T. der ↗Fastnachtspiele u. des ↗Schuldramas gekannt hatte, wurde die ↗Oper v. den Fürsten gefördert; daneben setzte sich ein dt. Berufs-Schauspiel-T. nur mühsam durch (Berufsschauspieler jedoch schon in der Antike). Die über die Niederlande nach Dtl. eingewanderten ↗Engl. Komödianten wurden allmähl. v. dt. Wandertruppen abgelöst. Der erste bedeutende Prinzipal war Velthen, der den Spielplan, der bisher zumeist aus verballhornten Shakespeare-Dramen u. ↗Haupt- u. Staatsaktionen bestand, zu verbessern suchte. Die Reformen Gottscheds u. der Neuberin setzten diese Bestrebungen fort; sie bekämpften die groteskkom. Harlekinaden u. förderten die frz. Klassik. Die Entwicklung zum stabilen Hof- u. ↗National-T. hob die T.kultur. Einflußreich u. stilbildend wurden die T. in Hamburg (F. L. Schröder), Mannheim, Weimar (Wirken Goethes u. Schillers), Düsseldorf. Kontinuität des Volkstheaters zeigte dagegen bes. die in Raimund u. Nestroy gipfelnde Alt-Wiener Volkskomödie. Ab 1850 wurden das Wiener Burgtheater (H. Laube) sowie die Reform der ↗Meininger maßgebend. Versuch eines Gesamtkunstwerks: Richard Wagner in Bayreuth. Zunehmende Bedeutung des Regisseurs seit Ende 19. Jh.: wichtig für das naturalist. T. waren O. Brahm („Dt. T.", Berlin) u. Stanislawskij in Moskau, für das impressionist.-neuromant. M. Reinhardt (ebenfalls „Dt. T.", Berlin), für das expressionist. L. Jessner (Berlin) u. Meyerhold (Moskau), für eine „Theatralisierung des T.s" Tairoff (Moskau). Wesentl. Anstöße für das T. des 20. Jh. gingen im weiteren v. der Theorie u. Praxis B. Brechts aus sowie allg. vom Pariser Theater (zu Anfang des Jh. J. Coupeau, dann L. Jouvet, J. Vilar, J.-L. Barrault), in der Ggw. auch v. jüngeren Regisseuren des engl. Theaters, vom it. ↗Piccolo Teatro, für das ↗Musical vom am. Theater.

Theatermaschinen [Mz., gr.-frz.], techn. Hilfsmittel zur Darstellung besonderer Bühneneffekte, z. B.

1

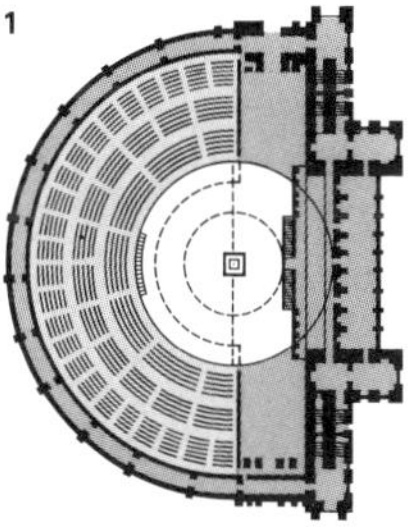

2

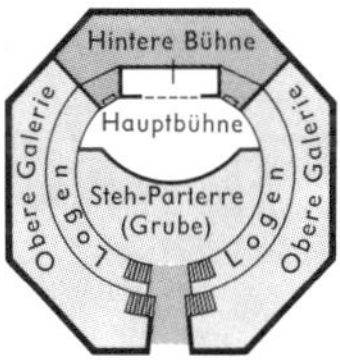

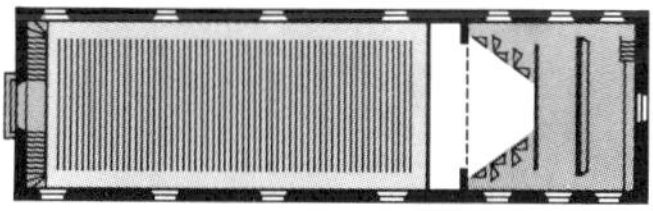

3

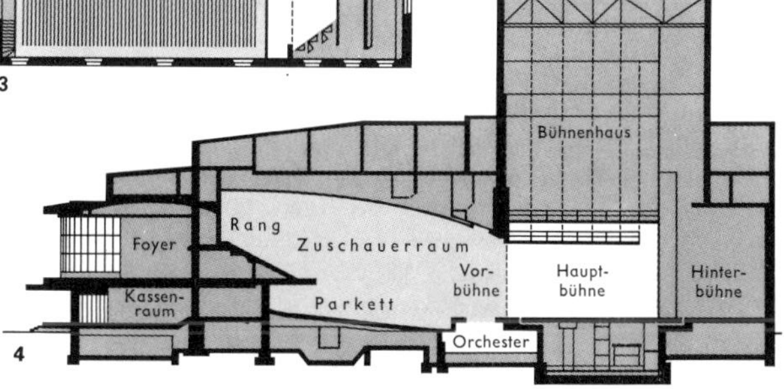

4

Theater: **1** antikes Szene-T. (Dionysos-T. in Athen) mit runder Spielbühne (Orchestra) vor einem durch Tore und Säulen gegliederten Szenengebäude, das Fundus und Schauspielerräume enthält. **2** Shakespeare-Bühne im Globe-T., London. **3** reines Parkett-T. mit Kulissenbühne der Renaissancezeit (T. in Ulm von J. Furtenbach). **4** heute meist gebräuchliche Form des T. mit Guckkastenbühne, Anordnung der Sitze im Parkett, ansteigendem Rang und Seitenlogen (Schiller-T. in Berlin, erb. von H. Völker u. R. Grosse, 1951)

Flugapparate (↗Deus ex machina); bekannt seit der Antike, häufig im Barocktheater.

Theaterwissenschaft, wiss. Erforschung der Gesch. des ↗Theaters; entscheidender Anstoß durch M. Herrmann.

Theaterzettel, nennt Titel, Gattung, Autor eines aufzuführenden Stücks; dazu Ort u. Zeit der Aufführung, Personen u. Schauspieler usw.; seit dem 19. Jh. wird auch der ↗Regisseur genannt.

theatralisch [gr.], bühnenmäßig; im Ausdruck übersteigert, gespreizt, unnatürlich.

Theatre-in-the-round-Bühnen [ßi̱ᵉtᵉʳ -ßᵉ raund-; Mz., engl.], am. Rundbühnen, die die einseitig einsehbare ↗Guckkastenbühne überwinden sollen.

Theatrum mundi *s* [lat.], *Theater:* im 18. Jh. eine Art Guckkasten mit sich bewegenden Figuren (↗Puppentheater).

Thema *s* [gr.; Mz. *Themen, Themata*], Gegenstand, Grundgedanke; der Begriff auch häufig für das lit. ↗Motiv verwandt.

Theodizee *w* [gr.], v. Leibniz eingeführter Begriff für die Rechtfertigung des Glaubens an Gottes allmächtige u. allweise Güte angesichts der sinnlos scheinenden Übel in der v. ihm geschaffenen Welt.

Theogonie *w* [gr.], Bz. für die Mythen über Göttergeburten u. Göttergeschlechter, oft vermischt mit Kosmogonie; berühmteste T. v. Hesiod.

Thesaurus *m* [v. gr. *thesauros* = Schatzkammer], Bz. für umfangreiche Sammelwerke, bes. Bibliographien u. Wörterbücher (z. B. *T. linguae Graecae, T. linguae Latinae).*

These *w* [v. gr. *thesis*], Setzung, Behauptung, Lehrsatz. Ggs. ↗Antithese. ↗Dialektisches Denken.

Thesenstück, Abart des ↗Sittenstücks, das die Diskussion eines ideolog. Themas u. die Formulierung v. Thesen über die eig. Handlung stellt; Nähe zum ↗Lehrstück.

Thesenstück

- J. M. R. Lenz: *Der Hofmeister*
- L. Anzengruber: *Das vierte Gebot*
- H. Sudermann: *Die Ehre*

Thesis *w* [gr.], *altgr. Metrik:* Hebung; schwerer Taktteil (in dt. Verslehre mißverstanden für *Senkung* gebräuchl.).

Threnodie *w* [gr.], Lied zur Totenklage mit Flötenbegleitung; in altgr. Lyrik u. Tragödiendichtung.

Thriller *m* [engl.], sensationelle Erzählung, Film usw. mit äußerlichen Spannungseffekten.

Tierdichtung, umfaßt bes. Tierfabel u. Tierepos. Die *Tierfabel* (↗Fabel 2) gehört neben *Tiersage* u. *Tiermärchen* zu den ältesten Lit.-Erzeugnissen. In der Antike die WW v. Äsop u. Phädrus, bes. seit dem MA weite Verbreitung in Europa bis zur Aufklärung. Die Tierfabel bildete die Grundlage des *Tierepos* (u. a. *Ecbasis captivi; Reineke Fuchs;* Rollenhagens

Froschmeuseler). Der griechische *Physiologus* wurde maßgebend für die ma. Bestiarien. Eine neue Art der T. begann im 19. Jh. Die Satire (noch in E. T. A. Hoffmanns *Kater Murr*) trat zurück; das Eigenleben des Tieres wurde Gegenstand dichter. Beschreibung: F. Jammes, *Hasenroman;* WW v. Kipling, J. London, S. Fleuron; mehr symbol.: Melvilles *Moby Dick.* Daneben wird das Verhältnis v. Mensch u. Tier behandelt (Ebner-Eschenbach, *Krambambuli;* Th. Mann, *Herr u. Hund*). Parabol. verschlüsselt sind die Tierdichtungen F. Kafkas *(Der Bau* u. a.).

Tirade *w* [v. frz. *tirer* = ziehen], **1)** ↗Laisse; **2)** Wortschwall, rhetor. Erguß; bes. im Drama.

Tischzuchten [Mz.], Bz. für WW des 12.–16. Jh., die lat. oder dt. in Vers oder Prosa Regeln für gutes Benehmen (bes. bei Tisch) aufstellen.

Titel *m* [lat.], Aufschrift bzw. Überschrift eines Buches *(Buch-T.)* oder einer Druckschrift; auch Name eines Films.

Titelblatt, im Buch das Blatt, das Verf. oder Hg., Titel, Aufl., Erscheinungsjahr, -ort, Verleger u. Verlagssignet enthält.

Titelgeschichte, in einer Slg. v. Erzählungen diejenige Geschichte, nach der die Slg. benannt ist.

Titelkupfer, das ↗Frontispiz.

Titelrolle, im Werktitel genannte Rolle (z. B. Faust).

Titelschutz, *Verlagsrecht:* der gesetzl. Schutz v. Büchern u. Zeitschriftentiteln gg. Nachahmung.

Titurelstrophe *w*, ep. Strophenform v. Wolframs Titurel-Dichtung: vier paarweise gereimte Verszeilen mit klingender Kadenz u. verschiedener Hebungszahl.

Ton *m* [lat.], im *Minne-* u. *Meistersang* Bz. v. öfters verwandten Liedweisen.

Töne-Lehre, *Töne-Rhetorik,* System differenzierter Stilabstufungen; lebendig bis zum ↗Biedermeier; gliedert die möglichen Sprachhaltungen im Ggs. zu den *genera dicendi* (↗Stilarten) nicht vertikal, sondern eher horizontal.

tonischer Vers *m* [gr.-lat.], *Metrik:* Versform der altruss. Lyrik; feste Zahl v. ↗Hebungen, freie Zahl v. ↗Senkungen.

Topik *w* [gr.], *griech. Rhetorik:* Lehre vom Aufbau der Rede aus den einzelnen Gedanken zum Thema.

Topolekt *m* [gr.], lokale Sprachvariante beliebigen Ausmaßes innerhalb einer ↗Mundart.

Topos *m* [gr.; Mz. *Topoi*], feststehende Motive, Denk- u. Ausdrucksschemata der europ. Lit., teilweise v. der Antike bis zum 18. Jh. in Verwendung.

Toposforschung, v. E. R. Curtius begr. Methode der Lit.-Wiss., die die v. antiken u. nachantiken Autoren

Titelgeschichte
(Beispiel)

Franz Kafka: *Ein Landarzt. Kleine Erzählungen* (1919). (Die Slg. enthält außer der T. 13 weitere Erzählungen)

Töne-Lehre
(Beispiele)

empfindsamer Ton
komischer Ton
schauriger Ton
phantastischer Ton
volkstümlicher Ton

Topik / Topos

Im antiken Lehrgebäude der Rhetorik ist die Topik das Voratsmagazin. Man fand dort Gedanken allgemeinster Art: solche, die bei allen Reden und Schriften überhaupt verwendet werden konnten. Jeder Schriftsteller zum Beispiel muß versuchen, den Leser günstig zu stimmen. Zu diesem Zweck empfahl sich bis zur Literaturrevolution des 18. Jahrhunderts ein bescheidenes Auftreten. Der Autor hatte dann den Leser an den Gegenstand heranzuführen. Für die Einleitung (exordium) gab es daher eine besondere Topik; ebenso für den Schluß. Bescheidenheitsformeln, Einleitungs- und Schlußformeln sind also überall erforderlich.
(E. R. Curtius: *Europ. Lit. u. lat. MA*)

Tragik

Eine vollkommene, vom Sinn durchdrungene, in sich geordnete und vernünftige Welt hört auf, tragisch zu sein. Das Gegenmotiv zum Tragischen heißt Theodizee. Beides ist jedoch ständig aufeinander bezogen. Denn auch die Tragödie setzt sich unablässig mit der Frage nach einer ewigen Gerechtigkeit und einer von Gott gewollten Ordnung der Welt auseinander. Nur bleibt für sie immer ein Rest, der unauflösbar ist, ein Zusammenstoß von Wahrheit und Wirklichkeit, der keine „Harmonie" mehr zuläßt. Umgekehrt wiederum: auch eine völlig chaotische Welt, die sich im Sinnlosen verliert und nur noch eine blinde gegenseitige Vernichtung der Werte kennt und in der sich die Verdüsterung so uneingeschränkt ausbreitet, daß das Nichtsein dem Sein unbedingt vorzuziehen wäre, löst das Tragische in den Nihilismus auf. *Die Tragödie bewegt sich an jenem eigentümlich gleitenden, nur schwer faßbaren Punkt zwischen Theodizee und Nihilismus.*

(B. v. Wiese: *Die deutsche Tragödie*)

benutzten Topoi (↗Topos) identifiziert, untersucht u. klassifiziert; wichtig zur Erkenntnis v. Traditionszusammenhängen u. zur Vermeidung v. Fehlinterpretationen, da aufgenommene Topoi u. eigenschöpfer. Wendungen eines Autors zu unterscheiden sind.

Totenbuch, ägypt. Slg. rel. Texte, die seit dem Neuen Reich (1580 v. Chr.) jedem Toten mitgegeben wurde, um ihm im Jenseits Schutz zu verleihen.

Totengespräche, fiktive Gespräche mit Toten im Jenseits, meist satir.-polemisch. Vorbild: Lukian; spätere Beispiele v. Fontenelle, Fénelon, Wieland, Goethe *(Götter, Helden u. Wieland),* Grillparzer.

Totenklage, Thema v. zahlr. lyr. Formen: ↗Epikedion, ↗Nänie, ↗Threnodie, ↗Elegie, ↗Totenlied.

Totenlied, Trauergesang bei Bestattungen der Germanen; hist. bezeugt, jedoch nicht erhalten.

Tourneetheater [turne-, frz.-gr.], für Tourneen zusammengestellte Theatertruppe.

Tragik *w* [gr.; Bw. *tragisch*], Scheitern u. Untergang des Menschen durch Schicksal oder gesellschaftl. Mächte; Leid durch Vereinzelung, Gottverlassenheit, Tod, Erfahrung unauflösbarer Widersprüchlichkeit des Daseins; zahlr. phil. Deutungen, meist entweder auf eine „Versöhnung" oder auf absolute T. (die etwa dem Christentum fremd ist) hinzielend, letzteres bes. im 19. Jh. (Hebbel). Die Schuldtheorie ist heute zurückgetreten. Bedeutende Theorien des Tragischen u.a. von Hegel, Hebbel, Scheler, Jaspers, Staiger. – Dichterische Gestaltung bes. in der ↗Tragödie, aber auch in Epos, Roman, Lyrik.

Tragikomödie *w* [-ië, gr.], fr. seltene, in der Ggw. jedoch häufige dramat. Gattung (nicht Mischform), in der sich trag. u. kom. Elemente durchdringen, unter Wegfall des trag. Weltsinns u. der kom. Unschädlichkeit; beruht auf einem Weltbild des ↗Grotesken, in dem Grauen in Lachen u. Lachen in Grauen umschlägt. Nach fr. abweichendem Gebrauch des Begriffs T. (bei Plautus u.a.) entsteht die T. in modernem Sinn im ↗Sturm u. Drang (J. M. R. Lenz), Ansätze zu ihrer Theorie entwickelt erstmals Hebbel *(Trauerspiel in Sizilien; Sendschreiben an Rötscher).* Wachsende Bedeutung in der Moderne; T.n v. Ibsen *(Die Wildente),* G. Hauptmann *(Die Ratten),* Schnitzler, Wedekind, Kaiser, Dürrenmatt *(Besuch der alten Dame;* Theorie der „kom. Tragödie" in *Theaterprobleme*).

Tragöde *m* [gr.], weibl. *Tragödin,* Drasteller(in) v. trag. Rollen.

Tragödie *w* [-ië, gr.], dt. seit Opitz auch *Trauerspiel,* die Gestaltung der ↗Tragik im ↗Drama. Die T. erwuchs aus dem Dionysoskult u. vergegenwärtigte die Auseinandersetzung des Menschen mit den göttl. bzw. dämon. Mächten (Äschylus, Sophokles, Euripides). Ihr Zweck war nach Aristoteles die ↗Katharsis. Das MA kannte aus seiner geschlossen christl. Weltsicht heraus keine T. (wohl jedoch trag. Situationen in der Epik); erst durch die Anknüpfung an die Antike im Humanismus wurde in Europa die T. wieder möglich; ihr eigentl. Beginn liegt bei Shakespeare u. den anderen elisabethan. Dramatikern, in Fkr. bei Corneille u. Racine. In Dtl. setzte im Anschluß an Shakespeare mit Lessing die Epoche der T.ndichter ein; doch erst um 1800 verstand man unter „T." das den trag. Untergang des Helden u. den ungelösten Konflikt darstellende Drama. In der Folge Zuspitzung bei Kleist, dann verschiedenste Abwandlungen bei Grillparzer, Büchner, Grabbe u. Hebbel; jedoch schon bei Ibsen u. Strindberg wachsende Vielschichtigkeit der Motive im Drama, ähnl. in der expressionist. oder sozialkrit. Dramatik, so daß der Begriff T. meist auf die klass. Tragödien der Welt-Lit. beschränkt wird. Im Drama der Ggw. fehlt die T. fast völlig.

Traktat *m, s* [lat.], Abhandlung, Schrift, meist in tendenziöser Absicht; *Traktätchen,* abschätzig für rel. Flugschrift.

Translation *w* [v. lat. *translatio* = Übertragung], Übersetzung.

Transliteration *w* [lat.], buchstabengetreue Umsetzung v. fremdsprachigen Wörtern mit fremden Schriftzeichen.

Transzendentalisten, Dichtergruppe der am. Romantik um 1835–60; religiös u. antirationalistisch eingestellt.

Trauerrede, *Leichenrede,* **1)** *in der Antike:* entwikkelte sich aus der Totenklage, meist Lobrede; bei den Griechen v. bedeutenden Politikern für Gefallene, bei den Römern für Private v. einem Verwandten gehalten. **2)** *christl. Liturgie-Gesch.:* als Wortverkündigung in der Totenliturgie schon in der Väterzeit gebräuchl.; aus dem MA nur wenige T.n überliefert; neuer Aufschwung, auch bei Katholiken, durch die Reformation; v. frz. Predigern (Bossuet, Fléchier) u. ev. Theologen des 17. Jh. bes. gepflegt.

Trauerspiel, i.w.S. dt. Bz. für ↗Tragödie; i.e.S. Bz. für deren christl. Abart (z.B. im ↗Barock), die zwar Leiden u. Untergang des Helden zeigt, jedoch keine ↗Tragik kennt.

Traumdichtungen, lit. WW, deren Zentralmotiv der Traum ist. Alt. u. MA kennen T. bes. in Form der

Transzendentalisten
(Hauptvertreter)

R. W. Emerson
H. D. Thoreau
M. Fuller
T. Parker
O. Brownson
G. Ripley
u. a.

Trauerspiel
i. e. S.:

A. Gryphius: *Carolus Stuardus*
A. Grxphius: *Papinianus*
A. Gryphius: *Katharina von Georgien*

Traumdichtungen

Cicero: *Scipios Traum* (aus: *De re publica*)
P. Calderón de la Barca: *Das Leben ein Traum*
Jean Paul: *Rede des todten Christus ...*
G. de Nerval: *Aurélia*
A. Kubin: *Die andere Seite*

Traumallegorie; spätere T. in ↗Barock, ↗Romantik u. Moderne (↗Surrealismus).

Trochäus

Trochäischer Vers:

Laut und lauter wird das Lärmen, / Lauter das Geschrei der Straßen, /
(J. G. Herder: *Der Cid*)

Travestie *w* [v. it. *travestire* = verkleiden], Satire, verwandt mit der ↗Parodie; behält im Unterschied zu dieser den Inhalt bei u. gibt ihm eine unpassende Form; kam seit Ende des 18. Jh. auf (T. v. Blumauer zu Vergils „Aeneis"), dann im 19. Jh.: F. Th. Vischer, *Faust III. Teil;* Chr. Morgenstern, *Horatius travestitus.*

Triade *w* [v. gr. *trias* = Dreizahl], in griech. Dichtung drei aufeinander bezogene Strophen, deren erste u. zweite gleich gebaut sind, während die dritte abweicht.

◡◡◡

Tribrachys

Tribrachys *m* [gr.], antiker Versfuß aus drei Kürzen.

Trilogie *w* [gr.], ein in 3 Teilen zykl. aufgebautes dichter. Kunstwerk; bes. das der alt-griech. Dichtung: 3 Tragödien (so Äschylus' *Orestie*) aus dem gleichen Mythenkreis (mit Satyrspiel). In der dt. Kassik wird die T. (z.B. Schillers *Wallenstein*) mehr im Sinn der Auflockerung zu großer Stoffmassen verwendet.

Trimeter
(Beispiel)

Der Tochter Zeus / geziemet nicht / gemeine Furcht.
(J. W. v. Goethe: *Faust II, 3*)

Trimeter *m* [gr.], ein Vers aus 3 gleichen metr. Einheiten; so der iamb. T. als Sprechvers des antiken, mitunter auch des modernen Dramas (Goethe, *Faust II,* Helena-Akt).

Triolett
(Reimschema)

a
b
a
a
a
b
a
b

Triolett *s* [lat.-frz.], frz. Gedichtform, auch in der dt. Dichtung seit dem 18. Jh., bes. in der Romantik; einstrophiges Gedicht mit 8 Versen (4- oder 5hebig), 2 Reimen.

Tripodie
(Schema)

x́x / x́x / x́x

Tripodie *w* [gr.], Vers aus 3 Versfüßen.

Triptychon *s* [gr.], antike dreiblättrige Schreibtafel; zusammenklappbar.

Tristichon *s* [gr.], Versgruppe, Strophe oder Gedicht aus drei Zeilen.

Trivialliteratur, lit. wertlose, v. der Lit.-Wiss. lange vernachlässigte Unterhaltungs-Lit., wegen ungeheuren geschmacksbildenden Einflusses bes. unter literatursoziol. Gesichtspunkten heute stark beachtet. Typisch ist das Vorwiegen des stoffl. Interesses bei meist serienmäßiger Produktion, oft in Heftreihen (Ärzteromane, Bergromane, Wildwestromane usw.); Aufbau einer realitäts-fernen, oft ins Restaurative (Adelsmilieu) ausweichenden Traumwelt; Pseudoproblematik; Kumulation verschiedenartiger Reize (Gewalt, Erotik usw.) in unglaubwürdiger u. geschmackloser Häufung. – Die wiss. Erforschung der T. ist ein interdisziplinäres Problem, insofern Produktions-, Verteilungs- u. Aufnahmemechanismen (z.B. Bestätigung v. Erwartungshaltungen) das Bild der T. mitbestimmen.

trivium *s* [lat.], ma. Bz. für 3 der 7 ↗Freien Künste.

trobar clus *s* [provenzal.], „verschlossenes", d.h. dunkles Dichten der provenzal. Troubadours.

Trochäus *m* [gr.], griech. Versfuß, urspr. auch *Choreus* gen.: ́ ˘ ; häufig auch in der dt. Dichtung verwandt (z.B. Anakreontik, Schicksalsdrama).

Trojadichtungen, dichter. Bearbeitungen der Trojasage (Trojan. Krieg) im MA. Hauptquellen sind die WW des Dares Phrygius u. Diktys; neben lat. T. bes. frz.: Benoît de Sainte-More (12. Jh.); dt. T.: Herbort v. Fritzlar, Konrad v. Würzburg, Volksbuch; ferner engl., niederländ. u. it. Fassungen.

Tropen [Mz., gr.; Ez. *Tropus* = Wendung, Umschreibung], *Rhetorik:* Vertauschung eines Wortes mit einem verwandten bildl.

Tropus *m* [gr.; Mz. *Tropen*], **1)** ma. Bz. für Kirchentonart. **2)** Einschaltung im Gregorian. Gesang entweder durch Unterlegung eines neuen Textes unter lange Melismen oder durch Neukomposition.

Troubadour *m* [trubadur, frz.; v. provenzal. *Trobador* (*trobar* = finden, dichten)], Dichterkomponist der provenzal. Lit. Die nordfrz. *Trouvères* behandelten außerdem ep. u. didakt. Stoffe.

Trümmerliteratur *w* ursprüngl. abwertende Bz. für die pessimist. Dichtung der jüngeren Generation in Dtl. nach 1945; z.B. W. Borchert, H. Bölls frühe Romane.

Tschastuschka, zwei- oder vierzeiliges Scherzgedicht in der russ. Volksdichtung. Vertreter u.a. A. Blok, W. Majakowski.

Tunnel über der Spree, 1827 gegr. Berliner Dichter- u. Literatenkreis; Blütezeit als geistiges Zentrum um 1850.

Typen [Mz., gr.], Bz. für lit. Figuren, die durch eine einzige, oft bis zur Manie übersteigerte Eigenschaft gekennzeichnet sind. Bes. die Komödie verwendet seit dem Alt. Typen, um an ihnen bestimmte menschl. Defekte darzustellen, z.B. den *Geizhals* (Molière).

Typenmotiv *s* [gr.-lat.], von einem bestimmten Figurentypus geprägtes ↗Motiv; Ggs. ↗Situationsmotiv.

Typikon *s* [gr.; Mz. *Typika*], **1)** liturg. Buch des byzantin. Ritus mit den Rubriken für den Gottesdienst in Offizium u. Messe. **2)** Slg. der Regeln u. Bräuche bestimmter Klöster.

Typographie *w* [gr.], ↗Buchdruckerkunst; Gestaltung des Schriftsatzes.

Typoskript *s* [gr.-lat.], mit der Schreibmaschine verfertigte Schrift; selten als T. veröffentlicht (in der Ggw. WW v. A. Schmidt).

Typus *m* [gr.], *Typ, Texttheorie:* Begriff, der nur

Tropen
(wichtigste Formen)

Metapher
Metonymie
Synekdoche

Trümmerliteratur

Die ersten schriftstellerischen Versuche unserer Generation nach 1945 hat man als Trümmerliteratur bezeichnet, man hat sie damit abzutun versucht. Wir haben uns gegen diese Bezeichnung nicht gewehrt, weil sie zu Recht bestand: tatsächlich, die Menschen, von denen wir schrieben, lebten in Trümmern, sie kamen aus dem Krieg, Männer und Frauen in gleichem Maße verletzt, auch Kinder. Und sie waren scharfäugig: sie sahen. Sie lebten keineswegs in völligem Frieden, ihre Umgebung, ihr Befinden, nichts an ihnen und um sie herum war idyllisch, und wir als Schreibende fühlten uns ihnen so nahe, daß wir uns mit ihnen identifizierten.

(H. Böll: *Bekenntnis zur Trümmerliteratur*)

Typenmotiv

Amazone
weiser Narr
Einsiedler

Typus

Typ bezeichnet dem Wortsinn nach, daß dem Einzelnen etwas Herausragendes zukommt, was auch an anderen Einzelnen angetroffen werden kann. Das Herausragende ist dann das Typische, die Einzelnen, denen es zukommt, bilden die Menge der Individua, die dem entsprechenden Typ zuzuordnen sind. Typisierung beruht also auf der Schau übereinstimmender Momente.

(E. Leibfried: *Kritische Wissenschaft vom Text*)

ein Moment am Text herausgreift (z. B. der T. des *Komischen,* der nicht nur in der Komödie verwirklicht ist).

Tyrannendrama *s* [gr.], Schauspiel um die Gestalt eines Tyrannen (dessen Urbild: Herodes); im ↗Barock häufig.

U

Überbrettl *s,* Bz. für ↗Kabarett; 1900 v. E. v. Wolzogen geprägt.

Überlieferung, *Textkritik:* der erhaltene Textbestand mit den ↗Lesarten.

Übersetzung, die Übertragung eines geschriebenen oder gesprochenen Textes in eine andere Sprache. Die lit. Ü. unterscheidet sich v. der pragmat. u. wiss. Ü. durch den Anspruch, das Original auch ästhet. nachzubilden.

Übersetzungsautomat *m,* Maschine zum Übersetzen gemein- oder fachsprachl. Texte; zur lit. Übersetzung nicht geeignet.

Übersetzungstheorien [Mz.], sind (nach R. Kloepfer) in vier Typen zu gliedern: Übersetzung kann aufgefaßt werden als Vermittlung v. Göttersprache zu Menschensprache, als radikale Wörtlichkeit, als „freie" Nachdichtung u. als „treue" Übersetzung im Sinn zweifacher Verantwortung gegen Original u. Leser. Grundproblem aller Ü. ist die Inkongruenz der Sprachen, deren Ausdrucksmittel sich nicht entsprechen.

> **Übersetzung**
>
> Übersetzung ist für einen bestimmten Bereich, nämlich den der fremden Sprache, die einzig mögliche Form des Lebens, des Überlebens der Dichtung selbst. Übersetzen ist das Überleben der Dichtung, insofern Dichtung nur lebt als verstandene; denn Dichtung ist nichts objektiv Abgeschlossenes, sondern ihre Abgeschlossenheit liegt im Verstehen, im progressiven, sich fortsetzenden Verstehen, das die Vollendung der Dichtung ist. Dabei wird die Dichtung nicht immer vollkommener, sondern eben die Progression, der Vollzug ist die ihr eigene Art der Vollkommenheit. Übersetzen ist eine Art der Progression.
>
> (R. Kloepfer: *Die Theorie der literarischen Übersetzung*)

Ultraismo *m* [span.], span. u. ibero-am. Lit.-Bewegung um 1920 mit dem Ziel reiner Bildlichkeit ohne rhetor. u. sentimentale Komponenten. Hauptvertreter u. a. G. de Torre, J. Torres Bodet u. a.

umarmender Reim, Einschließung eines Reimpaars durch ein anderes (abba); übl. in den ↗Quartetten der strengen Sonettform.

Umgangssprache, die zw. ↗Mundart u. Hochsprache liegende Alltagssprache (dieser Begriff heute auch anstelle v. U. verwandt), gegenüber der Hochsprache häufig grammat. verschliffen; in moderner Lit. (z. B. Kurzgeschichte) häufig verwendet.

Umschreibung ↗Periphrase.

Unanimismus *m* [lat.], von J. Romains begr. dichter. Schule; sieht den Einzelnen verflochten mit der Gruppe.

Understatement *s* [and^{er}ßte^{i}tment, engl.], untertreibende Redeweise; bewußte Nüchternheit; Verzicht auf Pathos.

Universalpoesie [lat.-gr.] ↗progressive U.

University Wits [Mz.; junivörßiti uitß, engl.],

Gruppe elisabethan. Dramatiker in Engl., die um 1580 nach London kamen.

unreiner Reim, nicht genauer, sondern nur ungefährer Gleichklang der Versenden vom letzten betonten Vokal an, z. B. Schiller: *wägen – Degen, Blikken – Rücken (Der Antritt des neuen Jh.).* Der u. R. ist in strengen lyr. Formen ein Kunstfehler, nicht dagegen in volkstüml. Formen.

Unterhaltungsliteratur *w,* ästhet. u. gehaltl. anspruchsloses, stoffl. attraktives Schrifttum; jedoch oft ohne die Verlogenheit der ↗Trivial-Lit.

Unziale *w* [lat.], aus der röm. Kapitalschrift seit dem 3./4. Jh. durch Rundung entstandene Schreibschrift. Die *Halb-U.* (seit 5. Jh.) bereits mit Groß- u. Kleinbuchstaben, führte zur ↗Minuskel-Schrift. Die U. heute noch als Auszeichnungsschrift gebraucht.

Uomo universale *m* [it.], der allseitige Mensch; bezeichnet das ideale Menschenbild der ↗Renaissance.

Upanischaden [Mz.; Sanskrit = Sich-daneben-Setzen, geheime Erkenntnisse, die man sitzend neben dem Lehrer erfährt], eine Reihe altind. rel. Texte des ↗Weda, grundlegende Quelle des ind. Monismus u. der Mystik.

Uraufführung, die erste Aufführung eines Bühnenwerks oder Films.

Urfaust ↗Faust-Dichtungen.

Urheberrecht, Recht, das sich mit dem Schutz v. WW der Lit., Wiss. u. Kunst befaßt, geregelt im U.-Ges. vom 9. 9. 1965 u. im Ges. zur Änderung des U.-Ges. vom 10. 11. 72. Dem Urheber stehen die Urheberpersönlichkeits-, die Verwertungs- u. sonstige Rechte zu. Das U. ist vererbl. u. übertragbar. Ende der Schutzfrist generell 70 Jahre nach dem Tod des Urhebers, 25 Jahre nach Erscheinen des Werkes bei Bildern. Schutz genießen nur Werke, die auf schöpfer. Leistung beruhen u. eine persönl. Prägung aufweisen. Der Urheber kann das U. auf einen anderen (Verleger) übertragen. Erlaubt sind Abschriften u. Auszüge zu persönl. Gebrauch, Zitieren in selbständigen Arbeiten; Aufnahme auf Magnettonband od. Schallplatte, auch zu privaten Zwecken, genehmigungspflichtig (Gebühr meist pauschal durch Herstellerfirmen bezahlt); öff. Wiedergabe ist tantiemepflichtig. Bei Vermieten u. Verleihen eines Werkes durch Bibliotheken hat der Urheber Anspruch auf angemessene Vergütung (Bibliotheksabgabe). Gleiches gilt für die Aufnahme v. Werken oder Werkteilen in Sammlungen für Kirchen- u. Schulgebrauch. – Int. Regelung im Welturheberrechtsabkommen v. 1952. ↗Schutzfrist; ↗Copy-

Übersetzungstheorien
(Bedeutende Theoritiker)

Cicero *(De optimo genere oratorum)*
L. Bruni *(De interpretatione recta)*
M. Luther *(Sendbrief vom Dolmetschen)*
D. Diderot *(Salon de 1767)*
J. W. v. Goethe *(Drei Stücke vom Übersetzen)*
F. Schleiermacher *(Methoden des Übersetzens)*
W. Benjamin *(Die Aufgabe des Übersetzens)*
F. Rosenzweig *(Die Schrift und Luther)*
J. Ortega y Gasset *(Glanz und Elend der Übersetzung)*
M. Buber *(Zu einer neuen Verdeutschung der Schrift)*

Unziale (Beispiel)

Ultraismo

Span. Vertreter u. a.
G. de Torre
G. Diego
J. Larrea
R. Causinos-Asséns

Süd-am. Vertreter u. a.
J. Torres Bodet
V. Huidobro
C. Vallejo
J. L. Borges

University Wits

Ch. Marlowe
J. Lyly
G. Peele
R. Greene
Th. Lodge
Th. Kyd
Th. Nashe

Utopie
(im 20. Jh.)

- H. G. Wells: *Die Zeitmaschine*
- J. Samjatin: *Wir*
- A. Huxley: *Schöne neue Welt*
- K. Čapek: *Der Krieg mit den Molchen*
- G. Hauptmann: *Die Insel der großen Mutter*
- H. Hesse: *Das Glasperlenspiel*
- E. Jünger: *Heliopolis*
- G. Orwell: *1984*
- F. Werfel: *Stern der Ungeborenen*
- A. Collins: *Der Herr der Fliegen*

right; ↗nachgelassene Werke; ↗Nachdruck; ↗Plagiat.

Urlied, erstes ↗Heldenlied zu einem Stoff; meist nur indirekt erschließbar.

Urtext *m,* der ursprüngl. im Ggs. zum bearbeiteten Text; die erste Fassung.

Utopie *w* [gr. = nirgendwo], lit. Weltverbesserungsplan (oft als Roman), der, vorwiegend v. der Kritik der jeweiligen gegen gesellschaftl. Zustände ausgehend, eine ideale Gesellschaftsordnung (Idealstaat) postuliert. Hauptsächl. Staatsromane, die sich durch soz. fortschrittl. Ordnung u. besondere Betonung v. Erziehung u. kulturellem Milieu auszeichnen, oft mit sozialist.-kommunist. Tendenz. Moderne U.n sind häufig pessimist. *(negative U.),* zeigen den Menschen, der den Funktionen der Technik u. der gesellschaftl. Organisation als Individuum hilflos ausgeliefert ist. Als erste U. gilt Platos *Staat.* Th. Morus' *Utopia* (danach der Begriff) wurde Vorbild für viele Nachfolger, u. a. Campanella, *Civitas solis,* F. Bacon, *Nova Atlantis.* Im 18. Jh.: Schnabel, *Insel Felsenburg;* im 19. Jh.: S. Butler, *Erewhon;* vorwiegend kommunist. Systeme z.B. bei Cabet *(Reise nach Ikarien)* u. Fourier geschildert. Davon beeinflußt: Bellamy, *Rückblick aus dem Jahr 2000.* – Technische Utopie: ↗Sciencefiction.

ut pictura poesis [lat.], „wie ein Bild sei das Gedicht"; Forderung des Horaz in der ↗Ars poetica. Früher im Sinn einer unkrit. Gleichsetzung der Mittel beider Künste verstanden; krit. Klärung in Lessings *Laokoon.*

V

Vademekum *s* [lat. = geh mit mir], Ratgeber, Leitfaden; Taschenbuch.

Vaganten [Mz.; v. lat. *vagantes* = die Umherschweifenden], im MA Fahrende Schüler u. Kleriker in weitgespannter soz. Stufung; gehörten i. w. S. zum fahrenden Volk; verdienten ihren Lebensunterhalt mit Dichten (↗Vagantendichtung) u. Singen.

Vagantendichtung, Gattung der hauptsächl. mittellat. Lyrik im 12.–13. Jh.; Verf. waren häufig anonyme ↗Vaganten. Die Dichtungen behandeln rel. u. profane Themen (bes. Liebes- u. Trinklieder), oft freimütig u. derb; dann satir. u. parodist. WW, auch gg. kirchl. Einrichtungen. Vielfach v. hoher sprachl. u. formaler Kunst. Bedeutendste Sammlungen: *Carmina burana, Carmina Cantabrigensia.*

Varianten [Mz., lat.], Abweichungen, z. B. in der Überlieferung v. lit. WW.
Variatio *w* [lat.], *Variation,* Abwandlung eines Gedankens durch Wiederholung in etwas veränderter Form; Stilmittel u. a. der altgerman. Dichtung; je nach künstler. Bewältigung steigernde oder nur aufschwellende Wirkung.
Varieté *m* [frz. = Vielfalt], **1)** Theater für artist.-unterhaltende Darbietungen ohne lit. Anspruch. **2)** bei P. Valéry Bz. für themat. freie Essays u. Betrachtungen.
vaterländische Dichtung ↗patriotische Dichtung.
vates ↗poeta vates.
Vaudeville *w* [wodwil, frz.], Bz. der Pariser Vorstadtkomödie mit Musikeinlagen in der Art eines volkstüml. Liederspiels; auch Bz. einzelner Gesangsstücke verwandter Art, deren Strophen v. verschiedenen Stimmen gesungen werden.
V-Effekt ↗Verfremdungseffekt.
Verbalstil *m* [lat.], im Ggs. zum ↗Nominalstil geprägt v. bedeutungstragenden Verben; in der Sprache der Ggw. zunehmend v. Nominalstil verdrängt.
Verband deutscher Schriftsteller, *VS,* einer der dt. ↗Schriftstellerverbände; gegr. 1969 in Köln; 1973 Anschluß an die IG Druck u. Papier; vor allem sozial u. politisch orientiert.
Verfasser, *Verlagsrecht:* Hersteller eines Werkes der Lit. oder Tonkunst.
Verfremdung, Verzerrung der vertrauten Wirklichkeit durch dichter. Mittel, wie Deformation, groteske Kontraste usw. Der Sache nach schon v. der Romantik (Novalis) gefordert u. gestaltet; der Begriff wurde zuerst 1917 v. dem russ. Lit.-Theoretiker V. Schklowskij gebraucht. Eine Sonderform der V. theatral. Scheinwirklichkeit ist B. Brechts ↗V.-Effekt.

Verfremdung

Einen Vorgang oder einen Charakter verfremden heißt zunächst einfach, dem Vorgang oder dem Charakter das Selbstverständliche, Bekannte, Einleuchtende zu nehmen und über ihn Staunen und Neugierde zu erzeugen.
(B. Brecht: *Das Prinzip der Verfremdung,* in: Schriften zum Theater, I)

Verfremdungseffekt *m, V-Effekt,* bei B. Brecht das Herausfallen des Schauspielers aus seiner Rolle, indem er sich direkt an das Publikum wendet. Distanzierendes Mittel des ↗Epischen Theaters.
Vergleich, veranschaulichendes Stilmittel: das Gemeinte soll durch Verknüpfung mit einer bildl. Vorstellung, die mit ihm das ↗tertium comparationis gemeinsam hat, deutl. werden. Von der ↗Metapher unterschieden durch Nennung beider Bereiche („schön wie der Morgen“), vom breiter ausgeführten ↗Gleichnis durch Punktualität.
Vergleichende Literaturwissenschaft, *Komparatistik,* frz. *littérature comparée,* untersucht die Wechselbeziehungen zw. den National-Lit. vom weltlit. Gesichtspunkt her: internationale Ausbreitung v.

Verismus

Heut' schöpfet der Dichter kühn / Aus dem wirklichen Leben / Schaurige Wahrheit! / Ach, nicht die Märchen allein / Sind der Zweck der Kunst, / Auch was er wirklich sieht, / Schildre der Dichter...

(Aus dem Prolog des *Bajazzo* v. R. Leoncavallo)

Strömungen, Stoffen, Motiven; Wechselwirkungen zw. den einzelnen Lit.; Weitergabe v. Formstrukturen usw. – Wiss. begr. in Fkr. zu Beginn des 19. Jh.

Verismus *m* [v. it. *vero* = wahr], it. *Verismo,* **1)** *Literatur:* dem ↗Naturalismus nahestehende Strömung der it. Lit. am Ende des 19. Jh., v. Fkr. beeinflußt; Reaktion gg. die abstrakte Tradition des Klassizismus, gg. Spätromantik u. jede Art v. Rhetorik. Hauptvertreter: G. Verga (Begr.), L. Capuana, Matilde Serao. **2)** *Musik:* Stilrichtung bes. der it. Oper Ende 19. Jh.; entstanden unter Einfluß des realist.-naturalist. Dramas. Hauptvertreter: Mascagni, Leoncavallo.

Verlag, seit dem 17. Jh. das Unternehmen des Buchhändlers, der Bücher herstellt bzw. „verlegt" (Verleger).

Verlagsrecht, das durch Vertrag zw. ↗Verfasser u. ↗Verleger begr. ausschließl. Recht des Verlegers zur Vervielfältigung u. Verbreitung bes. v. WW der Lit. u. der Tonkunst; V. des Verlegers eingeschränkt zugunsten des Verfassers bei Übersetzung, Umarbeitung, Verfilmung u. ä.

Verlagssignet *s* [-ßinje], aus den Druckerzeichen hervorgegangenes Verlagsfirmenzeichen.

Verleger, Inhaber eines ↗Verlages, der die Manuskripte v. Büchern, Musikalien, Bilder, Landkarten u. ä. auswählt (↗Lektor), sie vom Verf. (Autor) durch einen Verlagsvertrag [↗Verlagsrecht) erwirbt, die techn. Herstellung besorgt, Werbung für das Verlagsobjekt betreibt u. den Vertrieb an das Sortiment durchführt.

Vers *m* [lat.], die v. einem bestimmten ↗Rhythmus getragene u. metr. gegliederte Zeile innerhalb der gebundenen Rede. ↗Lyrik, ↗Metrik.

Versalien [Mz.; v. lat. *versus* = Zeile], *Buchdruck:* die großen (Anfangs-)Buchstaben, auch *Kapitalbuchstaben* gen.

Vers blancs [wär blañ; Mz., frz.], reimlose Verse.

Verschleifung, *Metrik:* Bz. K. Lachmanns für die Spaltung einer ↗Hebung oder ↗Senkung in 2 Silben.

verschränkter Reim (Schema)

a
b
c

a
b
c

oder:

a
b
c

b
a
c

verschränkter Reim, Reimzuordnung dreier miteinander kombinierter Reime.

vers commun *m* [wär komõñ, frz.], der gereimte, je nach männl. oder weibl. Ausgang 10- oder 11silbige frz. Vers der Renaissance; im dt. Barock v. M. Opitz übernommen, dann vom ↗Alexandriner zurückgedrängt.

Versdrama *s,* in gebundener Sprache verfaßtes Drama; in der Ggw. bei P. Weiß, F. Dürrenmatt u. a.

Verserzählung, (meist kleinere) erzählende Dichtung in Versform, häufig anekdotisch, schwankhaft, idyllisch oder sagen- und märchenhaft gehalten.

Versett *s* [v. it. *versetto* = Vers], urspr. der Vers des Psalms, des Canticum usw., dann seine Vertonung.

Versetzstücke, bewegl. Dekorationsteile des ↗Bühnenbilds: Bäume, Möbel usw.

Versfüllung, Verteilung der Sprechsilben auf das vorgegebene metr. Schema.

Versfuß ↗Metrum; ↗Metrik.

Versificator *m* [lat. = Versemacher], antike Bz. für den Dichter; betont die handwerkl. Seite seiner Tätigkeit.

Versikel *m* [lat.], *kath. Liturgie:* meist den Psalmen entnommenes Gebetswort am Schluß v. Gebet, Lesungen u. im kirchl. Stundengebet.

Verslehre ↗Metrik.

Vers libre [wär libr^e, frz.], *Freier Vers,* der ohne Rücksicht auf überkommene Silbenzählung u. Reimzwang nur nach den inneren Gesetzen der Musikalität u. des Sinnes gebaute Vers bes. des frz. Symbolismus. Erstes Beispiel in Fkr.: Rimbauds Gedicht *Marine* (1872).

Versmaß ↗Metrik.

Versnovelle *w,* ↗Novelle in Versform; häufig im MA; nach Vordringen der Prosanovelle zur selbständigen Gattung geworden; gepflegt in der ↗Anakreontik (Hagedorn, Gellert) u. z.T. im 19. Jh. (u. a. Heyse). – ↗Verserzählung.

Versroman *m,* ↗Roman in Versform; Abgrenzung zum ↗Epos ist umstritten.

versus rapportati [Mz.; it. = zurückgetragene Verse], verschränkte Aufzählungen im Vers; manierist. Sprachspielerei, die erst durch ihre Auflösung verständl. wird. Bes. im ↗Barock beliebt.

Versus rapportati
Beispiel von
G. R. Weckherlin:

Sein arm / sein mund / sein hertz / verrichtet / redet / tichtet

aufgelöst:

Sein Arm verrichtet, sein Mund redet, sein Herz dichtet

vierfacher Schriftsinn, Lehre vom v. S., auf altkirchl. Quellen zurückgehendes Modell des MA zum Schriftverständnis: hinter dem wörtl. Sinn ist danach ein allegor., ein moral. u. ein anagog. (zum Allgemeinen führender) Sinn zu finden; vertreten u. a. bei Dante.

vierfacher Schriftsinn
sensus litteralis
sensus allegoricus
sensus moralis
sensus anagogicus

Vierzeiler (gereimte) vierzeilige Strophe; häufig beim ↗Volkslied u. volkstüml. Lyrik.

Vignette *w* [winjät^e, v. frz. *vigne* = Weinrebe], Zierstück mit bildl. Darstellung oder ornamentaler Zeichnung (urspr. Weinranke); Schmuck in Büchern.

Villanella *w* [it. = Bauernliedchen], volkstüml. Liedform it. Ursprungs, im 16. Jh. weit verbreitet u. in der Kunstmusik hochstilisiert.

Virelai *s* [wirlä, frz.], altfrz. Dicht- u. Kompositionsform mit einem Wechsel v. Strophen u. Refrain, die sich nach It. u. Spanien verbreitete.

visuelle Dichtung, kombiniert Bruchstücke v. Worten oder reine Silbenkombinationen ähnl. wie ↗konkrete Poesie in typograph.-bildhaften Anordnungen.

Vita [lat.; Mz. *Viten*], Lebensbeschreibung; Titel antiker Biographien (Sueton usw.).

Vokabel *w* [lat.], einzelnes Wort. *Vokabular(ium),* Wörterverzeichnis.

Volksballade *w,* im 13.–15. Jh. v. anonymen Verfassern (Spielleute, Fahrende) geschaffene stroph. Erzähllieder, mündl. überliefert u. dabei vielfach verändert; behandeln Stoffe der Heldendichtung, der Sage, des Märchens u. a.

Volksbücher, roman- u. novellenhafte, meist anonyme Unterhaltungs-Lit. bes. des 15. u. 16. Jh., durch den Buchdruck stark verbreitet. Die V. sind großenteils in Prosa umgesetzte u. dem bürgerl. Geschmack angepaßte Umgestaltungen ma. Dichtungen (Magelone, Lanzelot, Tristan, Herzog Ernst, Haimonskinder u. a.); doch entstanden auch einige Originalwerke (Fortunatus, Faust, Eulenspiegel u. a.), aus einer meist über Jhh. sich erstreckenden Überlieferung zusammengefügt. Die Romantik entdeckte den Wert der V. neu (Görres 1807) u. versuchte früh Nachgestaltungen (Tieck, Schwab). Spätere Sammlungen v. K. Simrock, R. Benz, H. Kranz u. a.

Volksbücherei, *Volksbibliothek,* öff. Bibl., die meist v. einer Gemeinde unterhalten wird.

Volksbühne, Organisation, die verbilligten Theaterbesuch ermöglicht. Die *Freie Bühne* in Berlin regte zur Gründung der *Freien V.* (1890, durch B. Wille) an.

Volksdichtung, *Volkspoesie,* nach romant. Auffassung Produkt des dichtenden Volksgeists ohne individuellen Verfasser, gekennzeichnet durch Schlichtheit der Ausdrucksmittel, Echtheit des Gefühls. Trotz ihres hist. Einflusses ist diese Konzeption seit langem widerlegt, die Rolle des „Volks" erscheint eingeschränkt auf bloße Änderungen bei der mündl. Weitergabe vor schriftl. Fixierung. – Hauptformen der V.: Volks-↗Ballade, ↗Volksbücher, ↗Volkslied, Volks-↗Märchen, ↗Volksepos.

Volksepos *s,* nach romant. Auffassung aus der Zusammenfügung v. Liedern verschiedener anonymer Verf. entstandenes ↗Epos (↗Liedertheorie).

Volksetymologie, *w,* etymolog. falsche volkssprachl. Umgestaltung unverstandener oder nicht mehr verstandener Wörter zu neuen, „sinnvollen" Wörtern: z.B. sinvluot (große Flut) zu Sündflut.

Volkskunde, erforscht die Gesamtheit der Phänomene des Lebens in überlieferten Ordnungen, beschreibt das Volksleben örtl., landschaftl., nationaler u. übernationaler Traditionsräume in ihren vielfältigen Erscheinungsformen (Siedlung, Haus, Gerät, Möbel, Tracht, Volkskunst; Volksglaube, -bräuche, -Erz., -lied usw.), untersucht ihr geschichtl. Werden, ihre geograph. Verbreitung u. ihre soziol. Bindungen u. deutet ihre seel.-geistigen Grundlagen u. Ursprünge. – Ansätze der V. im Humanismus u. in der Aufklärung. Entscheidender Anstoß durch die Romantik. Grundlegend für die Ausbildung der wiss. V. wurde das Werk der Brüder Grimm. Die V. als wiss. Fachdisziplin gibt es erst seit Mitte 19. Jh. (W. H. Riehl).

Volkslied, v. J. G. Herder geprägter Begriff für das fr. *Gassenhauer* oder *Bauerngesang* gen. Lied; in der Regel ein als Kunst- oder Kirchenlied komponiertes Lied, das volkstüml. u. im Laufe der Zeit durch mündl. Tradition verändert („zersungen") wurde. Die V.er können eingeteilt werden nach soziol. (Standeslieder, z.B. Bergmanns-, Soldaten-, Studentenlieder) oder inhalt. Gesichtspunkten, wobei sich beide Gruppen oft überschneiden.

Volkslied
(inhaltliche Gruppen)

- Erzähllied
  - Ballade
  - Bänkelsang
  - Legendenlied
  - Schwanklied
- Zauberspruch
  - Heilsegen
- Rätsellied
- Lügenlied
- Spottlied
- Liebeslied
- Heimatlied
- Wanderlied

Volksmärchen ↗Märchen.

Volksschauspiel, Bz. für bodenständige, volkstüml. Schauspiele aller Art; im Ggs. zum eher städt. ↗Volksstück.

Volksschrifttum, im Ggs. zur ↗Volksdichtung *für* das Volk verfaßte Schriften; unterhaltend oder belehrend; im 15.–16. Jh. bes. die ↗Volksbücher, später die ↗Kalender, heute auch die populär-wiss. Lit.

Volksstück, bühnenwirksames volkstüml. Theaterstück, meist mit Motiven aus der kleinbürgerlichen oder bäuerlichen Welt (Bauerntheater), jedoch auch romantisierend, häufig mit kom. Einschlag; für das Volkstheater geschrieben; bes. entwickelt in Hamburg, Berlin, Wien (Alt-Wiener-Volkskomödie im 18.–19. Jh.).

voller Versschluß, *volle Kadenz;* liegt vor, wenn die letzte metr. gebotene Hebung durch lange oder kurze Stammsilbe gefüllt ist. Ist auch die letzte Senkung gefüllt, so spricht man v. „weiblich voll", ist sie pausiert, v. „männlich voll".

Volumen *s* [lat.; Mz. *Volumina*], urspr. Schriftrolle, dann allg. Buchband (vol.).

Vorausdeutung, dichter. Mittel des ↗Epos, das den Überblick des ↗Erzählers über seinen Stoff betont

u. die Einheitlichkeit des Werks angesichts der Fülle v. Geschehnissen sichert.

Vorgeschichte, im Drama das vor Beginn der Handlung Geschehene, das zu ihrem Verständnis wichtig ist; der Zuschauer erfährt es durch die ↗Exposition.

Vorklassik *w,* Bz. für die Phase der Vorbereitung klass. Anschauungen u. Stilzüge vor der eigentl. Klassik in Dtl.

Vorklassik

Vorbereitung des Bilds der Antike:
J. J. Winckelmann: Geschichte der Kunst des Alterthums, 1764

Humanitätsdenken; Blankvers im Drama:
G. E. Lessing: Nathan der Weise, 1779

Vormärz, in Deutschland Bz. für die Zeit zw. den Befreiungskriegen u. der Märzrevolution v. 1848 (1815–48). Als lit. Epochen-Bz. neben ↗Biedermeier u. ↗Junges Deutschland vor allem auf die polit. Dichtung bezogen.

Vorpostler [Mz.; russ. *napostovcy*], russ. Schriftstellergruppe, die seit 1922 eine einheitl., ideolog.-proletar. orientierte Lit. forderte; auch „Oktober"-Gruppe.

Vorpostler

Vertreter:
A. I. Bezymenskij
J. N. Libedinskij
S. A. Rodov
G. Lelevič

Zeitschriften:
Na postu (Auf Posten)
Oktjabr (Oktober)

Vorromantik *w,* frz. *préromantisme,* Bz. für Gegenströmungen zur ↗Aufklärung im Europa des 18. Jh., die Tendenzen (Irrationalismus) der ↗Romantik vorwegnahmen; z. B. ↗Pietismus, ↗Sturm u. Drang, ↗Empfindsamkeit.

Vorspann *m, Film:* einleitender Teil mit eingeblendeten Angaben (Titel, Schauspieler usw.); oft in die beginnende Handlung einbezogen.

Vorspiel, in Motive u. Stimmung eines größeren Dramas (oder einer Dramenfolge) einführendes kurzes Schauspiel (auch nur einige Szenen).

Vortrag *m,* **1)** ↗Rezitation; **2)** an ein meist homogenes, fachl. interessiertes u. vorgebildetes Publikum gerichtete, gesprochene Darstellung eines Sachproblems; rhetor. aufbereitet.

Vorwort, kurze einleitende Darlegung des Verfassers oder Herausgebers zu Absicht u. Anlage des Buchs.

Vorwurf *m,* altertüml. für Stoff, zu behandelnde Aufgabe, ↗Fabel 1).

Vulgārlatein *s,* **1)** das Latein, das als Umgangssprache der Gebildeten (z. B. in Ciceros Briefen u. in den Satiren des Horaz) u. der weniger Gebildeten gesprochen wurde. **2)** die als gemeinsame Grundlage der roman. Sprachen erschlossene Sprachform. Aus dem V. entwickelten sich im Weström. Reich örtl. Umgangssprachen, die etwa seit dem 3. Jh. Grundlage der roman. Sprachen wurden.

V., Kurzzeichen für ↗Vers.

W

Wächterlied, das ↗Tagelied.

Waise, reimlose Zeile in einem sonst gereimten Gedicht.

Waltherstrophe *w,* Abart der ↗Nibelungenstrophe mit einem Sechs- statt Viertakter im Anvers der 4. Zeile; nach der Dichtung v. *Walther u. Hildegund,* das die W. verwendet.

Wanderbühnen, wandernde Schauspieltruppen, zuerst aus England u. It., dann auch aus Fkr. u. anderen Ländern; wichtig für den Austausch dramat. Stoffe, bes. auch für die Kenntnis Shakespeares in Dtl.

Waschzettel, ein vom Verleger Besprechungsstükken beigelegter Text über Inhalt u. Absicht des Buches.

Wechsel, im Minnesang das abwechselnde Gegeneinander v. Strophen, die Mann u. Frau sprechen.

Wechselgesang, dialog. Form des Gesangs; häufig im griech. Drama u. im ↗Volkslied; im ↗Minnesang als ↗Wechsel.

Weda *m* [v. Sanskrit *Veda* = Wissenschaft], Sammel-Bez. für die ältesten ind. rel. Texte, die als Offenbarung gelten; ihre Anerkennung ist Kriterium für die Zugehörigkeit zum orth. Brahmanismus u. Hinduismus; *i. e. S.:* die 4 Samhitas, die v. Ewigkeit existieren u. v. den alten Sehern (rischi) geschaut, zw. dem 16. u. 12. Jh. v. Chr. kompiliert wurden. – *I. w. S.* ist W. Bz. für eine Reihe jüngerer Texte, die an die Samhitas anknüpfen. Der W. schließt mit den *Vedāngas* (Glieder des W.), die sich mit Phonetik, Ritual, Grammatik, Etymologie, Metrik u. Astronomie befassen.

Weda
die 4 Samhitas:
Rigweda
Jatschurweda (Yajurveda), Slg. der Opfersprüche
Samaweda, Slg. der Melodien beim Opfer
Atharwaweda, Slg. der Zaubersprüche und der beim Hauskult rezitierten Hymnen
jüngere Texte:
Brahmanas
Aranjakas
Upanischaden

weiblicher Reim, umfaßt nach der letzten betonten noch eine unbetonte Silbe: z. B. *Morgen – Sorgen.*

Weihnachtslieder, brauchmäßig gebundene Volkslieder der Weihnachtszeit, naiv-realist. Krippen- u. Hirtenlieder, vielfach alten ↗Weihnachtsspielen entnommen. Die meisten volkstüml. W. stammen aus dem 18. u. 19. Jh.

Weihnachtsspiele, *Hirtenspiele,* geistliche Volksschauspiele (geistliche Spiele) um die Geburt Christi, die aus einzelnen Spielszenen der früh-ma.,-lat. Weihnachtsliturgie u. der Kirchenraumspiele hervorgegangen sind und sich im Spät-MA zu dt. Spielen in zykl. Form entwickelt haben. Ältestes ausgebautes W. in dt. Sprache ist das St. Galler Spiel (Ende 13. Jh.).

weinerliches Lustspiel, dt. Spielart der ↗comédie larmoyante; auch als ↗Rührstück.

Weingartner Handschrift, eine der 3 großen Lieder-Hss. des MA (Handschrift B); um 1300 vermutl.

in Konstanz geschrieben u. mit Bildern versehen, dann im Kloster Weingarten, jetzt Landes-Bibl. Stuttgart. – Faksimile-Ausg. v. K. Löffler (1927).

Weistum *s,* im alten dt. Recht die Darlegung des Gewohnheitsrechts durch rechtskundige Männer, meist in anschaul., formelhafter Sprache; als Geschichtsquelle bes. wichtig die bäuerl. W.er (seit 13. Jh. aufgezeichnet).

Weltchronik *w,* Hauptform ma. Geschichtsdarstellung; schildert im Unterschied zu den Annalen immer fortlaufend die als Heils-Gesch. verstandene „Welt-Gesch." v. der Erschaffung der Welt bis zur Ggw. des Verf. (meist nach den 4 Weltreichen u. den 6 Weltzeitaltern des Buches Daniel des AT gegliedert).

Weltgerichtsspiel, im MA häufige Form des geistl. Dramas; zeigt das Jüngste Gericht; Fortleben bis ins 17. Jh.

Weltkriegsdichtung, die ↗Kriegsdichtung während u. nach den beiden Weltkriegen, die sich auf diese bezieht; gestaltet bes. das desillusionierende Erlebnis der Materialschlachten u. die Verlorenheit des Menschen im technisierten Geschehen; häufig im Ton der Anklage.

Weltkriegsdichtung

I. Weltkrieg

R. Goering: *Die Seeschlacht*
E. Jünger: *In Stahlgewittern*
W. Flex: *Wanderer zwischen beiden Welten*
E. M. Remarque: *Im Westen nichts Neues*
J. Dos Passos: *Drei Soldaten*
E. Hemingway: *In einem andern Land*

II. Weltkrieg

E. Jünger: *Strahlungen*
G. Gaiser: *Die sterbende Jagd*
C. Zuckmayer: *Des Teufels General*
N. Mailer: *Die Nackten und die Toten*
A. de Saint-Exupéry: *Flug nach Arras*

Weltliteratur *w,* zunächst (u. heute vorwiegend) Sammel-Bz. für die Literaturen aller Länder, Sprachen u. Völker, *i. e. S.* jedoch die zu Recht auf Weltwirkung u. -geltung Anspruch erhebenden dichter. WW jeder nationalen Literatur. Von Goethe geprägter Begriff.

Weltschmerz, von Jean Paul geprägte Bz. für ein melanchol.-zerrissenes Lebensgefühl, das die schmerzhafte Daseinserfahrung aus dem Wesen der Welt versteht; ausgeprägt in Goethes *Werther,* dann bes. ein Thema der Romantik. Hauptvertreter in der europ. Lit.: Byron, Leopardi, Chateaubriand, Baudelaire, Musset, Heine, Lenau.

Welttheater *s,* schon in der Antike (z. B. Seneca) bekannte, im Barock geläufige Vorstellung v. Welt u. Leben als Theater, in dem der Mensch seine Rolle spielt, bis ihn der Tod v. der Bühne nimmt. Gott als Theaterdirektor in Calderóns *Großem Welttheater.* Nachklänge bei H. v. Hofmannsthal *(Salzburger großes W.* u. *Kleines W.).*

Welturheberrechtsabkommen ↗Urheberrecht.

Wendepunkt ↗Peripetie; ↗Novelle.

Werkautonomie *w,* die Eigengesetzlichkeit des Kunstwerks als geschlossenes Bezugssystem; seine Unabhängigkeit v. allem, was außerhalb seiner selbst liegt; Postulat des ästhet. ↗Idealismus, dem die ↗immanente Interpretation als Deutungs-

Werkautonomie

Dichtung kann und muß zunächst als ein Gebilde betrachtet werden, das völlig selbständig ist, das sich restlos von seinem Schöpfer gelöst hat und autonom ist. Bei der Dichtung gibt es nichts außerhalb Liegendes, das sie zu ihrem sinnvollen Dasein brauchte...

(W. Kayser: *Das sprachliche Kunstwerk*)

methode entspricht; heute aus semiot. Sicht eingeschränkt (↗Text-Kontext-Relation).

werkimmanente Interpretation *w*, ↗immanente Interpretation.

Werkkreise, Zusammenschlüsse v. Schriftstellern u. Laien, die die lit. Auseindersetzung mit den soz. Problemen der arbeitenden Bevölkerung fördern; z.B. ↗Werkkreis Literatur der Arbeitswelt.

Werkkreis Literatur der Arbeitswelt, 1970 gegr. Kreis v. Autoren, die die Realität der Lohnarbeitsgesellschaft durchschaubar machen wollen; Öffentlichkeitsarbeit u. Publikation v. Texten schreibender Arbeiter.

Werkstil *m*, der charakterist. ↗Stil eines bestimmten Werks.

Wertung ↗literarische Wertung.

Western *m* [engl.-am.], ↗Wildwestroman.

Westler, in Rußland im 19. Jh. Vertreter einer Richtung, die sich für Übernahme der westeurop. Kultur einsetzten; Ggs. ↗Slawophile.

Westler
u. a.
Belinskij
Herzen
Družinin
Ogarew
Polonskij

Widerspiegelungstheorie *w*, Versuch v. G. Lukács, das Verhältnis v. Lit. u. Gesellschaft in marxist. Sicht zu bestimmen: Lit. ist „richtige und tiefe Widerspiegelung der objektiven Wirklichkeit" u. damit „wirkliche Erkenntnis der treibenden Kräfte der gesellschaftlichen Entwicklung".

Wiederholung, 1) *allg.:* ↗Variatio; **2)** ↗epische W.; **3)** Grundform v. rhetor. Figuren; z.B. ↗Anapher; ↗Epanalepse; ↗Polyptoton.

Wiegendruck ↗Inkunabel.

Wiegenlied, Gattung des ↗Volkslieds, aus der (oft fiktiven) Situation des In-den-Schlaf-Singens entstanden; lit. bei M. Claudius, J. G. Herder, A. v. Chamisso u.a.

Wiener Gruppe, Kreis v. österreichischen avantgardist. Autoren; bemühte sich ab 1954 um experimentelle Formen (↗Montage, ↗Bildgedichte usw.).

Wiener Gruppe
F. Achleitner
H. C. Artmann
K. Bayer
G. Rühm
O. Wiener

Wiener Zauberstück ↗Zauberstück.

Wildwestroman *m*, beliebte Form der ↗Trivial-Lit.; Gemeinsamkeiten mit dem älteren ↗Ritter- u. Räuberroman liegen in der außergesellschaftl. Position u. charismat. Führerrolle des Helden. Gegenüber den klass. W. in Buchform hat sich in der Ggw. das *Wildwestheft* durchgesetzt.

Wildwestroman
Autoren u. a.:
J. F. Cooper: *Lederstrumpf*
K. May: *Winnetou* usw.
O. Wister: *The Virginian*

Winileod [v. ahd. *wini* = Geselle, Geliebter u. *leod* = Lied], überlieferte Bz. für ahd. Liedgattung; Zshg. mit dem späteren ↗Minnesang ist vermutet worden; keine Texte erhalten.

Witz *m* [v. ahd. *wizzi*, mhd. *witze* = Wissen, Verstand, Klugheit], bis zum 18./19. Jh.: heller, schlagfertiger Verstand; Fähigkeit tiefer Einsicht (in diesem Sinn noch in „Mutterwitz"); sprachl. Scherz, Spiel mit Wortbedeutungen, rasche u. überraschende („Pointe") Verbindung zunächst auseinanderliegender Vorstellungen mit kom. Wirkung (↗komisch).

Wochenschriften, wöchentl. erscheinende Zschr.; in Dtl. bes. bedeutsam die ↗Moralischen W.

Wort, 1) (Mz. *Wörter, Worte* = Aussprüche), sprachwiss. die aus *W.leib* (artikulierten Lauten) u. *W.inhalt* bestehende sprachl. Einheit, mit deren Hilfe eine reale oder gedachte Einheit sprachl. wiedergegeben wird. **2)** *Informationstheorie:* eine Folge v. Zeichen; in der Datenverarbeitung Bz. für die codierte Darstellung einer Information.

Wortbildung, die Bildung neuer Wörter. Man unterscheidet Wortschöpfung u. W. *Wortschöpfung:* Urschöpfung neuer Wörter (heute selten); *Wortbildung:* Bildung neuen Wortgutes aus bereits vorhandenem, meist durch Ableitung oder Zusammensetzung.

Wörterbuch, alphabet. Zusammenstellung v. Wörtern u. Begriffen, dient entweder der Rechtschreibung oder sprachl. u. sachl. Erläuterungen; auch *Fremd-W.;* in erweiterter Form ↗Lexikon.

Wortfiguren

Epitheton ornans
Figura etymologica
Metonymie
Paronomasie

Wortfiguren, rhetor. Figuren, die durch besondere Verbindungen, Ersetzungen u. Anordnungen v. Worten entstehen.

Worthäufung, bes. im ↗Barock beliebtes Ausdrucksmittel, das der Sprache rhetor. Fülle geben soll; z.B. durch ↗Asyndeton, ↗Polysyndeton, ↗Akkumulation, ↗Wiederholung, ↗Variatio usw.

Wortspiel

Es ist eine Stadt in Meixen, die heißt Kronenburg; alldort kehren die König ein. Es ist ein Städtel in Palästina, das heißt Bethlehem; allda kehren die Bettler ein. Es ist eine Stadt in Bayern, die heißt Freising, dort kehren die Musikanten ein *(Abraham a Sancta Clara)*

Wortspiel, Ausnutzung überraschender Assoziationsmöglichkeiten der Sprache zu witzigen Wirkungen; beruht meist auf der Doppeldeutigkeit eines Ausdrucks oder auf der Klangähnlichkeit zweier Wörter, zw. denen eine kom. Diskrepanz des Sinns besteht.

X

Xenien [Mz.; v. gr. *xenion* = Gastgeschenk], *Spott-Distichen,* bei Martial (1. Jh. n. Chr.), so v. Goethe u. Schiller übernommen u. epigrammat. zugespitzt gg. Zeitgenossen *(Musenalmanach auf das Jahr 1797).* Unter dem gleichen Titel Goethes *Zahme X.* (1821).

Zahlensymbolik *w,* die geheimnisvoll-rel. Deutung der Zahl über ihren Rechenwert hinaus. Der babylon. Kulturkreis, der die Zahl aus göttl. Ursprung erklärt, übte den größten Einfluß auf die Z. der alten Völker aus; die ↗Kabbala beeinflußte die ma. u. neuere Z.

Zäsur *w* [lat.], **1)** *allg.:* der Einschnitt, z.B. innerhalb einer hist. Entwicklung. **2)** *Metrik:* Einschnitt, Pause in einer (meist langen) Verszeile. Ggs. *Diärese,* bei der Wort- u. Versfußende zusammenfallen.

Zauberbücher, Niederschriften v. magischen Anweisungen, Beschwörungen, Vorschriften zur Anfertigung v. Amuletten u. dgl. Die hellenist. Zauberpapyri, v. den babylon.-assyr. u. ägypt. Z. beeinflußt, vermittelten den abendländ. Z. des MA heidn., jüd. u. frühchristl. Überlieferungsgut. Neben den zahlr. ma. Z. erschienen in der Zeit des Humanismus mannigfache „Höllenzwänge" unter dem Namen Fausts. Im Volksglauben kommt noch heute dem sog. „6. u. 7. Buch Mosis" eine besondere Bedeutung zu, das vermutl. auf eine ma. Slg. zurückgeht.

Zauberposse *w,* ↗Zauberstück; ↗Posse.

Zaubersprüche, Formeln („Abracadabra") u. Sprüche zur Erreichung eines Zaubers; gehören u.a. in der dt. u. ags. Lit. zu den ältesten Sprachzeugnissen, z.B. die *Merseburger Zaubersprüche* (2 ahd., im 10. Jh. niedergeschrieben Z. heidn.-german. Inhalts: Lösung v. Gefangenen u. zur Heilung v. Pferden) u. ein Wurmsegen.

Zauberstück, Form des ↗Volksstückes, in dem personifizierte übernatürl. Mächte aus der volkstüml. Mythologie (Geister, Zauberer) als handelnde Personen erscheinen. Blütezeit auf den Wiener Vorstadtbühnen (bes. als *Zauberposse*) mit den Werken Raimunds u. Nestroys.

Zahlensymbolik

(Z. = Zahl)

1 Z. der *Einheit,* Unteilbarkeit, Göttlichkeit

3 Z. der Vollkommenheit; *Dreifaltigkeit, Triade, Trimurti*

7 Z. der Ganzheit, Fülle, Vollkommenheit, Weltwunder, Sakramente, Werke der Barmherzigkeit u.a.

9 Z. der Vollendung bei Kelten, Germanen u.a.; *Musen, Novene*

10 Z. der Weisheit, Vollendung; *dekadisches System, Zehn Gebote*

12 Z. des Kosmos u.a.: 12 Monate, Stämme Israels, Apostel Jesu, Götter der Griechen, Äonen in der Gnosis; *Duodezimalsystem, Tierkreis, Zwölf*

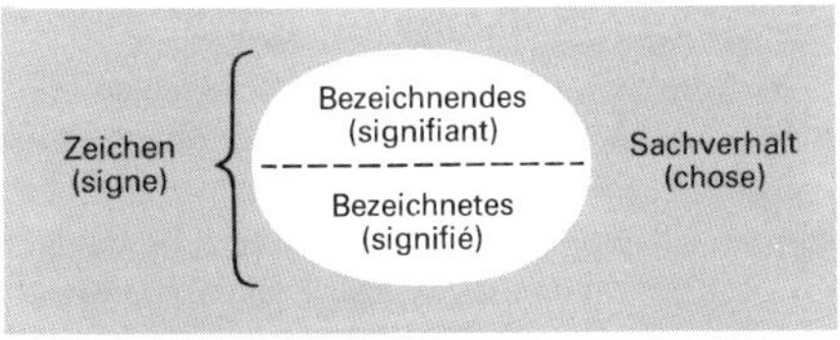

Zeichen

F. de Saussures Zeichenmodell:

Zeichen *s,* allg. Bz. für den Sachverhalt, daß etwas für etwas anderes steht. In der Sprache als ↗Z.system steht das sprachl. Z. („Wort") für einen Gegenstand, der Text für einen Sachverhalt. F. de Saussure unterscheidet in seinem *Modell vom* *sprachl. Z.* (frz. *signe*) den Z.körper (↗signifiant) v. der Bedeutung (↗signifié); das Z. verweist damit auf den nicht-sprachl. Sachverhalt (chose). – Die Wiss. vom Z. ist die ↗Semiotik.

Zeichenstruktur *w,* Anordnung u. innerer Bezug der sprachl. ↗Zeichen im Text; die Bestimmung der Differenz v. lit. u. nicht-lit. Z. ist eine der wichtigsten Aufgaben der ↗Semiotik.

Zeichensystem *s,* besteht aus Einheiten (Zeichen), die in bestimmten Anordnungen kombiniert werden können; in diesem Sinn ist die Sprache ein Z., das wiederum aus einzelnen Systemen (z.B. Lautsystem, morpholog., semant., syntakt. System) besteht. ↗Semiotik.

Zeichentheorie *w,* ↗Semiotik.

Zeilensprung ↗Enjambement.

Zeilenstil *m,* in der germ. Langzeile die Deckung v. metr. u. syntakt. Einheit, z.B. bei kleineren lit. Denkmälern, z.T. beim Hildebrandslied u. Muspili. Ggs. ↗Hakenstil.

Zeit, konstitutives Element der Lit., insofern die Sprache als ihr primäres Medium linear strukturiert ist. *Z.gefüge* od. *Z.struktur* ist die Gesamtheit der zeitgestaltenden Elemente eines Werks; im Drama sind wichtige Mittel ↗Präzipitation u. ↗Retardation, in der Epik werden ↗Erzählzeit u. ↗erzählte Zeit unterschieden. Die *Z.folge* einer Dichtung kann gleichmäßig oder z.T. gerafft *(Z.raffung)* erscheinen; werden Handlungsteile ausgespart, so spricht man v. *Z.sprung.*

Zeitgeist, auf J. G. Herder zurückgehende Bz. für die für eine bestimmte Zeit charakterist. Grundhaltung u. Gesinnung.

Zeitroman *m,* romanhafte Gestaltung der allg. (u.a. geistigen, polit., gesellschaftl.) Problematik einer bestimmten Zeit; Form des Gesellschaftsromans; in Dtl. seit Immermanns *Epigonen* (1836), später im Jungen Deutschland, bei Fontane, Freytag, im 20 Jh. bei Th. Mann, Werfel u. Musil gepflegt.

Zeitschrift, eine Druckschrift, die in regelmäßigen Abständen erscheint (Wochen-, Halbmonats-, Monats-, Vierteljahresschrift) u. meist Fragen eines bestimmten Aufgaben- bzw. Fachgebietes behandelt. Wiss., polit., techn., kulturelle, gewerbl., belehrende, unterhaltende u. illustrierte Z.en haben sich eine selbständige Stellung zw. Zeitung u. Buch erobert. – 1663 erschienen in Hamburg die „Monatsgespräche" als 1. unterhaltende dt. Z.; 1. lit.-wiss. Z. 1665 das „Journal des Savants", Paris. ↗literarische Z.en.

Zeitstil *m,* ↗Epochalstil.

Zeitstück, dramat. Werk, das aktuelle Probleme behandelt; schildert u. kritisiert Zeittendenzen u. -sitten.

Zeitung [v. nd. *tidinge* = Botschaft, Nachricht], bezeichnet heute ein Druckwerk, das in öff. (selbstgesetzter oder auferlegter) Verpflichtung in knapper, regelmäßiger Folge (meist tägl.) das jüngste Zeitgeschehen übermittelt. Die publizist.-psychol. Wirkung der Z. beruht in ihrem regelmäßigen Erscheinen (Periodizität), in der Auswahl, Aufmachung u. Deutung v. Nachrichten, die aus allen Gebieten des öff. u. des allg. interessierenden privaten Lebens stammen u. so unter Beigabe v. Unterhaltendem (Feuilleton u. ä.) große Leserkreise anziehen. Die Z.typen sind durch innere Gesinnung, polit.-rechtl. Voraussetzungen u. geschäftl. oder ideolog. Zielsetzungen bestimmt. – Die ersten dt. Z.en erschienen 1609 in Straßburg, Wolfenbüttel u. Augsburg. ↗Presse 2).

Zeitungslied, gedruckte Neuigkeitsberichte in Versform, im 15.–16. Jh. v. Zeitungssängern öff. vorgetragen u. anschließend als sog. „Fliegende Blätter" (↗Flugschriften) verkauft. Daraus entstand die Volksliedgattung des Z. v. Unglücksfällen, Verbrechen u. ä., deren Vortragsweise später in den ↗Bänkelsang überging.

Zeitungswissenschaft, *Zeitungskunde,* erforscht die techn., wirtschaftl., rechtl. u. organisator. Grundlagen der Presse 2), bes. Fragen der Entstehung, Beeinflussung u. Äußerung der öff. Meinung auch in Film, Rundfunk, Fernsehen usw. Die Z. entwickelte sich zur Wissenschaft von der ↗Publizistik.

Zensur *w* [v. lat. *censura;* Ztw. *zensieren*], die vom Staat beanspruchte Befugnis, öff. Meinungsäußerungen, bes. durch die Massenmedien, zu kontrollieren; in demokrat. Systemen nur in Ausnahmefällen zulässig.

Zerstreuungsliteratur *w,* andere Bz. für ↗Unterhaltungsliteratur.

Zeugma *s* [gr. = Verbindung], Wortfigur, bei der sich ein Verbum auf mehrere Sätze oder Substantive bezieht, aber inhaltl. nur zu einem zu passen braucht.

Zieldrama *s,* Drama, das streng folgerichtig auf den Handlungsschluß, z. B. die Katastrophe, zuläuft. Ggs. ↗Analytisches Drama.

Zimmertheater *s,* Theater, das nur aus einem Raum für Zuschauer u. Bühne besteht; meist nur bis etwa 100 Plätze; bes. nach dem 2. Weltkrieg entwickelt; auch als Kellertheater.

Zitat *s* [lat.; Ztw. *zitieren*], wörtl. angeführte Stelle.

Im Ggs. zur ↗Paraphrase muß das Z. die Vorlage genau wiedergeben; diese wird vom kommentierenden Text durch Anführungs- u. Schlußzeichen abgetrennt; Auslassungen werden durch Punkte, erläuternde Einschübe durch Klammern kenntlich gemacht. Die Quelle des Z. muß angegeben werden.

Zote *w*, unflätiger Witz.

Zukunftsroman *m*, ↗Science-fiction; ↗Utopie.

Zweckdichtung ↗Tendenzdichtung.

Zweideutigkeit, als ↗Ambiguität oder ↗Amphibolie Mittel zur Spannungserhöhung durch Rätselhaftigkeit in der Dichtung.

Zwischenakt, urspr. Pause zw. 2 Akten eines Dramas, dann auch das die Pause ausfüllende Zwischenspiel (oft mit komischen Szenen); die hier gespielte Musik: *Z.musik*.

Zwischenspiel, dramat. Szene oder Szenenfolge zw. den Akten eines größeren Dramas. Sollte den Schauspielern eine Ruhepause verschaffen bzw. einen Wechsel der Dekoration ermöglichen. ↗Entremeses, ↗Interlude, ↗Intermedium, ↗Intermezzo.

Zyklus *m*, [v. gr. *kyklos* = Kreis], inhaltl. u. formal aufeinander bezogene Werke, die ein geschlossenes Ganzes bilden; z.B. Baudelaires Gedicht-Z. *Les fleurs du mal.*

Literaturhinweise

Lexika – Enzyklopädische Werke – Übersichten

Braak, I., Poetik in Stichworten. Literaturwissenschaftliche Grundbegriffe. Eine Einführung. Hirt Stichwortbücher, ^{3}1969.

Deutsches Literaturlexikon. Biographisch-bibliographisches Handbuch, Begr. v. W. Kosch, hrsg. v. B. Berger u. H. Rupp, Bd 1–3, ^{3}1968–71.

Frenzel, H. A. u. E., Daten deutscher Dichtung. Chronologischer Abriß der deutschen Literaturgeschichte, 2 Bde, 1969.

Kindlers Literatur-Lexikon. 12 Bde, ^{2}1970ff.

Pongs, H., Das kleine Lexikon der Weltliteratur, ^{6}1967.

Wilpert, Gero v., Sachwörterbuch der Literatur, ^{5}1969.

Die Literatur (= Wissen im Überblick), 1973.

Einführung in die Literaturwissenschaft

Arnold, H. L. u. Sinemus, V. (Hrsg.), Grundzüge der Literatur- und Sprachwissenschaft; Bd 1: Literaturwissenschaft, 1973.

Kayser, W., Das sprachliche Kunstwerk. Eine Einführung in die Literaturwissenschaft, ^{16}1973.

Methoden der Literaturwissenschaft, Bd 1: Klein, A. u. Vogt, J., Literaturgeschichte u. Interpretation, 1971; Bd 2: Vaßen, F., Literatursoziologie u. marxist. Literaturtheorie, 1971.

Stadtler, H. u. Dickopf, K. (Hrsg.), Literatur (= Fischer-Kolleg), 1973.

Literaturtheorie

Ingarden, R., Das literarische Kunstwerk. Eine Untersuchung aus dem Grenzgebiet der Ontologie, Logik und Literaturwissenschaft, ^{4}1972.

Hamburger, K., Die Logik der Dichtung, ^{2}1968.

Vietta, S. u. S. (Hrsg.), Literaturtheorie, 1973.

Wellek, R. u. Warren, A., Theorie der Literatur, dt. 1972.

Grundlegende Einzeluntersuchungen (Auswahl)

Auerbach, E., Mimesis. Dargestellte Wirklichkeit in der abendländischen Literatur, ^{3}1964.

Curtius, E. R., Europäische Literatur und lateinisches Mittelalter, ^{3}1961.

Friedrich, H., Die Struktur der modernen Lyrik. Von der Mitte des neunzehnten bis zur Mitte des zwanzigsten Jahrhunderts. Erweiterte Neuausgabe 1967.

Hocke, G. R., Manierismus in der Literatur. Sprach-Alchimie und esoterische Kombinationskunst. Beiträge zur vergleichenden europäischen Literaturgeschichte, ^{3}1963.

Klotz, V., Geschlossene und offene Form im Drama (= Literatur als Kunst), ^{5}1970.

Lausberg, H., Handbuch der literarischen Rhetorik. Eine Grundlegung der Literaturwissenschaft, 2 Bde, 1960.

Staiger, E., Grundbegriffe der Poetik, 1946.

Literaturgeschichten

Boor, H. de u. Newald, R., Geschichte der deutschen Literatur von den Anfängen bis zur Gegenwart, 8 Bde, 1951ff.

Boesch, B. (Hrsg.), Deutsche Literaturgeschichte in Grundzügen, ^{3}1967.

Handbuch der deutschen Literaturgeschichte, 12 Bde, 1969ff.

Kindlers Literaturgeschichte der Gegenwart in Einzelbänden. Autoren – Werke – Themen – Tendenzen seit 1945, 4 Bde, 1971ff.

Martini, F., Deutsche Literaturgeschichte, ^{15}1968.